영지주의자들의 **성서**

개정판

개정판
영지주의자들의 **성서**

© 한님성서연구소 2022

초판 교회인가 2014년 5월 23일
초판 1쇄 2014년 9월 5일
개정판 교회인가 2022년 1월 6일(의정부교구장 이기헌 베드로 주교)
개정판 1쇄 2022년 2월 15일

지은이 송혜경
펴낸이 조병우
펴낸곳 한님성서연구소
등록 제85호
주소 경기도 의정부시 평화로 604
전화 031)846-3467
팩스 031)846-3595
카페 cafe.naver.com/biblicum

ISBN 978-89-94359-36-6 93230
책값은 뒤표지에 있습니다.

성경 © 한국천주교중앙협의회, 2022.
그리스어·히브리어·콥트어 폰트 © Linguistsoftware

영지주의자들의
성서

개정판

송혜경

한님성서연구소
Hannim Biblical Institute

초판 펴내며

영지주의 입문서에 해당하는 『영지주의 — 그 민낯과의 만남』에 이어 다양한 영지주의 본문을 구체적으로 소개하는 『영지주의자들의 성서』를 펴낸다. 영지주의가 초대 교회에서 큰 부분을 차지하였고 그것 없이는 초대 교회의 모습을 제대로 다 본 것이 아님은 『영지주의 — 그 민낯과의 만남』에서 여러 차례 말하였다. 그런데도 토마 복음과 진리의 복음(영지주의 대표 복음서인 두 작품은 『신약 외경』 상권에서 소개하였다)을 제외한 나머지 작품은 『신약 외경 입문』에서 줄거리와 신학만 다루었을 뿐 본문은 소개하지 못하였다.

그래서 이번 책에 영지주의 성서 총 10편의 본문, 우리말 번역, 해제를 담는다. 10편의 작품 모두 영지주의, 혹은 영지주의 성향의 작품들로서 초대 영지주의 그리스도교의 특성을 잘 보여 준다. 나그 함마디 사본을 위시하여 18세기 이후에 발견된 콥트어 사본들에 실린 이 작품들은 현대 영지주의의 근본을 아는 데에도 큰 도움이 될 것이다. 책의 전개 방식은 하나의 주제를 정하고, 그 주제와 관련된 작품을 연결하여 소개하는 식이다. 영지주의의 주요 주제들을 다양한 본문을 토대로 설명하고 싶은 욕심과, 작품 하나하나에 대해 체계적으로 소개하고 싶은 욕심에서 그렇게 하였다.

이 책이 영지주의에 대해 생각하는 계기가 되고 각 작품을 특정한 주제와 연결시켜 읽는 기회가 되기를 바란다. 이 책을 끝으로 신약 외경 및 영지주의와 관련된 책은 마무리한 것 같다. 앞으로는 새로운 분야에서 새로운 연구로 만날 것이다.

조병우 이사장님과 정태현 신부님을 비롯하여 한님성서연구소를 후원하시는 모든 분께 감사드린다. 경제성과는 전혀 관계가 없는 이 책들이 나올 수 있었던 것이 모두 이분들 덕분이다.

함께 일하며 시간을 같이 보내는 연구소 동료들에게도 고마운 마음을 전한다. 특히 책을 함께 만들며 온갖 아이디어와 수고를 아끼지 않은 편집부 이효임 아녜스(콥트어 본문을 실을 엄두를 낸 것은 오직 그녀 덕분이다), 연구소의 온갖 일을 감당하는 사무국장 강재준 요셉에게 고마움을 표시한다. 이 둘은 내게 천군만마와도 같은 사람이다.

따뜻한 마음으로 같이 놀아주는 소중한 사람들, 가족들, 하늘나라로 가신 부모님, 마음을 다하여 감사드립니다. 그리고 묵묵히 봐 주시는 그분께도 감사합니다!

2014년 7월
송혜경

개정판 펴내며

초판과 비교해서 달라진 점은 다음과 같다.

첫째, 각 작품의 원문을 빼고 우리말 번역만 실었다. 원문 출처를 상세히 밝혀 놓았으므로 원문을 찾아 읽는 데 큰 어려움은 없을 것이다. 개정판에 실린 작품의 원문과 영어 번역을 웹상에서 읽을 수 있다. Brill이 제공하는 'Coptic Gnostic Library Online'(https://brill.com/view/db/cglo?language=en)에 접속하면 J.M. Robinson (ed.), *The Coptic Gnostic Library: A Complete Edition of the Nag Hammadi Codices* 5 vols. (Leiden 2000)을 찾아 읽을 수 있다(단, 유료다). 나그 함마디 사본이 아닌 다른 본문, 가령 유다 복음서와 마리아 복음서 같은 경우, https://archive.org에 접속해서 검색창에 Ehrman/Pleše, *The Apocryphal Gospels: Texts and Translation*을 입력하면 해당 책을 내려 받아 읽을 수 있다. 이 책에 두 복음서의 콥트어 원문이 담겨 있다.

둘째, 초판에 없던 '부활에 대한 논고'를 새로 포함시켰다. 이를 통해 영지주의 부활 개념, 더 정확히 발렌티누스파 부활 개념을 이해할 수 있다. 초판이 영지주의와 관련한 주요 주제들을 두루 담았으면서도 '부활' 개념을 다루지 않은 것이 내내 아쉬웠다. 십자가 죽음과 부활이 그리스도교 핵심 교리임을 감안하면 영지주의 십자가 신학만 다루고 부활 신학을 빠뜨린 일이 더욱 아쉬워진다. 이번에 개정판을 내면서 '부활에 대한 논고'를 실음으로써 '부활' 주제를 덧붙일 수 있었다. 이 논고는 영지주의에 대한 전이해 없이 알아듣기가 특히 어려워서 다른 작품에 비해 해제를 많이 달았다. '부활에 대한 논고'를 통해 그리스도교 정통의 부활 개념과 영지주의 부활 개념이 어떻게 비슷하고 또 어떻게 다른지 확인할 수 있을 것이다(새 작품이 추가되면서 초판과 순서가 조금 달라졌다).

셋째, 번역문을 새롭게 다듬고 작품 본문에 '줄' 표시를 더했다. 초판에는 사본 쪽 번호만 표시했으나 개정판에는 5줄 단위로 번호를 달았다. 이를테면 31.5 … 31.10 … 31.15 …와 같은 식이다. 여기서 31은 사본 쪽 번호, 5, 10, 15는 본문 내 줄 번호다. 콥트어와 우리말 순서가 달라서 본문에 표시한 줄 번호가 원문의 줄 번호와 일치하지 않는 경우가 더러 있다.

넷째, 초판에 있던 '선행학습'과 '보충학습' 항목을 없앴다. 선행학습에 실렸던 내용은 정리하여 서문과 통합하였고, 보충학습에 담겼던 내용은 '상자 설명' 형태로 바꾸어 본문 내 적절한 곳에 배치하였다. 이를테면 '토마 사도와 동부 시리아 교회'는 용사 토마의 책 뒤편에, '발렌티누스와 그의 추종자들'은 부활에 대한 논고 뒤에 실었다. 초판의 1장(깨달음)도 서문에 통합하였다.

다섯째, 업데이트한 내용들이다. 초판의 골격을 유지하면서 최근 정보들을 추가했다. 서론과 각 장의 해제에는 영지주의 이해를 위해 꼭 알아야 할 기본적인 내용만 싣는 것을 원칙으로 하고 논란의 여지가 많은 의견들은 되도록 싣지 않았다.

『영지주의자들의 성서』 개정판을 낼 수 있는 것은 무엇보다 읽어주시고 찾아주시는 분들이 계신 덕분이다. 한분 한분께 감사의 인사를 올린다. 자유롭게 공부하고 자유롭게 책을 쓸 수 있게 뒷받침해주시는 정태현 소장 신부님, 최고의 연구 환경을 마련해 주신 조병우 이사장님과 다른 후원자님들께 감사드린다. 그리고 함께 책을 만들며 함께 성장한(그렇게 믿습니다) 이효임 편집자와 강재준 사무국장님, 늘 좋은 것을 주시려 애쓰시는 차동성 관리

장님, 같이 공부하는 동료들께도 감사드린다. 꼭 다시 만나고픈 아버지 엄마, 늘 웃음을 주는 수양이 의양이와 다른 가족들, 오랜 시간 함께해온 고마운 분들 모두에게 감사의 마음을 전한다.

이 모든 것을 허락하신 하느님 감사합니다.

2022년 1월 한님성서연구소에서
송혜경

일러두기

1. 이 책에 실린 본문은 모두 콥트어 역본에서 옮긴 것이다. 사본이 훼손되어 알아보기 힘든 경우도 많고 온전한 문장이라도 이해하기 어려운 때가 적지 않았다. 특히 대명사의 경우 해당 대명사가 무엇을 가리키는지 알아내기가 쉽지 않았다. 대명사와 가장 가까운 명사를 찾아내어 성·수와 문맥을 고려하여 괄호 안에 설명을 곁들이기도 하였다. 훼손 본문에 이어지는 문장이 대명사로 시작할 때는 부가 설명 없이 대명사를 그대로 두었다.
2. 본문 번역의 [ ]는 훼손된 부분, ( )는 매끄러운 우리말 표현을 위해 첨가한 부분이다. 본문 크기보다 작은 ( )는 필자의 설명이다. 〈 〉에 든 내용은 원문에 없는 내용을 비평본문 편집자가 문맥에 맞게 첨가한 것이다. 훼손된 본문을 복구하기 어려운 경우는 […]로, 중복오사는 { }로 표시하였다.
3. 쌍따옴표(" ")는 외경 원문 번역이거나 다른 문헌의 직접 인용 시 사용한다. 홑따옴표(' ')는 개념 정의나 강조, 간접 인용 시 사용한다.
4. 원문에 대명사로 표현되거나, 숨겨진 주어(동사 활용에 포함)일 때, 이해를 돕기 위해 가끔씩 별다른 표시 없이 일반 명사나 고유 명사로 옮겼다.
5. 『성경』은 한국천주교회중앙협의회에서 발간한 우리말 성경을 가리킨다.

차례

초판 펴내며 · 4
개정판 펴내며 · 6
들어가며 · 14
서문 영지주의와 영지주의자들 · 22

01 정통과 이단: 누가 진리를 소유하는가?
콥트어 베드로 묵시록 · 65
    1. 콥트어 베드로 묵시록 소개 · 68
    2. 주류 교회 비판 · 69
    3. 정통과 이단 · 75
    4. 콥트어 베드로 묵시록 · 78

02 우리가 진정 알아야 할 것은?
야고보의 첫째 묵시록 · 95
    1. 야고보의 첫째 묵시록 소개 · 97
    2. 하늘의 구조와 천계 여행 · 100
    3. 영혼에게 내리는 마지막 질문 · 102
    4. 야고보의 첫째 묵시록 · 107

03 시련과 고통: 섭리와 의지
야고보의 비전 · 123
   1. 야고보의 비전 소개 · 126
   2. 시련과 십자가 · 130
   3. 하느님의 섭리와 인간의 의지 · 133
   4. 야고보의 비전 · 136

04 어떻게 살 것인가?
용사 토마의 책 · 155
   1. 용사 토마의 책 소개 · 163
   2. 욕망의 불꽃 · 166
   3. 용사 토마의 책 · 172

05 죽음 뒤에는?
콥트어 바오로 묵시록 · 193
   1. 콥트어 바오로 묵시록 소개 · 195
   2. 천계 여행 · 197
   3. 사후 영혼의 운명 · 201
   4. 콥트어 바오로 묵시록 · 203

06 부활

부활에 대한 논고 · 211

    1. 부활에 대한 논고 소개 · 214

    2. 부활 신학 · 217

    3. 부활에 대한 논고 · 234

07 하느님과 창조주

야고보의 둘째 묵시록 · 261

    1. 야고보의 둘째 묵시록 소개 · 265

    2. 창조주와 참하느님 · 268

    3. 창조주는 참하느님이 아니라는 말의 의미 · 270

    4. 야고보의 둘째 묵시록 · 272

08 인간

유다 복음 · 287

    1. 유다 복음 소개 · 292

    2. 인류의 이분법 · 295

    3. 유다 복음 · 299

09 여자

마리아 복음 · 315

    1. 마리아 복음 소개 · 321

    2. 마리아의 역할 · 322

    3. 마리아와 베드로의 주도권 다툼? · 328

    4. 마리아 막달레나 이야기에 담긴 의미:

       여성 지도자? · 329

    5. 영지주의 신화는 양성평등인가? · 332

    6. 이상과 현실 · 334

    7. 마리아 복음 · 335

10 전례와 성사

필립보 복음 · 343

    1. 필립보 복음 소개 · 346

    2. 성사 · 348

    3. 성사의 의미 · 362

    4. 필립보 복음 · 364

11 시작과 끝
요한의 비전 · 415
    1. 요한의 비전 소개 · 416
    2. 근본적 질문의 제기 · 418
    3. 시작과 끝은 어떻게? · 419
    4. 요한의 비전 · 452

나가며 · 524

부록   참고 문헌 · 530
        찾아 보기 · 539

들어가며

어리석은 창조주가 만들고 지배하는 이 세상은 무의미하다는 비관주의와, 하느님에게서 유래한 인간의 영은 그 자체로 신성하다는 낙관주의가 결합된 '영지주의'는 그리스도교와 만나 2-3세기에 그 절정을 맞이하였다. 영지주의자들은, 육체와 세상에 갇힌 노예 신세인 인간이 자기 안에 깃든 신성한 영을 자각하고 자신이 천상에서 유래했음을 깨닫는 순간(이것이 그노시스의 획득이다) 노예살이에서 벗어나 구원될 수 있다고 믿었다. 그들은 교부들과 논쟁을 겪으면서 교회 변방으로 밀려났으며 5세기 이후에는 교회 안에서 거의 자취를 감추었다. 그러나 영지주의는, 동서 문명과 역사의 굴곡을 거치면서 마니교와 만다이즘 등 여러 형태로 살아남았으며1 중세와 르네상

---

1   만다이즘은 본디 초세기 유다교 세례 운동에서 유래했을 것으로 추정되며 이라크 남부에 오늘날까지 이들 공동체가 현존한다. 만다이즘은 '지식'이라는 뜻의 만다(Manda)라는 말에서 유래하였다. 고대 영지주의의 직접적 계승자라 할 수 있다. 마니교는 3세기 메소포타미아에서 마니와 그 추종자들에 의해 시작되었으며 극단적 이원론을 주창하였다. 마니의 추종자들은 아시아로 이주하여 실크로드를 따라 중국 투르키스탄에 이르는 넓은 지역에서 13세기까지 번창하였다. 10세기 중반에 생긴 보고밀교, 12세기 초반에 생긴 카타르 종교도 영지주의 계열이다. 이들 가르침의 중심에도 지식과 깨달음이 있었으며 이들은 하나같이 이 세상을 악신 창조주의 작품으로 보고 거부하였다: Churton, *The Gnostics*; Stoyanov, *The Other God: Dualist Religions from Antiquity to the Cathar Heresy*을 참조하라.

스를 지나 오늘날까지 줄기차게 이어져왔다. 사실상 영지주의는 역사상 단 한순간도 완전히 사라진 적이 없다.[2]

그러나 영지주의가 오랫동안 역사의 전면에 나서지 못하고 어둠에 묻혀 있었던 것도 사실이다. 그러다가 르네상스를 지나면서 영지주의에 대한 관심이 다시 일기 시작하여 19세기 중후반부터는 관심이 큰 폭으로 증가하였다. 사람들의 눈을 영지주의로 돌리게 만든 원인에는 여러 가지가 있었다. 그리스도교나 다른 기존 전통에 대한 저항감도 그 중 한 원인으로 작용했을 터다. 기존 전통에 염증을 느끼고 대안을 찾는 사람들의 눈에 제일 먼저 들어오는 것이 바로 그 전통에 의해 이단으로 낙인찍힌 것이 아니겠는가! 그리스도교에 등진 채 돌아서서 새로운 것을 찾는 이들에게 교부들이 이단으로 몰아낸 영지주의만큼 매력적인 것이 없었을 법하다. 이런 분위기에 불을 지핀 일이 1945년 나그 함마디 사본의 발굴이었다.

사실 20세기 중반까지 영지주의에 대한 우리의 지식은 정통 교회 교부들의 이단 논박서를 통해 간접적으로 얻은 것이 대부분이었다.[3] 그리고 영지주의 본문은 대개 소실되거나 불태워졌으며, 전문全文으로 전하는 작품은 거의 전무한 실정이었다. 그런데 1945년 이집트의 나그 함마디에서 농부가 땅을 파다가 붉은 색 항아리를 발견하면서 상황이 변하였다. 그 항아리에는 가죽 장정의 파피루스 필사본 코덱스 열세 권이 담겨 있었는데 나중에 그 안에 45개의 작품이 담겨 있음이 밝혀졌다. 45편의 작품 가운데 일

---

2   Churton, *The Gnostics*는 초창기 영지주의자들에서부터 시작해서 영지주의가 유럽 역사를 관통하여 (존 레논에 이르기까지) 어떤 식으로 살아남았는지 보여 주고 있다.

3   이레네우스나 히폴리투스, 에피파니우스 등의 교부들의 논박서가 대표적이다. 2세기 이후에 집필된 다양한 외경 서적들은 영지주의 작품으로 단언할 수는 없지만 그 안에서 당시에 성행하던 영지주의 성향을 감지할 수 있다. 요한·베드로·바오로·안드레아·토마 행전 등 대표적 외경 사도행전들도, 영지주의가 얼마나 교회 깊숙이 침투하고 또 얼마나 멀리에까지 영향을 미쳤는지 짐작케 해 준다.

부는 작품 전문이, 일부는 단편만이 실려 있다. 토마 복음, 진리의 복음, 용사 토마의 책, 요한의 비전秘典, 야고보의 비전秘典, 필립보 복음, 구세주와의 대화, 콥트어 이집트인들의 복음, 콥트어 베드로 묵시록, 콥트어 바오로 묵시록 등이 대표적이다.[4] 작품들마다 다양한 시각을 견지하고 있지만 대개 영지주의와 관련이 있어 학자들은 나그 함마디 문서가 영지주의 분파에서 만들어졌으리라 추정한다.[5] 원-정통 그리스도교 측의 파괴를 피하기 위해 자기네 작품을 항아리에 넣고 묻었을 법하다는 것이다.

    이 사본에 담긴 여러 고대 본문들이 현대어로 번역·발간되면서 영지주의에 대한 관심은 새로운 전기를 맞이하였다. 이 본문들을 통해, 초대 그리스도교 시대에 매우 다양한 복음서들이 존재했으며 성경이 현재의 형태로 정해지고 교회가 제 모습을 갖추는 데에 영지주의가 직간접적으로 기여했음이 드러났다. 그리고 일반인들도 영지주의 본문에 쉽게 접근할 수 있게 되면서 영지주의에 대한 관심은 이제 학문의 영역을 뛰어넘어 문학과 대중문화로 확대되었다. 그리하여 워커 퍼시, 허먼 멜빌, 예이츠, 카프카, 헤세, 플래너리 오코너 등 여러 작가들의 작품 속에서 영지주의 주제들을 다양한 모습으로 만날 수 있다. 더욱이 현대 영지주의 공동체와 교회가 출현

---

[4] 작품은 모두 콥트어로 기록되었는데 대부분 그리스어 원문에서 옮긴 번역본들이다. 콥트어 필사본이 만들어진 시기는 대략 350년경으로 추정된다. 일부 작품의 그리스어 원문은 2세기 초엽, 더 멀게는 1세기 말에 만들어진 것으로 보인다.

[5] 나그 함마디 사본에 포함된 작품들은 다양한 문학 유형으로 만들어졌다. 일부는 부활하신 그리스도께서 제자들에게 나타나시어 전하신 비밀 가르침을 담았다는 대화 형식의 작품도 있고, 논고·설교·묵상·어록 유형의 작품도 있으며 저세상 여행을 담은 묵시록 형식도 있다. '복음서'라는 제목을 단 작품도 여럿 있지만 정경 복음서 유형과는 사뭇 다르다. 토마 복음서는 예수님의 말씀들을 모아 놓은 어록집이다. 진리의 복음과 필립보 복음은 강론집 혹은 묵상집이라 할 수 있으며 구세주와의 대화는 제목 그대로 대화집이다. 요한의 비전은 세상의 기원에 관한 신화를 담고 있다. 거의 대부분 차명으로 기록된 작품들이다.

하면서 21세기에도 고대 영지주의의 영향이 계속되고 있음이 입증되었다.[6]

그러나 영지주의는 아직도 본 모습이 제대로 드러나지 않은 미지의 세계라 말할 수 있다. 지금 우리는 이 미지의 세계를 탐험하려 한다.

그전에 먼저 영지주의가 무엇인지 짚고 넘어가야 한다. 더 정확히 말해서 영지주의라는 용어를 어떤 범위 안에서 사용할 것인가 한정지어야 한다. 사실 영지주의라는 용어는 아직 완전히 정립되지 않은 개념이며 학자들에 따라 달리 규정된다. 그러나 대부분의 학자들은, 그리스도교와 비그리스도교를 막론하고 2세기에서 5세기까지 그리스-로마 세계에서 일어난, 영적 지식을 추구하는 다양한 종교 운동을 총칭하여 영지주의라 일컫는다. 어떤 학자들은 이 용어를 보다 좁은 의미로 사용하여 자신을 '영지(주의)자'라 일컬은 특정 그리스도교 집단을 가리키는 데만 적용한다. '영지주의'란 용어는 너무 모호하므로 아예 사용하지 말아야 한다는 주장도 있다. 그렇다고 이 단어보다 더 나은 대안도 없다.

여기서는 '영지주의'를, 자신을 '영지(주의)자'로 부른 그리스도교 집단을 가리키는 의미, 곧 '영지주의 그리스도교'라는 한정된 범위에서 사용하겠다. 영지주의 그리스도교는 그리스도교 신학과 그리스-로마 철학적(특히 플라톤) 세계관이 만나 탄생한 것이라 볼 수 있다. 이들이 영지주의자라 불린 것은 그들이 지식(영지) 곧 그노시스gnosis를 중시했기 때문이다. 그들은 자신들만이, 다른 이에게는 알려지지 않은 특별한 비밀 지식을 가졌다고 여겼다. '영지주의자'라는 단어는 다양한 관점과 신조를 포괄하는 용어지만, 그들에게는 하나같이 자신들만이 비밀 지식을 가졌다는 엘리트 의식이 있었다.[7]

6　Grimstad, "Introduction: Thomas Mann and Gnosticism in the Cultural Matrix of His Time", http://www.ntslibrary.com/Introduction%20Thomas%20Mann%20and%20Gnosticism.pdf.

7　영지주의에 대한 전반적 조망은 Rudolph, *Gnosis: The Nature and History of Gnosticism*을 보라. 만다이즘과 마니교를 포함하여 다양한 영지주의 가르침을 개관

사실 그전부터 그리스도인들은, 자신들이 '뽑힌' 사람이며 하느님께서 그리스도를 통해 드러내신 구원의 신비에 대해 깊은 통찰을 얻었다고 생각하였다.[8] 이런 경향이 2세기에 들어서면서부터 다양한 영지주의 체계 안에서 이분법으로 발전하였다. 영지주의자들의 이분법은 어떤 사람은 본성상 구원받을 수 있고 어떤 사람은 그렇지 않다는 사고다. 구원 여부가 이미 결정되어 있다는 구원의 독점화가 이루어진 것이다. 이런 사고방식은 정경에 드러난 그리스도교의 보편성에서 벗어난다. 이는 그들이 주류 그리스도교와 다른 길을 걸을 수밖에 없었던 이유이기도 하다. 그러나 영지주의가 처음부터 주류 그리스도교와 경쟁하기 위해 생겨난 것도 아니고 처음부터 고도의 신학과 체계를 갖춘 독자적 집단도 아니었다. 영지주의 그리스도교 역시 초대 교회 안에서 그 일부로 생겨났다. 교회가 외부의 영향에 반응하면서 다양한 범위의 사조와 신조를 아우르는 과정에서 등장하고 발전한 것이다.[9]

따라서 영지주의 그리스도교는 유다계나 이방계 그리스도교에 비해 상대적으로 늦은 시기에 시작되었다. 유다계는 예수님의 첫 제자들로부터 시작되었고 이방계는 예수님 사후 얼마 뒤 헬라계 유다인들과 바오로 사도로부터 시작되었다면, 영지주의 계열은 그러고도 100년을 훌쩍 넘긴 뒤부터 교회에 자리 잡기 시작했다. 그리스도교가 팔레스티나 본토를 떠나 드넓

하고 있다.

8 에페 1,9: "(하느님께서는) 그리스도 안에서 미리 세우신 당신 선의에 따라 우리에게 당신 뜻의 신비를 알려 주셨습니다"; 마르 4,11-12: "너희에게는 하느님 나라의 신비가 주어졌지만, 저 바깥 사람들에게는 모든 것이 그저 비유로만 다가간다. '보고 또 보아도 알아보지 못하고 듣고 또 들어도 깨닫지 못하여 저들이 돌아와 용서받는 일이 없게 하려는 것이다.'"

9 어떤 학자들은, 영지주의가 바깥에서 유입된 것이 아니라 그리스도교 안에서 발전된 것이라는 측면에서 접근한다: Pétrement, *A Separate God: The Origin and Teachings of Gnosticism*을 보라.

은 그리스-로마 세계로 퍼져나가면서 그곳의 다양한 문화와 접촉하여 발전한 결과물의 하나가 영지주의 그리스도교인 것이다.

이 책에서 다루고자 하는 것이 바로 이 영지주의 그리스도교가 만들어낸 작품들이다. 영지주의 본문이 탄생한 기원후 1-3세기는 동서를 불문하고 종교적·철학적 질문과 각성이 폭발한 시기였다. 영지주의 본문들은 이 시기의 한 단면을 증언하는 주요 유산으로서 그 시대에 대한 새로운 통찰을 제시한다. 아울러 오늘날 새롭게 출현하고 있는 현대 영지주의 교회와 각종 영성 운동 속에 스며든 영지주의 사상의 원뿌리를 담고 있다. 현대 영지주의자들의 경전에 해당하는 것이 바로 이 본문들, 곧 고대 영지주의 본문들이다.

이 책에서는 고대 영지주의 본문들 가운데 나그 함마디 사본에서 고른 아홉 편의 작품과 다른 사본에서 고른 작품 두 편을 다룬다. 마리아 복음과 유다 복음이 후자에 해당하는데, 이 복음서들 역시 18세기 이후에 발견되었다. 나그 함마디 사본에서 뽑은 아홉 편은 요한의 비전, 필립보 복음, 용사 토마의 책, 야고보의 비전, 콥트어 바오로 묵시록, 콥트어 베드로 묵시록, 야고보의 첫째 묵시록, 야고보의 둘째 묵시록, 부활에 대한 논고이다. 베를린 사본에 실린 마리아 복음서는 교회 내 여성의 위상과 관련하여 여성신학계의 지대한 관심을 받고 있다. 유다 복음은 2006년 내셔널지오그래픽에서 발표하여 세간을 떠들썩하게 했던 바로 그 복음서다.[10] 요한의 비전은 영지주의 신화의 고전으로 손꼽히며 영지주의 세계관을 한눈에 조망할 수 있게 해 준다. 나머지 작품도 유명세는 다르지만 모두 다 영지주의 그리스도교의 사상적 특징과 관습을 잘 드러내는 중요한 작품들이다.

---

10 https://www.nationalgeographic.com/science/article/gospel-judas-pages-long-strange-journey.

11편의 작품을 선정한 기준은 간단하다. 먼저 나그 함마디 사본과 다른 주요 사본에 담긴 작품들 가운데에서 그리스도교 영지주의와 관련이 깊은 작품을 골랐다. 그리고 영지주의에서 가장 중심이 되는 주제 열한 가지를 선정하였다. 어떻게 살 것인가, 죽은 뒤에는 어떻게 되는가에서부터 인류의 시작과 끝에 이르기까지 그리스도교 영지주의의 특색을 가장 잘 드러내는 주제를 열한 가지로 추렸다. 그리고 각 작품을, 관련되는 주제와 하나씩 연결하였다. 어떤 작품이 주요 주제와 부합하는 내용을 담았다 하더라도 필사본의 보존 상태가 안 좋아서 공백이 많고 해독하기 어려운 경우에는 제외하였다. 구세주의 대화나 콥트어 이집트인들의 복음, 발렌티누스 해설 등이 여기 해당한다. 발렌티누스 해설은 영지주의자들의 성사, 특히 세례·도유·성찬에 대한 귀중한 가르침을 담고 있으나 본문이 너무 많이 훼손되어 뺄 수밖에 없었다. 주제가 겹치는 경우도 뺐다. 토마 복음과 진리의 복음은 대표적 그리스도교 영지주의 작품으로 손꼽히지만 필자의 다른 책, 『신약 외경 1』에서 본문을 소개하므로 여기서는 생략했다. 필요시에 인용문을 싣거나 간단히 소개하는 정도로 만족하였다. 구원자 개념도 매우 중요하지만 이 주제는 다른 주제들과 긴밀히 연결되어 있어 거의 각장마다 충분히 소개되므로 따로 다루지 않았다.

11장으로 이루어진 이 책은 각 장마다 이런 방식으로 전개된다. 각 장의 주제에 대해 간략히 소개한 뒤, 그 주제를 잘 드러내는 작품을 골라 그것을 중심으로 주제를 전개해 나간다. 작품마다 하나의 주제만 부각시키는 것을 원칙으로 한다. 때로 어떤 작품의 경우 다른 주제가 더 중요할 수도 있을 테이나 그 주제를 다른 작품에서 다룰 때에는 언급만 하고 지나간다. 예를 들어 '전례와 성사' 항목에서 다루는 필립보 복음서에는 '성사' 말고도 중요한 테마들이 굉장히 많지만 이 테마들에 대해서는 본격적으로 다루지 않는다. 대신 다른 장에서 필요할 때 필립보 복음서를 인용하거나 언급하였다. 요한의 비전은 주제가 '시작과 끝'이니만큼 주제 전개 때 작품 전체를 다 훑는다. 창조에서 구원에 이르기까지 우주의 시작과 끝, 인류의 시작과 끝, 과거·현재·미래를 모두 관통하고 있는 이 작품을 처음부터 끝까지 차근차근 살펴볼 것이다.

11개 작품의 본문은 모두 콥트어에서 우리말로 옮긴 것이다. 콥트어 본문 자체가 그리스어에서 옮긴 번역문이라 이해하기 힘든 부분이 많다. 콥트어 번역자가 그리스어를 잘못 이해했을 수도 있고, 그리스어를 콥트어로 매끄럽게 옮기는 데 실패했을 수도 있다. 게다가 필사본의 보존 상태가 좋지 않아 공백이나 훼손된 부분이 많은 것도 사실이다. 그러나 가능한 한 알아듣기 쉽게 옮기려 노력하였다. 본문과 더불어 간단한 해제도 곁들였다.

가장 중요한 것은 영지주의 본문을 직접 읽어보는 것이다. 각주에 주어진 해설은 본문의 이해를 돕기 위한 것일 뿐 결코 전부가 될 수 없고 주가 될 수도 없다. 본문을 읽고 나서, 혹은 본문을 읽으면서 해설을 참조하는 것이 영지주의에 익숙해지는 최적의 방법이 될 듯하다. 이를 통해 영지주의자들이 누구였는지, 그리고 그들이 말하고자 한 바가 무엇인지 조금은 더 잘 이해하게 될 것이다.

서문

영지주의와 영지주의자들

―――――――――

지금 우리는 영지주의 세계로 탐험 여행을 떠나려 한다. 어딘가를 탐험하기 위해서는 나침반이 필요하다. 영지주의 세계를 탐방하기 위한 나침반은 바로 영지주의 본문과 그 본문을 만든 사람들이다. 그들이 누구인지, 어떤 이유와 의도로 썼는지 알아야 영지주의 세계로 가는 방향을 잡을 수 있다. 따라서 먼저 영지주의자들은 누구이며 그들이 무엇을 믿었는지 간략히 살펴볼 것이다. 이를 위해 영지주의가 탄생하던 무렵의 종교적 배경을 살펴보고 나서 그 다음 영지주의자들이 당면한 문제들을 어떻게 진단하고 처방을 내렸는지 알아볼 것이다. 그리고 최초의 영지주의 교사들에 대해 살펴볼 것이다. 그들에 대한 이해가 영지주의 본문을 읽는 데 초석이 될 것이다. 마지막으로 영지주의의 명멸과 최근에 있은 영지주의 본문의 발견에 대해 짚어 볼 것이다. 이로써 영지주의 주제와 본문을 읽을 준비가 될 것이다.

1. 영지주의의 시대적 배경

영지주의 본문들은 느닷없이 아무데서나 막 생겨난 것이 아니며 그 이면에는 수많은 인물과 논쟁으로 가득한 역사가 자리하고 있다. 사실 모든 본문은 저마다 그 본문이 태어난 시대와 장소를 반영한다. 영지주의 본문이 탄생한 시대는 우리 시대와 매우 유사하면서도 사뭇 다르기도 하였다. 영지주의 본문을 탄생시킨 이들이 어떤 사람들이었는지, 그들이 산 세상은 어떤 세상이었는지 알 때 그들이 쓴 본문의 의미도 알아내기 쉬울 것이다.[1]

지금 살피려 하는 때와 장소는 로마 황제의 지배하에 있던 2세기 말엽의 지중해 세계다. 당시 민중의 삶 속으로 들어가 보자. 그때는 질병과 장애가 신이 내린 처벌 혹은 악마의 농간, 귀신의 장난으로 여겨졌다.[2] 자연 재앙도 신들 혹은 악마들의 작업에 의해 일어난다고 여겨졌다. 악령과 마귀들은 현실이며, 마술이나 주술이 실제 삶에 영향을 미칠 수 있다고 믿었다. 또한 꿈이나 환상의 의미를 알아내려 애쓰고 점성술에 기대어 앞날을 점치기도 했다. 일반 민중들은 이 모든 운명의 힘과 저세상 세력들로부터의 해방과 안전을 기원하면서 신 혹은 신들에게 기도하였다. 민중들에게 신, 신들, 악마와 마귀, 귀신과 천사, 운명과 행운 및 불운은 헛소리가 아니라 현실이었다. 따라서 운명을 알아내려 점성술에 기대거나 재앙을 막고 질병을 치유하려 **부적과 마술**이나 주술에 기대는 일들이 하등 이상할 것이 없었다.

마찬가지로 영적 구도자들이 여러 대안을 찾는 것도 자연스런 일이었다. 어떤 이들은 미트라교 등의 신비 종교나 밀교를 대안으로 삼았고, 어떤 이들은 스토아 학파, 에피쿠로스, 플라톤 사상 등 철학에서 답을 찾았다. 어떤 이들은 유다교나 그리스도교에 귀의하였다. 신앙을 통해 이 세상과 운명에 맞서 싸울 힘을 얻으려 했던 것이다.

영지주의가 태동하던 무렵의 1-2세기 그리스도교는 아직 성장 중에 있었으며 통일된 형태로 정비되기 전이었다. 그러나 로마 제국 전역의 그리스도인들은 예수님의 삶과 가르침에 대한 공통된 전승을 공유하였으며 전

---

1 영지주의가 탄생한 시대적 배경과 역사적 맥락에 대해서는 Pagels, *The Gnostic Gospels*을 보라.

2 통증이나 질병이 신의 처벌이나 귀신의 장난이 아니라 생물학적 현상으로 여겨진 것은 19세기 중엽 마취법이 발견된 뒤의 일이라고 한다. 멜러니 선스트럼, 『통증 연대기』, 13-17 참조.

부적과 마술[1]

고대인들은 악을 차단하고 병을 치유할 목적으로 부적을 몸에 지니고 다녔다. 미쉬나의 한 본문에, 안식일에 집을 나설 때 치유의 목적으로 메뚜기 알이나 자칼의 이빨, 혹은 십자가형을 당한 사람의 손톱을 몸에 지니는 것이 허락된다고 쓰여 있다. 2세기 중엽의 라비 메이르가 그렇게 말했다고 한다. 그러나 현인들은 평일에도 그래서는 안 된다고 가르쳤다(m. Shabatt 6.10). 이는 종교 스승들은 대개 부적이나 호부(護符)를 지니는 것을 금했지만 많은 유다인들, 심지어 율법에 충실한 유다인들도 부적을 지니고 다녔음을 반증한다.

그리스도 시대 이후 예수님 상을 부적처럼 지니고 다닌 이들이 있었다. 이들이 신자였는지는 알 수 없다. 파리 페레르 콜렉션(Pereire Collection)에 기원후 200년경의 것으로 추정되는 벽옥의 예수님 상이 있다. 손목에는 못이 박혀 있고 다리를 늘어뜨린 채 앉아 계신 모습이다. 예수님 상 주변과 조각 뒷면에는 "한 분이신 아버지 예수 그리스도"라는 단어와 뜻을 알 수 없는 주문이 새겨져 있다.[2] 조각 방식이나 재료가 전형적인 그리스-로마의 마술 부적과 같다. 이런 마술 부적들은 이집트와 시리아에서 만들어지기 시작했으며 2-3세기경에는 로마 제국 전역에서 널리 사용되었다.

베츠는 기원전 2세기부터 기원후 5세기까지의 고대 마술 본문들을 현대어로 번역하고 소개하였다.[3] 마귀에 사로잡힌 사람을 고치는 비법이나 마법의 묘약을 만드는 방법과 주문 등이 본문에 소개되어 있다.

---

1   Vinson, *Luke*, 380.
2   Rousseau/Arav, *Jesus and His World*, 192.
3   Betz (ed.), *The Greek Magical Papyri in Translation*.

례나 관습도 비슷하였다. 단 이러한 믿음과 전례의 의미를 어떻게 해석하느냐는 공동체마다 조금씩 혹은 크게 달랐다. 또한 예수님의 말씀이라 전해지는 것들 가운데 어떤 것이 정말로 주님께서 하신 말씀인지, 그리고 그 말씀을 어떻게 이해해야 하는지, 예수님의 삶과 행적을 어떻게 해석해야 하는지에 대해서 공동체들 사이에 입장차를 보였다. 아직 이 문제들에 대해서 교회 안에 의견 통일이 이루어지지 않았던 것이다. 사실 당시는 사도들에게 전해 받은 신앙의 유산을 두고 해석의 다양성이 인정되던 시기였다. 신약성경 안에서도 사도들 간의 혹은 공동체 사이의 입장차를 확인할 수 있다.

그러나 당시에도 그리스도교 신앙의 핵심 혹은 요체라 부를 만한 것이 이미 존재하였다. 사실 (거의) 모든 초대 그리스도인들이 몇 가지 중요한 사실에 대해서는 일치를 보았다. 가령 하느님의 아들 예수 그리스도가 인류의 구원자이시며 십자가에 못 박혀 돌아가신지 사흘 만에 되살아나셨다는 믿음은 그리스도교 신앙인이라면 누구나 공감하는 내용이었다.

그런데 그리스도교 공동체가 드넓은 헬레니즘 세계 곧 그리스 사상과 로마의 정치가 지배하는 로마 제국 전역으로 확대되면서 이런 기본 신앙에도 동의하지 못하는 사람들이 생겨났다. 사실 유다교 배경에서 자란 사람과 헬레니즘 배경에서 성장한 사람 사이에는 차이가 있을 수밖에 없었다. 그래서 예수님의 가르침을 전할 임무를 띠고 지중해 각 지역에 파견된 사도들은 그분의 가르침을 그곳 청중들이 이해할 수 있는 언어로 옮겨야 할 필요를 절감하였다. 기본 신앙을 훼손하지 않고 보전하면서도 청중이 알아들을 수 있는 언어로 옮기는 작업은 쉬운 일이 아니었지만 소홀히 하고 넘어갈 수도 없었다. 실제로 2세기 중반에는 교부들이 보기에 신앙의 핵심에서 어긋나는 가르침들도 속속 등장하기 시작했다. 그 대표 격이 영지주의다. 그리스도교 신앙을 그리스 철학의 관점에서 재해석한 영지주의가 때로는 신앙의 핵심에서 너무 벗어난 것이 문제였다. 다양성의 인정이라는 미명하에 '다름'을 넘어 '틀림'으로 나아간 사조들도 분명히 있었다. 교부들이 이런 사조들을 가만히 두고 볼 수는 없었을 것이다. 그리하여 저술된 책들이 각종 이단 논박서들이다. 교부들의 행동이 독재와 횡포로 느껴질 수도 있겠지만, 신앙의 정수를 보전하려는 노력의 일환으로 보아야 할 것이다.

2. 영지주의자들의 출현 및 그들의 핵심 가르침

2세기 중엽 알렉산드리아 등지에서는 예수님의 이야기를 자기네 문화에 맞게 전달하고자 하는 사람들이 등장하였다. 그들은 다양한 종교적·철학적 자원을 두루 이용하며 그리스도교 가르침을 새로운 버전으로 탈바꿈시켰다. 그들 가운데 영지주의자들도 있었다. '지식(깨달음)을 얻은 사람'이라는 뜻의 영지(주의)자Gnostics는 그노시스Gnosis 곧, 깨달음을 통해 하느님의 존재와 본성의 신비에 도달하고자 한 사람들을 일컫는다. 그들이 추구한 그노시스는 단순한 지식이 아니라 하느님과 자기 자신에 대한 직관적 통찰을 가리킨다. 이들은 예수님 사건에 대한 이해에서 한걸음 더 나아가 '우리는 어디서 와서 어디로 가는가?', '악은 왜 존재하는가? 악의 본성은 무엇인가?', '구원은 무엇이고 어떻게 이루어지는가?'와 같은 추상적인 문제에도 의문을 품었다. 그리고 그들은 인간이 경험하는 모든 일의 의미와 본성을 이해하고자 노력하였다. 특히 이 세상과 인간에게 왜 고통과 질병과 죽음이 가득한지 알고 싶어 하였다. 그리고 자신이 얻을 수 있는 모든 자료를 동원하여 이 문제에 대한 답을 얻어내려 애썼다. 그리고 그들이 찾아낸 답은, 물질계 자체가 본래 악하기에 우리의 삶이 고통스럽고 허무하다는 것이었다. 이 세상은 한마디로 그 뿌리부터 잘못되었다는 의미다.

물론 영지주의자들에게도 하느님은 모든 생명과 선의 원천이시다. 그럼에도 불구하고 이 세상에 악과 고통이 존재하는 이유를 설명하기 위해 그들은 하느님과 이 세상을 서로 아무 관련이 없는 별개의 존재로 제시하였다. 그리고 이를 '신화적 이야기'를 통해 풀어낸다. '요한의 비전'이 그 대표

에온의 유출과 플레로마

영지주의 체계에서 에온(αἰών)은 하느님에게서 유출된 신적 존재들을 일컫는 말이다. 에온들은 하느님의 피조물이자 그 현현이다. 에온은 매번 남녀 한 쌍씩 유출된다. 각 에온은 위격적 존재이면서 우주적 힘이나 심리적 힘을 표상하기도 한다. 최상신인 하느님에게서 나온 다양한 에온들을 하느님의 유출물이라 부르기도 한다.

플레로마(πλήρωμα)는 그리스어로 '(무언가를) 가득 채우는 것, 그 내용물'을 뜻하지만 대개 '충만'으로 옮겨진다. 영지주의에서 플레로마는 타락한 물질계와 대비되는 천상계를 가리키는 용어로 사용된다. 천상계의 충만성과 완전성을 드러내는 이름이기도 하다.

적 예다. 요한의 비전은 대략 다음과 같은 구성으로 짜여 있다. 완전한 아버지이신 하느님에게서 일련의 다른 신적 존재들인 **에온들이 유출**되었다.[3] 하느님과 에온들이 함께 천상계인 **플레로마**를 형성한다. 이 영적 세계가 진정한 세계이며 빛과 평화로 가득 차 있다. 그리고 아무런 결핍이나 부족함이 없이 그 자체로 완벽하다. 고통과 아픔은 이곳에 설자리가 없다. 이 완전한 세계, 천상계는 우리가 사는 물질계가 창조되기 이전부터 존재하였다. 그런데 이 완전한 천상계인 플레로마에 문제가 생긴다. 에온들 가운데 최하위에 해당하는 소피아가 최상신의 허락과 배우자 에온의 동의를 구하지 않은 채 독단적으로 소생을 낳아버린 것이다. 소피아는 자신의 소생이 괴물 같은

---

[3] 영지주의 작품에서 천상계의 신적 존재들은 대개 최상신에게서 유출(Emanation)되는 것으로 표현된다.

형상을 한 것을 보고 그를 플레로마 바깥으로 던져버린다. 그러다가 자신의 영과 힘을 그 소생에게 빼앗긴다. 이때 플레로마 바깥에 버려진 소피아의 소생이 바로 물질계와 인간을 만든 창조주, 곧 데미우르고스다. 인간을 만드는 과정 중에 창조주는, 소피아에게서 뺏은 신적 요소 곧 소피아의 영을 인간에게 불어넣게 된다. 이렇게 해서 플레로마에게서 떨어져 나온 신적 요소가 물질계, 더 정확히 말해 인간의 몸속에 갇히게 된다. 신적 섬광 또는 불꽃, 영이라는 이름으로 불리는 이 신적 요소는 사람들의 내면, 적어도 일부 사람들의 내면에 존재한다. 물질에 불과한 사람이 참지식인 그노시스를 획득할 수 있는 것이 바로 이 신적 요소 덕분이다. 신적 요소의 존재 여부가 그노시스 획득의 여부를 결정한다는 뜻이다.

이러한 영지주의 신화에 따르면 이 세상은, 천상계와 상관없는 하등한 존재 데미우르고스가 만든 피조물이다. 세상과 육신은 인간의 영(신적 섬광)을 가두는 감옥 구실을 한다. 신적 불꽃이 육신과 세상 안에 갇혀 있는 상태가 인간의 실존이라는 것이다. **데미우르고스**와 그 수하세력들인 **아르콘**은 이런 식으로 세상과 인간을 지배한다. 영지주의자들은 이 데미우르고스를 구약성경의 창조주, 곧 유다인들의 하느님과 동일시한다. 만약 그리스도인들이 유다인들의 하느님을 믿는다면 그들도 거짓 신을 섬기는 셈이라고 한다.

영지주의자들은 인간이 거짓 신의 지배에서 벗어나는 길, 그리고 영이 육체와 세상이라는 감옥에서 벗어나는 길은 자신의 기원을 깨닫는 것뿐이라 주장한다. 곧 인간은 자신의 참자아인 영이 창조주 데미우르고스가 아니라 하느님에게서 유래했음을 깨달음으로써만(= 그노시스 획득) 해방될 수 있다는 것이다. 예수 그리스도가 세상에 온 목적도 인간의 영을 거짓 신의 지배에서 벗어나게 하려는 것이었다. 인간에게 그노시스를 주어 몸 안에 갇힌 영을 육체의 속박에서 해방시킨다는 것이다. 결국 영지주의자들에게 구원은, 영이 그노시스를 통해 육체와 세상의 속박을 벗어나 플레로마로 돌아가는 것, 그리하여 플레로마의 하느님과 다시 일치하는 것이다.

데미우르고스와 아르콘

데미우르고스(δημιουργός)는 장인 혹은 창조자를 뜻하며 플라톤 철학에서 초월적 하느님과 물질계의 중간자적 존재로 처음 등장하였다(『티마이오스』 28a). 영지주의자들에게 데미우르고스는 조금 더 부정적인 특성을 지닌다. 단순히 하느님과 인간 사이의 중간자가 아니라 저급한 악신으로서 세상과 인간을 만들고 제멋대로 지배하는 창조주다.

아르콘(ἄρχων)은 그리스어로 지배자, 통치자를 뜻한다. 영지주의자들 사이에서는 물질계를 다스리는 영적 존재들로서 창조주 데미우르고스가 만든 부하들로 통한다. 본성상 악마나 마귀에 가깝다. 영지주의자들에 따르면 데미우르고스와 아르콘은 합심하여 인간의 영이 플레로마로 돌아가는 것을 방해한다.

주류 그리스도인들에게 구원의 열쇠는 예수님의 십자가 죽음과 부활에 있다. 그리스도의 십자가상 죽음이 악의 세력에 대한 승리를 뜻하는 것이든 죄의 대속을 뜻하는 것이든 그것은 인간을 구원하는 행위임에 틀림없다. 그리스도가 인류의 죄를 대신하여 죽음으로써 인류에게 생명을 선사한다는 것이다. 사실 인간에게 죄책이 있는 한 용서의 수단이 필요하다. 예수 그리스도의 십자가상 죽음이 죄를 감면해 주어 죄인을 영원한 심판에서 구해준다는 것이다.

영지주의자들은 그리스도의 역할을 완전히 다르게 이해한다. 구원자로서의 역할은 고통이나 죽음과 아무 상관이 없다. 참그리스도는 인간인 예수에게서 떠남으로써 혹은 다른 대체자를 내세움으로써 십자가형을 피했다. 영지주의자들은 인간에게 죄에 대한 책임이 없다고 가르친다. 또한 종교에서 죄라고 부르는 것이 죄가 아니라고 한다. 따라서 종교에서 반드시 지켜야 할 계명이라고 가르치는 것들을 지킬 필요도 없다. 인간은 율법이나 계명의 구속을 받지 않는다는 것이다. 영지주의자에게 죄란 무지를 일컫는 말이다. 일시적 지상계를 진정한 세계로 착각하는 데서 나온 무지가 인간의 유일한 죄라는 것이다. 따라서 죄를 용서받을 필요도 감면받을 필요도 없다. 아니 용서받아야 할 죄가 없다.

영지주의자에게 중요한 것은 무지와 착각에서 벗어나는 일이며 우리에게 필요한 것은 우리의 감긴 눈을 뜨게 해 줄 누군가이다. 영지주의자들에게 구원자 그리스도의 임무는 죄의 용서가 아니라 그노시스의 부여다. 구원자는 우리가 누구인지, 어디서 왔는지, 왜 이 세상과 고통과 죽음의 속박에 묶여 있는지 알려 주시려 오셨다. 우리는 자신이 누구인지 앎으로써 감옥에 불과한 세상을 떠나 자신이 속했던 천상의 플레로마로 되돌아갈 수 있다. 그리스도는 천상에 속하는 사람들에게 그노시스를 주신 다음 영광스럽게 다시 천상으로 올라가셨다. 그리하여 그분을 따르는 모든 이에게 천상으로 돌아갈 수 있는 길을 마련하셨다는 것이다.[4]

이처럼 영지주의의 근간은 깨달음(그노시스)에 있다. 곧 자기 자신과 자기의 근원인 하느님을 아는 그노시스와 그 체험이 영지주의의 근간이라 할 수 있다. 깨달음과 통찰을 뜻하는 그노시스는 동서고금을 막론하고 사유에 몰두한 많은 이들이 추구한 것이기도 하다. 자신을 억압하는 모든 굴레에서 벗어나 참된 자유와 해방을 누리고자 하는 사람들이 그 수단으로 삼은 것이 깨달음이었다. 그렇다면 과연 영지주의자들이 말하는 그노시스란

---

[4] 영지주의 작품은 때로 그리스도가 임무 수행을 위해 비밀리에 지상에 내려오셨음을 언급하기도 한다. 천계의 문들을 지키는 아르콘들의 눈을 피해 몰래 이 세상에 내려오셨다는 것이다. 아르콘들은 세상과 인간을 자신의 지배하에 두고 싶어 하기에 구원자가 세상에 내려오는 것을 반길 리 없기 때문이다. 오히려 구원자의 하강을 무슨 수를 써서라도 막으려 했을 것이다. 정통 교회의 작품으로 분류되는 사도들의 편지에도 예수님께서 천사들을 따돌리고 이 세상에 내려오시는 과정을 묘사하는 대목이 있다(13).

어떤 것일까? 그리고 그노시스 체험은 과연 어떠한 것일까?

그노시스

'지식'이라 옮길 수 있는 그리스 단어 그노시스를 영지주의자들이 가장 중요하게 꼽는다는 사실은 잘 알려져 있다. 그러나 주류 그리스도교에서도 그노시스, 특히 하느님을 아는 지식은 매우 중요하다. 그래서 그리스도교에는 '믿음'pistis이, 영지주의에는 믿음 대신 '지식'Gnosis이 있다는 말은 틀렸다.[5] 믿음과 지식은 동전의 양면과도 같다. 하느님은 인간의 이성으로 '알' 수 없으며, '믿을' 수 있을 따름이지만, 그리스도교는 하느님에 대한 앎을 처음부터 아예 불가능한 것으로 치부하지는 않는다. 하느님께서 몸소 당신을 인간에게 계시해 주셨기 때문이다. 당신의 피조물들을 통해, 이스라엘 백성을 통해, 그리고 최종적으로 예수 그리스도를 통해 당신을 밝히 드러내 보여 주셨다는 것이다. 따라서 그리스도인들에게 하느님에 대한 지식은 매우 중요하다. 이를테면 바오로 사도의 콜로새 서간은 지식과[6] 실천의 상호 연관성을 보여 준다. 사도는 그곳 신자들이 "모든 **영적 지혜와 깨달음** 덕분에πάσῃ σοφίᾳ καὶ συνέσει πνευματικῇ **하느님의 뜻을 아는 지식**ἐπίγνωσις으로 충만해져, 주님께 합당하게 살아감으로써 모든 면에서 그분 마음에 들고 온갖 선행으로 열매를 맺으며 **하느님을 아는 지식**으로ἐπιγνώσει τοῦ θεοῦ 자라기를 빕니다" 하고 기도한다(콜로 1,9-10). 하느님에 대한 지식은 올바른 삶을 위한 전제 조건이 된다는 것이다.[7]

---

5   Roukema, *Gnosis and Faith in Early Christianity*를 참조하라.
6   여기서는 그노시스 대신 에피그노시스가 사용되었다.
7   패걸스는 바오로 서간에서 초기 영지주의의 씨앗을 찾는다: Pagels, *The Gnostic Paul: Gnostic Exegesis of the Pauline Letters*. 저자는 이 책에서 바오로 사도가 '지식'을 중요하게 다룬 점을 부각시킨다.

이처럼 '지식'이 모든 그리스도인에게 중요하지만 영지주의자들에게는 '지식'이 중요함을 넘어 그 무엇보다 앞서는 것이 된다. "너희가 지식 gnosis을 통해 (하늘 나라)를 획득하지 않는다면 그것(하늘 나라)을 발견할 수 없을 것이다"(야고보의 비전 8)라는 말이 이를 입증한다. 하느님의 일 혹은 영적 진보에 있어서도 믿음, 희망, 사랑보다 지식이 더 높은 단계로 제시된다. 믿음, 희망, 사랑을 넘어선 마지막 단계가 지식이라 할 정도다. "하느님의 경작도 이와 마찬가지로 네 가지, 곧 믿음, 희망, 사랑, 지식을 통해서 이루어집니다. 믿음은 우리의 흙입니다. 우리는 그 안에 뿌리를 내립니다. 물은 희망입니다. 우리는 그것을 통해 자양분을 얻습니다. 바람은 사랑입니다. 그것(바람)을 통해 우리는 자라납니다. 빛은 지식[입니다]. 그것(지식)을 통해 우리는 성[숙해]집니다"(필립보 복음 79).

나아가 지식 개념은 영지주의자들 사이에서 새로운 의미를 띠게 된다. 지식이 '자기 자신을 아는 지식'이 된 것이다. 곧 '지식'은 무엇보다 '자기 자신'에 대한 깨달음, 곧 자기 자신이 누구이며, 자신의 기원이 무엇이고 자기가 돌아갈 곳이 어딘지를 아는 것이 되었다. 발렌티누스의 제자 테오도투스는 우리를 자유롭게 해방시키는 것이 바로 이러한 '자기 지식'임을 강변한다(알렉산드리아의 클레멘스, 『테오도투스 발췌록』 78).

"우리를 자유롭게 해방시키는 것은,
우리가 누구였으며,
우리가 무엇이 되었는가,
우리가 어디에 있었으며,
우리가 어디로 던져졌는가,
우리가 어디로 바삐 가고 있으며
우리가 무엇으로부터 해방되어야 하는가,
태어남은 실제로 무엇이며,
다시 태어남은 무엇인가에 대한

지식(그노시스)이다."

영지주의자들에게 무엇보다 중요한 것이 자기 자신에 대한 지식임은 다음 구절에서도 드러난다. "너희가 너희 자신을 알게 될 때 너희는 알려질 것이다. 그리고 너희가 살아 계신 아버지의 자녀라는 것을 깨닫게 될 것이다. 그러나 너희가 너희 자신을 알지 못하면 너희는 가난 속에 있으며 가난 자체이기도 하다"(토마 복음 3.2).

용사 토마의 책에서 구원자께서 토마에게 하신 말씀은 조금 더 구체적으로 '자기 지식'의 의미를 부각시킨다. "너는 너 자신을 살피고 네가 누구인지, 그리고 네가 어떤 모습으로 존재하는지, 혹은 어떤 식으로 존재할지 깨달아라. 너는 내 형제라 불릴 터이니 네가 너 자신을 모른다는 것이 옳지 않다. 네가 이미 깨달았다는 것은 나도 알고 있다. 너는 내가 '진리의 지식'임을 깨달았기 때문이다. 무지한 네가 나와 함께 걸어가면서 이미 (지식을 얻어) 알게 되었다. 그리하여 너는 '자기 자신을 아는 자'라 불릴 것이다. 사실 자신을 알지 못한 사람은 아무것도 알지 못한 셈이다. 그러나 자기 자신을 안 사람은 이미 모든 것의 깊이에 대한 지식을 획득하였다"(용사 토마의 책 138). 자기 자신을 안 사람은 모든 것을 안 사람이며 자기 자신을 모르고서는 주님의 형제로 불릴 자격이 없다는 것이다.

지식은 아버지 하느님에 대한 지식이기도 하다. 이는 '감사의 기도'에 잘 나타난다. 이 기도는 그노시스 체험을 한 사람이 드린 감사의 기도인데 그노시스 찬가라 부를 만하다. 저자는 하느님을 아는 지식을 통해 높이 들어 올려지고 하느님처럼 거룩해진 체험을 노래하고 있다.

"저희는 당신께 감사를 드립니다! 모든 영혼과 마음이 당신을 향해 들어 올려졌습니다. … 저희는 기뻐합니다. 저희가 당신의 지식으로 비추어졌기 때문입니다. 저희는 기뻐합니다. 당신께서 저희에게 당신 자신을 보여 주셨기 때문입니다. 저희는 기뻐합니다. 저희가 몸속에 있는 동안에 당

신께서 당신의 지식을 통해 저희를 신성하게 해 주셨기 때문입니다[8]"(감사의 기도 63-64).[9]

하느님과 자기 자신에 대한 지식을 얻은 사람에게는 이제 이 지식이 삶의 중심이 된다. 여기서 말하는 지식은 단순한 이론적 지식이 아니다. 하느님에 대한 신학적 지식이나 자기 자신에 대한 생물학적·심리학적·의학적 지식을 가리키는 말이 아니라는 뜻이다. 지식은, 참된 자기가 누구인가를 아는 것, 곧 참된 자기는 육체가 아니라 영혼이며, 그 영혼이 궁극적으로 하느님에게서 유래했다는 것, 그리고 그 영혼이 다시 돌아갈 곳 또한 하느님이 계신 천상계임을 깨닫는 것이다. 그리고 이러한 깨달음에서 자유와 구원이 온다.[10]

지식이 사람의 마음을 들어 올려 자유롭게 해방시킨다는 것은 다음 구절이 보여 준다.

"진리 aletheia는 어머니입니다. 지식 gnosis은 아버지입니다. 죄짓는 일을

---

[8] 또는, "저희를 신으로 만들어 주셨기 때문입니다."

[9] 본문은 나그 함마디 코덱스 VI,7에 실려 있다. 콥트어 대본: Dirkse/Brashler (eds.), "The Prayer of Thanksgiving", 375-387. 작품 전문(全文)은 본 책 39쪽 이하에 있다. 이 작품은 "이것은 그들이 드린 기도문이다"라는 문장으로 시작한다. 이 문장 뒤에 기도문이 바로 이어진다. 작품은 기도문 다음에 나오는 "이 기도를 마치고 나서 그들은 서로 포옹하였다. 그리고 그들은 피가 들어 있지 않은 거룩한 음식을 들러 갔다"라는 문장으로 끝난다. 감사의 기도가 전례 때 사용되었을 것임을 짐작할 수 있다.

[10] 신학적 지식이 많다고 해서 자유와 구원이 오는 것이 아니다. 자기 자신에 대해서 의학적으로 심리적으로 잘 안다고 해서 오는 것도 아니다. 영지주의자들은 자유와 구원이, 자신의 기원이 하느님임을 깨닫는 데서 온다고 한다.

자신에게 돌리지 않는 이들을 세상은 자유인이라 부릅니다. 이들은 자신에게 죄짓는 일을 돌리지 않는 이들입니다. 진리에 대한 지식은 마음을 들어 높입니다. 다시 말해 그것(진리에 대한 지식)은 그들을 자유인으로 만들고 그들을 어떤 곳보다 높이 들어 올립니다. 사랑agape은 성장하게 합니다. 지식을 통해 자유로워진 사람은 사랑 때문에, 아직 지식의 자유를 얻지 못한 사람들을 위해 노예가 됩니다. 지식은 그들을 자유인이 될 수 있게 합니다"(필립보 복음 77).

지식은 삶을 바꾸는, 자유와 해방의 지식인 것이다. "진리의 지식을 가진 이는 자유롭습니다. 자유로운 사람은 죄를 짓지 않습니다. 사실 죄를 짓는 자는 죄의 노예입니다"(필립보 복음 77). 지식을 획득한 사람은 이제 노예가 아닌 자유인의 삶을 살게 된다.

그노시스 체험

영지주의자들에게 지식(그노시스)은 어째서 이토록 중요한 것일까? 영지주의자들이 발견했다는 지식이란 무엇이고 지식 발견의 체험이 어떤 것인지는 진리의 복음이 보여준다. 이에 따르면, 지식을 얻은 사람은 자신이 어디서 와서 어디로 가는지 안다. 그는 본디 위에서 온 사람이기에 지식을 획득하면 다시 자기가 온 그곳, 자기를 부르신 분을 향해 위로 올라간다. 그리고 안식을 누린다. 그는 술에서 깨어난 사람과 비슷하며 이제 하느님 뜻을 따라 살게 된다.

"누군가 지식을 얻었다면 그는 위에서 온 사람입니다. 그는 자기 이름이 불리면 듣고 대답합니다. 그리고 자기를 부르신 분에게 돌아가며 그분을 향해 위로 올라갑니다. 그는 자신이 어떤 식으로 불리는지 압니다. 그가 지식을 갖게 되면 자신을 부르신 분의 뜻을 행하고 그분의 마음에 들고 싶어 하며, 안식을 얻습니다. 각자의 이름은 자기를 위해 존재합니다. 이처럼 지식이 있는 이는 자기가 어디서 왔는지 그리고 어디로 가는지 압니다. 그는 인식합니다. 술에 취했다가 숙취에서 빠져나와 자기 자신에게 되돌아온 사람처럼 그리고 본디 제 것이던 것을 제자리에 세워 놓은 사람처럼 말입니다"(진리의 복음 22).

영지주의 본문 가운데 '여덟째와 아홉째에 대한 담화', '조스트리아노스', '아담의 묵시록' 등이 그노시스 체험을 잘 묘사하고 있다. 그노시스 체험은 대개 영혼의 상승 및 하느님 직관 Visio Dei 체험과 연결된다. 곧, 지식을 얻은 자의 영(혼)이 하늘 높이 비상하여 하느님을 뵙게 되는 것이다.[11] 세 작품 모두 그노시스를 얻은 자의 영혼이 신들의 영역으로 비상하여 하느님을 뵙게 되는 이른바 신비주의적 직관 체험을 담고 있다. 그러나 이 본문들에서도 그노시스 체험에 대한 직접적 묘사는 찾기가 쉽지 않다. 그런데 2013년에 나온 소설에서 이 체험을 현대적 언어로 잘 표현한 문장을 만났다. 하루키의 소설 속 등장인물인 미도리카와라는 재즈 피아니스트의 말을 통해서다.[12] 그는 어떤 젊은이에게 목숨을 담보로 하여 일종의 특별한 능력과

---

[11] 세 작품은 각각 나그 함마디 코덱스 VI,6; VIII,1; V,5에 전한다. 그노시스 체험과 하느님 직관 체험을 연결하는 영혼의 신비주의적 상승은 플라톤의 『향연』에서 그 뿌리를 찾을 수 있다. 가령 한 소년의 아름다운 육체를 보고 감탄하였다면, 점차 단계를 높여 아름다운 육체, 아름다운 영혼, 영혼을 관장하는 원리들, 그리고 마지막에는 아름다움 자체를 관조해야 한다는 것이다. 아름다운 육체에 대한 욕망에서 머물지 말고 여기서 한 단계 더 나아가 미(美)에 대한 욕망을 미(美)라는 관념에 대한 지성적 관조로 변모시켜야 한다는 의미다. 플라톤은 미 자체에 대한 직관은 오랜 지성적 훈련 끝에 갑작스레 다가온다고 덧붙인다(플라톤, 『향연』 210a-212a).

[12] 무라카미 하루키의 소설 속 등장인물을 통해 영지주의 체험이 어떤 것인지 실마리를 얻을 수 있었다. 그렇다고 하루키가 영지주의자라는 말은 아니다. 이 문제는 필자가 거론할 게재가 아니다. 다만 그노시스 체험과 같은 신비주의 체험은 이

자격을 사라고 제안한다. 그가 말하는 특별한 능력이란 지각의 능력, '진실의 정경'을 보게 되는 자격이다. 지각의 문이 열리고 모든 것이 밝아져 보통 사람이 볼 수 없는 것을 볼 수 있게 된다는 것이다.

"죽음을 받아들이기로 합의한 시점에서 자네에게는 평범하지 않은 자질이 생겨. 특별한 능력이라고 해도 좋아. 사람들이 내는 각각의 색깔을 읽어 낼 수 있는 건 그런 능력 가운데 하나일 뿐이야. 그 근원에는, 자네가 지각 자체를 확대시킬 수 있다는 사실이 깔려 있어. 자네는 올더스 헉슬리가 말하는 '지각의 문'을 열어젖히게 돼. 자네의 지각은 티끌 하나 없는 순수에 이르지. 안개가 걷힌 듯 모든 것이 밝아져. 그리고 자네는 보통 사람이 볼 수 없는 정경을 조망하는 거야."

물론 이 체험을 말로 표현할 방법은 없다. 오직 직접 체험해 보는 수밖에 다른 도리가 없는 것이다. 그런데 이러한 체험을 한 사람은 한순간에 전혀 다른 차원의 삶으로 격상한다. 전에는 보지 못하던 것을 보게 되고, 전에는 알지 못하던 것을 알게 되며, 육체의 틀에서 벗어나 형이상학적 존재, 직관이 되는 것이다. 선도 악도 없고 모든 것이 하나로 융합되며 자기 자신까지 그 융합의 일부가 된다.

"지각이란 그 자체로 완결되는 거지 뭔가 구체적인 성과로 바깥에 드러나는 건 아니야. 어떤 이익 같은 것도 없어. 그게 어떤 건지 말로 설명하는 것은 불가능해. 직접 경험해 보는 수밖에 없어. 다만 한 가지 자네에게 할 수 있는 말은 일단 그런 진실의 정경을 보게 되면, 지금까지 자신이 살아

론적 설명보다 예술적 상징을 통해 더 잘 표현되는 것 같다. 그래서 길지만 하루키의 소설 한 대목을 거의 그대로 인용하겠다.

온 세계가 무서우리만치 밋밋해 보인다는 거야. 그 정경에는 논리도 비논리도 없어. 선도 악도 없고. 모든 것이 하나로 융합돼. 자네 자신도 융합의 일부가 되지. 자네는 육체라는 틀에서 벗어나 이른바 형이상학적 존재가 돼. 자네는 직관이 돼. 참으로 멋진 느낌인 동시에 어떤 의미에서 절망적인 느낌이기도 하지. 지금까지 살아온 삶이 얼마나 하찮고 깊이가 없었는지, 거의 최후의 순간에 이르러서야 깨닫게 되니까 말이야. 어떻게 이런 인생을 참고 살 수 있었을까. 그런 생각을 하며 전율하고 말지."

이러한 지각 체험을 하려면 목숨을 담보로 해야 한다. 그런데도 '진실의 정경'을 일시적이나마 바라볼 자격을 얻어서 체험해 볼 가치가 있다.[13] 이렇게 목숨을 내놓고라도 진실의 정경을 보려고 하는 사람은 '도약을 두려워하지 않는 사람'이다.[14] 그리고 이런 체험은 실제로 직접 겪어보지 않고서는 실증할 방법이 없다. "실제로 도약해 보지 않으면 실증할 수 없어. 실제로 도약해 버리고 나면 실증할 필요도 없어지고, 중간이 없어. 뛰어오르든가 오르지 않는가, 어느 한쪽이지."[15]

'진실의 정경'을 보게 된 사람에게 지금까지의 삶은 참으로 하찮은 것이 되고 만다. 이미 육체의 틀을 벗어났기 때문이다. 그러나 이런 깨달음을 얻었다고 해서 삶의 가치 자체를 부정하지는 않는다. 삶의 가치를 부담스러워할 뿐이다. 진실의 정경을 이미 보았던 미도리카와는 젊은이에게 마지막으로 말한다. 그 젊은이는 현실에 환멸을 느껴 대학을 휴학하고 산속에 들어와 있던 차였다.

---

13   무라카미 하루키, 『색채가 없는 다자키 쓰쿠루와 그가 순례를 떠난 해』, 111-112.
14   무라카미 하루키, 『색채가 없는 다자키 쓰쿠루와 그가 순례를 떠난 해』, 110.
15   무라카미 하루키, 『색채가 없는 다자키 쓰쿠루와 그가 순례를 떠난 해』, 114.

"자네는 머지않아 도쿄의 대학 생활로 돌아갈 거야. 그리고 현실적인 삶으로 돌아갈 거야. 견실하게 그 삶을 살아야 해. 아무리 밋밋하고 평범하더라도 삶에는 살 만한 가치가 있지. 그건 내가 보장하지. 아이러니나 역설 같은 건 빼고 하는 말이야. 다만 나에게는 그 가치라는 게 좀 부담스러웠을 뿐이야. 그놈을 제대로 짊어지고 나아갈 수가 없어. 아마 나면서부터 거기에 맞지 않는 것 같아. 그래서 죽어 가는 고양이처럼 조용하고 어두운 곳에 숨어들어 그때가 오기만을 묵묵히 기다리는 거야. 그것도 나름대로 나쁘진 않아. 그러나 자네는 달라. 자네는 그놈을 짊어지고 나아갈 수 있어. 논리의 실을 활용하여 **살 만한 가치**가 있는 것을 자기 몸에 잘 맞게 바느질로 붙여 가는 거야."16

도약을 꿈꾸는 사람, 진실의 정경을 보고자 하는 사람은 어쩌면 애초부터 이 세상 삶에 적합하지 않았는지도 모른다. 아니면 일찍부터 세상의 허무를 알아버렸는지도. 그래서 이 세상보다 더 높은 것을 바라보고, 삶 이면에 감추어진 보이지 않는 진실을 갈망한 것인지도. 그리고 마침내 그 진실을 찾고 나면 더 이상 세상과 삶에 구속받지 않게 된, 그리하여 평범한 사람들 눈에는 세상을 등진 사람처럼 보이게 된 것인지도. 이런 의미에서 영지주의자들이 염세주의자라는 오해를 산 것도 납득이 간다. 아니 그들은 진실로 염세주의자였을 법하다. 세상을 뛰어넘는 저 위의 것을 추구했던 그들이 어떻게 삶에, 세상에 애착을 지닐 수 있었겠는가?

지식을 얻은 사람이 이를 허락하신 절대자에게 드리는 감사와 찬양의 기도인 '감사의 기도'는 '지식'/'그노시스'에 대한 영지주의자들의 가르침을 함축적으로 보여준다. 이 기도의 전문全文은 다음과 같다(감사의 기도 63-65).

---

16 무라카미 하루키, 『색채가 없는 다자키 쓰쿠루와 그가 순례를 떠난 해』, 116.

"저희는 당신께 감사를 드립니다! 모든 영혼과 마음이 당신을 향해 들어 올려졌습니다. 오, 흔들리지 않는 이름이시여! 당신께서는[17] 하느님의 이름으로 영광을 받으시며, 아버지의 이름으로 찬양을 받으십니다. 왜냐하면 모든 이, 모든 것에게로 아버지의 자애와 사랑과 애정, 그리고 저희에게 정신Nous과 말씀Logos과 지식Gnosis을 주는 명백하고도 달콤한 가르침이 향하고 있기 때문입니다. 저희가 당신을 이해할 수 있도록 정신을, 저희가 당신을 설명할 수 있도록 말씀을, 저희가 당신을 알 수 있도록 지식을 (주는 것입니다).

저희는 기뻐합니다. 저희가 당신의 지식으로 비추어졌기 때문입니다. 저희는 기뻐합니다. 당신께서 저희에게 당신 자신을 보여 주셨기 때문입니다. 저희는 기뻐합니다. 저희가 몸속에 있는 동안에 당신께서 당신의 지식을 통해 저희를 신성하게 해 주셨기 때문입니다.[18]

당신께 다다른 사람이 드리는 감사는 한 가지입니다. 곧 저희가 당신을 안다는 것. 저희는 당신을 알았습니다. 오, 지성의 빛이시여! 오, 생명의 생명이시여! 저희는 당신을 알았습니다. 오, 모든 피조물의 태시여! 저희는 당신을 알았습니다. 오, 아버지의 본질을 낳으시는 태시여! 저희는 당신을 알았습니다. 오, 낳으시는 아버지의 영원무궁함이시여! 이 때문에 저희는 당신의 선하심을 경배하였습니다.

저희가 당신께 청하는 것은 단 한 가지입니다. 곧 저희가 지식 안에 머물게 해 달라는 것. 저희가 바라는 보호도 한 가지입니다. 저희가 이런

---

17 콥트어 본문에는 3인칭으로 되어 있다. 곧 '그분(이름)께서는 … '이다. 여기서 이름이 가리키는 것이 바로 '하느님'이다.
18 또는, '저희를 신으로 만들어 주셨기 때문입니다.'

삶에서 멀어지지 않게 해 달라는 것!"

3. 초창기 영지주의 교사들

우선 초창기 영지주의 교사들에 대한 정보는 거의 그 반대자들, 곧 정통 교부들의 저술을 통해서임을 염두에 두어야 한다. 정통 그리스도교 저자들이 이단자로 지목한 영지주의 교사의 삶과 가르침에 대해 얼마나 객관적인 시각을 유지했는지는 알 수 없는 일이다. 따라서 그들의 글에 기댈 수밖에 없는 실정이지만 그 가운데서 진실을 찾아내는 안목이 필요하다.

이런 점을 염두에 두고 네 명의 영지주의 교사를 다룰 것이다. 네 인물의 활동 상황과 가르침 내용을 살핌으로써 2세기 영지주의의 실상을 가늠하는 데 큰 도움을 얻을 것이다.[19]

사마리아 출신의 시몬 마구스

그리스도교 영지주의 운동이 정확히 언제 시작되었는지 알 수 없다. 그러나 초대 교회 저술가들 대부분이 시몬 마구스(마술사 시몬)를 그 시작으로 꼽는다. 그렇다면 영지주의 그리스도교는 사마리아에서 시작된 셈이다. 시몬 마구스는 사도행전에도 나오는 인물로, 베드로 사도에게서 성령을 불

---

[19] 주요 영지주의 교사들에 대해서는 Matkin, *The Complete Idiot's Guide to The Gnostic Gospels*, 35-48; Hoeller, *Gnosticism: New Light on the Ancient Tradition of Inner Knowing*, 93-127; Pearson, *Ancient Gnosticism: Traditions and Literature*, 25-33,134-189을 참조하라.

러들이는 능력을 사고자 했던 사람이다(사도 8,9-24).[20] 베드로가 시몬의 부탁을 단호히 거절하면서 회개를 촉구하자 시몬은 뉘우친다.

"그 고을에는 전부터 시몬이라는 사람이 살고 있었는데, 그는 마술을 부려 사마리아의 백성을 놀라게 하면서 자기가 큰 인물이라고 떠들어 댔다. 그리하여 아이에서 늙은이에게 이르기까지 모두, '이 사람이야말로 '위대한 힘'이라고 하는 하느님의 힘이다' 하며 그의 말에 귀를 기울였다. 사람들이 그의 말에 귀를 기울인 것은 그가 오랫동안 마술로 그들을 놀라게 하였기 때문이다. 그러나 그들은 하느님의 나라와 예수 그리스도의 이름에 관한 복음을 전하는 필리포스를 믿게 되면서, 남자 여자 할 것 없이 세례를 받았다. 시몬도 믿게 되었다. 그는 세례를 받고 필리포스 곁을 떠나지 않으면서 여러 표징과 큰 기적이 일어나는 것을 보고 놀라워하였다. … 시몬은 사도들의 안수로 성령이 주어지는 것을 보고 그들에게 돈을 가져다 바치면서, '저에게도 그런 권능을 주시어 제가 안수하는 사람마다 성령을 받을 수 있게 해 주십시오' 하고 말하였다. 베드로가 그에게 대답하였다. '그대가 하느님의 선물을 돈으로 살 수 있다고 생각하였으니, 그대는 그 돈과 함께 망할 것이오. 하느님 앞에서 그대의 마음이 바르지 못하니, 이 일에 그대가 차지할 몫도 자리도 없소. 그러니 그대는 그 악을 버리고 회개하여 주님께 간구하시오. 혹시 그대가 마음에 품은 그 의도를 용서받을 수 있을지도 모르오. 내가 보기에 그대는 쓴 쓸개즙과 불의의 포승 속에 갇혀 있소.' 그러자 시몬이 대답하였다. '여러분께서 말씀하신 일이 저에게 벌어지지 않도록 저를 위하여 주님께 간구해 주십시오'"(사도 8,9-13.18-24).

20　성물 매매를 뜻하는 simony라는 단어가 시몬의 이름에서 나왔다. 시몬이 베드로에게서 성령을 불러들이는 권능을 사려고 한 데서 유래한 것이다. 중세 때부터 이 단어는 성직 매매를 가리키는 말로 쓰였다.

사도행전에서 시몬 마구스는 "'위대한 힘'이라고 하는 하느님의 힘"이라 불렸다고 전해진다. 당시에 시몬이 신격화되어 있었음을, 혹은 자신이 신적 존재라고 주장했음을 암시하는 대목이다. 시몬 마구스에 대한 기록은 그 뒤에도 계속 이어진다. 순교자 유스티누스와 이레네우스는 시몬 마구스를 이단의 사도라 부른다. 시몬 마구스가 모든 교리적 오류의 온상이라는 것이다. 이레네우스는 시몬 마구스가 신들의 세계를 설명하면서 자신을 하느님과 결부시켰다고 한다. 시몬의 설명은 다음과 같다.

먼저 최상의 하느님이 존재한다. 하느님은 첫째 생각이며 여성인 엔노이아Ennoia를 방출한다.[21] 엔노이아는 천사들과 영적 존재들을 창조하는데 그들은 아버지 하느님의 존재를 알지 못한다. 이 천사들과 영적 존재들이 물질계를 만들었다. 그들의 어머니 엔노이아를 질투한 천사들은 어머니를 사로잡아 물질계에 가둔다. 엔노이아는 물질계에서 환생을 거듭할 운명에 처한다. 엔노이아는 트로이의 헬레나로 환생한 적도 있다. 하느님(남성)인 시몬 마구스는 자신의 짝 엔노이아(여성)를 찾아 이 세상에 내려왔다. 시몬은 몇 년 동안 헤맨 끝에 티로의 매음굴에서 헬레나라는 창녀를 찾아냈는데 그녀가 바로 엔노이아의 마지막 환생이었다고 한다(이레네우스, 『이단 논박』 1.23.1-5).

시몬의 최후에 대해서는 전설에 기대어 추측할 수 있을 뿐 진실은 그 누구도 알지 못한다. 외경 베드로 행전이 시몬의 최후를 다루고 있는데, 이에 따르면 시몬과 베드로 사도는 로마에서 다시 만나 사람들이 지켜보는 가운데 기적 경합을 벌인다. 누구의 하느님이 참된 하느님인지 가려내자는 취지에서였다. 이 경합은 시몬 마구스의 패배로 끝난다. 시몬은 하늘 높이 날

---

21 그리스어로 '생각', '힌트를 주는 생각'을 뜻하는 엔노이아(ἔννοια)는 하느님에게서 유출된 여성 신들 가운데 하나다. 이름이 암시하듯 엔노이아는 통찰을 주는 존재다. 그녀는 결국 물질계의 창조를 가져오는 원인이 되기도 한다.

려고 시도했지만 베드로의 기도로 포로 로마노Foro Romano로 추락하고 만 것이다. 결국 시몬은 이 사고로 얼마 안 가서 최후를 맞이한다(2-3).

시몬 마구스의 영향력은 그가 죽은 뒤에도 계속되었다. 시몬의 제자 중에 메난드로스가 있었으며(이레네우스, 『이단 논박』 1.23), 메난드로스의 뒤를 이은 사람은 사투리누스다. 사투리누스는 시리아의 안티오키아에서 활동하면서 가현주의 가르침을 전파했다(이레네우스, 『이단 논박』 1.24.1-2). 사투리누스의 성공으로 영지주의의 발전에 박차가 가해진다. 이제 영지주의의 주 무대도 사마리아에서 시리아를 지나 지중해 세계 최대의 문화 도시인 알렉산드리아로 옮겨진다. 영지주의는 알렉산드리아에서 최전성기를 맞이한다.

바실리데스

2세기의 알렉산드리아는 그리스도교 신앙과 그리스 철학이 만났을 때 어떤 화학반응이 일어나는지 보여 줄 최적의 장소였다. 알렉산드리아 출신의 클레멘스와 오리게네스가 신앙과 철학을 조화시키는 작업에 착수하기 훨씬 전에 같은 일에 몰두한 사람이 있었다. 알렉산드리아 토박이 바실리데스가 그였다.[22] 바실리데스는 2세기 초 대략 120-140년 사이에 활동했다. 알렉산드리아의 철학적 분위기에서 자란 그는 여러 사상과 종교적 개념들을 종합하여 영지주의적 사고 체계로 만들기 시작하였다. 바실리데스는 수많은 작품을 저술한 것으로 알려져 있다. 복음서에 대한 24권짜리 주석서는 물론이고 몸소 복음서도 집필했던 것 같다(이레네우스, 『이단 논박』 1.24.3-4). 그의 복음서(이른바 바실리데스 복음)는 당시 존재하던 복음서들을 압축한 뒤 자신의 사고 체계에 맞게 편집한 것으로 짐작된다. 바실리데스가 가르친 내

---

22 바실리데스에 대해서는 Cross/Livingstone, "Basilides", 168-169; Pearson, "Basilides the Gnostic", 1-31을 참조하라.

용이 정확히 무엇이었는지는 알 수 없다. 정통 교부들의 저작물을 통해 단편적으로 알 수 있을 뿐, 그가 저술한 모든 것이 사라지고 없기 때문이다.

교부들에 따르면 바실리데스는 그리스 철학, 유다교의 유일신 신앙, 천사와 마귀에 관한 페르시아 신화를 한데 엮어 자신의 사상으로 꾸몄다. 그는 물질계와 정신계가 서로 어울리지 않는다고 믿었다. 그리고 죄란 물질계에 지나치게 연연하는 것으로 여겼다. 그에게 진정한 구원은 물질에 대한 염려에서 벗어나는 것을 의미했다. 물론 그는 모두가 물질계의 속박에서 벗어나는 것은 아니라고 믿었다. 물질계에 만족하고 행복하게 사는 사람들도 있다는 것이다. 그러나 무언가 다른 것, 물질계를 넘어서는 고차원적인 것에 대해 그리움과 갈망을 간직한 사람들도 있다. 그 수가 매우 적기는 하지만 이런 식의 영적 감수성을 지닌 사람들이 분명히 존재한다. 그는 이런 '영적인' 사람들만이 이 세상으로부터 구원될 수 있다고 믿었다.

바실리데스는 예수님이 인류에게 물질계를 벗어나는 길을 알려줄 구원자라고 보았다. 그러나 예수님이 인류를 구원한 것은 십자가에 돌아가심으로써가 아니라고 생각하였다. 바실리데스는 예수님이 십자가에 못 박혀 돌아가신 것을 믿지 않았다. 십자가에 못 박힌 사람은 예수님이 아니라 예수님의 십자가를 대신 지고 간 키레네의 시몬이었다는 것이다. 시몬이 예수님의 형상으로 바뀌어 대신 십자가에 못 박히고, 예수님은 시몬의 모습으로 십자가 곁에 서서 그들을 보고 웃고 계셨다는 것이 바실리데스의 설명이다(이레네우스, 「이단 논박」1.24.4). 예수님은 손가락 하나 상하지 않고 물질계를 떠나셨으며, 그렇게 해서 예수님께서는 물질계라는 감옥과 그 감옥을 지배하는 악의 세력들에게서 벗어날 방법을 가르쳐 주셨다는 것이다. 그래서 '영적인' 사람이라면 예수님의 발자취를 따라 물질계를 떠나 천상으로 들어갈 수 있다고 한다.

사실 이런 식의 이야기들은 2세기 알렉산드리아를 비롯한 로마 제국 곳곳에 퍼져 있었다. 바실리데스는 이 이야기들을 받아들이면서도 예수님에게 초점을 맞추어 자신만의 고유한 체계로 완성하였다. 바실리데스에게서 처음으로 우리는 본격적인 '그리스도교 영지주의'를 만나게 되는 것이다.

바실리데스는 한동안 인기를 누렸지만 그의 유명세가 이집트 땅을 넘어서지는 못했던 것 같다. 그가 죽은 뒤 그의 아들 혹은 제자로 알려진 이시도르가 뒤를 이었지만 그 역시 그리 큰 영향력을 행사하지는 못했다. 그러나 바실리데스는 알렉산드리아에 다른 영지주의자들이 활동할 수 있는 초석을 마련하였다는 점에서 의의가 있다.

발렌티누스[23]

발렌티누스는 이집트 토박이로서 바실리데스와 동시대를 살았다. 당대 철학적 사유의 온상 알렉산드리아에서 교육을 받은 그는 자연스레 그리스 철학을 몸에 익혔을 것이다. 유다교 철학자이자 성경 주석가 필론의 작품들도 알았을 법하다. 바실리데스의 가르침에 대해서도 모르지 않았을 것이다. 발렌티누스는 그리스도교 신앙에 입문하여 테우다스라는 사람에게서 가르침을 받았는데, 테우다스는 바오로 사도의 제자였다고 한다(클레멘스, 『잡록』7.106.4). 그래서 사도 바오로가 특정 제자들에게만 비밀리에 전수한 내용들이 테우다스를 통해 발렌티누스에게까지 전해졌다는 것이다. 발렌티누스의 가르침이 본디 사도 바오로에게서 비롯되었다는 주장이다.

발렌티누스는 다재다능한 사람으로서 지성적인 사상가이자, 위대한 연설가이며 유능한 저술가이기도 했다. 그는 로마 제국 전역에 이르는 그리스도 교회 안에서 활발한 연설과 저술 활동을 통해 많은 추종자들을 불러 모으며 영지주의 운동을 이끌었다.

발렌티누스는 활동 초반에 이집트에서 성공을 거둔 뒤 140년경에 활

---

[23] 발렌티누스에 대해서는 Cross/Livingstone, "Valentinus", 1675-1676; Strathearn, "The Valentinian Bridal Chamber in the Gospel of Philip", 86-87을 참조하라.

동 무대를 로마로 옮긴다(이레네우스, 『이단 논박』 3.4.3). 143년 교황 히기누스가 사망하자 차기 로마 주교, 곧 교황을 뽑기 위한 투표가 이루어지는데, 이때 발렌티누스가 후보자로 지명된다. 자신이 근소한 차로 낙선하자 이에 불복한 발렌티누스는 로마 교회와 결별하고 추종자들을 이끌고 나간다. 로마 교회는 결국 발렌티누스를 파문한다.

그런 뒤에도 발렌티누스는 몇 년 더 로마에 머물면서 여전히 교회 안에 영향력을 행사한다(테르툴리아누스, 『발렌티누스파 논박』 4). 2세기 때만 해도 한 공동체에서 파문당했다 해도 다른 교회가 그 결정을 인정하지 않는 한 그리 심각한 일로 여겨지지 않았던 것 같다.[24] 발렌티누스는 로마 교회 공동체 안에서 여전히 지지를 얻었으며 아니세투스 교황 때(155-166년)까지 그곳에서 계속 가르칠 수 있었다. 발렌티누스는 나중에 키프로스로 옮겼다가 다시 알렉산드리아로 돌아와서 160년경에 사망했을 것으로 추정된다.

발렌티누스가 제시한 영지주의 신화는 바실리데스의 것과 기본적으로 크게 다르지 않다. 발렌티누스에게 하느님은 절대적으로 불가지한 분이시며 일상적인 방법으로는 결코 다다를 수 없는 분이시다. 하느님은 만물의 원천이시기도 하다. 존재하는 모든 것이 그분에게서 나왔다. 하느님이 당신보다 하등한 존재들에 둘러싸여 계시다는 것은 바실리데스의 가르침과 같다. 발렌티누스의 사상 체계에서 이러한 신적 존재들 가운데 마지막 자리를 차지하는 것이 여성인 소피아다. 그런데 이 소피아가 우연히 물질계의 창조를 유발한다. 그 과정에서 소피아는 물질계에 갇히게 되고 다시 하늘로 돌아가지 못한다. 하느님은 소피아를 구하기 위한 계획을 세우시고 소피아를 물질계에서 해방시키러 구원자 그리스도를 보내신다. 소피아는 인간의 마음에 지혜의 씨앗을 뿌린다. 인간은 자기 안에 깃든 지혜의 씨앗,

---

24 파문(excommunicatio)이 법적 효력을 지니게 된 것은 4세기 콘스탄티누스 황제가 교회 일에 관여하면서부터였다.

신성의 불꽃, 신적 섬광이 일깨워질 때 비로소 이 세상에서 벗어나 하늘로 올라갈 수 있다.

발렌티누스의 가르침에서 특이한 점은 평범한 그리스도인들에게도 숨겨진 지식, 그노시스를 얻을 수 있는 가능성을 열어두었다는 것이다. 발렌티누스와 그 추종자들은 인류를 세 등분한다. 먼저 영적 pneumatic 인간은 선천적으로 그노시스에 개방된 사람을 가리킨다. 영지주의자들은 자신이 이 부류에 속한다고 여겼다. 혼적 psychic 인간은 상징이나 교리, 선행을 통해 매개될 경우 진리를 얻을 수 있는 부류의 사람들이다. 평범한 정통 그리스도인들이 여기 속한다. 육적 hylic 인간은 영적인 일에는 전혀 관심이 없는 사람들로서 욕정에만 완전히 사로잡혀 있다. 영적·혼적 인간을 제외한 거의 모든 사람이 이 범주에 속한다.

발렌티누스는 정통 그리스도인들이 권위 있는 성경으로 받아들였던 것과 같은 책을 사용했으며, 다른 그리스도교 공동체와 같은 성사를 드렸다. 그는 교회를 이끄는 지도자의 책무도 계속 이어나갔다. 그는 다른 어떤 영지주의 교사보다 가장 오랫동안 정통 교회 안에 머물러 있으면서 성사를 집행하고 가르침과 저술 활동을 병행하며 공동체를 이끌었다.

발렌티누스와 그 제자들은 교회 안에 계속 머물면서 다른 그리스도인들과 성사와 전례를 공유했기 때문에 누가 발렌티누스파 사람이고 누가 그렇지 않은지 구분하는 게 쉽지 않았던 모양이다. 사실 교회 안에서 발렌티누스 영지주의자들을 완전히 뿌리 뽑기까지는 몇 세기가 걸렸다고 한다.

초기 영지주의자들 가운데 발렌티누스가 가장 중요하다. 직간접적으로 발렌티누스의 영향을 받은 문헌들이 다수 전해지기 때문이기도 하고 그와 그의 추종자들이 오랫동안 교회 안에 머물면서 정통 그리스도인들과 함께 공존한 사실 때문에도 그렇다. 한 공동체 안에서 같은 전례를 드리면서 어느 지점까지 서로를 인정하고 또 어느 지점에서는 결국 합의를 얻지 못하고 갈라설 수밖에 없었는지 짐작할 수 있다는 점에서 큰 의의가 있다.

마르키온[25]

마르키온은 엄밀한 의미에서 영지주의자라 단언하기 어렵다. 그러나 마르키온과 그가 일으킨 여러 논쟁들은 영지주의와 관련지어 바라볼 때 가장 잘 이해할 수 있다.

마르키온은 85년에 유복한 가정에서 태어났다. 그의 부모는 흑해 해변가에 위치한 항구도시 시노페의 시민이었다. 그의 아버지가 시노페의 주교였을 가능성도 배제할 수 없다. 마르키온은 아버지를 이어 해운업으로 큰 돈을 벌어들였다. 그 밖에는 아버지와 그리 사이가 좋지 못했던 모양이다. 시노페 교회에서 마르키온을 몰아낸 사람이 그의 아버지였을 수도 있기 때문이다. 마르키온은 140년에 로마로 활동무대를 옮긴다.

마르키온은 로마에 도착하자마자 교회에 거액의 기부금을 내지만 그의 행실과 가르침에 관한 추문이 돌기 시작한다. 곧바로 조사에 착수한 로마 교회는 144년에 마르키온을 교회에서 몰아내고 그에게서 받은 기부금을 모두 되돌려준다.

마르키온은 구약의 하느님과 신약의 예수 그리스도의 아버지 하느님을 조화시킬 수 없었다. 도무지 둘을 같은 분으로 볼 수 없었던 것이다. 모세의 하느님은 정의로운 분이시지만 화도 잘 내시고 난폭한 면도 있으시다. 때로는 실수도 하시고 마음을 바꾸기도 하신다. 반면에 예수님의 아버지는 평화로우시고 용서하시는 분이시며 전지하신 분이시기도 하다. 이 둘을 조화시킬 수 없었던 마르키온은 결국 유다인들의 하느님과 예수님의 하느님은 같은 분이 아니시라는 결론을 내렸다. 유다인들의 하느님이 예수님을 보낸 것이 아니라면 예수님은 유다인들의 메시아도 될 수 없다. 유다인들의 메시아와 예수님은 아무 관련이 없다는 것이다.

---

25 마르키온에 대해서는 Cross/Livingstone, "Marcion", 1033-1034을 참조하라.

또한 마르키온은 당시에 유행하던 가현주의적 개념을 받아들여 예수님은 아예 태어난 적이 없다고 가르쳤다. 예수님은 서른 살 성인의 모습으로 처음 출현했다는 것이다. 예수님은 실제로는 몸이 없었으며 몸을 가진 것처럼 보였을 따름이므로 십자가에 못 박힐 수도 없었다. 마르키온과 그 제자들은 예수님에게 몸이 없었던 점을 근거로 해서 사람의 몸은 영적 가치가 거의 없다고 추론하였다. 사실상 물질은 영적 성장에 장애가 될 뿐이라는 것이다. 그리하여 마르키온은 사람들에게 금욕 생활을 장려하고 순교에도 기꺼이 나설 것을 독려하였다.

마르키온은 자신의 가르침이 진정한 그리스도교 진리를 담고 있다고 확신하였다. 재력이 받쳐줬던 그는 자신을 억압하는 교회에 대항하여 독자적으로 자신의 교회를 세웠다. 마르키온의 교회는 그리스도교 주류 교회의 성사, 전례, 성가와 성직자 등을 그대로 본떠 만든 것이었다.

마르키온은 나아가 신약성경에서 유다교 요소를 제거하는 데 힘썼다. 구약성경을 성경으로 인정하지 않았음은 물론이다. 루카 복음 이외에는 다른 복음서를 모두 제거하고 루카 복음도 자기 구미에 맞게 편집하였다. 유다교 요소를 제거한 바오로 서간들과 개정된 루카 복음서가 마르키온 교회의 성경이 되었다(이레네우스, 『이단 논박』 1.27). 이렇게 해서 마르키온은 성경의 정경 범위를 확정한 첫 인물이 되었던 것이다.

마르키온이 주류 교회에서 분리되어 나온 일은 그 여파가 매우 컸다. 먼저 정통 그리스도인들이 보기에 성경 본문을 제멋대로 편집한 마르키온의 행위는 심각한 범죄였다. 다른 한편 이에 자극받은 정통 교회는 그들 나름대로 신약의 정경을 결정하는 작업에 박차를 가하게 되었다. 마르키온이 그리스도교에서 유다교의 뿌리를 제거하고자 했던 모든 시도는 정통 교회에게 오히려 유다교 요소의 중요성을 재확인시키는 계기가 되었다. 정통 교회는 마르키온의 정반대편에 서서 유다교와 그리스도교의 연속성, 그리고 유다교 메시아로서의 예수님의 역할을 한층 더 강조하게 되었던 것이다. 마르키온이 없었다면 정통교회가 신약의 정경화 작업을 서두르지도 않았을 것이고 유다교와 그리스도교의 연속성이 지니는 의미를 간과했을지도 모르는 일이다.

초창기 영지주의자들의 의미

지금껏 우리는 초기 영지주의의 대표 주자들 곧 시몬 마구스, 바실리데스, 발렌티누스, 마르키온을 살펴보았다. 영지주의 자체가 어디에서 비롯된 것이든 상관없이 그리스도교 영지주의는 사마리아 땅 시몬 마구스에게서 시작되었다. 그리스도교 영지주의의 출발점이 사마리아였던 것이다. 그리고 헬레니즘 문명의 혜택을 크게 입은 이집트 알렉산드리아는 영지주의 그리스도교가 꽃필 수 있는 좋은 토양이 되었다. 이에 걸맞게 알렉산드리아는 바실리데스와 발렌티누스 등 걸출한 초기 영지주의자들을 배출하였다. 시몬 마구스와 발렌티누스의 활동으로 로마 교회도 영지주의의 영향을 벗어날 수 없었다. 마르키온 역시 고향 시노페를 떠나 로마에서 활동한 것을 보면 정통 교회의 중심부이던 로마가 초창기 영지주의자들의 주 무대가 되기도 했음을 짐작할 수 있다. 초창기 영지주의자들이 사마리아와 알렉산드리아는 물론 로마에서도 활발히 일했던 것이다. 시리아의 안티오키아와 동부 시리아의 에데사도 초창기 영지주의자들의 활동지로 유명하다.

교부들이 하나같이 영지주의의 시조로 꼽는 시몬 마구스에게서 영지주의 창조 신화의 초창기 형태를 확인할 수 있다. 바실리데스는 예수 그리스도를 중심으로 삼았다는 점에서 진정한 그리스도교 영지주의의 시작이라 볼 수 있다. 그러다가 그리스도교 영지주의는 2세기 발렌티누스에게서 꽃을 피웠다. 마르키온이 촉발한 논쟁들은 정통 교회로 하여금 신약의 정경화 작업을 가속화하고 유다교라는 뿌리를 재확인하는 계기가 되었다는 점에서 상당한 의의가 있다.

네 사람을 통해 그리스도교 영지주의의 두 뿌리를 확인할 수 있다는 점도 의미가 있다. 두 뿌리 중 하나는 유다이즘이며 다른 하나는 그리스 철학이다. 시몬 마구스는 그리스도교 영지주의가 1세기 유다이즘과 깊은 관련이 있음을 보여 준다. 사실 2세기 영지주의가 내비치는 금욕주의는 당시의 팔레스티나나 시리아의 분위기와 잘 부합한다. 영지주의 본문들의 상당수에서 유다교 요소를 감지할 수 있다. 물론 이 본문들이 유다교를 긍정한다는 의미는 아니다. 오히려 유다교의 여러 측면을 부정하는 쪽이다. 그래도 그리스도교 영지주의가 윤곽을 잡아가는 과정에 당시 유다교에서 많은 영감을 얻었을 것이다. 이를테면 영지주의의 창조 신화는 구약성경 창세기의 영지주의 버전이라 할 수 있다. 유다이즘 이외에 그리스도교 영지주의에 영향을 준 것은 단연 그리스 철학이었다. 더 정확히 말해 그리스 철학이 영지주의의 중심부에 자리하고 있다. 바실리데스를 보아서도 짐작할 수 있듯이 그리스도교 영지주의가 제 모습을 갖춘 곳이 헬레니즘 문명의 본고장인 알렉산드리아였다. 영지주의자들이 이원론을[26] 배우고 물질보다 영을 우위에 둘 수 있었던 것도 그리스 철학자들 덕분이었을 것이다.

    발렌티누스와 마르키온은 영지주의 공동체가 나아간 서로 다른 두 방향을 보여 준다. 발렌티누스는 그리스도교 공동체 안에 머물면서 그 전례와 가르침에 자신을 맞추어간 영지주의자들의 표본이다. 마르키온은 그리스도교 공동체에서 완전히 벗어나 자신들만의 조직과 공동체를 형성하였

---

[26] 영지주의 이원론이 페르시아 종교인 조로아스터교의 영향을 받았다고 생각하는 학자들도 있다. 그러나 영지주의 이원론과 조로아스터교의 이원론은 다르다. 영지주의는 영적 세계와 물질계를 엄격히 구분하여 천상계는 선한 것으로, 이 세상은 악한 것으로 여긴다. 반면에 조로아스터교는, 영적 세계와 물질계를 구분하는 것이 아니라 선의 세력과 악의 세력을 구분하는 이른바 윤리적 이원론이다. 그들은 이 세상이 선신인 아후라 마즈다에 의해 본디 선하게 창조되었으나 악신인 앙그라 마이뉴에 의해 악이 들어왔다고 본다. 따라서 이 세상 자체를 악하게 보지 않는다. 신이 인간을 창조한 목적도 악의 세력에 대항하여 세상의 선을 유지시키게 하려는 것이었다. 이 세상은 그 자체로 악한 것이 아니라 선과 악의 투쟁 장소, 선과 악이 공존하는 곳인 것이다.

다. 마르키온의 교회 말고도 많은 영지주의자들이 그리스도교의 울타리를 떠나 자신들만의 조직을 만들었다.

모든 그리스도교 영지주의자들이 대면해야 했던 문제, 곧 교회를 떠나야 할지, 아니면 계속 머물러야 할지 결정하는 일은 쉽게 해결할 수 있는 문제가 아니었다. 영지주의 그리스도인들이 교회 안에 머물러 같은 전례를 드리면서도 그들이 접하는 새로운 개념과 통찰 들은 기존의 울타리 안에 남는 일을 점점 어렵게 만들었을 것이다.

*

영지주의 그리스도교는 예수님의 이야기를 그리스-로마 세계라는 문화적·지성적 맥락에서 이해하려는 시도에서 나왔다. 이 문제는 그리스도교 신앙이 유다인의 범위를 넘어서지 않았던 시대에는 없었던 문제다. 나자렛 예수의 첫 제자들은 유다교라는 맥락 안에서 충분히 예수 사건을 바라보고 이해할 수 있었다. 나자렛 예수를 구약의 하느님께서 약속하신 메시아로서 받아들일 수 있었던 것이다. 그러나 유다 세계를 모르는 이방인들이 그리스도교로 들어오면서 상황이 달라진다. 그들은 예수님의 메시지를 해석하기 위해 유다교의 틀을 벗어나 그리스 철학자들 특히 플라톤의 사상과 개념들을 이용하기 시작한다.

이레네우스, 테르툴리아누스, 히폴리투스와 같은 정통 교부들의 눈에 이런 시도는 플라톤의 몸통에 예수님의 머리를 붙이는 것과 다를 바 없이 보였을 법하다. 알렉산드리아라는 문화도시에서 그리스 철학의 수혜를 받으며 자라난 클레멘스나 오리게네스는 조금 더 호의적인 입장을 보였지만, 결국 그들 역시 영지주의자들을 공격하였다. 어쩌면 더 정교하게 영지주의자들을 공격한 것인지도 모른다. 같은 철학적 바탕 위에서, 같은 용어와 개념을 이용해서 영지주의자들의 사상과 개념을 조목조목 비판할 수 있었기 때문이다.

교부들을 위시한 정통 그리스도교가 영지주의 신앙을 거부하기는 했지만 그들 역시 영지주의자들과 같은 문제를 본격적으로 고민하기 시작하였다. 영지주의와의 논쟁과 갈등을 통해 정통 그리스도교 신학이 제 모습을 갖추고 체계화될 수 있었던 것이 사실이다. 영지주의자들의 질문을 통해 그리스도인들은 신관, 인간관, 구원관, 그리스도관, 세계관, 십자가와 부활 신학 등 다방면에 걸쳐 깊이 사유하고 나름의 해답을 강구하려 노력했다.[27]

초대 교회 정통 저술가들과 영지주의 저술가들의 관계를 짐작하는 데 다음 표가 도움이 된다.[28]

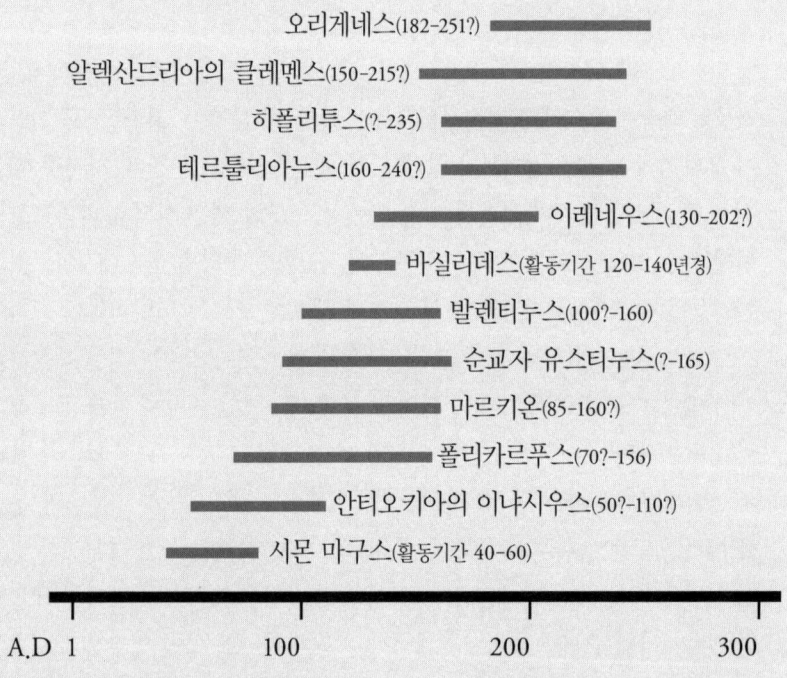

---

27   3-5세기에 있었던 신학적 논쟁들은 결국 정통 그리스도인들과 영지주의자들의 논쟁이 심화 발전된 것에 지나지 않는다.

28   Matkin, *The Complete Idiot's Guide to The Gnostic Gospels*, 45.

4. 영지주의의 명멸과 영지주의 문헌의 새로운 발견

영지주의는 발전을 거듭하여 2세기 중엽에서 말엽 사이에 전성기를 맞이하였다. 그 뒤에도 3세기까지 정통 교회 안팎에서 각종 영지주의 집단이 우후죽순처럼 생겨났다. 그러나 얼마 되지 않아 그리스도교 영지주의는 여러 가지 이유로 거의 절멸하였다. 그러다가 18세기가 되면서 영지주의 일차 문헌의 갑작스런 등장으로 영지주의 연구에 새바람이 불기 시작하였다.

영지주의의 명멸과 부흥[29]

이레네우스를 위시한 여러 교부들의 비판이 거세지면서 영지주의자들의 교회 내 입지가 점점 줄어들었다. 특히 로마 제국이 그리스도교를 공인하고 국교로 삼자 영지주의 그리스도교는 심각한 타격을 입었다. 콘스탄티누스 황제가 그리스도교로 개종한 뒤부터 교회 안에 분열을 조장하는 여러 분파들을 체계적으로 정리하기 시작했으며, 정통 교리와 다른 가르침을 전하는 이른바 이단 집단들에 국가적 차원에서 철퇴를 가하기 시작했던 것이다. 그리하여 영지주의자들이 교회 안에 머물 수 있는 방법이 점점 줄어들었다. 정통 교회의 강한 반대와 함께 영지주의 집단 자체의 변화도 쇠퇴에 한몫하였다. 철학적 성향이 강화되면서 독창적 힘이 빠지기 시작한 것이다. 결국 영지주의는 그리스도 교회 안에서 점차 자취를 감추기 시작하여 5세기 이후에는 공식적으로 교회 안에서 사라진다.

그러나 영지주의는 만다이즘이나 마니교의 형태로 이어졌으며 중세

---

29 Hoeller, *Gnosticism: New Light on the Ancient Tradition of Inner Knowing*, 129-173을 참조하라.

성전 기사단과 프리메이슨에게도 영향을 주었다. 그러다가 종교 개혁과 르네상스를 거치면서 영지주의에 대한 관심이 다시 일기 시작했으며 특히 18세기 계몽주의자들을 통해 영지주의는 다시 수면 위로 떠오르게 되었다. 19세기 이후 여러 사상가들의 관심을 끌면서 영지주의는 새로운 주목을 받았다.[30] 영지주의를 부흥시킨 데 가장 큰 영향을 미친 사람은 아마도 칼 구스타프 융일 것이다. 그는 영지주의 작품에서 집단 무의식의 원초적 이미지를 발견하고 그 가치를 재평가하였다. 융은 영지주의자들을, 자신들의 통찰을 신화의 형태로 표현한 사람들이라 여기면서 영지주의 신화를 복원하고자 하였다. 심리학자이자 정신분석가였던 융은 종교적 신화의 형이상학적 해석보다는 심리학적 해석을 선호하였다. 따라서 일반 주석가들이 취한 성경의 종교적 해석방식에 반대하였다. 그들이 성경의 의미를 축소한다는 것이다. 융은 다른 신화와 마찬가지로 영지주의 신화에도 문자적으로가 아니라 상징적으로 접근해야 함을 강조하였다.[31]

오늘날에는 많은 사람들이 스스로 영지주의자임을 내세우기도 한다. 세 번째 밀레니엄이 시작되면서 영지주의자들이 되돌아온 것 같은 느낌이 들 정도다. 실제로 현대인들의 사고방식 가운데는 그 원천이 고대 영지주의에까지 거슬러 올라가는 경우가 많다. 고대 영지주의 개념들은 어떤 모습으로든 살아남아 지금 뉴에이지라는 이름으로 부흥하고 있다.[32] 영지주의

---

30 영지주의는 이단으로 낙인찍혀 3-4세기 이후부터 명맥만 유지했지만 그 가르침과 관습은 서양 문명사를 관통하여 오늘날까지 쭉 이어져왔다. 사실 영지주의 사상의 핵심은 서양 세계뿐 아니라 만다이즘과 마니교를 통해 이란과 중앙아시아는 물론 멀리 중국에까지 전파되었다. 영지주의자들과 영지주의가 형태는 변했을망정 그 본질은 거의 희석되지 않았다. 영지주의는 근자에 이르러 볼테르, 윌리엄 블레이크, W.B. 예이츠, 헤르만 헤세, 칼 구스타프 융 등 수많은 이들을 매료시켰다. 실존주의도 영지주의에 힘입은 바 크다.

31 Hoeller, *Jung and the Lost Gospels*를 참조하라.

32 Hoeller, *Jung and the Lost Gospels*를 참조하라

의 다양한 개념들과 사상들은 머나먼 과거가 아니라 지금 현재에 속한다.

영지주의 문헌의 소실과 새로운 발견

영지주의가 교회와 로마 제국의 압박 하에 교회에서 자취를 감추면서 영지주의 문헌도 사라졌다. 18세기 이전까지 영지주의에 관한 일차 문헌은 전무하다시피 했다. 교부들 저서에 담긴 이차 자료가 전부였다고 해도 지나치지 않다.

그런데 18세기가 되면서 영지주의 일차 문헌이 갑작스레 등장하기 시작한다. 18세기 말 (아마도 이집트에서) 두 개의 **콥트어** 사본이 발견되어 영국에 보내지는데 브루스 코덱스Bruce Codex와 애스큐 코덱스Askew Codex가 그것이다. 전자에는 '예우의 두 책'과 제목이 붙지 않은 다른 작품이, 후자에는 '피스티스 소피아'가 담겨 있었다. 이 문서들 덕분에 학자들은 영지주의를 새로운 눈으로 바라볼 수 있었다. 피스티스 소피아는 부활하신 예수님과 남녀 제자들이 나눈 계시적 담화집이다. 예우의 두 책도 예수님의 계시 내용을 담고 있다. 두 작품 모두 3세기경의 것으로 추정된다. 두 작품은 영지주의 연구자들에게 특별한 의미를 지닌다. 학자들이 그동안 접할 수 없었던 영지주의 일차 문헌, 곧 영지주의자가 쓴 영지주의 작품이기 때문이다.

그러다가 1896년 칼 라인하르트Carl Reinhardt는 카이로의 골동품 가게를 둘러보다 가게 주인에게서 가죽 장정을 한 필사본 코덱스를 소개받는다. 라인하르트 박사는 그 코덱스를 구입하는데 이것이 지금은 베를린 코덱스Berlin Codex 또는 베를린 파피루스Berlin Papyrus로 알려진 사본이다.[33] 박사는 간단한 조사를 거친 끝에 그 코덱스에 네 개의 문서가 담겨 있음을

---

33   브루스 코덱스, 애스큐 코덱스, 베를린 코덱스의 발견 경위와 내용에 대해서는 다음을 참조하라: http://wilearncap.asuscomm.com:81/wikipedia_en_all_novid_2017-08/A/Gnostic_texts.html.

알아냈는데, 마리아 복음, 요한의 비전, 예수 그리스도의 지혜, (콥트어) 베드로 행전이 그것이다. 베를린 사본은 두 차례의 세계 대전을 거치고 갖은 우여곡절 끝에 1955년에야 출판되었다.

 1945년 12월 칼리프와 무함마드 알리 형제는 오늘날의 나그 함마디에서 가까운 나일 계곡에서 거름으로 쓸 사바크sabakh 흙을 파다가 무함마드의 삽이 무언가에 부딪히는 소리를 듣는다. 조금 더 파내려 가자 진흙 항아리가 나왔는데 그 항아리는 뚜껑이 단단히 밀봉되어 있었다. 무함마드는 항아리에서 악령이 튀어나올까 봐 잠시 멈칫했지만 안에 보물이 들어있을지도 모른다는 기대감에 뚜껑을 열었다. 그런데 항아리에는 금은보화 대신 파피루스 사본이 들어 있었다. 무함마드는 항아리에서 가죽장정이 된 책 몇 권을 모두 꺼내어 집으로 가져갔다. 이 책들이 학자들의 손에 들어가기까지는 오랜 시간이 걸렸다. 그리고 이 책들이 현대어로 번역되어 출판되기까지는 더 많은 시간이 흘러야 했다. 토마 복음을 포함한 몇몇 작품은 1950년대와 1960년대에 출판되었다. 1972년부터 사본의 팩시밀리 본이 발행되기 시작하여 1984년까지 꼬박 12년이 걸렸다. 1977년에는 나그 함마디 사본의 첫 번째 편집본이 영어로 출판되어 일반대중에게도 공개되었다. 이것이 이른바 나그 함마디 장서*Nag Hammadi Library*다.[34]

 영지주의 문헌집 가운데 가장 크고 중요한 것이 나그 함마디 장서다. 나그 함마디 장서는 모두 12권의 코덱스로 되어 있는데, 파피루스 필사본 낱장들을 묶어서 가죽장정으로 싼 형태다. 애초에는 **코덱스** 한 권이 더 있어서 총 13권이었을 터이다. 거기서 유래했을 법한 파피루스 필사본 8쪽이 전해진다. 12권의 코덱스는 총 52개의 본문으로 구성되어 있다. 그 중 다섯 본문은 두 번 이상 나오고 그전부터 알려져 있던 여섯 본문을 제외하면

---

[34] 나그 함마디 문서의 발견 경위와 그 내용에 대해서는 Goodacre, "How Reliable is the Story of the Nag Hammadi Discovery?", 303-322 참조.

콥트어

콥트어(Coptic)는 고대 이집트어의 마지막 형태를 말한다. 이집트인들은 세 가지 문자 표기법을 발전시켰다. 그 첫째는 상형문자(hieroglyphic)이다. 그림문자는 이집트의 피라미드 내벽이나 유럽 각지의 오벨리스크를 통해 많은 이들에게 익숙할 것이다. 상형문자는 표기하는 데 시간이 많이 걸릴 뿐더러 파피루스에 기록하는 것도 쉬운 일이 아니어서 대개 종이가 아닌 돌이나 나무 등의 딱딱한 재료에 표기되었다.

이집트인들은 파피루스에 기록하기 쉬운 다른 표기법을 개발하는데, 그것은 신관(神官) 문자(hieratic)라 불렸다. 상형문자에 비해 매우 단순화된 형태의 흘림체로 갈대 펜과 잉크로 쓰기도 쉬웠다. 신관 문자는 대개 종교 작품에 사용되었다. 셋째 표기법은 신관 문자보다 더 단순한 형태로 민간문자(demotic)라 불렸다. 신관 문자가 종교 문서에 사용되었다면 민간문자는 일상생활에 사용되었다. 그러나 세 가지 표기법이 모두 배우기도 어렵고 쓰기도 쉽지 않았다. 그러다가 기원전 2세기 경 이집트인들은 그리스 글자를 빌려 쓰기 시작했다. 그리스 알파벳에다 그리스어에 없는 발음을 위해 민간문자에서 따온 몇 글자를 더하여 이집트어를 표기하는 방법을 개발한 것이다. 이 새로운 이집트어 표기 체계가 바로 콥트어(coptic)다. 따라서 콥트어는 간단히 이집트 언어를 그리스 알파벳으로 표기한 것이라 말할 수 있다. 따라서 콥트어를 그리스어라 말하는 것은 잘못이다. 다만 접속법 같은 그리스어 문법의 영향을 받은 것은 부인하기 어렵다. 콥트어는 사히드어, 보하이르어, 아크밈어 등 여러 방언으로 나뉜다(콥트어에 대해서는 Bausi et al. (eds), *Comparative Oriental Manuscript Studies*, 44-46을 참조하라).

이집트의 그리스도인들이 작품을 저술할 때 주로 사용한 것이 바로 콥트어였다. 그리스도인들에 의해 콥트어가 매우 편리한 표기법임이 드러났고 나중에 아랍 침공 이후 아랍어가 공용어로 자리 잡기 전까지 콥트어는 전례와 일상생활에서 이집트인들의 상용어로 널리 사용되었다. 지금도 콥트 정교회에 가면 콥트어 성경을 읽고 있는 수도자들을 가끔 만날 수 있다.

마흔 개의 본문은 그전까지 존재조차 알려져 있지 않았었다. 장서에 포함된 본문들 가운데 다섯 개에 '복음서'라는 제목이 붙어 있다. 토마 복음, 마리아 복음, 필립보 복음, 진리의 복음 그리고 (콥트어) 이집트인들의 복음이 여기 해당한다. 그 밖에도 영지주의를 이해하는 데 매우 중요한 구실을 하는 작품들이 많이 실려 있다. 이 작품들을 통해 영지주의자들의 신관, 세계관, 인간관 등 다양한 관점과 시각은 물론 그들 공동체의 모습과 예배 관습을 엿볼 수 있게 되었다.

나그 함마디 장서에 포함된 작품은 콥트어로 기록되었지만 그리스어 대본을 보고 콥트어로 옮겨 쓴 것임이 분명하다. 파피루스 필사본이 책으로 엮인 것은 4세기 중엽으로 추정된다. 작품에 따라 콥트어 번역 수준이 다르다. 어떤 것은 번역이 잘 되어 이해하는 데 무리가 없지만 어떤 것은 그렇지 못하여 원래 뜻이 무엇이었을지 추정하는 것이 쉽지 않다. 따라서 현대어로 옮기는 것도 쉽지 않다. 그리스어 본문이 콥트어를 거쳐 현대어로 옮겨질 때 원 뜻과 차이가 날 가능성은 언제든 잠재해 있다. 실제로 번역자에 따라 본문 내용이 조금씩 다르게 옮겨짐을 종종 확인할 수 있다. 나그 함마디 본문을 읽을 때는 언제나 이 점을 염두에 두어야 한다.

1970년대 이집트에서 발견된 챠코스 코덱스 Codex Tchacos 도 영지주의 작품을 담고 있다. 이 사본에는 필립보에게 보낸 베드로의 편지, 유다 복음, 야고보 첫째 묵시록 및 알로게네스의 책 일부가 실려 있다.

18세기와 19세기에 발견된 세 콥트어 사본과 20세기에 발견된 나그 함마디 사본 및 챠코스 사본 덕분에 우리는 초대 교회 영지주의의 참모습에 가까이 다가갈 수 있게 되었다. 더 이상 반대자의 입을 통해서가 아니라 본인의 입을 통해 본인의 소리를 들을 수 있게 된 것이다. 이로써 우리는 정통과 이단을 막론하고 초세기 그리스도교 전통의 전체적인 모습을 한층 더 풍요롭게 바라볼 수 있게 되었다.

코덱스

코덱스(Codex, 복수 코디체Codices)는 오늘날의 책과 비슷한 형태로 낱장을 묶고 표지로 싸서 제본한 형태가 기본이다. 코덱스는 그전까지 사용되던 두루마리 (scroll) 형태를 점차 대체하게 되었다. 그리스도인들은 문서를 만들 때 코덱스 형식으로 만드는 것을 선호하였다. 아무래도 코덱스가 두루마리에 비해 더 많은 양의 본문을 담을 수 있었고 다루기도 한결 쉬웠기 때문이다.

코덱스 표시

나그 함마디에서 발굴된 문헌을 소개할 때는 그 본문이 들어 있는 코덱스 번호(로마 숫자)와 코덱스 내 배열 순서에 따라 표기한다. 예를 들어 둘째 코덱스의 둘째 본문인 토마 복음은 코덱스 II,2로, 둘째 코덱스 셋째 본문인 필립보 복음은 코덱스 II,3으로 표시한다.

스크립토리움

7~15세기 유럽의 수도원은 대개 스크립토리움(Scriptorium), 곧 사본제작소를 설치해 두고 그곳에 재능 있는 필경사와 채식사들을 보유하고 있었다. 이들은 라틴어, 그리스어, 혹은 히브리어로 (언어를 이해할 수 있건 없건 관계 없이) 종교 서적을 베낄 수 있어야 했으며, 글자 크기가 균일하고 문장이 직선 행렬을 이루게 필기할 수 있는 기술을 익혀야 했다. 또한 다양한 종류의 글을 능숙하게 베낄 수 있어야 했다. 이들 덕분에 성경을 비롯하여 중요한 그리스도교 문헌들이 오늘날까지 전해지게 되었다. 나그 함마디에서 발견된 문헌들도 스크립토리움과 비슷한 구실을 하는 곳에서 만들어졌을 법하다.

*

나그 함마디 사본을 비롯하여 18세기 이후에 발견된 콥트어 사본들은 영지주의 지혜의 보고라 해도 과언이 아니다. 거기 포함된 작품 가운데 토마 복음, 진리의 복음, 마리아 복음, 필립보 복음, 요한의 비전이 학자들과 일반 대중의 관심을 가장 크게 받았다. 그러나 다른 작품들도 그 중요성 면에서는 뒤지지 않는다. 이 작품들 덕분에 영지주의자들과 그들의 세계관에 대한 우리의 이해가 한층 깊어졌다. 이해의 차원이 달라졌다는 말이 더 어울리겠다.

이제부터 총 11장에 걸쳐 영지주의 작품 열한 편을 다룰 것이다. 방식은 앞에서 말한 대로 작품 중심이 아니라 주제 중심이 된다. 곧 각 장마다 하나의 주제를 선정하고 그 주제에 대해 대략적으로 설명할 것이다. 그런 다음 그 주제를 잘 드러내는 작품을 중심으로 주제를 구체화시켜 나갈 것이다.

사실 주제와 작품을 소개하는 순서를 정하기가 만만치 않았다. 주제의 경중에 차이가 있을 뿐더러 작품의 흥미성이나 가독성에도 차이가 나기 때문이다. 어쨌든 별 뜻 없이 차례를 정한 것은 아니다.

첫 주제로 '정통과 이단: 누가 진리를 소유하는가?'로 정했다. 영지주의자들 입장에서 쓴 이단 논박이라 할 수 있는 이 주제는 엄밀히 말해서 영지주의의 중심 주제는 아니다. 그러나 영지주의 본문을 읽기 전에 정통과 이단이 무엇인가에 대해 성찰한다면 보다 객관적인 시각을 유지하는 데 도움이 될 듯하였다. 그 다음에는 영지주의자들의 근본적인 물음이자 그들이 추구하는 그노시스의 핵심 내용이 될 '우리가 진정 알아야 할 것은?'으로 정하였다. 이 두 주제가 가장 기본이 될 듯하여 앞에 배치하였다.

그 다음의 주제들은 중요성 면에서 경중을 따지기가 어려웠다. 그래서 연관되는 주제들끼리 모아 이어서 다루기로 했다. 먼저 그리스도교의 중심에 있는 십자가와 고통의 의미를 어떻게 이해해야 하며 하느님의 섭리와 인간의 의지는 어떻게 조화될 수 있는가를 묻는 '시련과 고통'을 다룬다. 다음으로 '어떻게 살 것인가?'와 '죽음 뒤에는?' 및 '부활'을 이어서 다룬다. 네 주제가 모두 윤리와 도덕의 문제로 귀결되기에 연이어서 읽으면 좋을 것 같다.

다음으로는 '하느님', '인간' 이렇게 두 주제를 이어서 다루기로 했다. 하느님을 어떻게 이해하느냐에 따라 인간에 대한 이해도 달라진다. 그래서 하느님에 대한 영지주의자들의 시각을 소개한 다음 바로 인간에 대한 시각을 다루기로 한다.

그런 뒤 영지주의 공동체에서 여자가 어떤 위상을 누렸을지 짐작케 해 줄 '여자'를, 그 다음에는 영지주의 공동체의 전례 생활을 엿보게 해 줄 '전례와 성사'를 다룬다.

마지막으로 '시작과 끝'을 다룬다. 천상계의 형성에서 시작하여 창조주의 탄생, 이에 뒤이은 인류의 창조와 마지막 구원 계획에 이르기까지, 그야말로 모든 것의 시작과 끝에 관한 내용이다. 이것만으로 영지주의 세계관을 뭉뚱그려 볼 수 있으며 영지주의 사상 전체를 정리할 수 있을 것이다. 이런 의미에서 이 주제를 제일 마지막에 두었다.

01
정통과 이단:
누가 진리를 소유하는가?

콥트어 베드로 묵시록
Coptic Apocalypse of Peter

정통은 무엇이고 이단은 무엇인가? 옳음은 무엇이고 다름은 무엇인가? 진리는 무엇이고 오류는 무엇인가? 모두가 진리를 찾으려 하며 자신이 믿는 것이 진리라고 주장한다. 그리고 자기가 믿는 것과 다른 것은 틀렸다고, 오류라고 비난하기도 한다. 어떤 종교를 가진 사람도 자신이 믿는 것이 오류라고 말하지 않는다. 적어도 진리일 가능성이 가장 크다고 믿는다. 굳이 종교가 아니라 하더라도 누구나 자신만의 신념 체계가 있고 그것이 진리라고 혹은 진리에 가장 가깝다고 여긴다. 이에 대한 확신이 지나치면 자신의 신념과 다른 모든 것을 오류이며 이단이라 비판한다. 지금 여기서 진리가 절대적이냐 상대적이냐를 말하는 것은 아니다. 누구나 절대적 진리 혹은 그에 필적한 진리를 추구한다는 말이다. 그 결과는 종종 정통과 이단으로 가르는 것으로 나타난다. 진리의 상대주의를 표방하는 사람이 아니라면, 적어도 암묵적으로는 자신의 주장과 다른 것은 오류일 가능성이 있음을 시인하는 셈이다.

2세기 말엽 예수 그리스도의 가르침에 대한 해석이 굉장히 다양해지면서 정통과 이단을 가르는 일을 시급하게 여기는 사람들이 많아졌다. 예수님의 말씀을 직접 들은 사도들의 가르침만 권위를 인정받을 수 있으며 이것과 다른 가르침은 권위를 인정할 수 없다는 것이다. 그리고 '다르다'는 표현이 시간이 지나면서 '틀리다'가 되고 급기야 교회에서 배척해야 할 잘못이며 오류가 된다.

이렇게 **정통**과 이단을 가르는 움직임이 **주류** 교회에서만 일어난 것은 아니다. 영지주의 그리스도인들도 자신들의 가르침만이 정통이며 그와 다른 것은 이단이라 선포한다. 그리고 자신들의 가르침이 사도들에게서 물려받은 것이라 주장한다. 그래서 베드로와 바오로를 위시한 열두 사도의 이름을 딴 복음서나 묵시록 들이 많이 나온 것도 우연한 일이 아니다.[1]

---

[1] 초대 교회 때는 사도의 이름을 내걸고 글을 쓰는 게 드문 일이 아니었다. 베

정통과 주류

이 책에서는 되도록 정통이라는 말 대신 주류라는 말을 쓰려 한다. 이는 영지주의자들의 관점을 존중하려는 뜻에서다. 영지주의자들의 관점에서는 자기들이 정통이고 자기들이 진리를 소유하고 있다. 그들의 눈에는 당시에 그들의 반대편에 서서 초기 가톨릭으로 부상하고 있던 주류 교회가 이단이며 오류의 종들이다. 이처럼 정통과 이단이라는 말은 절대적인 것이 아니라 상대적인 용어다. 어떤 이단도 자신을 이단이라 부르지 않는다. 여기서는 중립적 입장을 견지하기 위해 정통 교회라는 말 대신 주류 교회라는 말을 쓰겠다.

열두 사도와 권위

왜 신약 외경에도 사도의 이름으로 된 작품이 많을까?
　열두 사도는 예수님의 메시지를 전달하는 핵심적 권위를 표상한다. 목숨을 끊은 유다를 대신할 제자를 뽑는 장면은 열두 사도의 의미를 부각시킨다(사도 1,15-26). 새 사도는, 예수님의 공생활 기간 동안 그분과 함께 지내면서 그분의 가르침을 듣고 따랐던 인물이어야 했다. 권위 있는 증인이 되기 위한 전제 조건이 예수님과 동고동락한 사람이어야 한다는 것이다. 열두 사도가 예루살렘에서부터 지중해의 다른 지역까지 다니며 예수님의 복음을 전파할 때 청자들에게는 사도들의 말이 거짓이 아니라 진실이라는 확신이 필요했다. 사도들의 말을 보증하는 것은 그들이 다른 사람에게 간접적으로 전해 들은 이야기가 아니라 자신이 직접 보고 들은 것만 말한다는 사실이었다.
　후대의 저자들이 작품을 쓸 때 자기의 이름을 내걸지 않고 사도의 이름을 내건 이유를 이런 맥락에서 이해할 수 있다. 사도의 이름은 어떤 작품을 상상의 산물이 아니라 목격 증인의 이야기로 만드는 권위가 되었던 것이다.

이처럼 정통과 이단을 가르는 문제는 주류 교회 교부들만의 문제는 아니었다. 교부들이 영지주의자들을 이단으로 선포했듯이 영지주의자들은 주류 교회를 이단으로 여겼다. 어떤 신조를 따르든 그 신조를 따르는 사람에게는 그것이 정통이요, 그 반대는 이단이기 때문이다. 나그 함마디 문헌 가운데 정통과 이단에 관한 문제를 다루는 작품들이 있다. 그 대표적인 예가 콥트어 베드로 묵시록이다.

1. 콥트어 베드로 묵시록 소개

나그 함마디 사본 VII,3에 전하는 콥트어 베드로 묵시록은 그리스어로 전하는 베드로 묵시록과는 완전히 다른 이야기이며 아무런 관계가 없다.[2] 본문은 그리스어를 콥트어로 번역한 것이다. 번역자가 그리 훌륭하지 않았던지 콥트어 본문을 이해하기가 만만치 않다.

베드로 묵시록의 주요 테마는 주류 그리스도인들과 영지주의 그리스도인들의 갈등이다. 이 작품은 둘 사이의 갈등의 골이 깊어지고 영지주의 공동체와 주류 교회의 분리가 공공연한 일로 받아들여지던 시기를 반영한다. 물론 이 묵시록은 영지주의자들의 관점에서 기록되었으며, 영지주의

드로나 바오로 사도의 이름이 가장 빈번하게 저자로 거론되는 것도 당연한 일일 터였다. '열두 사도와 권위'를 참조하라.

2   콥트어 베드로 묵시록 역시 베드로에게 탁월한 권위를 부여한다. 구원자께서 베드로를 지식으로 초대한 사람들의 출발점으로 삼으셨다는 것이다. "베드로야, 너는 네 이름에 걸맞게, 그리고 너를 선택한 나와 함께, 또 하나의 완전한 사람이 되어라. 내가 너를, 지식에 초대한 남은 자들을 위한 출발점(arche)으로 삼았기 때문이다"(71). '열두 사도와 권위'를 참조하라.

를 반대하는 사람들, 곧 주류 그리스도인들에 대한 적대감을 적나라하게 표현하고 있다. 이 모든 정황을 미루어볼 때 이 작품은 3세기 초엽에 만들어졌을 것이다.[3]

2. 주류 교회 비판

베드로 묵시록의 시작은 성전을 배경으로 이루어진다. 구원자께서는 성전에서 베드로와 대화를 나누신다. 대화는 사제들과 백성의 방해로 중단된다. 구원자께서 그들을 인도자가 없는 '눈먼 이들'로 표현하신다. 이어지는 구원자의 말씀은 주류 그리스도인들과 영지주의자들의 차이와 갈등을 본격적으로 다룬다. 영지주의자의 시각으로 갈등을 이야기한 탓에 구원자의 말씀을 주류 교회에 대한 비판으로 보아도 무방하다.

주류 그리스도인들에 대한 반박은 크게 세 가지 측면으로 이루어진다. 첫째는 인류의 이분법이다. 하나는 불멸의 영혼, '존재하는 이들'이고 다른 하나는 오류에 빠진 멸할 인간들이다. 영지주의자들이 전자이고 주류 그리스도인들은 후자다.

둘째는 주류 교회 지도자들에 대한 비판이다. 베드로 묵시록에서 비난의 화살은 주로 주류 교회 지도자들에게 향한다. 콥트어 베드로 묵시록에 따르면, 그들은 오류이며, 사악한 기술자, 구원자의 말을 파는 장사꾼, 자신도 들어가지 못하면서 남이 들어가는 것도 방해하는 훼방꾼들이다. 주교나 부제라 불리는 그들은 하느님에게서 권위를 받은 것처럼 행세하나 이

---

3   Brashler (ed.), "Apocalypse of Peter", 218-247을 참조하라.

것은 사실이 아니다. 그들은 이곳에 속한 자이고 완전히 죽은 자이며 창조와 출산의 과정으로 변화를 겪는 자들이다. 가지지 않은 자들인 그들은 자신들이 가진 것마저 가진 이들에게 빼앗길 것이다. 그들은 오류에 빠졌으며 다른 이들까지 오류로 이끈다. 그들은 벌을 면하기 어려울 것이다.

셋째는 그리스도와 예수의 이분법이다. 십자가에 못 박힌 사람은 아르콘들의 지배를 받는 인간일 뿐이며, 그리스도가 아니다. 그리스도는 예수가 못 박힌 십자가 곁에서 웃고 계신다.

인류의 이분법

주류 교회에 대한 비판은 영혼들을 양분하는 것으로 시작된다. 영지주의자가 불멸의 영혼이라면, 주류 그리스도인들은 사멸할 영혼들이다. 주님께서는 베드로에게, 주류 교회에 속한 사람들이 처음에는 예수의 가르침을 믿었지만 나중에는 오류에 빠져 죽은 자의 이름에 매달린다고 비판하신다. 주류 교회가 십자가에 못 박혀 죽은 예수를 그리스도로 믿고 그에게 매달리는 것을 비난하신 것이다. "그들은 자신이 깨끗해지리라 생각하면서 죽은 자의 이름에 매달릴 것이다. 그러나 그들은 한층 더 불결해질 것이다. 그들은 오류라는 이름에, 그리고 다양한 형태의 가르침dogma을 갖춘 사악한 기술자techne 의 손에 떨어질 것이다. 그리하여 그들은 이단heresis의 지배를 받을 것이다. 사실 그들 가운데 몇몇은 진리를 모독하고 사악한 언사를 발설할 것이다. 그리고 그들은 서로에게 사악한 말들을 퍼부을 것이다. 그리고 어떤 이들은, 아르콘들의 힘으로 서 있기에, '남자와 여자'라는 이름을 얻을 것이다 — 나신인 그녀는 모습도 여러 가지, 고통도 여러 가지다"(콥트어 베드로 묵시록 74). 주류 교회 지도자들을 사악한 기술자들로 표현한 것이나 주류 교회 사람들이 이단의 지배를 받는다고 한 것이 흥미롭다. 영지주의자들에게는 자신들이 정통이요 주류 교회가 이단이었던 것이다.

구원자의 설명에 따르면, 이들 주류 그리스도인들은 모두 사멸할 영혼들이며, 영원한 파멸을 위해 창조된 자들이다. "실제로 모든 영혼이 진리에서 나온 것도 아니며 불멸성에서 (나온 것도 아니다). 우리 눈에 이 세대의 모든 영혼에게는 죽음이 할당되어 있다. 따라서 그것(이 세대의 영혼)은 언제나 종이다. 자신의 욕망epithymia 때문에 창조되었기 때문이다. 영원한 파멸이 그들의 것이다. 그들은 그것(파멸)을 위해 존재하며 그것(파멸)에서 나왔다. 그들은 자기들과 함께 생겨난 물질hyle로 된 피조물을 사랑한다"(75).

그러나 불멸의 영혼들은 다르다. 지금은 이들이 사멸할 자들처럼 보이지만 사실은 그렇지 않다. 불멸의 영혼들은 불멸에 관해 생각하며 믿음을 가지고 물질적 욕망을 거부한다. "오! 베드로야, 불멸의 영혼들은 이들과 다르다. 하지만 그 시간이 오기 전까지는 그것은 사멸하는 (영혼)들과 비슷하다. 그러나 그것(불멸의 영혼)은 자신의 본성을 드러내 보이지 않을 것이다. 그것만이 불멸하며 그것만이 불멸의 것에 대해 생각한다. 그것은 믿음을 가지고 있으며 그것(물질로 된 피조물, 또는 사멸하는 영혼들)을 버리고 싶어 한다. … (불멸의 영혼)은 영원성 안에, 생명과 생명의 불멸성 안에 머문다"(75-76).

이어서 구원자는 사멸할 영혼들을 불멸의 영혼들과 대비하신다. 사멸할 영혼들은 신비를 이해하지도 못하면서 진리가 자기들 손에 있다고 자랑한다. 그들이 불멸의 영혼과 어울리고 싶어 한 것은 불멸의 영혼을 통해 영광을 받기 위해서였다. "어떤 이들은 신비를 이해하지 못한다. 그러면서도 그들은 자기들이 알지 못하는 것들을 이야기한다. 그러면서 그들은 진리의 신비가 오직 자기네들 손안에 있다고 자랑할 것이다. … 사실 이 세대의 모든 권세와 권력(권신 arche)과 능력(능신)은 이 세상의 피조물들 사이에서 이(불멸의 영혼들)과 함께 머물고 싶어 한다. 존재하지 않는 그들이 존재하는 이(불멸의 영혼)들을 통해, 영광을 받기 위해서다. 그들은 자신을 잊었고 구원을 받지도 못했던 것이다. 그들은 항상 소멸하지 않는 존재가 되기를 염원했지만 이들(불멸의 영혼)이 그 길을 인도해 주지 않았다"(76-77).

주류 교회 지도자 비판

주류 교회에 대한 비판은 주로 교회 지도자들을 겨냥한다. 그들은 구원자의 말씀을 장사에 이용하면서[4] 작은 이들(=불멸의 영혼들)의 구원을 방해하는 적들이다. 그들은 자신들도 들어가지 않으면서 다른 사람이 들어가는 것도 막는다. 그들은 결국 바깥 어둠 속으로 던져질 것이다. 한때 불멸의 영혼들이 이들의 말에 속아 죄악에 떨어지기도 했으나 구원자께서 종살이에서 벗어나게 해 주셨다. "그들은 내 말을 가지고 장사를 한다. … 불멸의 영혼들의 족속이 나의 재림 전까지 헛되이 그 안에서 뛰어다닐 것이다. … 이들(작은 이들)은 적들로 인해 (죄악)에 떨어졌었다. 그러나 나는 그들이 몸담고 있던 종살이에서 (빼내기 위해) 그들의 몸값을 받고 그들에게 자유를 주었다. 그(적)들은 죽은 자 — 그는 곧 불의의 맏아들인 헤르마스이다 — 의 이름으로 모사품만을 만들어낼 것이기 때문이다. 존재하는 빛을 작은 이들이 믿지 못하게 하려는 것이다. 이런 자들은 바깥 어둠 속, 빛의 자녀들 바깥으로 던져질 일꾼들이다. 그들은 자신들이 들어가지도 않고, 석방을 얻으러 들어가려는 이들을 (들어가게) 놔두지도 않을 것이다"(77-78).

이어지는 구원자의 비판은 구체적으로 주교와 부제를 향한다. 그들이 하느님으로부터 권위를 받은 양 행세하지만 그것은 사실이 아니다. 그들은 징벌을 피하지 못할 것이다. "우리 쪽 바깥에 있는 자들이 있다. 그들에게는 '주교'episkopos와 '부제들'diakonoi이라는 이름이 주어졌다. 마치 그들이 하느님으로부터 권위를 받기라도 한 것처럼 말이다. 그들은 윗사람이 받는 심판을 받을 것이다. 그들은 물 없는 수로다"(79).

---

[4] 일찍이 사도 바오로는 하느님의 말씀으로 장사하는 사람들을 비판한 바 있다 (2코린 2,17). 주류 교회 신자건 영지주의자건 각자 상대를 '하느님의 말씀으로 장사하는 자로 비난한 것은 마찬가지다.

지금은 그들이 작은 이들(불멸의 영혼)을 압도하고 있다. 그러나 정해진 시간이 지나면, "결코 늙지 않는 이"가 나타나 상황을 반전시킬 것이다. 그때에는 거꾸로 작은 이들이 이들을 지배할 것이다. "자기네 오류의 수만큼 자기들에게 정해진 시간 동안에는 그들이 작은 이들을 지배할 것이다. 그러나 오류가 완결된 뒤에는 불멸의 지성dianoia이라는 결코 늙지 않는 이가 새롭게 될 것이다. 그리고 이제는 (작은) 이들이 자기들을 지배하던 자들을 지배할 것이다. 그리고 그(늙지 않는 이)는 그들의 오류의 뿌리를 뽑아 수치에 붙일 것이다"(80).

예수와 그리스도의 구분

주류 교회에 대한 세 번째 비판은 예수님의 정체성과 관련된다. 베드로 묵시록에서 베드로는 예수님이 폭도들에게 붙잡히신 모습을 본다. 베드로는 한 사람이 나무에 못 박히고 있는 모습을 보면서 동시에 다른 한 분이 십자가 곁에서 웃고 계시는 모습을 본다고 말한다. "제가 무엇을 보고 있는 것입니까, 오 주님? 그들이 붙잡고 계신 분이 당신이십니까? 지금 나를 붙잡고 계신 분이 당신 맞습니까? 십자가 나무 위(곁)에서 기뻐하며 웃고 계신 분은 누구십니까? 그들이 다른 사람의 발과 손에 못을 박고 있는 것입니까?"(81).

베드로의 질문에 대한 구원자의 답변은 이러하다. 십자가 곁에서 웃고 계신 분이 살아계신 예수님이시며, 십자가에 못 박히고 있는 자는 예수님의 육신, 대체자일 뿐이다. "네가 보고 있는, 십자가 위(곁)에서 기뻐하며 웃고 계신 분, 이분은 살아계신 예수님이시다. 그러나 그들이 손과 발에 못을 박고 있는 이는, 그분의 육적 부분sarkikon 곧 대체자이다. 그들이 수치를 주고 있는 이는 그분과 비슷하게 만들어진 이다. 하지만 너는 그를 볼 때 나를 (보아라)!"(81)

이때 성령으로 가득하신 분이 구원자와 베드로에게 다가오시는데, 이

분은 구원자와 십자가 곁에서 웃고 계신 분을 닮았다. 베드로는 말한다. "그분은 바로 구원자셨습니다. 그리고 형언할 수 없는 커다란 빛이 그분들을 둘러쌌으며 형언할 수 없고 눈에 보이지 않는 수많은 천사들이 그분들을 찬양하였습니다"(82). 그리고 나서 베드로는 영광을 받는 그분께서 나타나시는 것을 본 사람이 바로 자신이었음을 고백한다.

살아 계신 구원자께서 베드로에게, 십자가에 못 박힌 이는 엘로힘(구약의 신)의 사람 곧 율법의 지배를 받는 사람이며, 그자 곁에 서 계신 분은 구원자시라 말씀하신다. "그들이 못 박은 이는 … 엘로임의 (사람), 율법 nomos 아래 놓인 십자가의 (사람)이다. 그러나 그자 곁에 가까이 서 계신 분은 살아 계신 구원자, 그들이 붙잡은 자의 으뜸(을 차지하신 분)이시다. 그분께서는 풀려나셔서 기뻐하며 서 계신다"(82).

몸은 구원자의 대체물일 뿐이다. 구원자는 지성으로만 알 수 있는 '영'이며, 육과는 아무런 관련이 없는 분이시다. 구원자께서 말씀하신다. 풀려난 것은 "몸이 없는 내 몸이다. 나는 지성으로만 알 수 있는 noeron 영 pneuma, 눈부신 빛으로 가득한 (영)이다"(83). 사멸할 눈먼 영혼들은 대체물일 따름인 사람을 십자가에 못 박는 일이 아무 의미 없다는 것을 알지 못한다. 참구원자께서는 육신을 넘어서시는 분이시며 이미 육신에서 벗어나셨음을 깨닫지 못하는 것이다.

여기서 베드로 묵시록이 가현주의적 그리스도론을 표방한다는 점이 분명해진다. 십자가에 못 박힌 예수와 살아 계신 구원자는 본질적으로 서로 다르다. 인간 예수는 구원자의 대체자일 뿐이다. 따라서 십자가 죽음은 아무 의미가 없다. 그리고 십자가에 매달려 죽은 자를 믿는 것은 헛된 믿음이다. 불멸의 영혼들만이, 중요한 것은 영적인 것뿐이며 육체적 죽음은 아무 의미가 없다는 것을 안다.

결국 불멸의 영혼인 영지주의자들은 참된 구원자를 알아보지만 사멸할 영혼인 주류 교회 사람들은 그렇지 못하다. 그래서 그들이 살아 계신 참구원자가 아니라 십자가에 못 박혀 죽은 사람, 구원자의 대체자를 믿고 매달리는 것이다. 정작 중요한 것은 육이 아니라 영인데도 이를 알지 못하기 때문이다. 이들은 구원자께서 베드로에게 보여 주신 것에 대해 들을 자격이 없다. 따라서 베드로는 자신이 본 것을 이 세대 사람들이 아니라 다른 종족 사람들allogenes에게만 전해 주어야 한다. 이 세대 사람들은 불멸의 본성을 지니지 않았으며 따라서 구원자를 알아볼 능력이 없기 때문이다. "그러니 너는 네가 본 이것들을 이 세대 출신이 아닌 다른 종족 사람들에게 전해 주어야 한다. 불멸의 본성ousia 때문에 선택된 사람들이 아니라면, 불멸하지 않는 사람들에게서는 어떤 선물도 찾아볼 수 없을 것이기 때문이다"(83).

3. 정통과 이단

영지주의자들도 주류 교회 신자들도 모두 자신이 진리를 소유하고 있다고 주장한다. 자기편이 진리를 소유한 반면 반대편은 오류에 빠져 있다는 것이다. 이러한 갈등과 긴장은 베드로 묵시록 전반에 걸쳐 드러난다. 불멸의 영혼들과 사멸할 영혼들을 첨예하게 구분한 것도 그 예다. 불멸의 영혼들이 영지주의자들이라면 주류 교회 신자들 특히 교회 지도자들은 사멸할 영혼들이다. 불멸의 영혼들은 작은 이들, 생명에 속한 이들이며 결코 멸하지 않을 것이다. 그러나 사멸할 영혼들은 파괴와 죽음을 위해 창조된 이들이며 불멸을 염원하나 결국 소멸할 것이다. 이들은 자신들이 오류에 빠져 있을 뿐만 아니라 다른 이들도 오류로 이끌면서 빛으로 나아가는 것을 방해한다.
  구원자의 마지막 말씀은 불멸의 영혼 곧 영지주의자들을 대표하는 베드로에게 향한다. 적들 가운데 어느 누구도 그를 이기지 못할 것이니 두려워 말라는 것이다. "그러니 너는 마음을 굳게 먹고 아무것도 두려워하지 마라. 내가 너와 함께할 것이다. 그리하여 네 적들 가운데 어느 누구도 너를 이길 수 없을 것이다. 평화가 너와 함께 하기를! 강해져라!"(84).

그에 앞서 구원자께서는 지금은 적들에게 할당된 시간이라 그들이 불멸의 영혼들을 지배하고 있다고 하셨다. "자기네 오류의 수만큼 자기들에게 정해진 시간 동안에는 그들이 작은 이들을 지배할 것이다. 그러나 오류가 완결된 뒤에는 … (작은) 이들이 자기들을 지배하던 자들을 지배할 것이다"(80). 여기서 이 작품이 쓰이던 무렵이 영지주의 공동체가 주류 교회에 밀리고 있던 상황임을 짐작할 수 있다. 저들에게 할당된 시간이 끝나면 상황이 역전되리라는 약속이 주어진 것이다.

영지주의자들의 눈에는 주류 그리스도인들이 이단자의 무리로 비친다. 주류 그리스도인들의 눈에는 영지주의자들이 그렇다. 과연 누구 말이 옳을까? 자기의 기준, 자기의 잣대로 상대방을 판단할 수 있을까? 우리가 진실과 진리가 옳다고 믿어 이를 행하려고 노력하듯, 상대방 역시 본인들이 옳다고 믿는 것, 진리를 따르고 있을 것이다. 상대의 시각에서는 오히려 우리가 이단자가 될 수 있다. 이는 결코 쉽게 결론 내릴 수 있는 문제가 아니다. 자기 주장이 지나치면 상대 의견을 전혀 인정하지 않는 독선적 태도로 흐를 수 있다. 그렇다고 기준이 흐리면 자칫 상대주의나 회의주의에 빠지기 십상이다. 상대주의와 회의주의면 어떠냐고 반문하는 사람도 있을 것이다.

과연 절대적 진리란 없는 것일까? 진리란 상대적일 뿐이어서 이 사람에게는 이것이 진리고 저 사람에게는 저것이 진리가 되는 것일까? 진리를 진리라고 규정하고 판단할 수 있는 사람은 누구일까? 내 것은 정통이요 네 것은 이단이라고 쉽사리 말할 수 있을까?

그 답이 무엇이든, 우리의 규정과 판단은 결코 절대적일 수 없다. 규정과 판단은, 이것은 옳고 저것은 그르다고 말하는 것, 이 사람은 좋고 저 사람은 나쁘다고 여기는 것이다. 우리는 버릇처럼 겉을 보고 속을 판단하며 나를 통해 타인을 재단한다. 그런데 판단의 대상은 늘 바깥에 있고 판단의 기준은 내 안에 있다. 상대의 기준으로 상대를 판단하는 사람도, 타인의 눈으로 나를 바라보는 사람도 찾아보기 어렵다. 세상의 수많은 나는 모두 자신이 옳다고 이야기한다. 세상에 수많은 나만큼의 수많은 '옳음'이 있다는 뜻이다. 그토록 수많은 '옳음' 가운데 진짜 '옳음'은 어떤 것일까? 내가 옳음일 수도 '그름'일 수도 있으며, 상대방 역시 마찬가지다. 그런데 상대의 옳음과 나의 그름을 쉽게 인정하는 사람은 많지 않다.[5]

종교와 교리도 예외는 아니다. 어쩌면 가장 첨예한 의견 대립은 종교 교리를 둘러싼 논쟁에서 일어나는지도 모른다. 콥트어 베드로 묵시록도 이런 상황을 보여 준다. 이 책의 저자는 반대편을 이단자라고, 사악한 기술자이며 말씀의 장사꾼이라 비난한다. 주류 교회 교부들은 영지주의자를 같은 죄목으로 고발했다. 이런 태도는, 나와 다른 것은 모두 이단이라는 이분법적 사고의 산물로 그리 바람직해 보이지는 않는다.

그러나 이런 적대적 논쟁에도 긍정적인 면은 있다. 대화나 토론 없이는 신학이 제대로 발전할 수 없다. 교부들과 영지주의자들의 논쟁 역시 대화나 토론의 연장으로 볼 수 있다. 논쟁을 통해 부족한 것은 보충하고 그른 것은 고칠 수 있으며 애매한 것은 명료하게 만들 수 있다.

다만 주류 교회와 영지주의자들의 경우 둘 사이의 간극이 너무 커서 도저히 하나의 공동체로 남을 수 없었던 것 같다. 그리스도교 교리의 중심을 차지하는 신관과 그리스도관, 인간관, 세계관, 창조관이 타협할 수 없을 정도로 서로 다르다면 다른 둘을 억지로 이어 붙이고 꿰어 맞출 필요는 없을지도 모른다. 그 끝이 결별이라 하더라도 이것도 저것도 아닌 어정쩡한 모습으로 타협하는 것보다 나을지 모른다. 한 공동체 안에 공존할 수 없었던 둘은 각자의 공동체로 양립하는 길을 택한다. 주류 교회에서 영지주의자들을 내쫓았다고 하나 영지주의자들 역시 교회 안에 머물고 싶지 않았을 법하다. 결국 영지주의자들은 주류 교회와 멀어져 5세기 이후에는 둘이 각자의 길을 간다.

---

5   이지성/황광우, 『고전혁명』, 80-81을 참조하라.

4. 콥트어 베드로 묵시록

Nag Hammadi Codex VII,3; 콥트어 대본: Brashler (ed.), "Apocalypse of Peter", 218-247.

୫୨ ଓଃ

70   [13] 베드로의 묵시록

도입

구원자께서 성전 안, [15] 열째 기둥의 이음매 부분 건물 내부에 앉아 계셨을 때, 그리고 살아 계신 불멸의 지존들 곁에 쉬고 계셨을 때, [20] 나에게 말씀하셨습니다.

"베드로야, 아버지께 속하는 이들은 복되다! 그들은 하늘을 위해 선택되었다. 그분(아버지)께서는 나를 통하여 생명에서 나온 이들에게 생명을 보여 주셨다. [25] 나는 그들이 굳건한 것 위에 세워진 이들임을[6] 상기시켜 주었다. 그들이 내 말을 듣고 [30] 불의의 말과 율법을 침해하는

71. 말을, 위에서 나오는 정을 [71.1] 곧 진리의 플레로마의 모든 말과 구분할 수 있게 하려는 것이었다. 그들은, 권력arche들이 찾아다녔으나 끝내 발

---

[6] 1베드 2,4-5: "주님께 나아가십시오. 그분은 살아 있는 돌이십니다. 사람들에게는 버림을 받았지만 하느님께는 선택된 값진 돌이십니다. 여러분도 살아 있는 돌로서 영적 집을 짓는 데에 쓰이도록 하십시오" 참조.

견하지 못한 분에 의해 빛을 성공적으로 받아들였다. ⁵ (권력들은) 예언자들의 모든 후손(씨앗) 앞에서는 그분에 대해 언급도 하지 못했다. ¹⁰ 이제 그분께서는 이분들 안에서 모습을 드러내셨다 — 계시되신 분, 곧 하늘들 위에 현양되신 사람의 아들 안에서, 그리고 같은 본질의 많은 사람들 안에서.

¹⁵ 베드로야, 너는 네 이름에 걸맞게, 그리고 너를 선택한 나와 함께, 또 하나의 완전한 사람이 되어라. 내가 너를, 지식으로 초대한 ²⁰ 남은 자들을 위한 출발점arche으로 삼았기 때문이다.⁷ 그러니 처음 너를 부르신 분의 정의를 모방하는 자가 (있는) 동안 굳건히 버텨라. ²⁵ 그분께서 너를 부르신 것은 네가 그분을 제대로 알게 하시려는 것이었다. 그분을 (다른 이와) 구분 짓는 차이, 그분의 손과 발의 상해, 중간 지대mesotes⁸ 사람들이 씌운 ³⁰ 면류관, 빛나는 그분의 몸을 통해서 말이
72. 다. 그분은 섬김diakonia의 희망을 품고, ⁷²·¹ 영광스런 상급을 위해 앞으로 끌려 나가셨다. 그러므로 그분은 오늘 밤 너를 세 번 꾸짖으실 것이다."

---

7   직역: "내가 지식에로 초대한 남은 자들을 위한 출발을 너를 통해 하였기 때문이다."

8   필립보 복음에 '중간 지대'에 대한 언급이 있다. 여기서 '중간 지대'는 지옥과 비슷한 개념으로 사용된다: "(사람)은, 이 세상에 혹은 부활에 혹은 그 중간 지대에 있습니다. 나는 그곳들에서 발견되지 않기를! 이 세상에는 선도 있고 악도 있습니다. (세상)의 선은 선이 아닙니다. 그리고 (세상)의 악은 악이 아닙니다. 이 세상 뒤에도 악이 있는데 그것은 참으로 악하며 '중간'(mesotes)이라 불립니다. 그것은 죽음입니다. 우리가 이 세상에 있는 동안에 부활을 획득하는 것이 좋습니다. 그래야 우리가 육신의 옷을 벗었을 때 안식(anapausis) 안에 머물고 '중간' 지대에서 돌아다니지 않을 것입니다"(필립보 복음 66).

첫 환시

그분께서 이 말씀을 하시는 동안 ⁵나는 사제들과 백성이 마치 우리를 죽이려는 듯이 돌을 들고 우리에게 달려오는 것을 보았습니다. 나는 우리가 죽게 될까 봐 몹시 동요하였습니다. ¹⁰그분께서 내게 말씀하셨습니다. "베드로야, 그들은 눈먼 자들이며 인도자가 없다고 내가 너에게 여러 번 말하지 않았느냐! 그들이 눈멀었음을 알고 싶다면 네 손과 옷을 ¹⁵두 눈에 대어 보아라. 그리고 무엇이 보이는지 말해 보아라."

나는 그렇게 했지만 아무것도 보이지 않았습니다. 나는 말하였습니다. "(이런 식으로는) 아무도 볼 수 없습니다." ²⁰다시 그분께서 내게 말씀하셨습니다. "다시 그대로 해 보아라!" 그때 두려움과 기쁨이 내게 덮쳤습니다. 한낮의 빛보다 더 강한 ²⁵새로운 빛을 보았기 때문입니다. 그 뒤 그 (빛)은 구원자께 내려왔습니다. 나는 내가 본 것들을 그분께 말하였습니다. 그러자 그분께서 다시 내게 말씀하셨습니다. "양 손을 들어 올려라. ³⁰그리고 ⁷³·¹사제들과 백성들이 하는 말을 들어라."

그래서 나는 율법 학자들과 함께 앉아 있는 사제들의 말을 들었습니다. 군중들은 큰 소리로 외치고 있었습니다. ⁵그분께서는 나한테서 이 일을 전해 듣자 내게 말씀하셨습니다. "너의 두 귀를⁹ 세워라. 그리고 그들이 하는 말을 들어라!"

그리고 나는 다시 들었습니다. … "당신께서 앉아 계신 동안 ¹⁰그들은 당신을 찬양합니다."¹⁰

---

9   직역: "네 머리의 귀들."

10 내용이 연결되지 않는다. 사제들과 군중들의 외침 내용이 빠진 것 같다. "당신이 앉아 계신 동안 그들은 당신을 찬양합니다"는 하늘에서 들려오는 찬송일 듯하다.

비밀 가르침

이 세대와 지식의 세대

내가 이 말을 하자 구원자께서 말씀하셨습니다. "나는 너에게 이들이 눈멀고 귀먹은 자들이라고 말했었다. 그러니 이제 은밀히[11] [15] 너에게 하는 말들을 듣고 그 말들을 지켜라. 이 세대aeon의 자녀들에게는 그것들을 발설하지 마라. 이 세대는 너희를 모욕할 터이기 때문이다. [20] 그들이 너에 대해 무지한 탓이다. 그러나 지식gnosis(의 세대)는 너를 칭송할 것이다. 사실 많은 사람이 처음에는 우리의 말을 받아들이겠지만 그들 오류의 아버지의 뜻에 따라 [25] 그것들을 다시 버릴 것이다. 그(오류의 아버지)의 뜻을 행하기 위해서다. 그는(?) [30] 심판 때에 말씀의 종들이 누구인지 밝히 드러낼 것이다.

74. 그들과 [74.1] 섞인 자들은 지각이 없기에 그들의 포로가 될 것이다. 그러나 정직하고 순수하고 [5] 선한 이는 사형집행인에게, 복원apokatastasis된 그리스도를 찬양하는 자들의 왕국에 넘겨질 것이다.

[10] 그리고 그들은 네 뒤에 올 거짓을 퍼뜨리는 자들을 칭송한다. 또한 그들은 자신이 깨끗해지리라 생각하면서 [15] 죽은 자의 이름에 매달릴 것이다. 그러나 그들은 한층 더 불결해질 것이다. 그들은 오류라는 이름에, 그리고 다양한 형태의 가르침dogma을 갖춘 사악한 기술자techne의 [20] 손에 떨어질 것이다. [12] 그리하여 그들은 이단heresis의 지배를 받을 것이다. 사실 그들 가운데 몇몇은 진리를 모독하고 [25] 사악한 언사를 발설할 것이다. 그리고 그들은 서로에게 사악한 말들을 퍼부을 것이다. 그리고 어떤 이들은, 아르콘들의 힘으로 서 있기에, [30] '남자와

---

11 직역: "신비 안에서", 또는 "신비롭게."
12 또는, "그리고 그들은 오류라는 이름에, 사악한 기술자(techne)의 손에, 그리고 다양한 형태의 가르침(dogma)에 떨어질 것이다."

여자'라는 이름을 얻을 것이다 — 나신인 그녀는 모습도 여러 가지, 고통도 여러 가지다.[13]

악은 좋은 열매를 맺을 수 없다

75. [1] 그리고 이 일들을 말하는 자들이 꿈에[14] 대해 물을 것이다. 만일 그들이, 꿈은 자기네 오류에 걸맞은 마귀(다이몬)에게서 [5]나온 것이라 말한다면 그때에 그들은 불멸 대신 파멸을 얻을 것이다. 악은 좋은 열매를 맺을 수 없기 때문이다. [10]사실 어느 것이나, 어디서 왔든, 자기와 비슷한 것을 내어 놓는다.

사멸할 영혼과 불멸의 영혼

실제로 모든 영혼이 진리에서 나온 것도 아니며 불멸성에서 (나온 것도 아니다). [15]우리 눈에 이 세대의 모든 영혼에게는 죽음이 할당되어 있다. 따라서 그것(이 세대의 영혼)은 언제나 종이다. 자신의 [20]욕망epithymia 때문에 창조되었기 때문이다. 영원한 파멸이 그들의 것이다. 그들은 그것(파멸)을 위해 존재하며 그것(파멸)에서 나왔다. [15] 그들은 자기들과 함께 생겨난 물질hyle로 된 [25]피조물을 사랑한다.

그러나 오! 베드로야, 불멸의 영혼들은 이들과 다르다. 하지만 그 시간이 오기 전까지는 [30]그것은 사멸하는 (영혼)들과 비슷하다. 그러나 그것(불멸의 영혼)은 자신의 본성을 드러내 보이지 않을 것이다. 그것만이

---

13 또는, "모습도 여럿이고 고통도 많은 나신의 여자와 남자'라는 이름을 얻을 것이다."

14 차명-클레멘스, 『강론』 17.16.2를 참조하라. 여기서 베드로는 환시와 꿈을 통해 본 것을 전하는 시몬 마구스(사도 바오로를 상징)를 비판한다.

15 그들은 파멸에서부터 나와서 파멸을 향해 나아간다는 의미다.

76. **76.1** 불멸하며 그것만이 불멸의 것에 대해 생각한다. 그것은 믿음을 가지고 있으며 그것(물질로 된 피조물, 또는 사멸하는 영혼들)을 버리고 싶어 한다. 현명한 자라면 어느 누구도 [5] 엉겅퀴나 가시덤불에서 무화과를 따려고 하지 않는다. 가시나무에서 포도를 (따려고 하지도 않는다). 무엇이든 [10] 자기가 나온 곳에 머물러 있으려 한다. 좋지 않은 곳에서 나온 것은 그 (영혼)에 파멸과 죽음이 된다. 그러나 (불멸의 영혼)은 [5] 영원성 안에, 생명과 생명의 불멸성 안에 머문다. 그것들은 그분을 닮았다. 그러므로 존재하지 않는 모든 것은 [20] 해체되어 존재하지 않는 것이 될 것이다. 귀머거리와 눈먼 이들은 자기와 비슷한 자들과만 어울리기 때문이다.

그러나 어떤 이들은 [25] 사악한 말들과 기만적인 신비들을 떠날 것이다. 어떤 이들은 신비를 이해하지 못한다. 그러면서도 그들은 자기들이 [30] 알지 못하는 것들을 이야기한다. 그러면서 그들은 진리의 신비가 오직 자기네들 손안에 있다고 자랑할 것이다. 그리고 그들은 [35] 교만한

77. 마음에서, **77.1** 이미 보증이 된 불멸의 영혼을 시기하는 오만을 (발출하기) 시작할 것이다. 사실 이 세대의 모든 권세와 권력(권신 arche)과 [5] 능력(능신)은 이 세상의 피조물들 사이에서 이 (불멸의 영혼들)과 함께 머물고 싶어 한다. 존재하지 않는 그들이 존재하는 이(불멸의 영혼)들을 통해, 영광을 받기 위해서다. [10] 그들은 자신을 잊었고 구원을 받지도 못했던 것이다. 그들은 항상 소멸하지 않는 존재가 되기를 염원했지만 이들(불멸의 영혼)이 [15] 그 길을 인도해 주지 않았다. 사실 불멸의 영혼이 지성의 영을 통해 힘을 얻으면, [20] 곧바로 오류에 빠진 자들 가운데 하나가 그녀에게 달려든다.

진리와 대적하는 이들

그러나 진리와 대적하는 수많은 자들, 곧 [25] 오류의 천사들은 자신들

78. 의 오류와 법으로 나의 순결한 생각에 올가미를 씌울 것이다. 그들은 [30]한 (관점)에서 바라보기에 선과 악이 같은 것에서 나온다고 생각한다. 그들은 내 말을 가지고 [78.1]장사를 한다.[16] 또한 그들은 가혹한 운명을 내어놓는다. 불멸의 영혼들의 족속이 나의 재림 전까지 [5]헛되이 그 안에서 뛰어다닐 것이다. 사실 이들은 그들 사이에 머물 것이다. 그리고 그들의 죄악에 대한 나의 용서! [10]이들은 적들로 인해 (죄악)에 떨어졌었다. 그러나 나는 그들이 몸담고 있던 종살이에서 (빼내기 위해) 그들의 몸값을 받고 그들에게 자유를 주었다. 그(적)들은 죽은 자—그는 곧 불의의 맏아들인 헤르마스이다—의 이름으로 모사품만을 만들어낼 것이기 때문이다. [20]존재하는 빛을 작은 이들이[17] 믿지 못하게 하려는 것이다. 이런 자들은 바깥 어둠 속, 빛의 [25]자녀들 바깥으로 던져질 일꾼들이다.[18] 그들은 자신들이 들어가지도 않고, [30]석방을 얻으러 들어가려는 이들을 (들어가게) 놔두지도 않을 것이다.[19]

79. 그들 가운데는, 고통을 당하면서 [79.1]진실로 존재하는 형제애(형제들)의 지혜로 채워질 것이라고 생각하는 자들도 있다. (형제애)란 한 뿌리에서 나온 동료들과 친교koinonia 안에서 [5]나누는 영적 우정을 말한다. 불멸의 혼인이 이 친교를 통해 드러날 것이다. 그런데 비슷한 종류

---

16 2코린 2,17을 보라: "우리는 하느님의 말씀으로 장사하는 다른 많은 사람과 같지 않습니다." 일찍이 사도 바오로는 하느님의 말씀으로 장사하는 사람들을 지적한 바 있다. 주류 교회 신자건 영지주의자건 각자 상대를 '하느님의 말씀으로 장사하는 자로 비난한 것은 마찬가지다.

17 마태 10,42; 18,6.10.14(작은 이들) 참조.

18 마태 22,13; 25,30을 참조하라.

19 루카 11,52: "불행하여라, 너희 율법 교사들아! 너희가 지식의 열쇠를 치워 버리고서, 너희 자신들도 들어가지 않고 또 들어가려는 이들도 막아 버렸기 때문이다." 마태 23,13에서는 같은 말씀이 율법 학자들과 바리사이들을 향한다. 토마 복음 102도 참조하라.

의 자매애(자매들)가 모사품처럼 나타날 것이다. 이들은 자기네 형제들을 억압하면서 그들에게 말한다. '이것을 통해서 우리의 신께서 자비를 베푸신다. ¹⁵이것을 통해 우리에게 구원이 내리기 때문이다.' 그러나 그들은 작은 이들에게 자행된 일들을 보고 기뻐한 자들의 벌을 알지 못한다. ²⁰그들은 (작은) 이들을 보고는 포로로 잡아 가두었었다.

주교와 부제들

그리고 우리 쪽 바깥에 있는 자들이²⁰ 있다. 그들에게는 ²⁵'주교'episkopos와 '부제들diakonoi이라는 이름이 주어졌다. 마치 그들이 하느님으로부터 권위를 받기라도 한 것처럼 말이다. 그들은 윗사람이 받는²¹ 심판을 받을 것이다. ³⁰그들은 물 없는 수로다."²²

작은 이들과 그들을 오류로 이끄는 자들

80. 나는 말하였습니다. "당신께서 제게 말씀하신 것들 때문에 두렵습니다. ⁸⁰·¹저희가 보기에 표상에서 나온 사람들은²³ 작습니다.²⁴ 많은 이

---

20 직역: "우리의 수(數) 바깥에 있는 사람들" 또는 "우리 쪽 수에 들지 않는 바깥 사람들."

21 마태 23,6을 참조하라. 헤르마스의 『목자』 11.12와 알렉산드리아의 클레멘스, 『잡록』 7.16에서도 보이는 갈등이 여기서도 엿보인다.

22 거짓 교사들을 비판하는 2베드 2,17: "그들은 물 없는 샘이며 폭풍에 밀려가 버리는 안개입니다" 참조.

23 ⲚⲒⲠⲀⲢⲀ ⲠⲰⲖⲎϨ라는 표현은 해석하기 어렵다. "표식에서 나온 사람들"로 옮길 수 있을 것이다. 위대한 셋의 둘째 논고 62; 63; 69에도 나오는 표현이다. 이에 따르면 '모상에서 나온 사람들' 혹은 '가짜 모상들'을 뜻한다.

24 사본에는 ⲔⲞⲨⲈⲒ(작은 이들)이라 되어 있다. 그런데 이어서 나오는 '많은 이들'을 고려한다면 ⲔⲞⲞⲨⲈ(소수)로 읽을 수도 있다. 그렇다면 '경계선 너머(혹은, 옆)에 있는 사람들은 소수에 불과합니다'라고 읽힌다.

들이 살아 있는 다른 많은 사람들을 오류로 이끌고 그들을 자기들 사이에서 [5]허물어뜨릴 것입니다. 그들이 당신의 이름을 말하면 이들은 그들을 믿을 것입니다."

작은 이들의 승리

구원자께서 말씀하셨습니다. "자기네 오류의 수만큼 [10]자기들에게 정해진 시간 동안에는 그들이 작은 이들을 지배할 것이다. 그러나 오류가 완결된 뒤에는 불멸의 지성dianoia이라는 결코 늙지 않는 이가 새롭게 될 것이다. [15]그리고 이제는 (작은) 이들이 자기들을 지배하던 자들을 지배할 것이다. 그리고 그(늙지 않는 이)는 그들의 오류의 뿌리를 뽑아 수치에 붙일 것이다. 그러면 그것은 자기가 받아들였던 [20]모든 자유와 함께 모습을 드러낼 것이다. 그리고 이런 사람들은 여전히 변하지 않은 채로 있을 것이다. 오, 베드로야!

그러니 자, 티 없으신 [25]아버지의 뜻을 완성하러 나아가자. 보라, 자신들을 재판에 붙일 자들이 오고 있다. 그들은 수치를 당할 것이다. 그러나 그들이 나에게는 [30]손도 대지 못할 것이다. 그리고 너, 오 베드로야! 너는 그들 가운데 설 것이다. 마음이 심약하더라도 두려워하지 마라. [81.1]그들의 지성(통찰 dianoia)은 닫혀 버릴 것이다. 보이지 않는 이가 그들을 대적하여 일어섰기 때문이다."

81.

둘째 환시

살아 계신 예수님과 그분의 대체자

그분께서 이 말씀을 마치셨을 때 나는 그분께서 [5]그들에게 붙잡히시는 모습을 보았습니다. 그래서 나는 말하였습니다. "제가 무엇을 보고 있는 것입니까, 오 주님? 그들이 붙잡고 계신 분이 당신이십니까? [10]지금 나를 붙잡고 계신 분이 당신 맞습니까? 십자가 나무 위(곁)에서 기뼈하며 웃고 계신 분은 누구십니까? 그들이 다른 사람의 발과 손에 못을 박고 있는 것입니까?"

구원자께서 내게 말씀하셨습니다. ¹⁵ "네가 보고 있는, 십자가 위(곁)에서 기뻐하며 웃고 계신 분, 이분은 살아계신 예수님이시다. 그러나 그들이 손과 발에 못을 박고 있는 이는, ²⁰ 그분의 육적 부분sarkikon 곧 대체자이다. 그들이 수치를 주고 있는 이는 그분과 비슷하게 만들어진 이다. 하지만 너는 그를 볼 때 나를 (보아라)!"

눈먼 자들

나는 ²⁵ 보고 나서 말하였습니다. "주님, 아무도 당신을 보지 않습니다. 이곳을 벗어나도록 합시다." 그러나 그분께서 말씀하셨습니다. "그만, 눈먼 자들은 내버려 두어라! ³⁰ 그리고 너는 그들이 얼마나 자기들이 하고 있는 말도 모르는지 보아라. ⁸²·¹ 사실 그들은 내 종diakon이 아니라 자기네 영광의 아들에게 수치를 주고 있다."

82.

구원자

그런데 나는 그분을 닮은 어떤 이가 십자가 나무 위(곁)에서 웃고 계시던 ⁵ 분과 함께 우리를 향해 다가오려 하는 것을 보았습니다. 그분은 성령으로 (가득 차) 있었습니다. 그분은 바로 구원자셨습니다. 그리고 형언할 수 없는 커다란 ¹⁰ 빛이 그분들을 둘러쌌으며 형언할 수 없고 눈에 보이지 않는 수많은 천사들이 그분들을 찬양하였습니다. ⁵ 그리고 영광을 받는 그분께서 나타나시는 것을 본 사람은 바로 나였습니다. ²⁵

---

25 강조구문을 사용하여 베드로의 증인, 목격자로서의 역할을 부각시킨다.

결말

십자가의 사람과 살아 계신 구원자·몸과 영

그리고 그분께서 내게 말씀하셨습니다. "힘을 내어라! 이 신비mysterion 들이 바로 너에게 주어졌기 때문이다. [20]네가 이 신비들을 환히 알 수 있도록 하려는 것이었다. 곧 그들이 못 박은 이는 맏배, 다이몬들의 집, 그들이 살고 있는 단단한 그릇, [25]엘로임의 (사람), 율법nomos 아래 놓인 십자가의 (사람)이다. 그러나 그자 곁에 가까이 서 계신 분은 살아 계신 구원자, 그들이 붙잡은 자의 으뜸(을 차지하신 분)이시다. [30]그분께서는 풀려나셔서 기뻐하며 서 계신다. 그분께 폭력을 행사한 자들이 서로서로 분열된 것을 보셨기 때문이다. [83.1]그리하여 그분께서는 그들이 눈멀었음을 비웃고 계신다. 그들이 타고난 소경임을 아시기 때문이다. 진실로, 고통을 겪는 자는 계속 그러할 것이다. [5]몸soma은 (그분의) 대체물이기 때문이다. 그러나 풀려난 그것은 몸이 없는 내 몸이다. 나는 지성으로만 알 수 있는noeron 영pneuma, [10]눈부신 빛으로 가득한 (영)이다. 네가 본, 내게 다가오신 그분은 지성으로만 알 수 있는 우리의 플레로마, 완전한 빛을 나의 거룩한 영과 결합시키시는 분이시다.

불멸의 세대에게만 전하라

[15]그러니 너는 네가 본 이것들을 이 세대 출신이 아닌 다른 종족 사람들allogenes에게 전해 주어야 한다. [20]불멸의 본성ousia 때문에 선택된 사람들이 아니라면, 불멸하지 않는 사람들에게서는 어떤 선물도 찾아볼 수 없을 것이기 때문이다. 그 (본성)은, 자신이 가진 넘치는 것을 나누어 주시는 분을 [25]받아들일 수 있음을 드러내었다.

[30]그러나 가지지 않은 자는—곧 이곳의 사람, 완전히 죽은 자, 창조와 출산의 과정으로 변화를 겪는 자, [84.1]불멸의 본성ousia 가운데 하

나가 나타나면 그가 붙잡힐 것이라 생각하는 자— ⁵빼앗길 것이다.[26] 그리고 그것은 존재하는 이에게 더해질 것이다.

그러니 너는 마음을 굳게 먹고 아무것도 두려워하지 마라. 내가 너와 함께할 것이다. 그리하여 네 적들 가운데 어느 누구도 너를 이길 수 없을 것이다. 평화가 너와 함께 하기를! 강해져라!"

그분께서 이 말을 마치시자 그(베드로)는 제정신으로 돌아왔다.

베드록의 묵시록

---

[26] 마태 25,29: "누구든지 가진 자는 더 받아 넉넉해지고, 가진 것이 없는 자는 가진 것마저 빼앗길 것이다" 참조.

계시와 묵시록

영지주의자들은 작품을 저술할 때 '계시'나 '환시'를 한껏 이용하였다. 여기서 계시란 이전까지 숨겨져 있던 감추어진 비밀과 신비를 열어 보여 주는 것을 말한다. 하느님과 그 신비는 인간에게 가려져 있으며 오직 특별한 계시를 통해서만 드러난다. 계시 수단으로서 가장 대표적인 것이 환시와 꿈이었다.

영지주의자들의 작품 속에서 바오로는 환시를 통해 열째 하늘까지 올라간다. 베드로는 계시를 통해 구원자의 본성과 그 원수의 본성을 깨닫게 된다. 야고보는 예수님의 말씀들을 계시의 형태로 전한다. 영지주의자들이 초자연적 수단이나 영적 안내자가 제공하는 직관과 통찰을 매우 개방적인 태도로 받아들였기에 가능한 일이었다.

이를 두고 주류 교회 저자들은 영지주의자들이 꿈이나 환시에 근거해서 새로운 교리를 만들어낸다면서 맹렬히 비난하였다. 그러나 개인의 체험을 중시하는 영지주의자들에게는 꿈과 환시를 통한 영적 존재와의 대면이 하느님과 통교하는 정당한 방법으로 여겨졌을 것이다. 그들에게 꿈과 환시는 근거 없는 해괴한 교리의 온상이 아니라 하느님에게서 오는 계시의 수단이었던 것이다. 영지주의자들이 환시 체험의 정당성을 얻은 곳은 바로 바오로 사도의 다마스쿠스 체험(사도 9장)과 셋째 하늘까지 올라간 이야기(2코린 12장)였다. 자신들이 겪은 환시 체험이나 천계 여행이 사도 바오로에게 일어난 일과 다를 바 없다는 것이다.

사실 꿈과 환시는 영지주의자들의 전유물도 아니고 그들에게서 처음 비롯된 것도 아니다. 구약성경 시대부터 신약에 이르기까지 꿈과 환시는 하느님의 뜻과 메시지를 전달하고 미래의 주요 사건을 보여 주는 주요 수단으로 작용하였다. 중요한 것은 환시 자체가 아니라 그 안에 담긴 내용과 메시지였다. 교부들이 지적한 것은 영지주의자들이 꿈이나 환시에서 직접 계시를 받았다는 명목으로 제멋대로 이설을 만들어낸다는 점이었다. 또한 그들이 보았다는 환시나 꿈의 정당성을 인정할 증거도 권위도 없었다. 사실 꿈이나 환시가 남용할 수 없는 문제인 것만은 확실하다.

환시와 꿈[1]

'환시'는 시각적 혹은 청각적 사건을 통해 중요한 사실이나 메시지를 알려 주는 것을 말한다. 환시와 꿈은 고대 근동 문학 일반에서 중요한 소재로 등장하며, 고대 이스라엘의 역사와 초대 그리스도교 역사를 통틀어 '소통과 계시'의 주요 수단으로 받아들여졌다. 환시 대목은 모세오경, 예언서와 성문서 등 구약성경 전반에서 발견된다. 신약성경에서는 환시가 상대적으로 드물게 다뤄지지만 사도행전과 요한 묵시록에서는 여전히 중요하다. 환시들은 신현(하느님의 발현), 천사의 발현이나 천계 여행 등 다른 계시 사건들과 연결되는 경우가 많다. 환시나 계시에서 가장 중요한 것은 그것을 통해 전달되는 메시지이다. 환시에서 보이는 영상 자체보다는 그것을 통해 계시되는 비밀이 더 중요하다는 뜻이다.

환시는 보통 다음과 같이 분류된다. 첫째는 하느님에 대한 환시로 하느님을 환시로 뵙는 것이다(탈출 24,9-11; 1열왕 22,19-23; 이사 6장; 에제 1,1-3; 묵시 4,2-11). 둘째는 특정 장면이나 사건에 대한 환시로서 영상 자체가 명백한 의미를 지니고 있어 따로 해석이 필요 없다(1열왕 22,17; 예레 4,23-26; 에제 8—11장; 아모 7,1-3; 사도 16,9-10). 셋째는 상징적 환시여서 해석이 필요하다(예레 1,13-19; 에제 37,1-14; 다니 7—8장; 아모 7,7-9; 사도 10,9-16). 넷째는 우의적 환시로서 환시 내용이 하나의 우의, 알레고리로 작용한다(묵시 12; 17장).

환시의 묘사는 대개 비슷한 유형으로 이루어진다. 환시자가 일인칭 시점으로 서술하는 경우가 대부분이며, 보통 환시를 본 날짜, 시간, 장소를 소개하는 도입부가 먼저 나오고 그 다음에 환시의 내용이 이어진다. 필요하면 그에 대한 해석도 덧붙여진다. 환시를 본 사람의 응답이나 반응으로 끝이 난다.

간혹 환시 체험이 신탁을 제공하는 수단으로만 사용되는 경우가 있다. 이때는 환시가 부차적인 역할만 하며 신탁이 메시지를 전한다. 상징적 환시의 경우에는 환시 자체가 하느님의 메시지를 전달하는 일차 수단으로 작용한다. 미래에 일

---

1 Lowery, "Vision", 1360.

어날 사건을 미리 보여 주는 경우가 대부분이다.

꿈이나 환시의 목적은 결국 하느님의 메시지를 전달하는 것이다. 꿈이나 환시를 본 사람이 이제는 자신이 보고 들은 메시지의 내용을 다른 이들에게 알려 주어야 한다. 계시의 수혜자가 계시자가 될 차례인 것이다. 이처럼 환시는 특정 개인의 깨달음을 위한 것이라기보다는 공적인 목적을 띤다. 환시를 접하지 않은 다른 사람들도 환시 내용을 공유해야 하기 때문이다.

계시와 계시록 또는 묵시록

계시록 또는 묵시록이란 꿈이나 환시를 통해 계시를 받은 사람이 다른 사람들에게 그 내용과 메시지를 전달하기 위해 기록한 글을 말한다. 묵시문학은 기원전 200년경부터 기원후 200년 사이에 발달한 유다교 문학의 한 장르이며 작품이 계시의 형식으로 진행되어 묵시문학이라 불린다.[2] 계시 또는 묵시라는 말은 그리스어 ἀποκάλυψις에서 유래하였으며 계시 문학(예를 들어 1·2에녹, 2·3바룩, 4에즈라) 장르를 가리키는 전문 용어로 사용된다.[3] 묵시 문학적 요소는 일찍이 구약성경에서도 발견되며(에제 1—3장; 즈카 1—6장) 제2성전기 때 꽃을 피웠다.

쿰란 문헌에서도 다양한 묵시문학적 요소가 발견된다. 이를테면 공동체 지도자인 '정의의 스승'을 계시의 중개자로서 소개한다. 하느님께서 그에게 당신과 당신의 신비들을 계시해 주셨다는 것이다(감사시편 12.27-29). 정의의 스승의 해석을 통해 모세오경과 예언서에 숨겨져 있는 신비들이 공동체에게도 밝혀진다(다마스쿠스 문헌 1,11; 3,13-14; 하바쿡 주해서 7,4).[4]

구약 외경에서는 구약의 주요 인물이 계시의 수혜자로 등장하는 경우가 많다. 모세가 시나이 산에서 계시를 더 받았다고 하는 본문들도 있다(희년서, 모세

---

2   신구약성경과 제2성전기 유다교 문학에서의 계시에 대해서는 Argall, "Revelation", 1123-1124을 참조하라.

3   Aune, "Book of Revelation", 1124.

4   Argall, "Revelation", 1123-1124.

의 묵시록). 에녹이나 아브라함이 하늘을 여행하면서 계시 받은 내용을 담았다는 본문들도 있다(1에녹, 아브라함의 증언). 천사가 등장하여 계시 내용을 해석해 주기도 한다(3바룩 11.7; 4에즈라).

구약 시대에 싹을 틔운 묵시문학은 제2성전기 후반에 크게 발달하였다.[5] 계시의 내용은 율법의 준수 의무를 강조한다거나 우주의 구조와 운행 원리를 설명하기도 하고 다가올 심판과 새로운 시대를 묘사하는 경우도 있다.

그리스도교는 유다교 묵시 문학의 전통을 이어받아 그리스도교 가르침을 전달하는 수단으로 이용한다. 신약성경에서는 복음서(마르 13,6-8)와 서간의 일부 대목(1테살 4,13—5,11; 2코린 12,1-4)이 묵시문학의 형태를 띤다. 하나의 작품으로서는 요한 묵시록이 대표적이다.

영지주의자들은 특히 묵시문학을 선호하였다. 실제로 나그 함마디 문헌 가운데 묵시록이라는 제목을 단 작품이 여럿 있다. (콥트어) 바오로 묵시록, (콥트어) 베드로 묵시록, 야고보 묵시록(2편), 아담의 묵시록 등이 대표적이다. 묵시록이라는 제목은 달리지 않았지만 계시가 주 내용인 작품들도 있다. 야고보의 비전이나 요한의 비전이 그 예다. 한 개인에게 주어진 계시에 기반을 둔 묵시문학이 개인의 체험과 깨달음을 중시하는 영지주의자들에게 더없이 유용했을 것이다. 특히 자신들만이 비밀 가르침을 소유한다는 엘리트 의식이 묵시문학과 잘 어울렸을 법하다. 그래서인지 영지주의 묵시문학에는 다른 사람들이 읽지 못하도록 조심하라는 경고가 자주 등장한다. 이를테면 "그대도 〈이것들을〉 마음속에 숨겨 두어야 하오. 그리고 입을 다물어야 하오"(야고보의 첫째 묵시록 36). 혹은 "구원자께서는 그에게 이것들을 전해 주시며 그것들을 기록하고 안전하게 지키라고 당부하셨다. 그리고 그분께서 말씀하셨다. '이것들을 선물과 맞바꾸는 사람은 누구나 저주를 받는다'"(요한의 비전 31). 영지주의 묵시록은 대개 우주와 인류 창조의 신비, 천상계의 신비에 관한 계시 내용을 담고 있으며 천계 여행을 기록한 글도 많다.

---

5 Crawford, "Apocalyptic", 72-73.

02
우리가 진정 알아야 할 것은?

야고보의 첫째 묵시록
First Apocalypse of James

나는 누구인가, 어디서 와서 어디로 가는가? 하는 문제는 인간이라면 누구나 던지게 되는 질문이다. 영지주의자들 역시 이와 같은 인간의 자기 정체성 문제에 천착하였다. 그들은 참된 자기는 육신이 아니라 영혼이며 그 영혼은 천상에서, 하느님에게서 유래했다고 믿는다. 그리고 이 육신을 떠나 천상으로, 하느님에게로 되돌아가기를 염원한다. 영혼과 육신을 따로 생각하는 것만 제외하면 주류 그리스도교 신자들의 생각과 그리 멀지 않다. 어쩌면 종교를 불문한 많은 사람들이 자신의 근원은 하늘이며 결국 하늘로 돌아가리라 믿는지도 모르겠다. 고 천상병 시인의 귀천歸天은 이런 염원을 잘 표현하고 있다.

나 하늘로 돌아가리라
새벽빛 와 닿으면 스러지는
이슬 더불어 손에 손을 잡고

나 하늘로 돌아가리라
노을빛 함께 단 둘이서
기슭에서 놀다가 구름 손짓하면은

나 하늘로 돌아가리라
아름다운 이 세상 소풍 끝내는 날
가서 아름다웠더라고 말하리라.

수많은 영지주의 본문들이 나는 누구이며, 어디서 와서 어디로 가는가? 하는 근본적 물음을 담고 있다. 그 답은 '나는 천상에서 왔으며 천상으로 돌아간다'는 것이다. "누군가 지식을 얻었다면 그는 위에서 온 사람입니다. 그는 자기 이름이 불리면 듣고 대답합니다. 그리고 자기를 부르신 분에게 돌아가며 그분을 향해 위로 올라갑니다"(진리의 복음 22).

그런데 문제는, 인간의 영혼이 죽음과 동시에 저절로 하늘로 올라가지는 않는다는 것이다. 영혼이 이 세상을 떠나 본향인 하늘로 올라가려 할 때 이를 막는 세력들이 있기 때문이다.[1] 영지주의자들에 따르면 죽은 뒤 육체를 떠난 영혼은 천상계를 향하여 올라가면서 마지막 종착지인 플레로마에 이르기 전까지 여러 하늘을 거쳐야 한다. 그런데 각 하늘마다 방해 세력들이 지키고 있다. 이 세력들은 영혼이 더 높은 하늘로 올라가는 것을 막기 위해 질문을 한다. 질문의 요지가 나는 누구이며 어디서 와서 어디로 가는가이다. 이 질문들은 영혼에게 처음이자 마지막으로 던져지는 것들이다. 이 질문에 대한 답을 알지 못하는 영혼은 올라갈 수 없고, 올바른 답변을 내놓아야만 더 높이 올라갈 수 있다. 그런데 올바른 답을 알고 있는 사람은 지식을 얻은 자들, 곧 영지주의자들뿐이다.[2] 영혼의 마지막 천계 여행을 다루는 작품들은 대개 영혼이 하늘들을 통과하기 위한 해답을 제시하고 있다. 야고보의 첫째 묵시록도 그 가운데 하나다.

1. 야고보의 첫째 묵시록 소개

야고보의 첫째 묵시록은 나그 함마디 코덱스 V,3에 담겨 있다. 본디 그저 '야고보의 묵시록'이라는 제목이 붙어 있지만 같은 제목의 다른 묵시록과 구분하기 위해 편의상 하나는 야고보의 첫째 묵시록, 다른 하나는 야고보의 둘째 묵시록이라 부른다. 두 묵시록 사이에는 공통점이 거의 없지만 의

---

1 영지주의 문학에서 이 세력들은 아르콘(이 세상을 다스리는 악마적 존재), 세금 징수원, 권세 등의 이름으로 불린다.
2 "지식이 있는 이는 자기가 어디서 왔는지, 그리고 어디로 가는지 압니다"(진리의 복음 22).

인 야고보의 죽음을 다룬다는 점은 같다.³

야고보의 첫째 묵시록은 '계시 대화'의 전형을 구사하고 있다.⁴ 이 작품은 예수님께서 의인 야고보와 나누신 대화로, 배경은 예수님의 십자가 처형을 코앞에 둔 어느 시점이다.⁵ 예수님께서는 야고보 역시 언젠가 당신과 같은 고난을 겪고 순교하게 되리라 알려 주신다. 그런데 죽음이 끝은 아니다. 죽은 뒤 영혼은 마침내 '존재하시는 분'께 다다르고 그 자신도 '존재하는 자'가 될 수 있다(야고보의 첫째 묵시록 27). 야고보는 영혼이 어떻게 무사히 '존재하시는 분'에게까지 다다를 수 있는지 스승께 여쭙는다. "그럼 이제, 스승님! 어떻게 제가 존재하시는 분께 다다를 수 있겠습니까? 이 모든 권력과 이 모든 군대가 저를 거슬러 무장하고 있으니 말입니다"(27).⁶ 영혼이 이 모든 장애를 극복하고 절대자께 다다르는 과정은 나중에 펼쳐질 것이다.

야고보의 첫째 묵시록에는 육화의 신비에 대한 영지주의자들의 찬가도 들어 있다. 야고보는 주님께서 망각과 무지를 꾸짖으시려 지식과 기억을 가져오셨음을 고백한다. 주님께서 무지한 인간을 깨우쳐 주시기 위해 무지와 몰지각과 진흙탕 속으로 내려오셨다는 것이다. 그런데도 주님께서는 여전히 기억과 함께 머무시며 더럽혀지지도 붙잡히지도 않으셨다고 한다.

"당신께서는 그들의 망각을 꾸짖으시려 지식gnosis을 가지고 오

---

3 Schoedel (ed.), "The (First) Apocalypse of James", 68-103을 참조하라.
4 90쪽 이하의 '계시와 묵시록' 항목을 참조하라.
5 야고보에게 따로 비밀 가르침을 주신 것은 주님께서 잡히시기 전전날로 설정되어 있다. "나는 그대에게 신비(mysterion)에 관한 모든 것을 계시해 주겠소. 모레면 저들이 나를 잡아갈 것이기 때문이오"(야고보의 첫째 묵시록 25).
6 주님께서는 그들이 야고보를 대항하는 게 아니라 주님을 거슬러 무장하고 있는 것이라 알려 주신다.

셨습니다.

당신께서는 그들의 무지를 꾸짖으시려 기억mneme을 가지고 오셨습니다.

그러나 저는 당신 때문에 걱정하였습니다.

당신께서 커다란 무지 속으로 내려오셨기 때문입니다. 그러나 당신께서는 그 안의 어느 것에 의해서도 더럽혀지지 않으셨습니다.

당신께서는 몰지각함 속으로 내려오셨습니다. 그러나 기억은 당신과 함께 머물렀습니다.

당신께서는 진흙 속을 걸으셨습니다. 그러나 당신의 옷은 더럽혀지지 않았습니다. 당신께서 진창 속에 묻히지도 붙잡히지도 않으셨습니다"(28).

구원자의 역할이 무엇보다 인간의 무지와 망각을 깨우쳐 주는 것이기에 십자가 수난은 아무 의미가 없다. 주님께서는 수난이 끝난 뒤 약속하신 대로 야고보에게 나타나시어 새로운 가르침을 주신다. 야고보가 "스승님! … 당신께서 견디신 고난들에 관해 듣고 저는 몹시 고통스러웠습니다. … 저는 머릿속으로 이 백성을 보지 않게 되기를 바랐습니다. 그들은 자기들이 한 일들 때문에 심판을 받아야 할 것입니다. 그들이 한 일들은, 마땅히 해야 할 일들과 어긋나기 때문입니다"(31) 하고 말하면서 수난의 부당성을 고발하자, 주님께서는 당신은 아무런 고난을 당하지 않으셨다고 말씀하신다. 그 모든 고난은 아르콘들의 예표(= 주님의 대체자)에게 내렸을 뿐이라는 것이다. "야고보, 나 때문에, 또 이 백성 때문에 걱정하지 마시오. 나는 내 안에 있었던 자요. 나는 단 한순간도, 어떤 일로도 고난을 겪지 않았소. 나는 고통을 받지도 않았소. 그리고 이 백성은 나에게 아무런 나쁜 짓도 저지르지 못했소. 그것은 아르콘들의 예표 위에 내렸을 뿐이오. 그리고 그것은 그들에 의해 해체되어야 했소"(31). 가현주의적 그리스도관이 드러나는 대목이다. 고난을 당한 이는 인간 예수지, 그리스도가 아니라는 것이다.

마지막으로 야고보가 '존재하시는 분'께 다다르기 전에 치러야 할 마지막 관문에 관한 내용이 나온다. 이는 영혼의 천계 여행 테마와 밀접히 관련되어 있다. 천계 여행 테마는 영혼이 육신을 떠나 하느님이 계신 마지막 하늘까지 올라가는 과정에 관한 것이다. 영혼은 여러 하늘을 지나면서 관문을 지키는 세력들의 시험을 통과해야 한다. 영혼은 제일 먼저 세 명의 세금 징수원을 만난다. 여기서 징수원이란 하늘 문을 지키고 선 아르콘들 혹은 세력들을 가리키는 말이다. 세 징수원은 영혼을 훔치려 그에게 질문을 한다. 이 질문에 올바른 답변을 내지 못하면 영혼은 이들의 차지가 된다. 본문이 이 지점에서 심하게 훼손되어 모든 질문과 답변을 다 알지는 못한다. 어떻든 답은 예수님께서 야고보에게 가르쳐 주셨다고 한다.

2. 하늘의 구조와 천계 여행

영지주의 본문이 만들어지던 시대는, 지구 중심적 세계관이 지배하던 시대였다. 곧 당시 사람들은 지구가 우주의 중심에 있으며 지구 주위를 여러 겹의 하늘이 둘러싸고 있다고 믿었다. 또한 일곱째 하늘까지는 하급신들이 관장하고 여덟째 하늘부터 신들의 영역이 시작된다고 여겼다. 태양과 다른 여러 행성들이 위치한 곳은 첫째 하늘부터 일곱째 하늘까지라고 여겼다. 영지주의 본문에 자주 등장하는 천계 여행 테마는 이런 우주관에 바탕을 두고 있다. 야고보의 첫째 묵시록도 마찬가지다.

이에 따르면 영혼은 죽음과 동시에 육신을 빠져나와 하늘로 올라가는데, 하느님께 다다르기 위해서는 반드시 일곱 하늘을 통과하는 방법을 알아야 한다. 영혼이 각 하늘에 들어설 때마다 그 문 앞에서 통과가 거부될 수도 있기 때문이다. 일단 일곱 하늘을 무사히 통과하고 나면 이제부터 영혼

은 안심해도 된다. 여덟째와 아홉째 그리고 열째까지 더 올라갈 수도 있다.[7]

이 같은 영혼의 천계 여행은 죽은 뒤뿐 아니라 살아 있는 동안에도 일어날 수 있다. '여덟째와 아홉째에 대한 담화'는 신들의 영역인 여덟째 하늘과 아홉째 하늘에 대한 담화를 담고 있는데,[8] 여기에는 인간의 영혼이 살아 있는 동안에 '영적으로' 일곱 하늘을 모두 통과할 수 있다는 확신이 전제되어 있다. 이런 의미에서 하늘의 각 단계는 각 사람이 처한 영적 수준 혹은 진보 상태를 가리키는 것으로도 해석된다. 가령 첫째 하늘을 통과했다면 그 사람은 영적으로 이제 갓 첫 단계를 통과한 셈이며, 일곱 하늘을 모두 통과했다면 그 영혼은 이제 신적 영역(여덟째 하늘)에 들어설 만큼 영적으로 진보했음을 의미한다. 이 담화에 따르면, 여덟째 하늘에서는 영혼들과 천사들이 아홉째 하늘과 그 권세들에게 찬가를 부르고 있다(59). 아홉째 하늘에는 '우주적 정신'Nous이 살고 있다(59). 여기서 '정신'이 최고신은 아니므로(60) 아홉째 하늘이 하느님의 처소라고 말할 수는 없다. 『헤르메스 전집』 I,26에 따르면 아홉째 하늘은 여덟째 하늘과 하느님의 중간 단계라고 할 수 있다. 콥트어 바오로 묵시록에도 열째 하늘이 언급되는 것으로 보아, 하느님의 처소는 아홉째 하늘보다 위에 있는 것 같다.

어쨌든 영혼이 신들의 영역인 여덟째와 아홉째 하늘에 들어서기 위해서는 먼저 일곱 하늘을 무사히 통과해야 한다. 통과 조건은 신적 율법에 부합하는 순수성을 획득할 것(여덟째와 아홉째에 대한 담화 56-57)과, 지식(그노시스)을 얻음으로써 무지를 없앨 것 등이다(여덟째와 아홉째에 대한 담화 54). 이 두 가지 요건이 채워졌을 때라야 영혼은 비로소 여덟째와 아홉째 하늘에 들어설 준비를 마쳤다고 할 수 있다. 그러나 이것으로 다가 아니다. 입문자가 여

---

7 콥트어 바오로 묵시록을 보라.
8 여덟째 하늘은 옥도아드(Ogdoad), 아홉째 하늘은 엔네아드(Ennead)다. 이 담화는 나그 함마디 코덱스 VI,6에 실려 있다. 콥트어 본문은 Dirkse/Brashler/Parrott, "The Discourse on the Eighth and Ninth", 341-373을 보라.

덟째와 아홉째 하늘에 실제로 들어가기 위해서는 먼저 그 입문자의 인도자가 우주적 정신과 합일을 이루어야 한다. 이러한 일치는 황홀경 속에서 목격할 수 있다(58). 입문자의 영혼은, 인도자가 우주적 정신과 합일되었음을 깨달았을 때 여덟째 하늘에 들어서게 된다. 그리고 여덟째 하늘의 합창단과 함께 우주적 정신께 침묵의 찬가를 올린다(58). 그 다음 입문자 자신이 우주적 정신과 합일을 이루면 비로소 아홉째 하늘에 도달한다. 이제 영혼은 여덟째 하늘의 합창대가 자신을 향해 찬가를 부르는 것을 환시로 보게 된다(59-60).[9]

이처럼 천계 여행의 목적은, 살아서 하든 죽어서 하든 단순히 제3자 입장에서 신들의 영역을 구경하는 것이 아니다. 입문자 자신이 신과 합일을 이루는 것, 그래서 그 자신이 신이 되는 것, 이것이 천계 여행의 목적이다. 이는 야고보의 첫째 묵시록에서도 마찬가지다. "그대를 감싸고 있는 육신의 끈을 내버리기 전까지는 그럴 수 없소. 그때에는 존재하시는 분께 다다를 수 있을 것이오. 그리고 (그때에) 그대는 더 이상 야고보가 아닐 것이오. 대신 그대는 '존재하는 자'가 될 것이오"(야고보의 첫째 묵시록 27).

3. 영혼에게 내리는 마지막 질문

하늘들의 문을 지키는 자들이 어떤 질문을 하고 그들에게 어떤 답을 제시해야 하느냐는 영지주의자들이 불멸에 이르기 위해 매우 중요한 문제다. 이 질문들은 사실 영지주의 사상의 근간에 해당한다. 곧 나는 누구인가, 누구

---

9   Dirkse/Brashler/Parrott, "The Discourse on the Eighth and Ninth", 342-343을 참조하라.

에게서 유래했으며, 어디서 와서, 어디로 가는가? 하는 문제들이다. 토마 복음 50도 이런 류의 질문에 해당한다. 예수님께서 말씀하셨다. "그들이 너희에게 '너희는 어디서 왔느냐' 하고 물으면 그들에게 말해 주어라. '우리는 빛에서 왔소. …' 그들이 너희에게 '여러분이 그분이십니까?' 하고 물으면 '우리는 그분의 아들이오. 또한 우리는 살아 계신 아버지의 선택된 사람들이오' 하고 말하여라. 그들이 너희에게 '여러분 안에 계신 여러분 아버지의 징표는 무엇입니까?' 하고 물으면 그들에게 '움직임이시며 안식이시오' 하고 말하여라." 토마 복음 50은 영혼이 천계로 돌아가는 길에 맞닥뜨리게 되는 질문과 그에 대한 정답으로 읽을 때 가장 잘 이해할 수 있다. 이 역시 나는 누구인가, 어디서 왔으며 누구에게서 왔느냐? 하는 문제이다.

야고보의 첫째 묵시록은 이런 종류의 영지주의 문학의 한 전형을 제시한다. 곧 나는 누구인가, 어디서 와서 어디로 가는가? 하는 문제를 죽은 뒤 영혼이 천상계로 올라가기 위해 반드시 알아야 할 사항으로 제시하는 것이다.

나는 누구이며 어디서 왔는가?

첫째 질문은, '너는 누구냐? 혹은 너는 어디서 왔느냐?'(33)이다. 이것은 자기가 누구인지, 그리고 어디서 나왔는지, 곧 자기 자신의 정체성과 유래에 대한 질문이다. 이에 대한 답은 '아버지'에게서 나온 '아들'이라는 것이다. '나는 아들입니다. 그리고 나는 아버지에게서 나왔습니다'(33).

나는 어떤 아들이며 나의 아버지는 어떤 아버지인가?

둘째 질문은, '너는 어떤 아들이냐? 그리고 너는 어떤 아버지에게 속하느냐?'(33)이다. 첫째 질문을 조금 더 심화한 것이다. 이에 대한 답은 '나는 처음부터 존재하시는 아버지에게서 나왔습니다. 그리고 처음부터 존재하시는 분 안에 있는 아들입니다'(33). 나는 '처음부터 존재하시는 분'에게서 비롯되었다는 것이다. 이 '존재하시는 분'은 참으로 존재하시는 분, 곧 최상신이시다.

이 세상을 지배하는 아르콘들은 어디서 유래했는가?

다음 질문은 훼손되어 알 수 없지만 그 답으로 유추해 볼 때, 아르콘들이 누구냐에 대한 질문일 듯하다. 주님께서 제시하신 답에 따르면 아르콘들은 '처음부터 존재하시는 분과 관계없이, 그리고 다른 배우자도 없이 여성인 아카모트 홀로 낳았다.[10] '그들(아르콘들)이 완전히 낯선 이들은 아닙니다. 그러나 그들은 여성인 아카모트에게서 나왔습니다. (아카모트)는 그들을 만들어, 처음부터 존재하시는 분에게서 이 종족genos을 데리고 아래로 내려왔습니다. 그러므로 그들은 한편으로 낯선 이들이 아니며 우리 편입니다. … 그러나 그들은 낯선 이들이기도 합니다. 그녀가 그들을 만들었을 때, 처음부터 존재하시는 분께서 그녀(아카모트)와 관계를 맺지 않으셨기 때문입니다'(34).

나는 어디로 가는가?

이어지는 질문은 '너는 어디로 가려 하느냐?'(34)이다. 그 답은 '내가 나온 그곳으로 다시 가려 합니다'(34)이다. 영지주의자들에게 영혼은 천상에서

---

10 아카모트는 그리스어 소피아(σοφία)에 대응하는 히브리어 호크마(חָכְמָה)의 철자를 바꾸어 만든 단어다(anagram). 영지주의 신화에서 소피아가 독단적으로 창조주를 낳은 뒤 플레로마 바깥으로 추방되는데 그 과정에서 상위 소피아와 하위 소피아로 나뉜다. 대개 상위 소피아는 소피아의 이름을 그대로 가지고 하위 소피아는 아카모트라 불린다.

유래했으나 일련의 사건에 의해 이 세상으로 유배되어 육체의 감옥에 갇히게 되었다. 영혼의 최종 목표는 본향인 천상으로 돌아가는 것이다. 그래서 '내가 나온 그곳으로 다시 가려 합니다'라는 말은 영혼의 천상 귀환에 대한 염원을 드러내는 표현이다.[11]

나를 구원할 이는 누구인가?

그 다음 질문은 본문이 훼손되어 알 수 없지만 답변으로 미루어 볼 때 아카모트와 불멸의 소피아에 관한 질문임에 틀림없다. 야고보가 제시해야 하는 답은 다음과 같다. "그대들도 맑은 정신이 아닐 것입니다. 그러나 나는 불멸의 지식gnosis, 곧 아버지 안에 있는 지혜(소피아), 아카모트의 어머니를 부를 것입니다. 아카모트에게는 아버지가 없었으며 남자 짝syzygos도 없었습니다. 그녀는 여자에게서 난 여자였습니다. 그녀는 남자 없이 혼자서 그대들을 만들었습니다. 그녀가 그녀의 어머니를 [통해] 살아가는 (다른) 존재들에 대해 알지 못하고 자기만 유일하게 존재한다고 생각했기 때문입니다. 그러나 나는 큰 소리로 그녀의 어머니를 부를 것입니다"(35).

야고보의 첫째 묵시록에서는 세상의 창조주와 구원자가 다른 작품과 다른 이름으로 소개된다. 곧 세상의 창조주는 아카모트로, 구원자는 소피아로 제시된다. 여기서 아카모트는 아르콘들의 어머니이며, 소피아는 아카모트의 어머니다. 아카모트는 무지하여 자기만 존재하는 것으로 착각한다.[12] 그리하여 배우자 없이 홀로 아르콘들을 낳고 천상을 떠나 아래로

---

11 이렇게 징수원들이 제시하는 질문에 올바른 답변을 내놓으면 그들과의 싸움을 피할 수 있고, 그러지 않으면 영혼을 그들에게 도둑질 당하고 만다.
12 요한의 비전에서는 소피아가 배우자 없이 홀로 아르콘을 낳아 그를 천상계 밖으로 내던지는데 그가 바로 물질계를 있게 만든 창조주이며 그 이름은 얄다바옷이다.

내려왔다. 그리하여 이 세상이 생겨나고 영혼이 세상에 갇히게 된 것이다.

세상에 갇힌 영혼을 구할 이는 불멸의 지식, 불멸의 소피아다. 그러므로 영혼은 아카모트가 아니라 불멸의 소피아에게 구원을 요청해야 한다. 그래야 영혼은 본디 자신이 속한 곳, 천상의 본향으로 돌아갈 수 있다. 주님은 말씀하신다. 영혼이 소피아를 부를 때, "그(아르콘)들은 몹시 당황하고 그들의 뿌리와 그들 어머니의 종족genos을 탓할 것이오. 그러면 그대는 그대에게 속한 [곳으로] 올라갈 것이오"(35).

*

야고보의 첫째 묵시록은 인류 공통의 문제, 곧 나는 누구이며 어디서 와서 어디로 가는가? 하는 물음과 함께 그 답을 제시한다. 우리가 참으로 알아야 할 것은, 참된 자기는 육신이 아니라 영혼이며 그 영혼은 천상의 하느님에게서 유래했다는 점이다. 그리고 영혼은 육신을 떠나 천상으로, 하느님에게로 되돌아갈 운명이라는 것이다.

야고보의 첫째 묵시록은, 영혼이 천상으로 돌아가는 길에 맞닥뜨리게 될 질문에 답을 제공하는 책이지만 동시에 인간 본연의 질문을 촉구하는 책으로도 읽을 수 있다. 눈에 보이는 세상에만 푹 빠져서 살 것이 아니라 자기가 누구인지, 어디서 와서 어디로 가는지, 나의 구원자가 누구인지에 대해 질문해야 한다는 것이다. 그리고 자신이 속한 곳은 눈에 보이는 이곳이 아니라 눈에 보이지 않는 저곳임을 염두에 두고, 그곳으로 돌아가야 함을 잊지 말라는 당부이기도 하다.[13]

13　진리의 복음도 같은 생각을 드러낸다. 자기를 알게 된 사람은 다시 그분께 되돌아가리라는 것이다: "(살아 있는 사람들)은 바로 자신에 관한 가르침을 얻는 것이며, 그 가르침은 아버지에게서 받습니다. 그리고 그들은 또다시 그분께 되돌아갑니다. 모든 것의 완전성은 아버지 안에 있으니, 모든 것은 그분께 올라가야 합니

4. 야고보의 첫째 묵시록

Nag Hammadi Codex V,3; 콥트어 대본: Schoedel (ed.), "The (First) Apocalypse of James", 68-103.

☙ ☘

24. [10] 야고보의 묵시록

첫 번째 계시

도입

주님께서 나와 이야기하셨습니다.

"자, 내 속량의 완성을 보시오. 나는 그대에게 이 일들에 관해 (이미) 알려 주었소, 내 형제 야고보여. 내가 아무 뜻 없이 [15] 그대를 내 형제라고 부른 것이 아니라오. 비록 그대가 육적hyle으로는 내 형제가 아니지만 말이오. 내가 그대에 대해 무지한 것도 아니라오. 그러니 내가 그대에게 알려 주면[14] 이해하고 들으시오!

존재하시는 분

[20] 존재하시는 분 외에는 아무도 존재하지 않았소. 그분은 이름을 붙

다"(21).

14 ⲭⲉⲕⲁⲁⲥ가 명령문을 이끌지는 않으므로 '… 하도록'에 해당하는 구절이 누락된 듯하다.

일 수 없으며 (무어라) 형언할 수 없는 분이시오. 나 또한 이름을 붙일 수 없는 이로서 존재하시는 분에게서 나왔소. 그래서 내가 여러 이름을 받은 것이오.[15] ⟨우리⟩ 둘 다 ²⁵존재하시는 분으로부터 ⟨나왔소⟩.[16] 그러나 [나는] 그대보다 앞서오(먼저요).

여성·모상

그대가 여성에 관해 물으니, (말하리다). 여성은 존재했소. 그러나 여성이 먼저는 아니었소. 그리고 ³⁰그것은 자신을 위해 힘과 신들을 마련했소. 그러나 내가 나왔을 때는 [그것]이 아직 존재하지 않았었소. ²⁵·¹내가 존재하시는 분의 모상eikwn이기 때문이오. 내가 그분의 모상을 가져온 이유는 존재하시는 분의 자녀들이 어떤 것들이 자기네 것들이고 ⁵어떤 것들이 낯선 것들인지 알게 하려는 것이었소.

25.

신비의 계시

자, 보시오. 나는 그대에게 신비mysterion에 관한 모든 것을 계시해 주겠소. 모레면 저들이 나를 잡아갈 것이기 때문이오. 그러나 나의 속량이 가까이 다가왔소."[17]

야고보에 대한 예언

¹⁰야고보가 말하였습니다.[18] "스승님(라삐)! 당신께서 '저들이 나를 잡

---

15 직역, "내가 여러 이름을 받은 것처럼, 나는 이름을 붙일 수 없는 이라오."
16 "우리는 나왔소"라는 구절이 빠진 듯하다.
17 마태 26,45: "이제 때가 가까웠다. 사람의 아들은 죄인들의 손에 넘어간다"; 마르 13,29: "이와 같이 너희도 이러한 일들이 일어나는 것을 보거든, 사람의 아들이 문 가까이 온 줄 알아라" 참조.
18 화자가 1인칭에서 3인칭, 또다시 1인칭으로 여러 번 바뀐다. 편집의 흔적이다.

아갈 것이다' 하고 말씀하셨습니다. 그러나 제가 무엇을 할 수 있겠습니까?"

그분께서 내게 말씀하셨습니다. "두려워하지 마시오, 야고보. 저들이 그대도 잡아갈 것이오. [15] 그러니 예루살렘을 떠나시오. 그곳은 항상 빛의 자녀들에게 비통의 잔을[19] 주기 때문이오. 그곳은 수많은 아르콘들이 사는 곳이오. [20] 그러나 그대의 속량이 그들로부터 (그대를) 속량할 것이오. 그들이 누구인지, 그리고 그들이 어떤 자들인지 그대가 깨달을 수 있도록 그대는 […] 하고 들으시오! [25] 그들은 […]가 아니며 아르[콘]들이오. 열두 […] 그 자신의 [26.1] 헵도마드[20] 위에 […]."[21]

일흔 두 하늘·힘

야고보가 말하였습니다. "그렇다면 스승님! 성경에 있는 대로 일곱이 아니라 열두 헵도마드가 있습니까?"[22]

[5] 주님께서 말씀하셨습니다. "야고보, 이 성경에서 말한 이는 여기까지만 알았소. 그러나 나는 그대에게, 셀 수 없는 분에게서 나온 것에

모두 존칭으로 번역하였다.

19　마르 10,38: "내가 마시는 잔을 너희가 마실 수 있으며…"; 14,36; 요한 18,11 참조.

20　영지주의 문헌에서 헵도마드(그리스어 ἑβδομάς)는 대개 세상 창조에 관여한 '일곱 아르콘'과 이 아르콘들이 사는 영역(일곱 하늘)을 가리킨다. 이 아르콘들은 대개 천상계의 영적 존재들 가운데 가장 하급에 속하며 세상이 이들에게서 유래했다. 여덟째 하늘에 해당하는 '옥도아드'는, 일곱 아르콘들보다 높은 품계의 아르콘, 대개 소피아나 바르벨로라는 이름의 에온이 거주하는 곳이다. 옥도아드부터 신들의 영역이 시작된다고 한다.

21　4줄 가량 훼손되어 읽을 수 없다.

22　다니 9,25: "예루살렘을 복구하고 재건하라는 말씀이 내린 때부터 기름부음 받은 영도자가 나올 때까지 일곱 주간이 흐르리라" 참조.

관해 계시해 주겠소. ¹⁰그들의 수에 관해 알려 주리다. (그리고) 측량할 수 없는 분에게서 나온 것에 대해서도 그 치수에 관해 알려 주겠소."

야고보가 말하였습니다. "그럼 이제 스승님! 보십시오. 제가 ¹⁵그들의 수를 받았습니다. 그들은 일흔둘입니다."

주님께서 말씀하셨습니다. "그것들은 그들에게 종속된 일흔두 하늘이오. 그것들은 그들(이 가진) 모든 위세의 힘들이오. 그것들은 ²⁰그 (힘)들에 의해 세워졌소. 그리고 그것들은 열두 아르콘의 권세 exousia 아래 놓인 모든 곳에 분배되었소.²³ 그들 가운데 (가장) 열등한 힘이 ²⁵자신을 위해 천사들과 수없이 많은 군대를 [낳았소].

존재하시는 분께 다다르면

그러나 존재하시는 분께서는 […] 때문에 […]을 받으셨소. 존재하시는 27. [분]께서는 … 그들은 ³⁰헤아릴 수 없소. ²⁷·¹ 만일 그대가 지금 그들을 헤아리고 싶다 해도, 그대가 눈 먼 지성dianoia, ⁵곧 그대를 감싸고 있는 육신의 끈을 내버리기 전까지는 그럴 수 없소. 그때에는 존재하시는 분께 다다를 수 있을 것이오. 그리고 (그때에) 그대는 더 이상 야고보가 아닐 것이오. 대신 그대는 ¹⁰'존재하는 자'가 될 것이오. 그리고 헤아릴 수 없는 모든 것이 모두 이름을 받을 것이오."

무장한 권력들

(야고보가) 말하였습니다. "그럼 이제, 스승님! 어떻게 제가 ¹⁵존재하시는 분께 다다를 수 있겠습니까? 이 모든 권력과 이 모든 군대가 저를 거슬러 무장하고 있으니 말입니다."

---

23 또는, "그리고 그것들은 모든 곳에 분배되었으며 열두 아르콘의 권세 아래 놓여 있소."

그분께서 내게 말씀하셨습니다. "이 권력들이 그대를 거슬러 무장한 게 아니오. ²⁰그것들은 다른 것을 거슬러 무장한 게요. 그 권력들은 나를 거슬러 무장하고 있소. 그리고 그것들은 다른 [힘들]과 함께 무장하고 있소. 그것들은 나를 거슬러 심판[으로] 무장하고 있소. 그것들은 그들을 통해 ²⁵(재판에서) 나에게 […]을 주지 않았소. […]

28. ¹나는 그들을 꾸짖지도 않을 것이오. 내 안에는 침묵sige과 숨겨진 신비mysterion가 있을 것이오. 하지만 나는 그들의 분노 앞에서 마음이 움츠러든다오."

이 세상에 내려오신 구원자

⁵야고보가 말하였습니다. "스승님, 만일 그들이 당신을 거슬러 무장한다면 잘못이 아닙니까? 당신께서는 그들의 망각을 꾸짖으시려 지식gnosis을 가지고 오셨습니다.

당신께서는 그들의 무지를 꾸짖으시려 기억mneme을 가지고 오셨습니다.

¹⁰그러나 저는 당신 때문에 걱정하였습니다.

당신께서 커다란 무지 속으로 내려오셨기 때문입니다. 그러나 당신께서는 그 안의 어느 것에 의해서도 더럽혀지지 않으셨습니다.

당신께서는 몰지각함 속으로 내려오셨습니다. ¹⁵그러나 기억은 당신과 함께 머물렀습니다.

당신께서는 진흙 속을 걸으셨습니다. 그러나 당신의 옷은 더럽혀지지 않았습니다. 당신께서 진창 속에 묻히지도 ²⁰붙잡히지도 않으셨습니다.

그들과 다른 야고보

그리고 저는 그들과 같지 않았습니다. 사실 저는 그들의 모든 것을 옷처럼 입었습니다.

제 안에는 망각이 있습니다. 그러나 저는 그들의 것이 아닌 것들을 기억합니다.

²⁵ 제 안에는 […]이 있습니다. 그리고 저는 그들의 […] 안에 있습니다. […] 저는 지식gnosis을 발견했습니다. 그들의 고통을 두고는 […] 그러나 저는 [그]들이 두려웠습니다. ³⁰ 그들에게 위세가 있기 때문입니다. ²⁹·¹ 그들이 무엇을 하겠습니까? 저는 무엇이라 말할 수 있겠습니까? 아니면 그들에게서 벗어나기 위해 무슨 말을 할 수 있겠습니까?"

29.

주님께서 말씀하셨습니다. "야고보, ⁵ 그대의 통찰dianoia과 두려움을 높이 사오. 계속해서 마음이 쓰인다면, 그대의 속량을 위해서가 아니라면 다른 어느 것에 대해서도 염려하지 마시오. 보시오! 나는 지상에서 (맡은) 이 사명을 ¹⁰ 완수할 것이오. 내가 하늘들에서부터 말한 바와 마찬가지라오. 그리고 그대에게 그대의 속량을 보여 주겠소."

다시 올라가실 주님

야고보가 말하였습니다. "스승님! 이 일들이 지난 뒤에는 ¹⁵ 어떻게 저희에게 다시 나타나시렵니까?²⁴ 당신이 붙잡히신 다음에, 그리고 당신께서 이 사명을 완수하신 다음에는 존재하시는 분께 올라가실 테지요!"

다음 계시의 약속

주님께서 말씀하셨습니다. "야고보, ²⁰ 이 일들이 지난 뒤에 나는 그대

---

24   또는, "스승님, 이 일들이 지난 뒤에는 어떻게 (됩니까?) 저희에게 다시 나타나시렵니까?"

에게 모든 것을 계시해 주겠소. 그대만을 위해서는 아니오. 사람들의 불신 때문이라오. 믿[음]이 [25] 그들 가운데 있게 하려는 것이오. 사실 많은 이들이 믿[음]에 다다를 것이며 그들은 [...]까지 늘어날 것이오.

30. [30.1] 이 일 다음에는 나는 아르콘들을 꾸짖기 위해 나타날 것이오. 그리고 나는 그들에게 이것, 곧 나는[25] 붙잡힐 수 없는 이임을 드러내 보여 줄 것이오. 만일 [5] 그들이 나를 붙잡는다면 그때에는 내가 모든 자 위에 군림할 것이오. 이제 나는 가오. 내가 한 말들을 기억하고 그것들을 마음에 간직하시오."[26]

주님의 수난

[10] 야고보가 말하였습니다. "주님, 당신께서 말씀하신 대로 서두르겠습니다."

주님께서는 그에게 (작별의) 인사를 하셨습니다. 그리고 해야 하는 일을 모두 완수하셨습니다.

야고보는 그분의 고난에 관해 들었을 때 [15] 몹시 고통스러웠습니다.

두 번째 계시

배경

그들은 그분의 오심에 관한 예표typos를 기다리고 있었습니다. 그것은 며칠 뒤에 왔습니다. 야고보는 [20] '가우겔란'이라 불리는 산 위에서 자기 제자들과 함께 걷고 있었습니다. 그들은 그의 말을 듣던 사람들이

---

25 콥트어 본문에는 3인칭 '그'로 되어 있다. 다음 문장에서도 마찬가지다. 문맥상 '나'로 옮겼다.

26 직역: "그것들이 마음에 들어오게 하시오."

었으며 괴로워하고 있었습니다. 그는 […] 말하였습니다. ²⁵ "이것은 두 번째 […]입니다." [그러자] 군중들이 흩어졌습니다. [야]고보는 남아서

31. […] 기도[하였습니다]. ³¹,¹ 그의 습관대로 […].

주님의 발현

그리고 주님께서 그에게 나타나셨습니다. 그러자 그는 기도를 중단하고 그분을 안고 입을 맞추며 ⁵ 말하였습니다. "스승님! (마침내) 제가 당신을 찾았습니다! 당신께서 견디신 고난들에 관해 듣고 저는 몹시 고통스러웠습니다. 저의 연민을 당신은 아십니다. ¹⁰ 그래서 저는 머릿속으로²⁷ 이 백성을 보지 않게 되기를 바랐습니다. 그들은 자기들이 한 일들 때문에 심판을 받아야 할 것입니다. 그들이 한 일들은, 마땅히 해야 할 일들과 어긋나기para 때문입니다."

주님은 고난을 겪지 않으셨다

주님께서 말씀하셨습니다. ¹⁵ "야고보, 나 때문에, 또 이 백성 때문에 걱정하지 마시오. 나는 내 안에 있었던 자요. 나는 단 한순간도, 어떤 일로도 고난을 겪지 않았소. ²⁰ 나는 고통을 받지도 않았소. 그리고 이 백성은 나에게 아무런 나쁜 짓도 저지르지 못했소. 그것(그들이 한 짓)은 아르콘들의 예표 위에 내렸을 뿐이오. 그리고 그것은 그들에 의해 해체되어야 했소. [3-4줄 훼손].

야고보의 수난 예언

32. 의로[운 이들은 …] ³²,¹ 그분의 종이오. 그래서 그대가 '의인dikaios 야고보'라는 이름을 가진 것이오. 그대가 나를 볼 때 어떤 식으로 정신이

---

27   직역: "생각하면서."

깨어날지 그대는 알고 있소. ⁵ 그리고 그대는 이 기도를 그만두었소. 이제 그대는 하느님의 의인이기에 나를 안고 내게 입을 맞추었소. 진실로 그대에게 말하오.²⁸ ¹⁰ 그대는 자신을 향한 커다란 분노와 진노를 흔들어 놓았소. 다른 일들이 일어나게 하기 위해서였소."

그러나 야고보는 마음이 움츠러들어서 울었습니다. 그리고 그는 몹시 고통스러웠습니다. ¹⁵ 그리고 둘이 함께 바위 위에 앉았습니다. 주님께서 그에게 말씀하셨습니다. "야고보, 그리하여 그대는 이 고통을 겪을 것이오. 그러나 슬퍼하지 마시오. 육신은 허약하기 때문이오. ²⁰ 그것(육신)은 자기에게 정해진 것을 받을 것이오. 그러나 그대는 심약해지지도, 두려워하지도 마시오."

주님께서는 (말씀을) 멈추셨습니다. 야고보는 이 말씀을 들었을 때 [그의 눈에 흐르는 쓰디쓴] ²⁵ 눈물을 닦아[냈]습니다. […]

속량에 대한 계시: 징수원과 나눌 질의응답

33. 주님께서 [그]에게 [말씀하셨습니다]. "[야고보, 보]시오. 내가 ³³·¹ 그대에게 그대의 속량을 보여 주겠소. 그대가 붙잡혀서 이러한 고통을 겪게 될 때, 많은 이가 ⁵ 그대를 붙잡으려고 그대를 거슬러 무장을 할 것이오. 특히 그들 가운데 셋이 그대를 붙잡을 것이오. 그들은 세금 징수원으로서 앉아 있는 자들이오. 그들은 통행료를 요구할 뿐만 아니라 ¹⁰ 영혼들도 도둑질해 갈 것이오.

---

28 요한 복음에 자주 나오는 '아멘 레고' 구문이다. 요한 5,19; 10,1; 13,16 등 참조.

너는 누구며 어디서 왔느냐

그대가 그들 손에 들어가게 되면 그들 가운데 하나가—그는 그들의 파수꾼이라오—그대에게 말할 것이오. ¹⁵'너는 누구냐? 혹은 너는 어디서 왔느냐?' 그대는 그에게 이렇게 말하시오. '나는 아들입니다. 그리고 나는 아버지에게서 나왔습니다.'

너는 어떤 아들이며 어떤 아버지에게 속하느냐

그가 그대에게 말할 것이오. '너는 어떤 아들이냐? ²⁰ 그리고 너는 어떤 아버지에게 속하느냐?' 그대는 그에게 말하시오. '나는 처음부터 존재하시는 아버지에게서 나왔습니다. 그리고 처음부터 존재하시는 분 안에 있는 아들입니다.'²⁹

아카모트에게서 나온 이들

그는 ²⁵그대에게 [말할 것이오]. '[…].' 그대는 [그에게] 말[하시오]. '[…].' 34. [.] ³⁴·¹낯선 이[의] …

그대는 그에게 말하시오. '그들이 완전히 낯선 이들은 아닙니다. 그러나 그들은 여성인 아카모트에게서 나왔습니다. ⁵(아카모트)는 그들을 만들어, 처음부터 존재하시는 분에게서 이 종족genos을 데리고 아래로 내려왔습니다. 그러므로 그들은 한편으로 낯선 이들이 아니며 우리 편입니다. 실제로 그들은 우리 편입니다. 그들의 ¹⁰주인인 그녀가 처음부터 존재하시는 분에게서 나왔기 때문입니다. 그러나 그들은 낯선 이들이기도 합니다. 그녀가 그들을 만들었을 때, ¹⁵처음부터 존재하시는 분께서 그녀(아카모트)와 관계를 맺지 않으셨기 때문입니다.'

---

29 야고보 첫째 묵시록 33.20-34.18과 비슷한 내용이 이레네우스, 『이단논박』 1.21.5(에피파니우스, 『구급상자』 36.3.2에 인용)에 전해진다.

너는 어디로 가느냐

그가 그대에게 다시 말할 것이오. '너는 어디로 가려 하느냐?' 그대는 그에게 대답해야 하오. '내가 나온 그곳으로 다시 가려 합니다.' 이렇게 말하면 그대는 [20] 그들과의 싸움을 피할 수 있을 것이오.

그런데 그대가, 영혼들을 도둑질하여 그곳으로 데려가는 이 세 명의 체포자들 손에 들어간다면 [25] (이렇게 답하시오).

[일곱 줄 정도 훼손]

소피아와 아카모트

35. […] [35.1] […] '그대들도 맑은 정신이 아닐 것입니다. [5] 그러나 나는 불멸의 지식gnosis, 곧 아버지 안에 있는 지혜(소피아), 아카모트의 어머니를 부를 것입니다. 아카모트에게는 [10] 아버지가 없었으며 남자 짝syzygos도 없었습니다.[30] 그녀는 여자에게서 난 여자였습니다. 그녀는 남자 없이 혼자서 그대들을 만들었습니다. 그녀가 그녀의 어머니를 [통해] 살아가는 (다른) 존재들에 대해 [15] 알지 못하고 자기만 유일하게 존재한다고 생각했기 때문입니다. 그러나 나는 큰 소리로 그녀의 어머니를 부를 것입니다.'[31]

이렇게 답하면 그때에 [20] 그들은 몹시 당황하고 그들의 뿌리와 그들 어머니의 종족genos을 탓할 것이오.[32] 그러면 그대는 그대에게 속한

---

30 야고보 첫째 묵시록에서는 아카모트가 하급신 창조주로 설정되어 있다. 요한의 비전의 얄다바옷과 비슷한 캐릭터다. 얄다바옷이 그러했듯 아카모트는 하느님과 다른 에온들의 존재를 알지 못한 채 자기만 신이라고 여겼다.

31 비슷한 내용이 이레네우스, 『이단논박』 1.21.5 (에피파니우스, 『구급상자』 36.3.4-5에 인용)에 전해진다.

32 에피파니우스, 『구급상자』 36.3.6을 참조하라: "이것을 두고 그들은 몹시 당황

²⁵ [곳으로] 올라갈 것이오.

[4-5줄 훼손]

이 모든 것에 대해 침묵하고 아따이에게만 알려라

36. ¹ 그들은 열두 제자와 열두 쌍의 예형typos이오. … ⁵ '지혜'(소피아)로 옮겨지는 아카모트.

내가 누구인지, 그녀를 통해 그대가 구원받게 될 불멸의 소피아는 누구인지, ¹⁰ 그리고 존재하시는 분의 아들들은 누구인지, 그들은 이것들을 알고 있으며 자기네 마음속에 숨겨 두었소. 그대도 〈이것들을〉 마음속에 숨겨 두어야 하오. 그리고 입을 다물어야 하오. ¹⁵ 그러나 아따이에게는 그것들을 알려 주어야 하오. 그대가 (이곳을) 떠나면 곧바로 이 땅에 전쟁이 일어날 것이오.³³

그러니 예루살렘에 있는 자를 위해 [우시오]. ²⁰ 그러나 아따이는 이 일들을 마음속에 간직해야 하오. 열째 해에는 아따이가 앉아서 그것들을 기록해야 하오. 그가 이것들을 기록하면 ²⁵ […] 그것들을 […에게?] 주어야 하오.

[8-9줄 훼손]

레위에 대한 예언

37. ⁶ 그는 레위라 불린다오. [7줄 훼손] 그는 그녀를 통해 아들 [둘을] 낳을 것이오. ¹⁵ 그들은 이것들과 […하신] 분의 통찰dianoia을 상속받을 것이오. 그리고 그들은 그를 통해 그의 정신으로부터 […을] 받아야 하오.

그리고 두 아들 가운데 작은 아들이 ²⁰ 더 위대하오. 이 일들을 그

하며 그들의 뿌리와 그들 어머니의 종족을 탓할 것입니다."
33 또는 "그들이 이 땅과 전쟁을 할 것이오."

에게 전해 주어야 하오. 그리고 그가 열일곱 살이 될 때까지는 그 일들이 그 안에 숨겨진 채로 있어야 하오.

[7-8줄 훼손]

38. […] ⁵그는 그의 동료들 손에 몹시 박해를 받을 것이오. 그는 그들을 [통해] 선포될 것이오. 그리고 [그는] 이 말을 선포할 것이오. ¹⁰그런 다음 [그는 …]의 씨앗이 될 것이오."

주님의 일곱 여제자

야고보가 말하였습니다. "저는 마음이 흡족합니다. 그리고 그들은 ¹⁵제 영혼을 … 그러나 한 가지 더 당신께 여쭈어 보렵니다. 당신의 제자가 된 일곱 여자는 누구입니까? 보십시오. 모든 여자가 당신을 찬양합니다. ²⁰[힘]없는 그릇들이 자기 안에 있는 지각을 통해 어떻게 (이토록) 강해졌는지, 저는 그저 놀랄 따름입니다."

주님께서 [말씀하셨습니다]. "그대는 잘 …

[7-8줄 훼손]

주님과 아르콘

39. … […의] 영, 생각[의] 영, ⁵조언의 [영], […], […의] 영, 지[식]의 영, 그들 두려움의 [영].

우리가 '아도나이오스'라 [불리는] ¹⁰이 아르콘의 [지]역을 통과했을 때, […] 그는 몰랐소. 내가 그에게서 나왔을 때 ¹⁵그는 내가 자신의 아들이라고 생각했소. 그때에는 그가 자기 아들에게 하듯 [나에게] 친절했소. 그리고 ²⁰내가 이곳에 나타나기 전인 그때에 〈그는〉 그들을 이 백성에게 내던졌소. 그리고 천상의 [영역]에서부터 예언자들이…

[9줄 훼손]

권고

40. […] ⁴야고[보가 말하였습니다]. "스승님(라삐), [⁴줄 훼손 심함]"

주님께서 말씀하셨습니다. "야[고]보, ¹⁰나는 그대를 칭송하오. [...]

[그대]에게서 ¹⁵비통의 이 잔을 내던지시오. [...] 가운데 어떤 자들이 그대에게 맞서 일어설 것이오. [그대가] 그[들의 뿌]리를 시작부터 끝까지 이해하기 시작했기 때문이오. ²⁰그대에게서 모든 불법anomia을 내던지시오. 그리고 그들이 그대를 질투하지 않도록 마음 쓰시오. 그대가 이 지각의 말들을 하게 된다면 이 [네 사람]을 설득하시오: 살로메, 마리아, [마르타], [아르]시노에.

[15-16줄 훼손. 번제물, 첫 열매 등의 단어가 나온다]

41. […] ¹³[하느님의] 힘이 드러나게 하려는 것이오. ¹⁵멸하는 것이 불멸하는 것에게 올라갔고, 여자의 일이 남자의 일에 다다랐소."

야고보가 말하였습니다. ²⁰"스승님, 그들이 [...]이 이 셋 안에 던져졌습니다. 사실 그들은 조롱당하고 박해받았습니다.

[12-13줄 훼손]

42. [주님께서 말씀하셨습니다. "야고보, …]

그대는 ¹⁰지식의 [...]을 받았소. 그리고 걸어갈 [...]이 무엇인지 [알게 될 거요].

그러나 나는 가서 ¹⁵밝히 드러낼 것이오. 그들이 그대를 믿고 자신의 축복과 구원에 대해 확신을 가졌기 때문이오. 그리고 (나는) 이 계시가 반드시 일어나리라는 것도 (드러낼 것이오)."

결말

²⁰그리고 나서 곧바로 그분께서는 가서 열둘을 꾸짖으시고 지식의 길

에 대한 그들의 확신을 몰아내셨습니다.

[22줄 훼손].

43.   … 다른 사람들은 … 말하였습니다. …

   ¹⁵"그는 생명에 합당하지 않기 때문입니다."

   그러자 이들은 두려워졌습니다. 그들은 일어나 말하였습니다. "우리는 이 피에 동참하지 않습니다.³⁴ 의로운 사람이 ²⁰불의를 통해 멸망할 것입니다."

   야고보는 […하러] 떠났습니다. [⁶줄 훼손]

44.   [⁸줄 훼손]

야고보의 묵시록

---

34   마태 27,24: "빌라도는 … 말하였다. '나는 이 사람의 피에 책임이 없소. 이것은 여러분의 일이오'" 참조.

03
시련과 고통: 섭리와 의지

야고보의 비전
Apocryphon of James

시련과 고통은 인간이라면 피할 수 없는 문제다. 인간으로 오신 하느님의 아들 예수님도 예외는 아니었다. 예수님의 뒤를 따라야 할 제자들도 시련과 고통, 십자가와 죽음은 피해갈 수 없었다. 사람으로 태어난 이상 시련과 고통은 숙명처럼 따라온다고 하겠지만, 하느님의 아들이 어떻게 시련과 고통을 당하실 수 있을까? 하느님의 아들이 어떻게 인간에게 붙잡혀 매 맞고 십자가에 못 박히고 끝내는 죽임을 당하실 수 있으셨을까? 인간이라면 누구나 겪어야 하는 시련과 고통의 문제도 해결하기 어렵지만, 예수님의 십자가와 죽음은 그보다 더하며, 이성의 능력을 넘어서는 난제 중의 난제일 것이다. 사실 예수님의 십자가를 이해하지 못하는 것은 교회가 시작된 이래 줄곧 있어온 문제다. 하느님의 아들이 어째서 십자가 죽음을 당해야 하냐는 것이다.

얀 마텔의 소설 『파이 이야기』는 십자가를 바라보는 일반인들의 저항감을 잘 묘사하고 있다. 이 소설에서 주인공 파이는 열네 살 무렵에 처음으로 십자가를 보고 깜짝 놀란다. 인도의 힌두교 신자였던 소년은 인간이 죄를 지었는데 신의 아들이 대가를 치른다는 말을 도무지 이해하지 못한다. 파이는 생각한다.

"신이 역경을 참아야 하는 것은 이해할 수 있었다. 힌두교의 신도 도둑, 부랑배, 유괴범, 약탈자의 몫을 감당한다. … 고난, 좋다. 행운의 반전, 좋다. 배신, 좋다. 하지만 굴욕? 죽음? 크리슈나 신이 벌거벗기고, 채찍질당하고, 조롱당하고, 거리를 질질 끌려다니고, 무엇보다도 십자가에 달리는 — 미물인 인간에게 짓밟히는 — 데 동의하는 것은 상상도 할 수가 없다. 힌두교의 신이 죽는 이야기는 들어본 적이 없었다. … 악마와 괴물들이 인간처럼 죽었고, 그들은 그러라고 거기 있었다. 사물도 사라진다. 하지만 신이 죽음에 꺾여선 안 된다. 그건 잘못이다. 우주의 근본원리는 일부라도 죽을 수가 없다. 기독교의 신이 자기의 화신을 죽게 하는 것은 잘못이었다. 그것은 자신의 일부가 죽게 내버려두는 것과 마찬가지 아닌가. 하느님의 아들이 죽어야 한다면, 속임수일 리가 없다. 십자가의 신이 인간의 비극을 가장하는 신이라면, 그리스도의 수난은[1] 그리스도의 광대 짓으로 변한다. 아들의 죽음은 사실임이 분명하다. … 왜 신은 그런 것을 자신이 떠안으려 할까? 왜 죽음을 인간들에게 남겨두지 않을까? 왜 아름다운 것을 추하게 만들고, 완벽한 것을 망칠까? …

가장 인간적인 현신으로 꼽히는 라마도 랑카의 사악한 왕 라바나에게 잡힌 아내 시타를 찾으려고 싸우지만 곧 신성이 드러난다. 그는 밀리자, 어떤 인간도 갖지 못한 힘과 어떤 인간도 다루지 못하는 무기로 싸우기 시작한다.

신이란 그래야 하지 않는가. 광채가 나고 권력과 힘이 있는 존재. 그런 신만이 구원하고 악을 물리친다.

한데 이 '아들'이란 신은 배가 고프고, 갈증 때문에 고생하고, 지치고, 슬프고, 초조해하고, 희롱당하고, 똑똑치 못한 제자들과 그를 존경하지 않는 반대파를 참고 봐줘야 한다. 무슨 신이 그런가? 너무나 인간 수준의 신이다. … 그는 세 시간 만에 신음하고 숨을 헐떡이고, 서글퍼하며 죽어간 신이다. 무슨 신이 그런가? 이런 신의 아들에게서 무슨 영감을 얻으라는 건가."[2]

소설의 주인공 파이가 십자가를 향해 던진 질문은 우리 모두의 질문이기도 하다. 예수가 진정으로 하느님의 아들이라면 어떻게 죽을 수 있나? 생명의 주인이 어떻게 죽을 수 있나? 지고지선, 전지전능하신 하느님의 아

---

[1] 한국어 번역본에는 '그리스도의 열정'이라 되어 있는데, 아마 이것은 영어 passion을 옮긴 단어일 것이다. passion은 그리스도의 '수난'을 가리키는 말이기도 하다.

[2] 얀 마텔, 『파이 이야기』, 75-77.

들이 어떻게 한낱 피조물에 지나지 않는 인간에게 조롱을 당하고 채찍질을 당하다가 십자가에 못 박혀 끝내는 비참하게 죽을 수 있느냐는 것이다. 어떻게 죽음이 승리가 될 수 있나? 인간의 죄가 얼마나 크기에, 신의 아들을 죽여야만 그 죄가 되갚아질 수 있다는 말인가? 그 이전에, 하느님이 어떻게 피조물인 인간이 될 수 있나? 신이 잠시 인간의 몸을 빌리는 것이라면 어느 정도 이해할 수 있다. 다른 종교에서도 그런 예는 있다. 그러나 하느님의 아들이 참으로 인간이 되셨다니, 그것이 말이 되는가? 그렇게 낮아지는 것으로도 모자라서 인간에게 죽임을 당하는, 그야말로 저 밑바닥까지 내려가는 게 말이 되는가? 도대체 전능한 신과 죽음이 공존할 수 있는 문제인가?

예수님의 십자가와 죽음은 이처럼 인간의 머리로는 쉽게 이해되는 문제가 아니다. 영지주의자들이 이에 의문을 품은 것도 결코 이상한 일이 아니다. 누구나 당연히 품게 되는 의문인 것이다. 이와 관련된 다른 문제도 있다. 섭리와 의지의 문제다. 곧 구원에 있어서 하느님의 섭리와 인간의 의지는 어떻게 조화될 수 있는가, 하는 문제이다. 구원이 하느님의 섭리에만 맡겨야 할 문제라면 예수님의 십자가는 필요 없을 것이다. 마찬가지로 인간의 의지만으로 구원을 획득할 수 있다 해도 예수님의 대속적 죽음이 필요 없을 것이다. 초대 교회는 시작부터 이런 문제들에 부딪혔다. 그리고 수많은 해답들을 내놓았다. 야고보 비전도 그 가운데 하나다.

1. 야고보의 비전 소개

야고보의 비전은 나그 함마디 코덱스 I,2에 콥트어로 전한다. '야고보의 비밀의 책' 혹은 '야고보의 아포크리폰'이라고도 부른다. 이 책은 예수님께서 야고보와 나누신 **대화** 형식의 어록 모음이다. 대화에 서언과 결어를 덧붙여 야고보가 보낸 편지글 형태로 편집되었다.

부활 후 대화

초대 그리스도교 문학에서는 부활 후 대화 형식이 드물지 않게 채택되었다. 사실 초대 그리스도교에는 예수님께서 부활하신 뒤에 제자들과 더욱 심도 깊은 대화를 나누셨다는 전승이 있었다. 예수님의 부활을 직접 목격한 뒤에 제자들은 이해의 지평이 달라졌고 따라서 이전과는 완전히 다른 새로운 눈으로 예수님을 바라볼 수 있었다는 것이다. 예수님께서도 생전에는 말씀하지 않으시던 신비를 이제는 드러내 놓고 제자들에게 알려 주셨다고 한다. 이런 맥락에서 부활하신 예수님과 제자들의 대화는 그리스도인들 사이에서 새로운 문학 형식으로 각광받았다. 대개는 제자들이 질문하고 예수님께서 답하시는 질의응답식으로 전개된다. 사도들의 편지, 구세주와의 대화, 야고보의 비전, 용사 토마의 책, 마리아 복음 등이 모두 이 형식이다.

야고보의 비전에 대해 언급하거나 인용한 초대 그리스도교 문헌이 현재로서는 발견되지 않았다. 머리글에 나오는 말대로 비밀이 잘 지켜진 셈이다. "조심하여 이 글 내용을 많은 이들에게 말하지 않도록 유의하십시오. 그것은 구원자께서 당신의 열두 제자인 우리에게조차 모두에게 이르려 하시지 않은 것입니다"(야고보의 비전 1).

야고보의 비전은 비교적 이른 시기에 쓰인 것 같다. 본문에 제자들이 한데 모여 앉아 예수님께서 하신 말씀들을 기억하고 기록한다는 내용이 나오는데, 여기서 '기억'이라는 용어가 1세기 말에서 2세기 초에 쓰인 문헌들에서 자주 나타난다. 그 무렵에는 예수님과 동고동락한 제자들이 하나 둘씩 세상을 떠나고 없었으며 예수님의 말씀과 행적에 대한 이야기들이 기록으로 옮겨지기 시작하였다. 구두 전승이 기록 전승으로 전환되던 시기였던 것이다. 비전 본문에 기억이나 회상이라는 용어가 쓰인 것으로 미루어 여기 나오는 말씀들 가운데 적어도 일부는 구두 전승에서 비롯된 것으로 보인다. 따라서 야고보의 비전이 만들어진 것은 2세기 초엽으로 추정된다. 그러나 기억이라는 용어만으로 연대를 추정하기는 성급한 감이 있다. 사실 후대의 저자들도 대개 기억과 회상이라는 용어를 즐겨 사용했다. 이 용어 자체가 권위를 부여하며 믿을 만한 오래된 말씀이라는 인상을 주기 때문이다. 연대 추정은 조금 더 큰 맥락에서 바라보아야 한다. 그런데 야고보의 비전이 담은 내용이 전체적으로 신약성경의 사상과 그리 멀지 않다. 신약성경에 근거를 둔 표현들도 등장하고 십자가 신학도 인정한다. 따라서 야고보의 비전이 만들어진 때는 신약성경이 만들어진 시기보다 그리 오랜 시간이 흐른 뒤는 아니었을 것이다. 한편 순교를 독려하는 내용이 나오는 것을 보아 야고보의 비전이 314년 이전에 만들어진 것은 확실하다. 알렉산드리아의 클레멘스(150-215년)가 『잡록』 44.10.76에서 '자발적 순교'에 대해 언급한 사실이 야고보 비전의 저술 연대를 밝히는 데 중요한 구실을 한다. 클레멘스의 작품이 야고보의 비전과 비슷한 역사적 배경을 반영한다면, 2세기 말에서 3세기 초에는 만들어졌을 법하다. 실제로 세베루스 황제 치세 때(193-211년) 그리스도인들에 대한 박해와 순교가 일어났다고 한다(에우세비우스 『교회사』 6.1-2 참조). 따라서 야고보 비전은 넉넉잡아 2세기에 만들어졌다고 보면 될 듯하다.[3]

머리말에서 야고보는 자신이 이 책을 히브리어로 썼다고 전한다. 현재 전하는 형태는 그리스어 본문을 대본으로 하여 콥트어로 번역한 것이다. 야고보는 다른 제자들과 함께 앉아서 각자가 예수님의 가르침에 대해 기억나는 것을 적고 있었다고 한다. 예수님께서 부활하신 뒤 오백오십 일 뒤의 일이었다. 그때 구원자께서 제자들에게 나타나시자 제자들은 그분께 이미 그

---

3 Williams (ed.), "The Apocryphon of James", 26-27을 참조하라.

들을 떠나신 것이 아니었는지 여쭤본다. 그러자 예수님께서는 당신이 오신 곳으로 돌아가리라고 말씀하신다. 그리고 제자들에게 같이 가지 않겠느냐고 초대하신다. 제자들은 입을 모아 "주님께서 명하시면 저희도 갑니다!"(2) 하고 대답한다. 예수님께서는 베드로와 야고보를 따로 데리고 가셔서 그들을 채워 주신다. 이렇게 해서 예수님의 비밀 가르침이 본격적으로 시작된다.

사실 야고보 비전에는 예수님의 가르침들이 여럿 담겨 있다. 결핍과 채워짐, 고통과 시련의 의미, 십자가 사건의 진정성, 예언, 몸·영혼·영, 죄 등에 대한 내용들이다. 이 가르침들이 역사의 예수님께 거슬러 올라가는지, 아니면 후대에 지어낸 말인지, 예수님의 원 말씀을 가지고 수정·가감한 결과인지 정확히 알 수는 없다. 사실은 아닐지라도 진실이 될 수는 있기에 이 말씀들도 진리에 다가서는 데 도움이 될 수 있을 것이다.

야고보 비전에 전하는 말씀들 가운데 본 장의 주제와는 상관 없지만 결핍과 충만, 채워짐에 대한 테마도 매우 중요하다. 결핍과 채워짐 주제는 영지주의 사상의 전개에 큰 구실을 한다. 천상계를 가리키는 플레로마가 본디 '충만'을 뜻한다. '충만'에서 멀어진 인간이 느낄 수밖에 없는 것이 바로 '결핍감'일 것이다. 그리고 플레로마로 돌아가려는 염원은 결핍을 메워 다시 채워지려는 열망과도 맥을 같이한다.

야고보 비전에 나오는 예수님의 첫 번째 가르침이 바로 채워짐과 관련된다. 주님께서 명하신다 해도 채워지지 않은 사람은 누구라도 하늘 나라에 들어갈 수 없다는 것이다. "내가 명령한다고 해도 어느 누구도 하늘 나라에 들어갈 수 없다. (하늘 나라에 들어가는 것은) 오직 너희가 채워졌을 때라야 가능하다. 야고보와 베드로를 내게 맡겨라. 내가 그들을 채워주겠다"(2). 그런 다음 주님께서는 야고보와 베드로만 따로 데리고 가셔서 말씀하신다. "나는 너희에게 말한다. 채워져라! 그리고 너희 안에 그 어떤 곳도 텅 빈채로 두지 마라! (그러지 않으면) 다가올 이가 너희를 비웃을지도 모른다"(3).

채워지라고 말씀하시는 예수님께 베드로는 자기들은 이미 채워져 있다고 대답한다. "보십시오. 주님께서 저희에게 세 번이나 '[채워]져라' 하고 말씀하셨[지만] 저희는 (이미) 채워져 있습니다"(3-4).

이에 예수님께서는 결핍과 채워짐에 대해 말씀하시며 이성으로가 아니라 영으로 채워지라고 이르신다. "그 때문에 내가 너희에게 '[채워져라]' 하고 말했다. 너희가 [결핍되지 않게] 하려는 것이었다. [결핍된 이들], 그들은 [구원받지] 못할 것이다. 사실 채워짐은 좋고 [결핍]은 나쁘다. 그러니 너희는 스스로를 채울 수 있을 때는 결핍되는 것이 좋다. 그리고 결핍될 수 있을 때는 채워지는 것이 좋다. 그래야 더욱 더 채워질 수 있다. 그러니 영으로 채워져라! 그러나 이성(로고스)으로는 결핍되어라. 이성은 영혼이기 때문이다. 영혼은 그러하다"(4).

2. 시련과 십자가

야고보 비전의 중심단락은 예수님의 말씀으로 이루어져 있다. 야고보와 베드로가 돌아가며 예수님께 질문하고 이에 예수님께서 답하는 식이다. 이 중심 단락 속에 저자가 전하고자 하는 주요 테마들이 담겨 있다. 그 가운데 십자가와 죽음, 고통과 시련, 섭리와 의지 문제가 특히 중요하다.

악마의 유혹은 하느님의 선물, 고통을 두려워하지 마라!

야고보는 예수님께 주님의 뜻이라면 순종하겠노라 말하면서 악마의 유혹에 빠지지 않게 해 달라고 청한다. 이에 예수님께서는 더 이상 고통을 회피하지 말라고 말씀하신다. 시련은 하느님의 선물이라는 것이다. 억압과 박해를 이기고 하느님의 뜻을 행할 때 예수님과 같아지고 사랑받는 이로 인정된다는 것이다. "너희가 아버지의 뜻을 행할 때 너희가 받을 은총이 무엇이겠느냐? 너희가 사탄에게 유혹 받을 때 그것은 그분께서 너희에게 선물로 주시는 게 아니겠느냐!⁴ 너희가 사탄에게 억압을 받고 박해를 받는데도 너희가 그분(아버지)의 뜻을 행한다면, 내가 [말한다], 그분(아버지)께서 너희를 사랑하시고 너희를 나와 같게 만드시며 너희가 그분의 섭리 안에서 그리고 너희의 선택에 의해 사랑받는 이가 되었다고 여기실 것이다"(4-5).

그리고 제자들이 예수님께서 겪으신 고통과 수난을 똑같이 겪게 될 것이라 말씀하신다. "너희는 모르느냐? 너희가 아직은 모욕을 당하지 않았고 아직은 부당하게 고발당하지 않았으며 아직은 감옥에 갇히지 않았고 아직은 불법적으로 단죄 받지 않았으며 아직은 정당한 이유 〈없이〉 십자가에 못 박히지 않았고 아직은 수치스럽게 묻히지 않았지만 (곧 그렇게 되리라는 것)을? 사악한 자에 의해 내가 그렇게 되었던 것처럼 말이다"(5).

내 십자가와 내 죽음을 기억하여라!

야고보의 비전은 예수님의 십자가를 인정한다. 예수님께서 모욕을 당하시고 감옥에 갇히시고 십자가에 못 박히시고 묻히셨다는 것이다. 여느 영지주의 작품에서는 보기 어려운 내용이다. 특히 콥트어 베드로 묵시록이 전하는 내용과는 판이하게 다르다. 영지주의자들에게 십자가 죽음은 그리스도의 대체자의 죽음일 뿐이므로 아무 의미가 없다. 그러나 야고보 비전에서는 예수님의 십자가 죽음이 그 자체로 가치가 인정된다. 그리고 제자들 역시 스승과 같은 십자가의 길을 걸으리라고 선포된다.

야고보 비전에서 유혹과 시련, 고통과 십자가는 더 이상 피해야 할 일도 아니고, 한갓 쇼에 지나지 않는 것도 아니다. 영원이라는 시간에 비추어

---

4   집회 2,1: "얘야, 주님을 섬기러 나아갈 때 너 자신을 시련에 대비시켜라" 참조. 집회 2,5: "주님께 맞갖은 이들은 비천의 도가니에서 단련된다"도 같은 뜻을 내포한다.

보면 고통은 일순간에 지나지 않는다. 죽음을 경멸하고 생명을 귀하게 여겨야 하지만, 진정한 생명은 예수님의 십자가와 죽음을 기억하는 데 있다. 그러므로 예수님께서 말씀하신다.

"세상이 너희 앞에 얼마나 존재했는지, 그리고 너희 뒤로 얼마나 더 존재할지 생각한다면(숙고한다면), 너희의 생애가 고작 하루에 지나지 않으며 너희의 고통pathos이 고작 한 시간짜리일 뿐임을 깨닫게 될 것이다. 실제로 선한 이들은 세상 속으로 들어가지 않을 것이다. 그러니 죽음을 경멸하고, 생명을 귀하게 여겨라. 내 십자가와 내 죽음을 기억하여라. 그러면 너희가 살 것이다"(5).

예수님의 십자가를 이해하지 못하는 것은 교회가 시작된 이래 줄곧 있어온 문제다. 하느님의 아들이 어째서 십자가 죽음을 당해야 하냐는 것이다. 사실 예수님의 십자가와 죽음은 인간의 머리로 쉽게 이해되는 문제가 아니다. 영지주의자들이 이에 의문을 품은 것도 결코 이상한 일이 아니다. 야고보의 비전에서도 이런 상황이 엿보인다. 야고보는 예수님께 십자가와 죽음에 대해서는 말도 꺼내지 말라고 한다. 주님께서도 십자가 죽음과 거리가 멀다는 것이다. "주님, 저희에게 십자가와 죽음에 대해서는 말도 꺼내지 마십시오. 사실 그것들은 주님에게서 멀리 있습니다"(5-6). 이처럼 십자가와 죽음은 모든 인간이 멀리 피하고 싶어 하는 문제, 부정하고 싶은 일일지 모른다.

이에 예수님께서는 십자가를 믿지 않는 사람은 구원을 얻지 못할 것이라 단호히 선포하신다. 그리고 죽은 이가 생명을 찾듯이 간절한 마음으로 죽음을 찾으라고 하신다. 죽은 자들이 구원을 차지하기 때문이다. "진실로 너희에게 말한다. 내 십자가를 믿지 않는 한 아무도 구원받지 못할 것이다. 내 십자가를 믿은 이들, 하느님 나라는 바로 그들의 것이다. 그러니 너희는 마치 생명을 찾아다니는 죽은 자들처럼 죽음을 찾아라. … 참으로 너희에게 말한다. 죽음을 두려워하는 자는 아무도 구원받지 못할 것이다"(6). 결국

십자가와 죽음을 두려워하는 자는 구원받지 못한다는 것이다.[5]

3. 하느님의 섭리와 인간의 의지

하늘 나라를 획득하라!

십자가와 죽음에 대한 가르침에 이어지는 예수님의 말씀은 우리의 예상을 뛰어넘는다. 예수님께서는 제자들에게 스승을 닮는 데서 그치지 않고 스승을 능가하라고 말씀하신다. 그리고 무엇이 되어라가 아니라 자신을 무엇처럼 만들라고 하신다. "너희는 나보다 나은 이가 되어라! 너희를 성령의 아들처럼 만들어라!"(6).

생명과 구원을 얻기 위해서도 인간 편에서 적극적으로 나서야 한다. "누가 재촉하지 않아도 구원받기 위해 서둘러라! 자발적으로 그렇게 하여

---

5 야고보 비전 6에서 엿보이는 자발적 순교는 2-3세기 당대 그리스도인들 사이에서 널리 발견되는 현상이었다고 한다: Moss, *Ancient Christian Martyrdom: Diverse Practices, Theologies, and Traditions*, 150-152 참조. 특히 2세기에 몬타누스와 그 추종자들이 자발적 순교를 독려한 것으로 알려져 있다. 이들은 소아시아와 북아프리카를 비롯한 로마 제국 전역에서 큰 영향력을 행사한 것으로 보인다. 이들은 스스로를 '새 예언'의 추종자라 불렀다. 클레멘스와 오리게네스가 이들을 언급한 것으로 보아 이들이 알렉산드리아에서도 유명했던 것 같다: Moss, *Ancient Christian Martyrdom: Diverse Practices, Theologies, and Traditions*, 149 참조. 알렉산드리아의 클레멘스는 자발적 순교를 잘못이라 말한다. 순교에 대한 잘못된 이해에서 비롯된 일이라는 것이다. 그러므로 박해를 만나면 도망치라고 한다(『잡록』 4.10.76 참조). 클레멘스에 따르면, '목소리'를 통한 증언 곧 육체적 순교도 가치 있지만 더 중요한 진정한 순교(증언)는 믿음과 활동을 통한 증언, 곧 '인간의 완성' 또는 영적 훈련이다(『잡록』 4.9.75 참조).

라. 그리고 가능하다면 나보다 앞서 나가라. 아버지께서 바로 그런 식으로 너희를 사랑하실 것이기 때문이다"(7).

이처럼 야고보 비전이 제시하는 인간상은 다른 작품과 비교했을 때보다 능동적이고 적극적인 모습을 띤다. 구원을 위해 인간 편에서 보다 적극적이고 능동적인 태도를 지녀야 한다는 것이다. 그래서 여기서는 믿음과 사랑뿐 아니라 실천이 강조된다. 믿고 사랑한 것으로 모자라며 행동으로 실천해야 구원을 받는다는 것이다. "말씀logos에 날쌘 사람이 되어라. 말씀은, 그 첫 부분은 믿음이고 둘째는 사랑이며 셋째는 행업(일)이다. 생명이 바로 이것들에서 나오기 때문이다. 말씀은 밀알과 비슷하다. 어떤 이가 (밀알) 하나를 뿌렸을 때 그는 그것을 믿었다. 그리고 그것이 싹을 틔우면 그는 그것을 사랑하였다. 하나 대신 많은 알갱이를 보았기 때문이다. 그가 일을 마쳤을 때 그는 구원을 받았다"(8).

그리고 하늘 나라는 '획득'하고 '발견'하는 것으로 표현된다. "너희도 바로 이런 식으로 하늘 나라를 획득할 수 있다. 너희가 지식gnosis을 통해 (하늘 나라)를 획득하지 않는다면 그것(하늘 나라)을 발견할 수 없을 것이다"(8).[6]

이런 맥락에서 자기 자신을 구한다는 표현도 가능해진다. "생명은 너희의 것이다. 하느님의 자녀로서 기뻐하고 즐거워하여라! 구원받을 수 있도록 [그분]의 뜻을 지켜라. 내게서 꾸짖음을 받아들여라. 그러면 너희가 자신을 구원할 것이다"(10-11). 막연히 위에서 은총이 내려오기를 기다리는 수동적 태도는 바람직하지 않다. 은총은 스스로 획득하는 것이며, 그렇게 한 사람이 복된 사람이다. "불행하다, 은총이 필요한 너희들! 행복할 것이다, (하느님과) 터놓고 이야기하고 스스로 은총을 획득한 이들!"(11)

같은 맥락에서 구원자께서는 기도가 중요하지만 믿는 바를 행동으로 실천하지 않는 사람의 기도는 아무 소용이 없다고 가르치신다. 하느님은 기

---

6   하늘 나라를 발견하는 유일한 길은 지식(gnosis)을 통해서다.

도로 설득 당하시는 분이 아니기 때문이다. "혹시 너희는 아버지께서 인자하신 분이라고 생각하느냐? 혹은 그분께서 기도로 설득 당하신다고, 아니면 그분께서 다른 사람 때문에 누군가에게 은총을 베푸신다고, 혹은 청하는 이를 받아들이신다고 생각하느냐?"(11)[7]

야고보 비전은 인간 편에서의 역할을 최대한 이끌어 내면서 새로운 인간상, 적극적이고 능동적인 인간상을 제시한다. 야고보의 비전에 따르면 은총과 구원은 하늘에서 거저 떨어지는 것이 아니다. 고난과 박해도 그저 겪어내야만 하는 일이 아니다. 은총과 구원은 찾아 나서서 발견하고 획득하는 것이다. 하늘 나라도 찾아 나서서 발견하는 것이다. 십자가와 죽음 또한 그저 닥치면 견뎌야 하는 것이 아니라 찾아 나서야 하는 것이다. 그 안에 생명이 있다는 것이다. 이처럼 적극적이고 능동적인 인간이기에 스승을 넘어설 수 있고, 자기 자신을 성령의 아들로 만들 수 있다. 또한 구원은 받는 것이기도 하지만 스스로 자신을 구하는 것이기도 하다.

그렇다고 인간의 선택과 노력이 구원을 좌우하지는 않는다. 이 작품 속에서 하느님의 섭리와 인간의 의지는 조화와 균형을 유지한다. "너희가 사탄에게 억압을 받고 박해를 받는데도 너희가 그분(아버지)의 뜻을 행한다면, 내가 [말한다], 그분(아버지)께서 너희를 사랑하시고 너희를 나와 같게 만드시며 너희가 그분의 섭리 안에서 그리고 너희의 선택에 의해 사랑받는 이가 되었다고 여기실 것이다"(4-5). 사탄의 억압과 박해에도 불구하고 아버지의 뜻을 행할 때, 하느님의 '섭리 안에서', 인간의 '선택에 의해' 그리스도와 같아지고 하느님께 사랑받는 이가 된다는 것이다.

---

7   주님의 말씀이 끝나자 베드로와 야고보는 제정신으로 돌아온다. 야고보는 다른 제자들을 여러 지역으로 선교 여행을 보내며 자기는 기도하러 예루살렘으로 올라간다.

＊

야고보의 비전은 예수님의 십자가와 죽음의 진실성을 강변한다. 이 점에서 야고보의 비전은 다른 영지주의 작품들과 차이가 난다. 일반적인 영지주의 작품이 예수님의 십자가 죽음을 비웃는다면, 야고보의 비전은 십자가와 죽음의 의미를 강조한다. 그래서 십자가 죽음을 믿지 않는 사람은 구원을 받지 못한다는 말도 나오는데 이는 다른 영지주의 작품에서는 찾아보기 힘든 표현이다. 죽음을 두려워하지 말고 오히려 죽음을 찾으라는 말도 십자가를 피하지 말라는 뜻에서 나온 표현이다.[8]

같은 맥락에서 야고보 비전은 시련과 고통의 의미를 밝히며 하느님의 섭리와 인간의 의지의 조화 가능성을 묻는다. 저자가 전하는 답은, 시련과 고통이 은총이며 억압과 박해에도 불구하고 하느님 뜻을 행하는 사람은 하느님의 섭리 안에서 그리고 자신의 선택에 의해 하느님께 사랑받는 이로 거듭난다는 것이다.

4. 야고보의 비전

Nag Hammadi Codex I,2; 콥트어 대본: Williams (ed.), "The Apocryphon of James", 28-53.

---

[8] 영지주의자들은 죽음을 영적 인간의 '영'이 육신을 벗어나 천상으로 오를 수 있는 기회로 보았으므로 그들이 순교나 자살도 환영했을 법하다. 그러나 실제로는 그렇지 않았다. 가령 발렌티누스는 순교를 반대했다. 죽음은 창조주가 한 일이라는 이유에서다: Moss, *Ancient Christian Martyrdom: Diverse Practices, Theologies, and Traditions*, 157 참조.

편지의 머리말

머리글

1. ¹[야고보가] [케린]투스에게 씁니다.
평화[에서 흘러나오는] 평화, 사랑에서 [흘러나오는 사랑], ⁵은총에서 [흘러나오는] 은[총], 믿음에서 흘러나[오는] 믿[음], 거룩한 생명에서 흘러나오는 생명이 [그대와 함께] 하기를 (빕니다).

야고보의 비전

¹⁰주님께서 나와 베드로에게 계시해 주신 비전(아포크리폰)을 그대에게 보내 달라고 청하였지요. 나는 그대를 그대로 돌려보낼 수도 없었고 그대에게 (무어라) 말을 할 수도 없었습니다. ¹⁵대신에 나는 그것을 히브리어 글자로 썼습니다. 그리고 그대에게 보냅니다. 오직 그대에게만 (보내니) 이는 그대가 성도들의 ²⁰구원의 종hyperetes이기 때문입니다. 조심하여 이 글⁹ 내용을 많은 이들에게 말하지 않도록 유의하십시오. 그것은 구원자께서 당신의 ²⁵열두 제자인 우리에게조차 모두에게 이르려 하시지 않은 것입니다. 이 말씀(로고스)에¹⁰ 대한 믿음으로 구원받게 될 이들은 복될 것입니다.

다른 비전의 존재

³⁰나는 열 달 전에도 구원자께서 내게 계시해 주신 다른 비전(아포크리

---

9   또는 "책."

10 여기서 로고스는 말씀이신 주님을 가리킬 수도 있고, 그저 주님의 연설 곧 이 책 내용을 가리킬 수도 있다.

2. 폰)을 그대에게 보냈습니다. 그 (책)은 나 야고보에게만 계시된 것으로 여기십시오. 그러나 ²·¹ 이 책은 [...]¹¹

비전 단락

구원자의 발현

열두 제자가 모두 함께 모여 앉아 구원자께서 각자에게 하신 말씀 — ¹⁰몰래 하신 말씀이든 밝히 드러내어 하신 말씀이든 — 을 회상하면서 ¹⁵그것을 책에 적고 있었습니다. 나는 [그때 이] 책에 담긴 내용을 쓰고 있었습니다.

그때 홀연히 구원자께서 나타나셨습니다 — 그 일은, 그분께서 우리가 지켜보는 가운데 우리를 떠나신 뒤의 일이었습니다. ²⁰또한 그분께서 죽은 이들 가운데서 일어나신지 오백오십 일이 되던 때였습니다. 우리는 그분께 말하였습니다. "(주님께서는) 이미 가셔서 (영원히) 우리를 떠나신 게 아니었습니까?"

예수님께서 말씀하셨습니다. "아니다. 그러나 나는 내가 떠나온 그곳으로 돌아갈 것이다. ²⁵너희도 나와 함께 가기를 원한다면, 가자!"¹²

그들이 모두 대답하며 말하였습니다. "주님께서 명하시면 저희도

---

11 본문이 심하게 훼손되어 해석이 불가능하다. 이번에 보내는 책은 야고보 자신뿐 아니라 수신인인 케린투스(?)와 그 공동체 사람들에게도 계시된 것임을 말했을 듯하다.

12 요한의 비전 19; 요한 7,33 이하 참조.

갑니다!"

그분께서 말씀하셨습니다. "내가 진실로 너희에게 말한다.[13] [30] 내가 명령한다고 해도 어느 누구도 하늘 나라에 들어갈 수 없다. (하늘 나라에 들어가는 것은) 오직 너희가 채워졌을 때라야 가능하다. 야고보와 베드로를 내게 맡겨라. [35] 내가 그들을 채워 주겠다." 그런 다음 그분께서는 우리 둘을 부르시어 한쪽으로 데려가셨습니다. 그리고 나머지에게는 하던 일을 계속 하라고 명령하셨습니다.

채워짐과 결핍에 관한 구원자의 말씀

권고

3. [40] 구원자께서 말씀하셨습니다. "너희는 자비를 입었다. [3.1] [...] [9] 너희는 채워지고 싶지 않으냐? 너희의 마음이 취했단[14] 말이냐? [10] 너희는 (술에서) 깨고 싶지 않으냐? 부끄럽게 여겨라! 깨어 있는 동안에도 잠자고 있는 동안에도, 기억하여라. 너희가 사람의 아들을 보았으며 [15] 너희가 그와 말을 나누었으며 너희가 그의 말을 들었다는 것을.

불행 선언과 행복 선언

불행하다, 사람[의] 아들을 본 이들! 행복하다, [20] 그 사람을 본 적이 없는 이들, 그와 섞인 적이 없는 이들, 그와 말을 나눈 적이 없는 이들, 그리고 그에게서 아무 말도 들은 적이 없는 이들! [15] 생명은 [25] 너희의 것이다. 너희가 아플 때 그분께서 너희를 낫게 하셨음을 깨달아라. 너희

---

13   요한 복음에 특히 자주 나오는 '아멘 레고 휘민' 구문이다. 요한 5,19; 10,1 등 참조.

14   도유하다는 뜻의 Tⲁ2ⲥ를 문맥을 고려하여 취하다는 뜻의 Tⲁ2로 읽었다.

15   보고 듣고 만져 본 생명의 말씀에 관해 말하는 1요한 1,1-3과 비교하라.

가 다스릴 수 있게 하기 위해서였다.

불행하다, 자신의 병에서 벗어나 안식을 찾은 이들! 그들은 [30] 다시 그 병으로 돌아갈 것이다. 복되다, 병들어 본 적이 없고 병들기 전에 안식을 깨달은 이들! 하느님 나라는 너희의 것이다. 그러므로 [35] 나는 너희에게 말한다. 채워져라! 그리고 너희 안에 그 어떤 곳도 텅 빈 채로 두지 마라! (그러지 않으면) 다가올 이가 너희를 비웃을지도 모른다."

그때 베드로가 대답하였습니다. "보십시오. [40] 주님께서 저희에게

4. 세 번이나 [4.1] '[채워]져라' 하고 말씀하셨[지만] 저희는 (이미) 채워져 있습니다."[16]

채워짐과 결핍

[구원자]께서 [대답하시며] 말씀하셨습니다. "그 때문에 [5] 내가 너희에게 ['채워져라'] 하고 말했다. 너희가 [결핍되지 않게] 하려는 것이었다. [결핍된 이들], 그들은 [구원받지] 못할 것이다. 사실 채워짐은 좋고 [결핍]은 나쁘다. 네가 결핍되는 것은 좋고, 네가 채워지는 것은 나쁘듯이, [10] 이처럼 채워진 이는 결핍되며 결핍된 이는 채워지지 않는다. 결핍된 이가 채워지고 채워진 이는 충만한 완성을 이루듯이. 그러니 너희는 스스로를 채울 수 있을 때는 [15] 결핍되는 것이 좋다. 그리고 결핍될 수 있을 때는 채워지는 것이 좋다. 그래야 더욱 더 채워질 수 있다. 그러니 영으로 채워져라! [20] 그러나 이성(로고스)으로는 결핍되어라. 이성은 영혼이기 때문이다.[17] 영혼은 그러하다."

---

16 1코린 4,8: "여러분은 벌써 배가 불렀습니다" 참조.
17 영지주의 사고에서 영혼은 영보다 한 단계 아래다. 대개 영, 영혼, 육체 순서다.

고통과 죽음을 기꺼워 하라

고통을 두려워하지 마라

나는 그분께 대답하며 말하였습니다. "주님, 저희는 주님께 순종할 수 있습니다, ²⁵주님께서 원하신다면! 저희가 저희의 아버지와 어머니와 고향을 버리고 주님을 따랐기 때문입니다.¹⁸ 그러니 저희가 ³⁰사악한 악마(디아볼로스)에게 유혹을 받지 않게 해 주십시오."¹⁹

그러자 주님께서 대답하시며 말씀하셨습니다. "너희가 아버지의 뜻을 행할 때 너희가 받을 은총이 무엇이겠느냐? 너희가 사탄에게 유혹 받을 때 ³⁵그것은 그분께서 너희에게 선물로 주시는 게 아니겠느냐!²⁰ 너희가 사탄에게 억압을 받고 ⁴⁰박해를 받는데도 너희가 그분(아버지)의 뜻을 행한다면, ⁵,¹내가 [말한다], 그분(아버지)께서 너희를 사랑하시고 너희를 나와 같게 만드시며 너희가 그분의 섭리 안에서 그리고 너희의 선택에 의해 ⁵사랑받는 이가 되었다고 여기실 것이다.²¹ 너희는 (이제부터) 육을 사랑하고 고통(수난, pathos)을 두려워하는 것을 그만두지 않겠느냐? 아니면 ¹⁰너희는 모르느냐? 너희가 아직은 모욕을 당하지 않았고 아직은 부당하게 고발당하지 않았으며 아직은 감옥에 갇

5.

---

18 마르 10,28-31; 마태 19,27-30; 루카 18,28-30 참조.

19 마태 6,13; 루카 11,4 참조. 마태 4,1: "그때에 예수님께서는 성령의 인도로 광야에 나가시어, 악마에게 유혹을 받으셨다"도 참조하라.

20 집회 2,1: "애야, 주님을 섬기러 나아갈 때 너 자신을 시련에 대비시켜라" 참조. 집회 2,5: "주님께 맞갖은 이들은 비천의 도가니에서 단련된다"도 같은 뜻을 내포한다.

21 또는, "너희에 대해 생각하실 것이다. 너희가 그분의 섭리 안에서 너희의 선택에 의해 사랑받는 이가 되었기 때문이다." 이 구절은 예수님의 세례 때 하늘에서 "너는 내가 사랑하는 아들, 내 마음에 드는 아들이다"(마르 1,11 및 병행) 하는 목소리가 들려온 것을 연상시킨다.

히지 않았고 아직은 불법적으로 단죄 받지 않았으며 아직은 정당한 이유 〈없이〉 십자가에 못 박히지 않았고 아직은 수치스럽게[22] 묻히지 않았지만 (곧 그렇게 되리라는 것을)?[23] [20] 사악한 자에 의해 내가 그렇게 되었던 것처럼 말이다. 너희가 육을 구하려는 것이냐? 영이 벽처럼 둘러싸고 있는 이들이여!

내 십자가와 죽음을 기억하라

세상이 너희 앞에[24] 얼마나 존재했는지, [25] 그리고 너희 뒤로 얼마나 더 존재할지 생각한다면(숙고한다면), 너희의 생애가 고작 하루에 지나지 않으며 너희의 고통 pathos이 고작 한 시간짜리일 뿐임을 깨닫게 될 것이다. 실제로 선한 이들은 [30] 세상 속으로 들어가지 않을 것이다. 그러니 죽음을 경멸하고, 생명을 귀하게 여겨라. 내 십자가와 내 죽음을 기억하여라. 그러면 너희가 [35] 살 것이다."

6. 나는 대답하며 그분께 말하였습니다. "주님, 저희에게 십자가와 죽음에 대해서는 말도 꺼내지 마십시오. 사실 그것들은 주님에게서 [6.1] 멀리 있습니다."

주님께서 답하시며 말씀하셨습니다. "진실로 너희에게 말한다. 내 십자가를 믿지 않는 한 아무도 구원받지 못할 것이다. [5] 내 십자가를 믿은 이들, 하느님 나라는 바로 그들의 것이다. 그러니 너희는 마치 생

---

22 ⲱⲟⲩ를 ⲱⲱⲥ로 읽었다.

23 다시 말해 이 모든 일이 시간문제일 따름이며 반드시 일어나리라는 것을 모르겠느냐는 말이다.

24 셴케(Schenke)는 ⲁⲧⲉⲧⲛ̅ⲟⲁⲉⲓⲉ를 ⲟⲁⲧⲉⲧⲛ̅ⲟⲏ(너희 앞에)로 읽었다. ⲁⲧⲉⲧⲛ̅ⲟⲁⲉⲓⲉ는 ⲙⲛ̅ⲛⲥⲁ-(··· 뒤에)와 혼용되기도 하지만 여기서는 그 반대로 '너희를 끝으로'라는 뜻으로 쓰인 것 같다. 결국 이것은 '너희 앞에'와 같은 뜻이 된다.

명을 찾아다니는 죽은 자들처럼 죽음을 찾아라.²⁵ ¹⁰ 그들이 찾는 것은 그들에게 드러나기 마련이다. 그들에게 걱정할 일이 무엇이 있느냐? 너희가 죽음에 마음을 돌린다면 그것(죽음)은 선택에 관해 가르쳐 줄 것이다. 참으로 ¹⁵ 너희에게 말한다. 죽음을 두려워하는 자는 아무도 구원받지 못할 것이다. 사실 죽음의 나라는²⁶ 죽은 자들의 것이다. 너희는 나보다 나은 이가 되어라!²⁷ ²⁰ 너희를 성령의 아들처럼 만들어라!"

요한과 함께 예언은 끝났다

그때 나는 그분께 여쭈어 보았습니다. "주님, 저희에게 예언을 해 달라고 청하는 이들에게 저희가 어떻게 예언을 할 수 있을까요? ²⁵ 실제로 저희에게 묻고 또 저희에게서 가르침logos을 들으려고 애쓰는 이들이 많습니다."

주님께서 대답하시며 말씀하셨습니다. "요한과 함께 ³⁰ 예언의 머리가 잘려나갔다는 것을 너희는 모르느냐?"

나는 말하였습니다. "주님, 예언의 머리를 없애는 것이 가능합니까?"

주님께서 ³⁵ 내게 말씀하셨습니다. "머리가 무엇인지, 그리고 예언이 머리에서 비롯된다는 것을 너희가 알게 되었을 때, '그것의 머리를 없앴다'는 말이 무슨 뜻인지 ⁷·¹ 깨닫도록 해라. 전에는 내가 너희에게 비유로 말하였으며 너희는 깨닫지 못하였다.²⁸ 이제는 내가 ⁵ 너희에게

7.

---

25 133쪽 각주 5참조.

26 셴케(Schenke) 등은 ⲘⲞⲨ를 ⲚⲞⲨⲦⲈ로 고쳐 "죽음의 나라"가 아니라 "하느님 나라"라 읽는다.

27 또는, "너희는 나를 능가하는 이가 되어라."

28 마르 4,33; 마태 13,34 참조.

드러내 놓고 말하는데도 너희는 바로 알아듣지 못한다.[29] 그러나 비유에서 비유가 된 이들이 바로 너희이며 [10] (지금의) 명백한 표현에서 명백한 예가 (된 것도 너희다).

준비와 깨달음

구원을 위해 서둘러라

누가 재촉하지 않아도 구원받기 위해 서둘러라! 자발적으로 그렇게 하여라. 그리고 가능하다면 나보다 앞서 나가라. [15] 아버지께서 바로 그런 식으로 너희를 사랑하실 것이기 때문이다.

자, 위선과 악한 생각을 미워하여라. 위선을 낳는 것이 생각이기 때문이다. 위선은 진리에서 멀리 있다.

하늘 나라: 종려나무의 비유

하늘 나라가 시들지 않게 하여라. 그것(하늘 나라)은 낙과에 둘러싸인 [25] 종려나무 순과[30] 비슷하다. (낙과)는 잎을 내고 싹을 틔우고 나면 태를 마르게 한다. [30] 한 뿌리에서 나온 열매도 이와 비슷하다. (열매)를 따고 나면[31] 열매가 (더) 많이 열린다. 그것은 잘된 일이다. 지금 새로운 [35] 초목을 가꾸는 일이 가능하다면 네가 그것을 알아차릴 것이다.

---

29 요한 16,29: "그러자 제자들이 말하였다. '이제는 드러내 놓고 이야기하시고 비유는 말씀하지 않으시는군요'" 참조. 요한 16,25: "나는 지금까지 너희에게 이런 것들을 비유로 이야기하였다. 그러나 더 이상 너희에게 비유로 이야기하지 않고 아버지에 관하여 드러내 놓고 너희에게 알려 줄 때가 온다"도 참조하라.

30 사본에는 ⲱⲗϩ라 되어 있지만 ⲱⲗϩ(가지, 순)라 읽었다.

31 ⲧⲁⲕⲏⲩ를 ⲧⲁⲕⲏⲩ로 읽었다.

비유

8. 나는 지금 이 순간이 되기 전에 이런 식으로 영광을 입었다. 그런데 서둘러 떠나려는 나를 너희는 무엇 때문에 붙잡느냐? ⁸·¹ 수[난] 뒤에³² 너희는 내게 너희 곁에 십팔일을³³ 더 머물러 달라고 간청하였다. 그것은 비유 때문이었다. ⁵ 그러나 어떤 이들에게는 그 가르침을 듣[는] 것으로 충분하였다. 그들은 '목자',³⁴ '씨 뿌리기',³⁵ '집',³⁶ '처녀의 등'³⁷ '일꾼의 품삯',³⁸ '두 드라크마와 ¹⁰ 여인'(의 비유)를³⁹ 잘 알아들었다.

지식을 통해 하늘 나라를 획득하여라

말씀logos에 날쌘 사람이 되어라. 말씀은, 그 첫 부분은 믿음이고 둘째는 사랑이며 셋째는 행업(일)이다. ¹⁵ 생명이 바로 이것들에서 나오기 때문이다. 말씀은 밀알과 비슷하다. 어떤 이가 (밀알) 하나를 뿌렸을 때 그는 그것을 믿었다. 그리고 그것이 싹을 틔우면 그는 그것을 사랑하였다. ²⁰ 하나 대신 많은 알갱이를 보았기 때문이다. 그가 일을 마쳤을 때 그는 구원을 받았다. 그것을 양식으로 준비해 두었기 때문이다. 그

---

32 ⲡⲈ[ⲓⲥ]Ⲉ가 아니라 ⲡⲈ[ⲀⲒ]Ⲉ로 읽으면, '마지막으로'라는 뜻이 된다.

33 Ⲏ̄ⲤⲞⲞⲨ(일)를 Ⲏ̄ⲤⲞⲨⲞ(더)로 읽으면 '18(달)을·더'라는 뜻이 된다. 이는 예수님께서 부활하신 뒤 550일을 지상에 머무시다가 승천하셨다는 앞의 본문 내용과 일치한다.

34 요한 10,1-6 목자의 비유를 참조하라.

35 마태 13,1-9; 마르 4,1-9; 루카 8,4-8 씨 뿌리는 사람의 비유를 참조하라.

36 마태 7,24-27; 루카 6,48-49 반석 위에 세운 집과 모래 위에 세운 집의 비유를 참조하라.

37 마태 25,1-13 열 처녀의 비유를 참조하라.

38 마태 20,1-16 선한 포도밭 주인의 비유를 참조하라.

39 루카 15,8-9 되찾은 은전의 비유를 참조하라.

는 다시 뿌릴 수 있도록 얼마간 남겨 두었다.

너희도 바로 이런 식으로 ²⁵하늘 나라를 획득할 수 있다. 너희가 지식gnosis을 통해 (하늘 나라)를 획득하지 않는다면 그것(하늘 나라)을 발견할 수 없을 것이다.⁴⁰

깨어 있어라

그러므로 나는 너희에게 말한다. '(맑은 정신으로) 깨어 있어라.⁴¹ 오류에 빠지지 마라.' ³⁰나는 여러 번 너희 모두에게, 그리고 야고보야, 너에게만 따로 '구원 받아라!' 하고 말하였다. 그리고 나는 너에게 나를 따르라고 명령하였으며 ³⁵아르콘들 앞에서 네가 어떻게 처신해야 할지 본보기hypothesis 삼아 가르쳐 주었다.

보라! 나는 아래로 내려왔으며, 말을 하였고 고난을 겪었으며 너희를 구한 뒤에는 내 왕관을 치웠다. ⁹·¹ 사실 나는 너희와 함께 살기 위해서 내려 왔다.⁴² 너희가 나와 함께 살게 하려는 것이었다. 그리고 ⁵나는 너희의 집들에 지붕이 없다는 것을 발견하고 그 집들에 거처를 정하였다. 내가 내려올 때 그것들이 나를 맞아들일 수 있을 터였기 때문이다.⁴³

나를 믿고 깨달아라

그러므로 ¹⁰나를 믿어라, 나의 형제들아! 위대한 빛이 무엇인지 깨달

---

40 하늘 나라를 발견하는 유일한 길은 지식(gnosis)을 통해서다.
41 영지주의 문헌에서 오류에 빠진 상태는 술 취함에, 그 반대는 맑은 정신에 비유한다.
42 집회 24,7-11; 요한 1,14: "말씀이 사람이 되시어 우리 가운데 사셨다" 참조.
43 요한 1,11: "그분께서 당신 땅에 오셨지만 그분의 백성은 그분을 맞아들이지 않았다" 참조.

아라! 내 아버지께서는 나를 필요로 하지 않으신다. 사실 아버지는 아들이 필요 없다. 오히려 아버지를 필요로 하는 이는 [15]아들이다. 나는 그분께 간다. 사실 아들의 아버지는 너희도 필요로 하지 않으신다.

듣고 깨닫고 사랑하여라

말씀logos을 들어라! 지식gnosis을 깨달아라! 생명을 [20]사랑하여라. 그러면 아무도 너희를 박해하지 않을 것이며, 너희 자신 말고는 아무도 너희를 억압하지 않을 것이다.

지식을 거스르는 이들에 대한 경고와 회개 촉구

오, 비참한 이들아! 오, [25]불운한 이들아! 오, 진리(를 가장한) 위선자들아! 지식(을 거스르는) 거짓말쟁이들아! 영을 거스르는 범죄자들아! 너희는 어찌 지금까지 줄곧 [30]듣고만 있느냐? 너희는 처음부터 말을 해야 했다. 지금까지도 너희는 잠만 자느냐? 너희는 처음부터 깨어있었어야 했다. [35]하늘 나라가 너희를 맞아들일 수 있도록 말이다.[44]

10. [10.1]참으로 나는 너희에게 말한다. 거룩한 사람이 더러움 속에 떨어지고 빛의 사람이 [5]어둠 속에 떨어지는 것이 너희가 임금이 되거나 되지 않는 것보다 더 쉽다.

나는 너희의 눈물과 애도와 슬픔을 기억하였다. 그것들은 우리에게서 멀리 있다. 그러나 이제, 오, [10]아버지의 상속 바깥에 머무는 이들아! (울어) 마땅한 곳에서 울고 애도하여라. 그리고 좋은 일을 선포하여라. 아들이 올라가는 것이 잘하는 일이기 때문이다. [15]참으로 나는 너희에게 말한다. 내가 내 말을 듣는 이들에게 보내졌다면, 그리고 그들과 이

---

44 디아트리베 논법이 사용되었음을 주목하라.

야기를 나누었다면 나는 땅에 내려오지 않았을 [20] 것이다. 그러니 앞으로는 이들을 부끄러워하여라.

구원의 약속

자, 나는 너희를 떠나 (다른 곳으로) 간다. 그리고 더 이상 너희 곁에 머물기를 원하지 않는다. [25] 너희 역시 그것을 바라지 않는 것과 마찬가지다. 그러니 이제 너희는 서둘러 내 뒤를 따라라. 이 때문에 내가 너희에게 '내가 내려온 것은 바로 너희를 위해서였다' 하고 말하는 것이다. [30] 사랑받는 이들은 바로 너희들이다. [45] 많은 이들 사이에서 생명의 이유가 될 이들은 너희들이다.

아버지께 청하여라. 자주 하느님께 기도하여라. 그러면 그분께서 너희에게 주실 것이다. 행복하다, [35] 너희가 그분과 함께 있는 것을 본 사람! 그분께서는 천사들 사이에서 선포되시고 성도들 사이에서 영광을 받으신다![46] 생명은 너희의 것이다. 하느님의 자녀로서 [11.1] 기뻐하고 즐거워하여라! 구원받을 수 있도록 [그분]의 뜻을 지켜라. 내게서 꾸짖음을 받아들여라. 그러면 너희가 자신을 구원할 것이다. 나는 [5] 너희를 위해 아버지께 청한다.[47] 그리하여 그분께서는 너희를 크게 용서해 주실 것이다."

죄인에 대한 경고

이 말을 듣자 우리는 기분이 좋아졌습니다. 사실 우리는 앞에 언급한

---

45 요한 16,27: "바로 아버지께서 너희를 사랑하신다" 참조.
46 또는, "그분께서 천사들 사이에서 선포되시고 성도들 사이에서 영광을 받으실 때 너희가 그분과 함께인 것을 본 사람은 행복하다!"
47 요한 16,26 참조.

일들 때문에 슬픔에 빠져 있었습니다. ¹⁰ 우리가 기뻐하는 것을 보시고 그분께서 말씀하셨습니다. "불행하다, 변호해 주는 이parakletos가 없는 너희들!⁴⁸ 불행하다, 은총이 필요한 너희들! 행복할 것이다, ¹⁵ (하느님과) 터놓고 이야기하고 스스로 은총을 획득한 이들! 너희를 이방인들과 비교해 보아라. 그들은 너희의 성읍 앞에서 어떤 식으로 살아가느냐? ²⁰ 너희는 스스로 쫓겨나 너희의 성읍에서 멀어져 가면서 무엇 때문에 동요하느냐? 너희는 왜, 너희 스스로 너희의 거주지를 버리고 ²⁵ 그곳에 살기 원하는 이들에게 그것(곳)을 (줄) 준비를 하느냐? 오, 추방자와 도망자들아, 너희는 불행하다! 너희가 잡힐 것이기 때문이다. 아니면 ³⁰ 혹시 너희는 아버지께서 인자하신 분이라고 생각하느냐? 혹은 그분께서 기도로⁴⁹ 설득 당하신다고, 아니면 그분께서 다른 사람 때문에 누군가에게 은총을 베푸신다고, 혹은 청하는 이를 받아들이신다고 생각하느냐?⁵⁰ ³⁵ 사실 그분께서는 욕망을, 그리고 육신이 필요로 하는 것을 알고 계신다.⁵¹ 영혼을 갈망하는 것이 (육신이) 아니냐?

12. 영혼이 없이 육체는 죄를 짓지 않는다. ¹²·¹ 영혼이 영 없이는 구원받지 못하는 것과 같다. 악이 없는 영혼이 구원받고 영 또한 구원받는다면 그때 육체는 ⁵ 죄에서 벗어난다. 영은 영혼을 살리지만⁵² 육체는 (영혼)

---

48 1요한 2,1: "누가 죄를 짓더라도 하느님 앞에서 우리를 변호해 주시는 분이 계십니다. 곧 의로우신 예수 그리스도이십니다"와 비교하라.

49 또는, '기도 없이도.'

50 요한 14,13-14: "너희가 내 이름으로 청하는 것은 무엇이든지 내가 다 이루어 주겠다. … 너희가 내 이름으로 청하면 내가 다 이루어 주겠다" 참조.

51 마태 6,8: "너희 아버지께서는 너희가 청하기도 전에 무엇이 필요한지 알고 계신다" 참조.

52 ⲦⲀϨⲞ를 ⲦⲀⲚϨⲞ로 고쳐 읽었다.

을 죽이기 때문이다. 곧 영혼을 죽이는 것은 영혼 자신이다.[53] 진실로 내가 너희에게 말한다. [10] 그분께서는 그 어떤 이유로도 영혼의 죄와 육신의 잘못을 용서하지 않으실 것이다. 육신을 입은 사람들 가운데 어느 누구도 구원받지 못할 것이다. 그런데도 너희는 많은 이가 [15] 하늘 나라를 발견했다고 생각하느냐? 행복하다, 자신을 하늘에서 '넷째'라고 보는 이!"[54]

깨달음

자신을 알고 나를 안 사람은 행복하다

이 말을 듣자 우리는 슬퍼졌습니다. 그분께서 우리가 슬퍼하는 것을 보시고 [20] 말씀하셨습니다. "이 때문에 내가 너희에게 말한다. 너희가 너희 자신을 알게 하려는 것이다. 사실 하늘 나라는 밭에서 싹을 틔운 이삭과 비슷하다. [25] 그것이 익으면 열매를 퍼뜨리고 다음 해를 위해 다시 밭을 이삭으로 가득 채운다. 너희도 서둘러 생명의 이삭을 거두어들여라. [30] 그래야 너희가 (하늘) 나라로 채워질 수 있을 것이다.

그리고 내가 너희 곁에 있는 동안에 내 말에 귀를 기울이고 내 말을 들어라. 그러나 내가 너희에게서 멀리 떠나가면 [35] 나를 기억하여라. 나를 기억하여라, 내가 너희 곁에 있을 때에는 너희가 나를 몰랐기 때문이다. 행복할 것이다, 나를 안 사람들! 불행하다, [40] 듣고도 믿지 않은

13. 사람들! 행복할 것이다, [13.1] 보지 않고도 [믿은] 사람들![55]

---

53 본문에는 주어와 목적어가 3인칭 여성 단수 대명사로 되어 있다. 앞 문장에서 이에 해당하는 것은 '영혼'이다. 마리아 복음 16 참조.
54 씨 뿌리는 사람의 비유에서 좋은 땅에 씨를 뿌린 넷째 유형을 가리키는 것 같다: 마르 4,3-8; 토마 9를 참조하라.
55 요한 20,29을 참조하라. 요한 6,36; 사도들의 편지 29: "사실 보지 않고도 믿

그런데 나는 아직도 너희를 [설]득하려 하고 있다. 나는 매우 값나가는 집을 너희에게 지어 주는 모습을 보여 준다. [5]너희가 그 아래에서 은신처를 발견할 수 있게 하기 위해서다. 너희 이웃의 집이 무너지려 할 때 (내가 지은 집은) 그 집 옆에 서 있을 수 있는 것처럼 말이다. 참으로 나는 너희에게 말한다. 불행하다, [10]내가 이곳 아래로 보내진 이유가 되는 사람들! 행복할 것이다, 아버지께로 올라가는 사람들! 오, 존재하는 이들아, 나는 한 번 더 너희를 꾸짖는다. [15]존재하지 않는 이들과 비슷해져라. 그리하면 너희가 존재하지 않는 이들과 함께 존재할 수 있을 것이다.

하늘 나라가 너희 안에서 사막이 되지 않게 하여라. 발광체(빛물체)의 빛 때문에 [20]교만해지지는 말아라. 내가 너희에게 되어 준 것과 같은 식으로 서로에게 되어 주어라. 나는 너희를 위해 나 자신을 저주 아래 두었다. 너희가 [25]구원받게 하려는 것이었다."

구원의 약속

그때 베드로가 이 말씀에 대해 대답하며 말하였습니다. "때로는 주님께서 저희를 하늘 [30]나라에 초대하십니다. 그리고 어떤 때는 저희를 돌려보내십니다. 주님, 때로는 주님께서 (저희를) 설득하시고 저희를 믿음으로 끌어당기시며 저희에게 생명을 약속하십니다. 그리고 어떤 때는 주님께서 저희를 [35]하늘 나라에서 쫓아내십니다."

주님께서 대답하시며 우리에게 말씀하셨습니다. "나는 종종 너희

은 사람들이 더 행복하다. 이런 이들이 하늘 나라의 자녀들이라 불리고 완전하신 분처럼 완전해질 것이기 때문이다"; 예수님과 압가루스의 교환 서신 2: "압가루스여, 당신과 에데사라 불리는 당신의 도시는 행복하오. 나를 보지 않고도 나를 믿었으니 말이오"도 참조하라.

14. 에게 믿음을 내주었다. 게다가, 나는 너에게 나를 보여 주었다, 야고보야! ¹⁴·¹ 그런데도 너희는 나를 알지 못하였다. 이제 다시 나는 너희가 종종 기뻐하는 모습을 본다. 그리고 너희는 생명의 약속 때문에 ⁵ 기뻐해야 할 때 울적해 하느냐? 그리고 (하늘) 나라에 관해 가르침을 얻을 때 슬퍼하느냐? 너희는 믿음과 지식을 통해 생명을 얻었다. ¹⁰ 그러니 거절의 말을 들으면 그것을 경멸하여라. 그러나 약속의 말을 들으면 더더욱 기뻐하여라. 참으로 나는 너희에게 말한다. ¹⁵ 생명을 얻고 (하늘) 나라를 믿는 이는 결코 그곳을 떠나지 않을 것이다. 아버지께서 그를 뒤쫓고 싶어 하셔도 마찬가지다.

하늘로 오르시는 구원자

구원자의 마지막 말씀

15. 지금으로서는 이것이 내가 ²⁰ 너희에게 할 말이다. 그러나 이제 나는 내가 떠나온 곳으로 올라갈 것이다. 그런데 내가 서둘러 떠나려 할 때 너희는 나를 내쫓았으며 나와 동행하는 대신 ²⁵ 내 뒤를 쫓았다. 그러나 나를 기다리는 영광에 귀 기울이고 너희의 마음을 열어 하늘에서 나를 기다리고 있는 찬가hymnos를 들어라. ³⁰ 오늘은 내가 아버지의 오른쪽을 차지해야 하기 때문이다. 내가 너희에게 할 말은 여기까지다.⁵⁶ 나는 너희를 떠날 것이다. 영의 병거가 나를 위로 들어 올렸기 때문이다. ³⁵ 그리고 지금부터 나는 옷을 벗을 것이다. 옷을 입기 위해서다. 귀 기울여 들어라! 행복하다, 아들이 아래로 내려오기 전에 (아들을) 선포한 이들. ⁴⁰ 내가 내려왔을 때 (그들 덕분에) 다시 올라갈 수 있다. 세 배로 행복하다, ¹⁵·¹ 생겨나기도 전에 아들에 의해 선포된 이들. (그들 덕

---

56 직역: "나는 너희에게 마지막 말을 하였다."

분에) 너희도 그들과 함께 한 몫을 ⁵차지하게 되었다."

야고보와 베드로의 비상

그분께서는 이 말씀을 하시고 떠나셨습니다. 우리는 무릎을 꿇었습니다. 나와 베드로는 감사를 드리고 우리의 마음을 하늘을 향해 위로 들어올렸습니다. 우리는 ¹⁰우리의 귀로 듣고 우리의 눈으로 보았습니다. 전쟁의 소음과 나팔 소리와 큰 혼란을![57]

우리는 그곳을 통과하자 ¹⁵우리의 마음을 더더욱 위로 들어 올렸습니다. 그리고 우리는 우리 눈으로 보았으며 우리의 귀로 들었습니다. 찬가와 천사의 축복과 ²⁰천사들의 환호성을! 그리고 하늘의 존엄들이 찬가를 불렀으며 우리 또한 환호하였습니다. 그 다음에 우리는 다시 우리의 영을 ²⁵저 위 지존께로 들어올리기를 원했습니다. 그러나 우리가 위로 올라간 뒤에는 더 이상 아무것도, 보는 것도 듣는 것도 허락되지 않았습니다.[58]

다른 제자들이 베드로와 야고보를 부르다

그런데 나머지 다른 제자들이 우리를 불렀습니다. ³⁰그리고 그들은 물었습니다. "그대들은 스승님에게서 무슨 말씀을 들었소? 그분께서 그대들에게 무슨 말씀을 하셨소?[59] 그리고 그분께서는 어디로 가셨소?"

우리는 그들에게 ³⁵대답하였습니다. "그분께서는 위로 올라가셨소. 그리고 그분께서는 우리에게 언질을 주셨고 우리 모두에게 생명을

---

57 마태 24,31; 1코린 15,52; 1테살 4,16을 참조하라.
58 사도들의 편지 19를 참조하라.
59 토마 13을 참조하라.

16. 약속하셨소. 그리고 우리 뒤에 올 자녀들을 보여 주셨소. [16.1] 또한 그들 때문에 우리가 구원받기라도 할 것처럼 그들을 사랑하라고 명령하셨소."

제자들의 파견

그들은 이 말을 들었을 때 그 계시 내용을 믿었습니다. 그러나 앞으로 태어날 이들 때문에 [5]마음이 언짢아졌습니다. 그러나 나는 문젯거리를 만들고 싶지 않았기에 한 사람 한 사람을 서로 다른 곳으로 보냈습니다. 그리고 나 자신은, 예루살렘으로 올라가면서 앞으로 나타날 사랑받는 이들과 한 몫을 차지하게 해달라고 기도했습니다.

편지의 결말

그리고 나는 이제 그대에게서 (새로운) 시작이 나오기를 기도합니다. 나는 그렇게 해서 [15]구원받을 수 있을 것입니다. 그들이 나를 통해, 나의 믿음을 통해, 그리고 내 것보다 나은 다른 (믿음을) — 내 것(믿음)이 꼴찌가 되기를 바랍니다 — 통해 빛을 받아들일 것이기 때문입니다. [20]그러니 그대는 그들과 닮도록 노력하고 그들과 한 몫을 차지하도록 기도하십시오. 내가 말한 것 외에는 구원자께서 [25]그들을 위해 (다른) 계시는 우리에게 보여 주시지 않으셨습니다. 우리는 선포를 듣는 이들과 (나누게 될) 몫을 선포합니다. 그들은 주님께서 당신의 [30]자녀로 삼으신 사람들입니다.

04
어떻게 살 것인가?

용사 토마의 책

Book of Thomas the Contender

교부들은 종종 영지주의자들이 성적으로 방만한 생활을 하는 탕아들이라 비난하였다. 이레네우스는 발렌티누스파 스승 가운데 하나인 마르쿠스에 대해 들은 추문을 언급한다(『이단 논박』 1.13). 에피파니우스는 자신이 여행하면서 직접 목격한 해괴한 일들을 진술하는데, 일부 영지주의 공동체에는 말로 옮기기 힘든 이상한 관습이 있다는 것이다(『구급상자』 26.4.5). 이런 목격담을 한마디로 거짓이라고 단정할 수는 없다. 사실 어떤 공동체에서건 성적 추문은 일어나기 마련이다. 정도차가 있을 뿐이다. 그러나 영지주의자들이 과연 이런 비난을 받을 정도로 방탕한 생활을 했는지는 알 수 없다. 영지주의자들의 작품에 나오는 신방의 성사 등의 비유적 표현들을 글자 그대로 받아들이면서 생긴 오해일 수도 있다.

우리가 사는 세상의 가치와 그 질서를 부정하는 영지주의자들에게 이 세상의 윤리와 도덕은 하찮게 여겨질지도 모른다. 그들에게 윤리와 도덕은 결국 이 세상의 지배자인 창조주와 그 수하세력에 복종하는 수단일 뿐이다. 그러니 그들의 윤리와 도덕, 거기서 나온 모든 관습과 전통은 부정해야 할 대상이지 따르고 지켜야 할 대상은 아니다. 더구나 인류가 본질적으로 영적, 혼적, 물질적 인간으로 나뉘어져 있어 구원도 생전의 삶이나 믿음과 무관하게 운명적으로 이루어지는 것이라면 어떤 식으로 살아야 한다고 말할 수 있겠는가? 무지만이 죄일 따름, 다른 죄는 있을 수 없다고 한다면 어떤 식의 행동이 나오겠는가? 이러한 사고방식에 윤리가 있을 수 있을까?

그러나 영지주의자들에게도 윤리는 있었다. 그리고 영지주의 윤리의 뿌리는 인간의 숙명에 대한 믿음에 있다. 영지주의자들이 추구한 것은 지식을 통해 이 세상의 속박에서 벗어나 천상계로 되돌아가는 것이다. 그런데 욕망이라는 것이 사람을 무지 속에 가두어 둔다면, 그리하여 천상계로 되돌아가지 못하게 막는다면 이제 욕망은 영지주의자가 싸워 물리쳐야 할 적이 될 것이다. 그렇다면 영지주의자들의 최고 덕목은 영성 생활을 방해하는 모든 요소, 특히 육체의 욕망과 싸워 이기는 일이 될 것이다.

금욕

영지주의자들에게도 윤리는 있지만 전통적인 세상의 윤리는 부정한다. 그런데 그들이 세상의 윤리를 부정하는 태도는 두 가지 양상으로 나타날 수 있다. 극도의 금욕주의와 방종. 둘이 극단적으로 다르지만 둘 다 근본적으로 세상의 지배자에 대한 저항이며 세상의 질서에 대한 부정이다. 금욕과 방종은 동전의 양면인 셈이다.

이러한 맥락에서 필립보 복음서는 육신을 두려워하지도 사랑하지도 말라고 말한다. "육신을 두려워하지도 사랑하지도 마십시오. 그대가 (육신)을 두려워하면 그것이 당신을 지배할 것입니다. 그대가 그것을 사랑하면 그것이 그대를 집어삼키고 질식시킬 것입니다"(필립보 복음 66). 나아가 빛과 어둠, 생명과 죽음, 옳음과 그름 등 이 세상의 분별 자체를 부정한다. 세상 위로 들어 올려진 사람들을 제외하고는 모든 것이 결국 해체되어 무로 돌아갈 것이기 때문이다. "빛과 어둠, 생명과 죽음, 오른쪽과 왼쪽은 서로 형제입니다. 그들은 따로 분리될 수 없습니다. 이 때문에 선한 사람들도 선하지 않고 악한 사람들도 악하지 않으며 생명은 생명이 아니고 죽음은 죽음이 아닙니다. 따라서 모든 것은 하나하나 해체되어 각자의 기원으로 (돌아갈) 것입니다. 그러나 세상 위로 들어 올려진 사람들은 해체되지 않습니다. 그들은 영원합니다"(필립보 복음 53).

따라서 영지주의 사고방식에서는 금욕과 방종 둘 다 가능하다. 그러나 문헌상에서 나타나는 것은 극도의 **금욕주의**가 주를 이룬다. 나그 함마디 문헌이 당시 지중해 세계에 퍼져 있던 영지주의 집단의 생각과 관습을 대변하는 것이라면, 그들이 방종보다는 금욕주의에 가까운 생활을 했던 게 틀림없다. 나그 함마디 문헌 가운데 상당수가 금욕주의를 견지하면서 혼인과 출산의 가치를 부정하기 때문이다. 토마 복음서만 보더라도 저자가 속한 공동체가 세상과 그에 속한 모든 것을 멀리했음을 알 수 있다. 그들에게는 혼

영지주의와 금욕주의

나그 함마디 문헌은 거의 대부분 영지주의 성향을 띤다. 나그 함마디 문헌들을 만들어 내고 거룩한 책으로 공경한 사람들이 영지주의자든 아니든, 그들이 세상 것을 멀리하고 영적인 것을 추구했던 것은 분명한 사실이다. 그러나 나그 함마디 문헌을 만들어낸 공동체가 금욕의 경향이 강했다고 해서 모든 영지주의자들이 금욕적이었다고는 말할 수 없다. 분명 금욕과는 거리가 먼 생활, 자유로운 삶을 산 사람들도 있었을 것이다. 그런 사람들은 글로 쓰지 않았거나 썼다 하더라도 그들의 글은 세월을 뛰어넘어 살아남지 못했을 수도 있다. 지금 말할 수 있는 것은 나그 함마디 문헌을 남긴 사람들은 대체로 금욕 성향이 강했다는 점이다.

여기서 한 가지 더 유념해야 할 사항은 영지주의자들뿐 아니라 당시의 정통 그리스도인들도 금욕주의적 삶을 추구했다는 것이다(알렉산드리아의 클레멘스, 『잡록』 4 참조). 그래서 어떤 작품이 극단적 금욕주의 경향을 보인다고 해서 반드시 영지주의 계열이라고 말할 수는 없다. 사실 금욕주의는 당시 정통 그리스도인들과 영지주의자들의 교집합이었다고 볼 수 있다.

인도 출산도 재화의 축적도 모두 버려야 할 일들이었다.

요한의 비전은 성교의 출발을 창조주 얄다바옷에게서 찾는다. 얄다바옷이 여자에게 출산의 욕망을 심어놓았기 때문에 오늘날까지 성교가 이어져온다는 것이다. 이 책에서 최초의 성교는 얄다바옷이 하와를 범했을 때 일어났는데 그때 엘로임과 야웨, 다른 이름으로는 카인과 아벨이 태어났다. 결국 카인과 아벨은 아담과 하와가 아닌 얄다바옷과 하와의 자식들이며 이 둘이 인간의 육신과 세상을 지배한다. 얄다바옷은 성교를 통해 새로운 육신이 만들어지게 하였으며 거기에 자신의 아류-영을 불어넣었다. 성교를 통해 태어나는 인류가 시작된 것이다. "오늘날까지 성교synousia가 이어져 온 것은 우두머리 아르콘 때문이다. 그는 아담의 여자 안에 출산의 욕망을 심어 놓았다. 그리고 그는 성교를 통해 육체와 닮은 것을 내놓게 만들었다. 그리고 그들에게 그의 아류-영을 불어넣었다. 그런 다음 그는 두 아르콘을 아르케들 위에 세워 그들로 하여금 무덤을 다스리게 하였다"(요한의 비전 24).

사랑

그리스도교 윤리를 한마디로 정의하자면 하느님 사랑과 이웃 사랑이라는 사랑의 이중계명이 될 것이다. 사랑은 그리스도인의 행동을 규정하는 핵심 요소인 셈이다. 영지주의자들이 개인의 욕망을 다스리는 일에는 정통 그리스도인들 못지않았지만 이웃에 대한 사랑과 봉사도 그들만큼 강조했는지는 단언할 수 없다. 이론적으로 이 세상 삶에 아무런 가치를 두지 않는데 어떤 식으로 이 세상을 살아야 하는가를 굳이 고민할 필요가 없었을 듯하기 때문이다. 그러나 이 세상을 지양하고 저세상을 염원하는 사람들이라고 해서 이 세상을 살아가는 방식에 아무 관심이 없었다고 말할 수는 없다. 인간의 궁극적 기원이 하느님이라면, 모두가 혹은 적어도 물질적 인간을 제외한 모든 영적 인간과 혼적 인간이 한 아버지에게서 난 한 형제라는 결론이 난다. 따라서 이웃 사랑은 영지주의자들에게도 필연적 삶의 언명이었는지 모른다. 그래서 토마 복음 말씀 25에서 예수님께서는 "네 형제를 네 영혼처럼 사랑하여라. 그를 네 눈의 눈동자처럼 지켜주어라" 하고 말씀하신다. "지식을 통해 자유로워진 사람은 사랑 때문에, 아직 지식의 자유를 얻지 못한 사람들을 위해 노예가 됩니다"라는 것은 사랑에 대한 필립보 복음서 저자의 논리다(77). 사랑은 지식으로 얻은 자유의 당연한 결과물이라는 말이다.

실제로 필립보 복음서는 종종 사랑에 대해 이야기한다. 사랑은 주는 것이며, 무언가를 주었다 해도 사랑 때문에 준 것이 아니라면 아무 소용이 없다. "믿음 pistis은 받아들입니다. 사랑 agape은 줍니다. [어느 누구도] 믿음이 없이는 [받아들일 수] 없을 것입니다. 어느 누구도 사랑 없이는 줄 수 없을 것입니다. 그러므로 우리는 받기 위해서 믿고 사랑하기 위해서 줍니다. 누군가 사랑 때문에 준 것이 아니라면 그가 준 것이 그에게 아무런 이득이 없습니다"(61-62).

이런 글도 있다. "사랑은 그 어느 것에 대해서도 자기 것이라 [말하지 않습니다]. 그것이 자기 것[인데도 말입니다]. 그것(사랑)은 ['이것이 내 것이다.'] 혹은 '저것이 내 것이다' 하고 말하지 않으며, '이 [모든 것]이 그대의 것입니다' 하고 말합니다"(필립보 복음 77).

영적인 사랑은 포도주며 향기라 곁에 있는 사람들도 함께 기쁨을 누린다. "영[적]인 사랑은 포도주이며 향기입니다. 그것(영적인 사랑)을 바른 모든 사람이 그것에서 기쁨을 얻습니다. (그것을) 바른 사람이 있는 동안에는 곁에 있는 사람들도 기쁨을 누립니다"(필립보 복음 77).

사랑은 아픈 상처를 치유하고 죄를 덮어 준다. "사마리아인은 다친 사람에게 포도주와 기름 외에 아무것도 주지 않았습니다.[1] 그것은 향유 외에 다른 것이 아니었습니다. 그런데 그것이 상처를 낫게 했습니다. 사랑이 많은 죄를 덮어 주기 때문입니다"(필립보 복음 78).

세상을 사랑하지 말고 주님을 사랑하라는 말도 빠지지 않는다. "하느님의 아들과 함께하는 여러분은 세상을 사랑하지 말고 주님을 사랑하십시오. 그래야 여러분이 낳게 될 아이들이 세상을 닮지 않고 주님을 닮게 될 것입니다"(필립보 복음 78).

위에서 든 예에서 알 수 있듯이 영지주의 그리스도인들, 특히 발렌티누스파 사람들도 사랑의 계명은 매우 중요하게 여겼다. 필립보 복음서가 만들어진 삶의 자리인 발렌티누스파가 정통 교회와 밀접한 관계를 맺고 있었기에 더 그랬을 것이다. 필립보 복음서는 바오로 사도처럼 믿음, 희망, 사랑을 으뜸으로 치면서 여기에 '지식'을 덧붙인다. 그 중에 제일은 지식이다. 다

---

[1] 루카 10,34 참조.

음 글은 그리스도교 윤리와 영지주의의 절묘한 만남이 일구어낸 문장인 듯하다. "세상의 경작은 네 가지 요소를 통해서 이루어집니다. 사람들은 물과 흙과 바람(영)과 빛을 통해 곳간에 모아들입니다. 하느님의 경작도 이와 마찬가지로 네 가지, 곧 믿음, 희망, 사랑, 지식을 통해서 이루어집니다. 믿음은 우리의 흙입니다. 우리는 그 안에 뿌리를 내립니다. 물은 희망입니다. 우리는 그것을 통해 자양분을 얻습니다. 바람은 사랑입니다. 그것(바람)을 통해 우리는 자라납니다. 빛은 지식[입니다]. 그것(지식)을 통해 우리는 성[숙해]집니다"(필립보 복음 79).

욕망과의 전쟁

나그 함마디 문헌 가운데 윤리에 대해 심도 깊은 성찰을 보여 주는 작품으로는 용사 토마의 책(코덱스 II,7), **섹스투스의 선언**(코덱스 XII,1), **실바누스의 가르침**(코덱스 VII,4) 등을 꼽을 수 있다.

그리고 요한의 비전은, 욕망의 원천을 다룬다는 점에서 영지주의 윤리의 초석이 된다. 이에 따르면 인간에게 고통을 주는 온갖 정염들이 창조주의 수하세력인 다이몬들에게서 유래한다. 이들 다이몬은 모두 넷이다. 쾌락, 욕정, 슬픔, 두려움 이렇게 네 다이몬에게서 온갖 정염 pathos 이 나온다. 이를테면, 쾌락에서 악과 교만과 그와 비슷한 것들이 생겨난다. 욕정에서 분노, 노여움, 통렬함, 쓰디쓴 정열, 채워지지 않는 갈증과 그와 비슷한 것들이 나온다. 슬픔에서 시기, 질투, 괴로움, 고뇌, 고통, 완고함, 걱정, 비탄이 나온다. 두려움에서 공포, 회유, 번뇌와 수치가 나온다. 결국 인간에게 고통을 일으키는 온갖 정염들이 모두 다이몬들 때문이라는 설명이다. 자신이 싸워야 할 대상이 바로 다이몬들인 셈이다(요한의 비전 18-19).

용사 토마의 책은 금욕주의 윤리의 이론적 근거를 제시한다. 단순히 욕망을 멀리하라가 아니라 욕망이 무엇이며 왜 욕망을 멀리해야 하는지 말하고 있다. 그런데 이 작품을 영지주의자들의 책이라고 말할 수 있을까? 사

섹스투스의 선언 Sentences of Sextus

2세기 말 그리스도인 편집자가 엮은 그리스어 잠언과 금언 모음집이다. 모두 451개의 금언으로 이루어져 있지만 나그 함마디 사본에는 120개 정도만 전하며 사본 상태도 양호하지 않다. 영지주의자의 작품은 아니지만 영지주의자들이 좋아했을 법한 내용들을 담고 있다. 윤리적으로 일맥상통한 면이 있다. 금욕적 성향이 그 접점이라 하겠다.

실바누스의 가르침 Teachings of Silvanus

2세기 말에서 3세기 초 사이에 알렉산드리아에서 만들어진 작품으로 추정된다. 영혼을 도성에 빗대어 온갖 적에서 방어하고 수호해야 함을 역설한다. 적에게 등을 보이지 말고, 쫓기는 자가 아니라 쫓는 자가 되라고 한다. 그래야만 고요한 삶을 살 수 있으며 그러지 않을 경우 적에게 함락된 도성처럼 약탈당하고 사나운 짐승들에게 넘겨질 것이다. 그리하여 마침내 영혼은 도성처럼 파멸하고 말 것이라는 가르침이다.

실 이 책을 영지주의라고 단언하지는 못한다. 하지만 그러한 경향을 띤 것은 분명하다. 실제로 이 책은 영지주의 관점에서 읽을 때 가장 잘 이해할 수 있다. 우주론이나 인류 기원에 관한 영지주의 신화가 나오지는 않지만 이 책이 영지주의적 인간관을 전제로 하고 있는 게 분명하기 때문이다. 우선 이 작품은 자기 자신에 대한 지식을 만물에 대한 지식에 이르는 첩경으로 여긴다. 플레로마를 천상계로서 언급하는 점도 이 책이 영지주의 세계관을 전제로 하고 있음을 암시한다.[2] 그 밖에 구원자가 어둠을 밝혀 빛의 세계로 인도하는 빛이자 계시자로서 묘사된다는 점도 영지주의 성향과 관련 있다. 육신은 피해야 할 악이며, 영혼은 육신과 육신의 힘을 벗어나야 한다든가, 육신의 위험성을 자각한 사람만이 구원을 향해 방향을 바꿀 수 있다는 깃도 영지주의 가르침과 일치한다. 이 책이 본격적인 영지주의 작품들과 달리 육신이 악임을 깨달은 사람만이 살 수 있다고 강조할 뿐 육신이 어디서 유래했는지 육신이 왜 악한 것인지에 대해서는 말하지 않지만, 영지주의 계열의 작품으로 분류할 근거는 충분한 셈이다.

그런 점에서 용사 토마의 책을 중심으로 영지주의자들의 윤리를 소개해도 큰 무리는 없을 것이다. 실제로 이 책은 금욕주의 원리의 근간이 되는 욕망과의 전쟁을 본격적으로 다루고 있기에 영지주의자들의 윤리 교과서라 불러도 지나치지 않을 듯하다.

1. 용사 토마의 책 소개

이 작품은 제목에서 알 수 있듯이 토마 사도의 이름을 걸고 있다. 사실 토마 사도의 활동상을 전하는 이야기들은 여럿이다. 토마 복음이 그 시작이라면 토마 행전은 그 정점에 서 있다. 그 가운데쯤에 자리한 것이 용사 토마의 책이다. 토마 복음은 예수님의 말씀을 모아놓은 어록이고 토마 행전은 토마 사도의 활동을 그린 서사문학이다. 용사 토마의 책은 어록과 서

---

[2] "너희에게 보이는 것이 너희 앞에 숨겨져 있다면, 보이지 않는 것은 너희가 어떻게 들을 수 있겠느냐? 세상에 있는 눈에 보이는 진리의 일들을 너희가 실천하기가 어렵다면, 눈에 보이지 않는 플레로마의 일들과 지존하신 분의 일들은 어떻게 실천하겠느냐?"(용사 토마의 책 138)

사의 중간에 해당하며 대화 형식을[3] 통해 예수님의 가르침을 전하고 있다.

용사 토마의 책은 크게 두 부분으로 나뉜다. 전반부는 부활한 예수님과 토마 사이에 이루어진 대화(138.4-143.7), 후반부는 구원자의 긴 독백(143.8-145.23)이다.[4] 본디는 예수님의 말씀들 모음이었겠지만 나중에 편집자가 제자들과의 질의응답 형식으로 바꾸었을 법하다. 스승의 일방적인 가르침에서 스승과 제자의 대화라는 상호 소통 형식으로 발전시킨 것이다. 제자인 토마가 스승인 예수님의 계시 말씀을 유도하는 식이다. 이런 유의 대화들은 대개 예수님의 부활과 승천 사이에 이루어진 것으로 설정된다. 부활하신 주님께서 승천을 앞두시고 생전에는 밝히지 않은 채 숨겨 두셨던 신비와 비밀들을 제자들에게만 은밀히 알려 주셨으리라는 추정에서다. 용사 토마의 책도 이런 경우에 해당하며, 대화 형식의 작품이 유행하던 2세기 중반에서 3세기 초엽에 만들어졌을 것이다.[5]

용사 토마의 책은 "구원자께서 유다 토마에게 말씀하신 숨겨진 말씀들"이라는 문장으로 시작한다. 이 비밀 말씀을 마타이아스가 기록해 두었다는 말이 덧붙어 있다. 이 책에는 사람들이 유다 토마를 예수님의 쌍둥이 형제이자 진정한 벗이라 부른다는 구절이 나온다. 그리고 예수님께서 종종 유다 토마를 '내 형제 토마' 혹은 '내 형제'라고 부르신다. 이를 통해 용사 토마의 책은 동부 시리아 전통을 반영하는 것을 알 수 있다.[6] 토마가 예수님

---

3 구세주와의 대화, 야고보 비전도 대화 형식이다.

4 전반부와 후반부를 각각 138.4-142.26 및 142.26-145.23로 나눌 수도 있다. 142.26-143.7도 구원자의 말씀이기 때문이다. 그러나 이 대목은 토마의 질문에 대한 응답이라고 볼 수 있다. 143.8부터 토마의 질문과는 상관없는, 구원자의 긴 강화 말씀으로 볼 수 있다.

5 Turner, "The Book of Thomas The Contender", 174-177을 참조하라.

6 이 장 끝에 있는 '토마 사도와 동부 시리아 교회'를 참조하라.

토마의 이름

유다 토마, 혹은 디디무스라는 이름은 초대 시대 때부터 논란거리가 되었다. 시리아어를 그대로 옮긴 토마나, 그리스어인 디디무스가 모두 쌍둥이라는 뜻이기 때문이다. 학자들은 쌍둥이라는 이름을 둘러싸고 여러 가지 추론을 시도하였다. 이 사도에게는 왜 쌍둥이라는 이름이 덧붙었을까? 사도가 실제로 누군가의 쌍둥이 형제였을까? 그렇다면 누구와 쌍둥이였을까? 아니면 토마 혹은 디디무스는, 그저 사도가 누군가와 쌍둥이같이 닮았다는 뜻에서 붙은 별명이었을까?

실제로 토마가 예수님의 쌍둥이 형제였다는 설도 있다. 토마 행전 초반부에 나오는 토마 사도와 신혼부부의 일화가 이 가설과 관련 있다. 신방에서 신혼부부를 위해 기도 드린 뒤 사도는 신방을 떠난다. 곧이어 주님께서 토마 사도의 모습을 한 채 들어오시자 신랑은 방금 나가신 분이 어떻게 여기 계시냐고 묻는다. 이에 주님께서는 "나는 토마(쌍둥이)라고도 하는 유다가 아니고 그의 형제다" 하고 말씀하신다(토마 행전 11). 토마가 예수님의 쌍둥이 형제라는 추정이 가능해지는 대목이다. '용사 토마의 책'에는 '주님의 쌍둥이라고들 하는 토마'라 하여 그 책이 쓰이던 당시에 토마를 주님의 쌍둥이 형제로 생각하는 사람들이 있었음을 보여 준다. 그러나 그 어느 것도 토마와 예수님이 쌍둥이였다는 직접 증거는 되지 않는다. 당시 형제라는 단어는 반드시 친형제를 가리키는 말이 아니었으며, '주님의 쌍둥이라고들 하는'이라는 표현 역시 사람들이 그렇게 불렀다고 하는 것이지 실제로 토마가 주님의 쌍둥이라는 말은 아니기 때문이다. 세간 사람들이 그렇게 부른다는 것, 그 이상도 이하도 아니다. 따라서 용사 토마의 책 역시 토마가 주님의 쌍둥이라는 소문을 전할 뿐 그 소문의 진위 여부를 밝히지는 않는다.

그런데 복음서를 보면 예수님께서 종종 제자들을 별명으로 부르신 것을 확인할 수 있다. 가령, 예수님께서는 시몬을 베드로라 부르셨다. 베드로가 반석이나 돌을 뜻하는 말이니 우리말로 하자면 '바우' 쯤 될 수 있겠다(마르 3,16). 제베대오의 두 아들 야고보와 요한에게는 '천둥의 아들들'이라는 뜻으로 보아네르게스라는 이름을 붙여 주셨다(마르 3,17). 그러니 주님께서 토마에게 쌍둥이라는 별명을 붙여주셨을 법도 하다.

어쨌든 동부 시리아에는 토마를 예수님의 쌍둥이 형제로 여기는 전승이 있었음이 분명하다. 이는 그곳에서 토마 사도가 주님의 가르침과 행적을 쌍둥이처럼 똑같이 보여 주는 사람으로 존경받았다는 의미이지, 토마 사도가 실제 예수님의 쌍둥이 형제로 여겨졌다는 뜻은 아닐 터이다. 따라서 주님의 쌍둥이라는 별칭은 토마 사도가 동부 시리아에서 누린 탁월한 권위와 위상을 가리키는 말에 다름 아니다. 그곳에서는 토마 사도가 그 어떤 사도보다도 높이 평가되었던 것이다.

의 쌍둥이 형제라는 전승이 그곳에서 발전했기 때문이다.

이 작품에 '용사' 토마의 책이라는 제목이 붙은 것은 큰 의미가 있다. 우리말로 용사라 옮긴 그리스어 ἀθλητής는 무언가 혹은 누군가에 맞서 싸우는 사람을 뜻한다. 여기서 토마 사도가 맞서 싸운 대상은 정염, 육체의 불꽃이다. 마치 전쟁터에 나가 적과 싸우는 용사처럼 토마 사도는 육신이라는 적과 전쟁을 치러야 한다는 뜻이다. 따라서 용사 토마라는 별칭은 이 책의 주제인 육신과의 싸움을 암시한다.

2. 욕망의 불꽃

용사 토마의 책에 따르면, 육신은 지옥의 불길로 타오르고 있으며 완전한 소멸 곧 죽음을 향해 달려가고 있다. 육신은 흙에서 태어나 흙에 매여 있기 때문이다. 육신에 굴복한 영혼도 육신과 운명을 같이 하게 된다. 육신의 충동과 정염을 거부하는 사람만이 동물적 본성을 뛰어넘어 하느님께서 주시는 안식에 들어갈 수 있다는 것이 이 책의 주제다.

책의 서두는 '자기를 아는 지식'으로 시작한다. 모든 사변의 출발점은 자기 지식이기 때문이다.

자기를 아는 사람

주님의 형제라면 당연히 자기 자신을 알아야 한다. 자기 자신을 안다는 것은 자신이 누구이며, 현재 어떤 모습으로 존재하는지, 그리고 미래에 어떤 식으로 존재할지를 아는 것이다. "사람들이 네가 내 쌍둥이 형제이자 진정한 친구라고들 하니, 너는 너 자신을 살피고 네가 누구인지, 그리고 네가 어떤 모습으로 존재하는지, 혹은 어떤 식으로 존재할지 깨달아라"(용사 토마의 책 138).

자기 자신에 대한 지식은 하느님을 아는 지식으로 가는 핵심 열쇠다. 자신을 안 사람은 이미 모든 것의 심연에 대한 지식을 얻은 셈이기 때문이다. "무지한 네가 나와 함께 걸어가면서 이미 (지식을 얻어) 알게 되었다. 그리하여 너는 '자기 자신을 아는 자'라 불릴 것이다. 사실 자신을 알지 못한 사람은 아무것도 알지 못한 셈이다. 그러나 자기 자신을 안 사람은 이미 모든 것의 깊이에 대한 지식을 획득하였다"(138).

이렇게 자기 자신을 아는 현명한 사람은 그렇지 못한 어리석은 자와 같이 갈 수 없다. "현명한 사람은 어리석은 자와 함께 살 수 없다. 사실 현명한 사람은 온갖 지혜로 충만하다. 그러나 어리석은 자에게는 선과 악이 매한가지다. 지혜로운 이는 진리를 먹고 살 것이다. 그리고 그는 시냇가에서 자라는 나무와 같을 것이다"(140).

'자기 자신을 아는 자'라 불리는 토마는 평소에 궁금해 하던 내용을 구원자께 질문하고, 이에 구원자께서 답하신다. 이는 욕망에 관한 내용이다. 구원자께서는 욕망이 어떻게 사람을 잘못된 길로 이끄는지 보여 주고 어떻게 해야 욕망에서 벗어날 수 있는지 가르쳐 주신다.

구원자-빛

구원자는 무엇보다 숨겨진 비밀을 알려 주시는 계시자, 어둠을 비추는 빛이시다.[7] 사람들이 구원자의 빛을 받아 동물적 본성을 버리게 될 때, 빛은 자신의 근원으로 되돌아 갈 것이다. 빛으로서의 임무를 다하였기 때문이다. "오, 복된 토마야, 눈에 보이는 그 빛은 바로 너희를 위하여 빛나고 있다. 너희가 이곳에 머물게 하기 위해서가 아니라 그곳에서 나가게 하기 위해서다. 그러나 모든 뽑힌 이들이 짐승의 성질을 버린다면 그때에는 빛이 자신의 본질에게 다시 돌아갈 것이다. 그리고 그 본질은 (빛을) 맞아들일 것이다. 그것이 좋은(충실한) 종 hyperetes이기 때문이다"(139).

욕망의 불꽃

'불'과 '불꽃' 곧 정염과 욕망은 사람의 육신을 태우고 영혼을 어지럽히고 혼란에 빠트린다. "오, 불의 통렬함이여! 사람의 육체와 골수 속에서 타올라 밤이고 낮이고 불타오르면서 사람의 사지를 태우고 그 마음을 취하게 하고 그 영혼을 어지럽히는구나! 또한 남자와 여자 [그들 모두를 차지하여] [낮이고] 밤이고 그들을 뒤흔들며, 몰래 그리고 드러나게 [그들을 동요시키는구나!]"(139). 정열의 불꽃, 정염은 사람을 구속하고 제멋대로 이끄는 재갈이며 사슬이다. 욕망의 불꽃은 결국 육신과 영혼을 불태워 소멸시킬 것이다. 따라서 진리를 찾는 사람은 자기 몸에 날개를 달아 영을 불태우는 욕망에게서 달아난다. "참된 지혜에게서 진리를 찾는 사람은 누구나 날아오를 수 있도록 자기 몸에 날개를 달아 사람의 영을 불태우는 욕망에게서 달아

---

7 용사 토마의 책에 따르면, 빛의 효과가 모든 사람에게 미치지는 않는다. 동물적 본성을 버린 사람만이 빛의 효과를 누린다. 그래서 주님께서는 빛이 '모두'를 위해서가 아니라 '너희를 위해서 존재하는 것이라 말씀하신다.

날 것이다. 또한 그는 자기 몸에 날개를 달아 눈에 보이는 모든 영(들?)에게서 달아날 것이다"(139-140).

그러나 날개가 있어도 '눈에 보이는 것'들 위로만 다니는 사람들도 있다. 이런 사람들의 안내자인 "'불'은 그들에게 진리의 환상을 제공할 것이다. 그리고 그것은 멸하게 될 아름다움으로 그들을 비출 것이다. 또한 그들을 어둠의 달콤함 속에 가두고 향기로운 쾌락hedone 속에 붙잡아 둘 것이다. 그리고 그들을 채울 수 없는 욕망으로 눈멀게 할 것이다. (불)은 그들의 영혼을 불태우고 그들의 심장 속에 박힌, 결코 빼낼 수 없는 말뚝이 될 것이다. 그리고 그것은 입에 물린 재갈이 그러하듯 제 뜻대로 그들을 끌고 다닐 것이다. 그것(불)은 그들을 사슬로 묶었으며, 그들의 온 사지를, 눈에 보이는 것들을 향한 쓰디쓴 욕망의 끈으로 결박하였다 — (눈에 보이는 것들은) 사멸하고 변화하며 끌리는 대로 방향을 바꾼다. 참으로 그들은 늘 위에서 아래로 이끌렸다. 그들은 죽임을 당했으며 불결함의 온갖 짐승들에게 이끌려 다녔다"(140). 욕망에 굴복한 사람을 기다리는 것은 결국 죽음뿐이다.

짐승의 길과 인간의 길

우리는 모두 각자 짐승으로 남을 것인지 인간이 될 것인지 선택해야 한다. 동물이나 짐승은 끊임없는 변화에 종속되는 운명이다. 동물은 영원하지 않고 일시적이며 생존을 위해 서로 잡아먹고 종족번식을 위해 교접한다. 동물처럼 사는 사람도 동물과 마찬가지로 소멸할 것이다. "눈에 보이는 이 육체들은 자신과 닮은 피조물을 먹는다. 그래서 육체들이 변하는 것이다. 그런데 변하는 것은 소멸하고 사라질 것이다. 그리고 그들에게는 더 이상 살 희망이 없다. 육체는 짐승에 해당하기 때문이다. 짐승들의 육체가 소멸하듯 빚어 만든 것들plasma도 소멸할 것이다"(139).

욕망에 휩싸여 짐승의 길을 따르는 이들은 불행하다. 그들의 길은 파멸일 뿐이다. "참으로 그자들을 사람으로 여기지 말고 짐승으로 여기도록 하여라. 서로서로 잡아먹는 짐승들처럼 이런 사람들도 서로서로 잡아먹기 때문이다. 그들은 (하늘) 나라를 빼앗겼다. 그들이 '불'의 달콤함을 사랑하기 때문이다. 그들은 죽음의 종이며 불결함의 일들을 향해 달려간다. 그들은 자기네 아버지들의 욕망epithymia을 채운다. 그들은 심연 아래로 던져지고 사악한 본성의 통렬함에서 나오는 욕구 때문에 괴로움을 당할 것이다"(141).

이런 맥락에서 구원으로 나아가는 유일한 길은, 금욕 생활로 물질계와의 연을 끊는 것이다. 따라서 독신과 채식이 독려된다. 특히 성을 결연히 거부한다. "너희는 불행하다, 여자들의 습관과 그들과의 불결한 교제를 사랑하는 이들!"(144)

욕망을 따르는 자의 불행과 욕망을 피하는 자의 행복

작품 말미에서 저자는 불행 선언과 행복 선언을 통해 자신의 윤리를 전달한다. 욕망을 따르는 삶은 불행하며, 욕망을 끊고 빛으로 나아간 삶은 행복하다는 것이다.

신을 믿지 않고 아무런 희망을 갖지 않은 사람들은 불행하다. 이들은 존재하지 않을 것들에 기대고, 육신과 물질에 희망을 둔 사람들이다. 이들은 현세의 삶을 신으로 모시고 있지만 이는 영혼을 파괴하는 일일 뿐이다. "너희는 불행하다, 무신론자에다 희망이 없는 자들! 너희는 존재하지 않을 것들에 기대고 있다! 너희는 불행하다, 육신과 멸할 감옥에 희망을 둔 이들! 너희는 언제까지 망각한 채로 있으려느냐? 그리고 (언제까지) 불멸의 것들을 멸하는 것으로 생각하려느냐? 너희의 희망은 세상에 놓여 있으며 너희의 신은 이 삶이다. 너희는 자신의 영혼을 파괴하고 있다"(143).

이들은 욕망의 불에 사로잡혀 오직 죽음과 파멸을 향해 달려가고 있을 뿐이다. 만족을 모르는 욕망이 육신뿐 아니라 결국은 영혼까지 먹어치울 것이기 때문이다. "너희는 불행하다, 너희 안에서 타오르고 있는 화염 때문이다! 그것은 드러나게 너희의 육신을 먹어치우고 비밀리에 너희의 영혼을 부수며 너희를 너희 동료들을 위한 (제물로) 준비시킬 것이다"(143).

그들은 포로가 되어 동굴 속에 묶인 채 자신이 처한 상황도 모르고 죽을 운명임도 알지 못한다. "포로인 너희는 불행하다. 너희가 동굴 안에 묶여 있기 때문이다. 너희는 웃음 지으며 광기어린 웃음으로 즐거워하고 있다. 너희는 너희의 파멸을 알지 못하며 너희가 처한 상황도 이해하지 못하고, 너희가 어둠과 죽음 안에 머물고 있다는 사실도 깨닫지 못한다"(143).

여자와의 교제를 즐기는 그들은 불행하다. 육신의 권세에 사로잡혀 사지를 불 속에 밀어 넣고 있기 때문이다. 그들의 몸속에 타오르는 불과 화염을 꺼트려 줄 이가 없고 어둠을 몰아내줄 이가 없다. "너희는 불행하다, 여자들의 습관과 그들과의 불결한 교제를 사랑하는 이들! 너희는 불행하다, 육체의 권세에 사로잡혀 있는 이들! 그들이 너희를 괴롭힐 것이다. 너희는 불행하다, 사악한 마귀의 활동에 잡혀 있는 이들! 너희는 불행하다, 자신의 사지를 불 속에 밀어 넣는 이들! 누가 너희에게 안식의 이슬을 비처럼 내려 주어 너희에게서 불과 화염을 꺼트리겠느냐? 누가 너희에게 너희 위에 떠오를 태양을 보내 주어 너희 안에 있는 어둠을 몰아내고 어둠과 더러운 물을 숨겨주겠느냐?"(144)

반면에 욕망이라는 걸림돌을 미리 알고 피하는 사람들과, 주님의 사랑 때문에 비난받는 사람들은 행복하다. 희망이 없는 자들, 곧 욕망에 사로잡혀 진정한 희망을 상실한 이들에게 짓밟혀 우는 사람은 행복하다. 그들은 모든 사슬에서 풀려날 것이기 때문이다. "너희는 행복하다, 걸림돌에 대해 미리 알고 낯선 것들에게서 달아나는 이들. 너희는 행복하다, 자기들을 향한 주님의 사랑 때문에 멸시당하고 비난받는 이들. 너희는 행복하다, 희망이 없는 자들에게 짓밟히며 우는 이들. 너희는 모든 사슬에서 풀려날 것이기 때문이다."(145)

그러므로 우리는 "육신 안에 머물지 않고 통렬한 삶의 사슬에서 벗어나도록 깨어서 기도"(145)해야 한다. 육신의 고통에서 벗어나는 사람만이 안식에 들 수 있기 때문이다.

용사 토마의 책은 인간의 욕망에 관한 내용이다. 욕망이란 무엇이고, 왜 욕망과 싸워야 하는가, 그리고 어떻게 욕망과의 전쟁에서 이길 수 있는가, 어떻게 하면 욕망을 벗어나 구원에 이를 수 있는가에 대한 가르침이다. 핵심 메시지는 육신이라는 감옥에 갇힌 영혼이 욕망에서 벗어나야만 천상으로 돌아갈 수 있다는 것이다. 오직 육신만을 따르며 정염과 욕망의 노예가 된 사람은 영혼의 해방을 꿈꿀 수 없다. 그에게는 이 세상이 신이며 이 세상 너머의 세계에 대해서는 아무런 희망도 약속도 없다. 따라서 구원되기 위해서는 욕망과 정염의 불에서 멀리 달아나야 한다. 이 책의 윤리를 한마디로 정의하자면 욕망에서의 해방이다. 용사 토마의 책을 금욕주의의 표본이라 불러도 손색이 없다.

3. 용사 토마의 책

Nag Hammadi Codex II,7; 콥트어 대본: Layton (ed.), "The Book of Thomas The Contender", 179-205.

80 CS

머리말

138. [1] 구원자께서 유다 토마에게 말씀하신 숨겨진 말씀들. 이것들은 나 마타이아스가 걸어가면서 그분들이 주고받는 말씀을 듣고 기록한 것입니다.

지식(깨달음)에 대한 가르침

구원자에 대한 지식

구원자께서 말씀하셨습니다. "형제 토마야, ⁵세상에서 너에게 시간이 있을 때 내 말을 들어라. 네가 마음속으로 생각한 것들에 대해 내가 밝히 알려 주겠다.

사람들이 네가 내 쌍둥이 형제이자 진정한 친구라고들 하니, 너는 너 자신을 살피고 네가 누구인지, 그리고 네가 어떤 모습으로 존재하는지, 혹은 ¹⁰어떤 식으로 존재할지 깨달아라.⁸ 너는 내 형제라 불릴 터이니 네가 너 자신을 모른다는 것이 옳지 않다. 네가 이미 깨달았다는 것은 나도 알고 있다. 너는 내가 '진리의 지식'임을 깨달았기 때문이다.

자기 자신에 대한 지식

무지한 네가 나와 함께 걸어가면서 ¹⁵이미 (지식을 얻어) 알게 되었다. 그리하여 너는 '자기 자신을 아는 자'라 불릴 것이다.⁹ 사실 자신을 알지 못한 사람은 아무것도 알지 못한 셈이다. 그러나 자기 자신을 안 사람은 이미 모든 것의 깊이에 대한 지식을¹⁰ 획득하였다. 이 때문에 내 형제 토마야, 사람들에게 숨겨져 있는 것을 너는 보았다. ²⁰그것은 사람들이 자기도 모르게 걸려 넘어지는 걸림돌이다."

---

8   이 작품의 영지주의 특성이 확연히 드러나는 대목이다. 자기 자신을 아는 것이 영지주의의 기본이다.

9   용사 토마의 책이 직접적으로 '자기 자신을 아는 것'에 대해 언급하는 것이 눈길을 끈다. 이런 '자기 지식' 개념은 영지주의에 대한 소크라테스와 플라톤의 영향을 가늠케 한다.

10 직역: 또는 "모든 것에 대한 심오한 지식."

말씀에 대한 해설

가르침 요청

토마가 주님께 말하였습니다. "그래서 주님께서 승천하시기 전에 제가 여쭤본 것에 관해 말씀해 주십사 청합니다. 제가 주님에게서 [25] 숨겨진 것에 관해 들으면 그때 저도 그것들에 관해 말할 수 있을 것입니다. 사람들 앞에서 진리를 실천하기가[11] 어렵다는 것은 명백합니다."

구원자께서 대답하시며 말씀하셨습니다. "너희에게 보이는 것이 너희 앞에 숨겨져 있다면, 보이지 않는 것은 너희가 어떻게 [30] 들을 수 있겠느냐? 세상에 있는 눈에 보이는 진리의 일들을 너희가 실천하기가 어렵다면, 눈에 보이지 않는 플레로마의 일들과 지존하신 분의 일들은 어떻게 실천하겠느냐?[12] 그리고 너희가 어떻게 일꾼이라 불리겠느냐? [35] 그러므로 너희는 초심자이며 아직 완전함의 극치에는 도달하지 못했다."

토마가 대답하며 구원자께 말하였습니다. "주님께서 말씀하시는, 눈에 보이지 않고 저희에게 숨겨져 있는 것들에 대해 말씀해 주십시오."

육신은 소멸한다

구원자께서 말씀하셨습니다. "[모]든 육체soma는 [ ] [40] 짐승들이 태어

---

11 '진리를 실천한다'는 주제는 요한 3,21: "진리를 실천하는 이는 빛으로 나아간다. 자기가 한 일이 하느님 안에서 이루어졌음을 드러내려는 것이다"; 1요한 1,6: "만일 우리가 하느님과 친교를 나눈다고 말하면서 어둠 속에서 살아간다면, 우리는 거짓말을 하는 것이고 진리를 실천하지 않는 것입니다" 참조.
12 요한 3,12: "내가 세상일을 말하여도 너희가 믿지 않는데, 하물며 하늘 일을 말하면 어찌 믿겠느냐?" 참조.

나는 [것과 같은 방식으로 생겨난다].¹³ 그것은 이처럼 명백하다. 위쪽
139. 에 있는 것들은 […] 눈에 보이는 것들 […] 그러나 ¹³⁹·¹ 그것들은 그 뿌
리 덕분에 살아가며 그 열매들에서 자양분을 얻는다. 그런데 눈에 보
이는 이 육체들은 자신과 닮은 피조물을 먹는다. 그래서 육체들이 변
하는 것이다. 그런데 변하는 것은 소멸하고 ⁵ 사라질 것이다. 그리고 그
들에게는 더 이상 살 희망이 없다. 육체는 짐승에 해당하기 때문이다.
짐승들의 육체가 소멸하듯 빚어 만든 것들plasma도 소멸할 것이다. 짐
승들의 경우처럼 그것(빚어 만든 것)이 성교synousia에서 나오지 않았느냐?
그 또한 그곳(성교)에서 나왔다면 ¹⁰ 어떻게 그것들과 차이를 만들 수 있
겠느냐?¹⁴ 그러므로 너희는 완전해질 때까지는 어린이들이다."

눈에 보이지 않는 것들

그러자 토마가 대답하였습니다. "그래서 저는 주님께 말씀드립니다. 눈
에 보이지 않는 것들과 해석하기 어려운 것들을 말하는 자들은 ¹⁵ 밤중
에 표적에 대고 화살을 겨누는 사람과 비슷합니다. 그들은 (여느) 사
람들처럼 화살을 겨눕니다. 그들은 표적에 대고 쏘지만 그것이 보이
지는 않습니다. 그러나 빛이 나와 어둠을 덮으면 그때에는 각자의 일
이 명백히 드러날 것입니다. ²⁰ 저희 빛이신 당신께서는 빛을 비추십니
다, 주님!"

빛이 비치는 이유

예수님께서 말씀하셨습니다. "빛은 빛 속에 존재한다."
　　토마가 이렇게 말하였습니다. "주님, 사람을 위해 빛을 비추는(빛

13　[ ]는 셴케(Schenke)의 추측을 따랐다.
14　또는, "그것들보다 나을 수 있겠느냐?" 또는, "그것들보다 나은 것을 낳을 수 있겠느냐?"

나는), 눈에 보이는 그 빛은, 무엇 때문에 떴다가 집니까?"
²⁵ 구원자께서 말씀하셨습니다. "오, 복된 토마야, 눈에 보이는 그 빛은 바로 너희를 위하여 빛나고 있다. 너희가 이곳에 머물게 하기 위해서가 아니라 그곳에서 나가게 하기 위해서다. 그러나 모든 뽑힌 이들이 짐승의 성질을 버린다면 그때에는 빛이 자신의 본질ousia에게 다시 돌아갈 것이다. ³⁰ 그리고 그 본질은 (빛을) 맞아들일 것이다. 그것이 좋은(충실한) 종hyperetes이기 때문이다."

지혜로운 자와 어리석은 자

지혜로운 자
그때 구원자께서 계속해서 말씀하셨습니다. "오, 다다를 수 없는 빛의 사랑이여! 오, 불의 통렬함이여! 사람의 육체와 ³⁵ 골수 속에서 타올라 밤이고 낮이고 불타오르면서 사람의 사지를 태우고 그 마음을 취하게 하고 그 영혼을 어지럽히는구나! 또한 남자와 여자 [그들 모두를 차지하여] [낮이고] 밤이고 그들을 뒤흔들며, ⁴⁰ 몰래 그리고 드러나게 [그들을 동요시키는구나!] 사실 남자들은 [여]자들에게, 그리고 여자들은 [남자들에게] 향하게 되어 있다. [그래서] ¹⁴⁰·¹ 사람들은 이렇게 말한다. '참된 지혜에게서 진리를 찾는 사람은 누구나 날아오를 수 있도록 자기 몸에 날개를 달아 사람의 영을 불태우는 욕망에게서 달아날 것이다. 또한 그는 자기 몸에 날개를 달아 ⁵ 눈에 보이는 모든 영에게서 달아날 것이다.'"

토마가 대답하며 말하였습니다. "주님, 제가 주님께 여쭙는 게 바로 그것입니다. 주님께서 말씀하시는 바와 같이 저희에게 유익을 베푸시는 분이 바로 주님이심을 잘 알기 때문입니다.

다시 구원자께서 대답하시며 말씀하셨습니다. "그러므로 [10] 우리는 너희에게 (이것에 대해) 말해야 한다. 이것이 완전한 이들의 가르침이기 때문이다. 그러므로 너희가 완전한 이가 되고 싶다면 너희는 이것들을 지켜야 한다. 그러지 않으면 너희의 이름은 '무지한 자'이다. 현명한 사람은 어리석은 자와 함께 살 수 없다. 사실 현명한 사람은 온갖 지혜로 충만하다. [15] 그러나 어리석은 자에게는 선과 악이 매한가지다. 지혜로운 이는 진리를 먹고 살 것이다. 그리고 그는 시냇가에서 자라는 나무와 같을 것이다.[15]

어리석은 자

그런데 어떤 이들은 날개가 있는데도 눈에 보이는 것들 위로만 다닌다. 그것들은 [20] 진리에서 멀다. 사실 그들을 안내하는 자, 곧 '불'은 그들에게 진리의 환상을 제공할 것이다. 그리고 그것은 멸하게 될 아름다움으로 그들을 비출 것이다. 또한 그들을 어둠의 달콤함 속에 가두고 향기로운 쾌락hedone 속에 붙잡아 둘 것이다. [25] 그리고 그들을 채울 수 없는 욕망으로 눈멀게 할 것이다. (불)은 그들의 영혼을 불태우고, 그들의 심장 속에 박힌, 결코 빼낼 수 없는 말뚝이 될 것이다. 그리고 그것은 입에 물린 재갈이 그러하듯 [30] 제 뜻대로 그들을 끌고 다닐 것이다.

그것(불)은 그들을 사슬로 묶었으며, 그들의 온 사지를, 눈에 보이는 것들을 향한 쓰디쓴 욕망의 끈으로 결박하였다 — (눈에 보이는 것들은) 사멸하고 변화하며 끌리는 대로 방향을 바꾼다. 참으로 그들은 [35] 늘 위에서 아래로 이끌렸다. 그들은 죽임을 당했으며 불결함의 온갖 짐승들에게 이끌려 다녔다."

---

15 시편 1,1-3: "행복하여라, … 주님의 가르침을 좋아하고 그분의 가르침을 밤낮으로 되새기는 사람. 그는 시냇가에 심겨 제때에 열매를 내며 잎이 시들지 않는 나무와 같아 하는 일마다 잘되리라" 참조.

토마가 대답하며 말하였습니다. "지당한 말씀입니다. 이런 말도 있습니다. […을] 알지 못하는 자들은 … ⁴⁰영혼 […]."

지혜로운 자

141. [구원자께서] 대답하시며 말씀하셨습니다. "[행]복하다, [진리를 추구한] 지혜로운 사람! 그것(진리)을 찾았을 때 ¹⁴¹·¹영원히 그 위에서 안식을 누렸으며 그를 뒤흔들어 놓으려는 자들을 더 이상 두려워하지 않았다."

육신의 운명

토마가 대답하며 말하였습니다. "주님, 저희가 저희에게 속한 것들 안에서 쉬는 것이 이롭습니까?" 구원자께서 말씀하셨습니다. "(그렇다.) 유용하다. ⁵ 그리고 너희에게 좋다. 사람들 가운데 있는 눈에 보이는 것들은 해체될 터이기 때문이다. 사실 그들의 육신의 그릇skeuos은 해체될 것이다. 그리고 그것이 해체되면 그것은 눈에 보이는 것들, 곧 그들이 (눈으로) 보는 것들 가운데 있게 될 것이다. 그때에 그들이 (눈으로) 보는 그 '불'은 그들에게 고통을 줄 것이다. ¹⁰ 그들은 예전에 자신들이 지녔던 믿음을 사랑하여¹⁶ 눈에 보이는 것에게로 다시 모여들 것이다.

볼 수 있는 자들의 운명

그러나 볼 수 있는 자들은 눈에 보이지 않는 것들 사이에서, 첫째인 사랑이 없다면 삶의 걱정과 타오르는 '불' 때문에 멸망하고 말 것이다. 눈에 보이는 것이 해체되기까지는 ¹⁵얼마 안 걸릴 것이다. 그리고 형태 없는 유령eidolon들이 나타나 무덤들 사이 시체들 곁에서 영원히 고통과

---

16 직역: "믿음에 대한 사랑 때문에."

영혼의 부패 속에 지낼 것이다."

사멸할 이들은 어떻게 대해야

그러자 토마가 대답하며 말하였습니다. "이 일들에 대해 저희는 [20] 무어라 말해야 합니까? 아니면 눈먼 사람들에게 저희가 무어라 말해야 합니까? 아니면 사멸할 비참한 자들에게는 어떤 가르침을 주어야 합니까? 그들은 '우리는 선을 행하러 왔지 저주하러 온 것이 아닙니다' 하고 말합니다. 게다가 그들은 '우리가 육신으로 태어나지 않았다면 [25] [죄]악도 몰랐을 것입니다' 하고 말합니다."

구원자께서 말씀하셨습니다. "참으로 그 자들을 사람으로 여기지 말고 짐승으로 여기도록 하여라. 서로서로 잡아먹는 짐승들처럼 이런 사람들도 서로서로 잡아먹기 때문이다.

사멸할 이들의 운명

그들은 (하늘) 나라를 빼앗겼다. [30] 그들이 '불'의 달콤함을 사랑하기 때문이다. 그들은 죽음의 종이며 불결함의 일들을 향해 달려간다. 그들은 자기네 아버지들의 욕망epithymia을 채운다. 그들은 심연 아래로 던져지고 사악한 본성의 통렬함에서 나오는 욕구 때문에 괴로움을 당할 것이다. [35] 사실 그들은 자기들이 모르는 곳으로 뒤돌아가도록 채찍질을 당할 것이다. 그리고 그들은 인내 속에서가 아니라 절망 속에서 자신의 사지를 [거둘?] 것이다. 그들은 [⋯]을 두고 기뻐한다. 광기와 현기증 [⋯] [40] [그들은] 현기증을 뒤쫓아 가면서 자신들의 광기를 알아채지 142. 못한다. 그들은 자신들이 지혜롭다고 생각한다. [⋯] [142.1] 그들의 마음은 자기 자신에게로 향하고 그들의 생각은 자신의 행동으로 향한다. 그러나 불sate이 그들을 태우고야 말 것이다."

토마가 대답하며 말하였습니다. "주님, 그들에게로 던져진 자는 무엇을 할까요?¹⁷ 그들 때문에 몹시 ⁵ 걱정이 됩니다. 그들을 반대하는 자들이 많기 때문입니다."

구원자께서 대답하시며 말씀하셨습니다. "네게 분명한 것은 무엇이냐?"

토마라고 불리는 유다가 말하였습니다. "주님, 말씀하셔야 하시는 분은 당신이시고, 저는 당신 말씀을 들어야 합니다."

¹⁰구원자께서 대답하셨습니다. "내가 너에게 하려는 말을 들어라. 그리고 진리를 믿어라. 씨 뿌리는 이와 뿌려지는 것이 불 속에서 — 불과 물 속에서 — 해체될 것이며 어둠의 무덤에 숨을 것이다. 그리고 많은 시간이 흐른 뒤, 그것들은 나쁜 나무의 ¹⁵열매를 드러낼 것이다. 그리고 그들은 벌을 받고 사람들과 짐승들의 입에 죽임을 당할 것이다. 비와 바람과 공기와 위에서 빛나는 빛의 부추김으로 인한 일이다."

제자들을 비웃는 자들의 운명

토마가 대답하였습니다. "당신께서 저희를 확실히 설득시키셨습니다, 주님. ²⁰ 저희는 마음으로 이해합니다. 그리고 그러하다는 것은 명백합니다. 그리고 당신의 말씀에는 악의가 없습니다. 그러나 당신께서 저희에게 하시는 말씀이 세상에는 웃음거리이며 비웃음거리입니다. 사람들은 그것들을 이해하지 못하기 때문입니다. 그러니 저희가 어떻게 가서 ²⁵ 그 말씀들을 선포할 수 있겠습니까? 사실 저희가 세상에서는 높은 평가를 받지 [않]습니다."

---

17 또는, "그들에게 던져진 자는 어떻게 될까요?"

구원자께서 대답하시며 말씀하셨습니다. "진실로 너희에게 말한다. [너희가] 하게 될 말을 듣고서 얼굴을 돌리거나 비웃거나, 그것을 두고 입술을 삐죽이는 사람은, 진실로 [30] 너희에게 말하노니, 저 위에 있는 아르콘의 손에 넘어갈 것이다. 모든 권세의 임금으로서 그들을 다스리는 아르콘은, 그자를 되돌려 위에서 저 아래 심연으로 던져버릴 것이다. 그러면 그자는 좁고 [35] 어두운 곳에 갇힐 것이다. 그리고 그는 타르타로스의 엄청난 깊이와 저승의 지독한 통렬함 때문에 돌아설 수도 움직일 수도 없을 것이다. [...] 그들은 용서받지 못할 것이다. [...] [40] 그들은 타르타루코스 천사[에게] [...] 넘겨질 것이다. 그들을 뒤쫓는 불이 [...] [143.1] 불타는 채찍이 쫓김 당하는 이의 얼굴에 불꽃을 날릴 것이다. 그가 서쪽으로 도망가도 불꽃을 발견하고 그가 남쪽으로 몸을 돌려도 거기서 그것(불꽃)을 발견할 것이다. 그가 북쪽으로 몸을 돌리면 끓어오르는 [5] 불의 공포가 그를 맞을 것이다. 그는 도망가서 구원받을 수 있을 동쪽으로 가는 길도 찾지 못한다. 그가 심판의 날에 그 길을 발견할 수 있도록, 몸속에 있는 동안에 그것을 (미리) 발견해두지 못했기 때문이다."

권고 말씀

육신을 따라 사는 사람의 불행

그런 다음 구원자께서 계속해서 말씀하셨습니다. "너희는 불행하다, 무신론자에다 희망이 없는 자들! [10] 너희는 존재하지 않을 것들에 기대고 있다!

너희는 불행하다, 육신과 멸할 감옥에 희망을 둔 이들! 너희는 언제까지 망각한 채로 있으려느냐? 그리고 (언제까지) 불멸의 것들을 멸하는 것으로 생각하려느냐? 너희의 희망은 세상에 놓여 있으며 너희의 신은 이 삶이다. [15] 너희는 자신의 영혼을 파괴하고 있다.

너희는 불행하다, 너희 안에서 타오르고 있는 불 속에 잠긴 이들! 그 불은 만족할 줄 모르기 때문이다. 너희는 불행하다, 너희 생각 속에서 맴돌고 있는 바퀴 때문이다. 너희는 불행하다, 너희 안에서 타오르고 있는 화염 때문이다! 그것은 드러나게 너희의 육신을 먹어치우고 [20] 비밀리에 너희의 영혼을 부수며 너희를 너희 동료들을 위한 (제물로) 준비시킬 것이다.

포로인 너희는 불행하다. 너희가 동굴 안에 묶여 있기 때문이다. 너희는 웃음 지으며 광기어린 웃음으로 즐거워하고 있다. 너희는 너희의 파멸을 알지 못하며 [25] 너희가 처한 상황도 이해하지 못하고, 너희가 어둠과 죽음 안에 머물고 있다는 사실도 깨닫지 못한다.

대신 너희는 불에 취해 있으며 통렬함으로 가득 차 있다. 너희 안에 타오르는 화염 때문에 너희의 마음은 어지럽기만 하다. 적들의 독약과 [30] 타격이 너희에겐 달콤하구나. 또한 어둠이 빛처럼 너희 앞에 일어났구나. 너희는 종이 되기 위해 너희의 자유를 포기했구나. 너희는 너희의 마음을 어둠의 마음으로 만들었구나! 너희는 너희의 생각을 어리석음에게 넘겨주었구나! 너희는 너희 안에 있는 [35] 불의 연기로 너희 생각을 가득 채웠다. 너희의 빛은 구름 속에 숨었다. […] 너희는 너희가 두른 옷을 […] 그리고 너희는 존재하지도 않는 희망에 붙잡혔다. 그런데 너희가 누구를 [40] 믿었던 것이냐? 너희는 자신이 […]한 자들 사이에 있음을 알지 못한다. […]

144. [1] 너희는 너희의 영혼을 어둠의 물속에 담갔다. [18] 너희는 너희의 뜻대로 달아났다.

너희는 불행하다, 오류 속에 머물러 있는 이들. 너희는, [5] 모든 것을 내려다보면서 모든 것을 심판하는 태양의 빛을 바라보지 않는다.

---

18 또는, "너희는 어둠의 물로 너희의 영혼에 세례를 주었다."

(태양)은 모든 것의 주변을 돌며 적들을 종으로 만들 것이다. 너희는 달이 어떻게 밤낮으로 내려다보면서 너희가 학살한 시체들을 바라보고 있는지도 알지 못한다.

너희는 불행하다, 여자들의 습관과 [10] 그들과의 불결한 교제를 사랑하는 이들!

너희는 불행하다, 육체의 권세에 사로잡혀 있는 이들![19] 그들이 너희를 괴롭힐 것이다.

너희는 불행하다, 사악한 마귀의 활동에 잡혀 있는 이들!

너희는 불행하다, 자신의 사지를 불 속에 밀어 넣는 이들! [15] 누가 너희에게 안식의 이슬을 비처럼 내려 주어[20] 너희에게서 불과 화염을 꺼트리겠느냐? 누가 너희에게 너희 위에 떠오를 태양을 보내 주어 너희 안에 있는 어둠을 몰아내고 어둠과 더러운 물을 숨겨주겠느냐?

태양과 [20] 달은 너희에게 공기와 영(바람)과 흙과 물과 함께 향기를 줄 것이다.

사실 태양이 이 몸체들을 비추지 않는다면[21] 그것들은 잡초나 풀처럼 썩어서 사라질 것이다. 태양이 (잡초나 풀)을 비추면 그것은 강해져서 포도나무를 [25] 마르게 할 것이다. 그러나 포도나무가 강해져서 잡초와, 그 곁에 함께 자라는 모든 덤불에 그늘을 드리우고 덩굴을 [뻗]혀 무성하게 자라면, (포도나무) 홀로 자신이 자라고 있는 땅을 상속한다. [30] 그리고 (그 포도나무는) 자신이 그늘을 드리우고 있는 모든 장소의 우두머리가 된다.

---

19 또는, "육체의 권세의 손에 잡힌 너희는 불행하다."
20 칠십인역 다니 3,50 참조.
21 또는, "몸체들 위에 떠오르지 않는다면."

그런 다음 그것이 자라면 온 땅의 우두머리가 되고 자기 주인을 위해 무성해지며 그를 더더욱 기쁘게 한다. 그가 (잡초) 뿌리를 뽑는 순간까지 잡초들 때문에 큰 노고를 기울여야 했을 터이기 때문이다. 그러나 ³⁵ 포도나무는 홀로 그것들을 없애고 그것들을 마르게 하였다. 그리하여 그것들은 죽어서 흙처럼 되었다."

가르침을 받아들이지 않는 사람의 불행

그리고 나서 예수님께서는 그들에게 이어서 말씀하셨습니다. "너희는 불행하다. 너희가 가르침을 받아들이지 않았기 때문이다. […]한 이들은 복음을 선포할 때 어려움을 겪을 것이다. […] ⁴⁰ 그리고 너희는 […] 145. 로 달아날 것이다. […] ¹⁴⁵·¹ 너희는 그들이 죽음에서 일어나도록 그들을 날마다 죽일 것이다.

행복 선언

너희는 행복하다, 걸림돌에 대해 미리 알고 낯선 것들에게서 달아나는 이들.

너희는 행복하다, 자기들을 향한 주님의 사랑 때문에 ⁵ 멸시당하고 비난받는 이들.

너희는 행복하다, 희망이 없는 자들에게 짓밟히며 우는 이들. 너희는 모든 사슬에서 풀려날 것이기 때문이다.

깨어 기도하라

너희가 육신 안에 머물지 않고 통렬한 삶의 사슬에서 벗어나도록 깨어서 기도하여라. ¹⁰ 너희는 기도할 때 안식을 발견할 것이다. 너희가 고통과 비난을 버렸기 때문이다. 사실 너희가 고통과 육체의 정염에서 벗어난다면 너희는 선하신 분에게서 안식을 얻을 것이다. 그리고 너희는 임금님과 함께 다스릴 것이다. ¹⁵ 너희는 그분과, 그리고 그분은 너희와 함께 있다. 이제로부터 영원히 아멘.

완전한 이들에게 쓰는
용사 토마의 책

기도 중에
나를 기억해 주십시오, 내 형제들이여!
성도들과 영적 인간들에게
평화가 있기를!

토마 사도와 동부 시리아 교회[1]

신약성경에서는 예루살렘의 다락방에 있었던 사도들의 목록(사도 1,12-14)을 마지막으로 토마 사도에 대해서 더 이상 직접 언급하지 않는다. 물론 오순절 성령 강림과 그 뒤에 이어진 베드로의 연설 자리에 토마도 함께 있었을 것이다(사도 2,14). 그 뒤에는 다른 대부분의 사도가 그러하듯 토마에 대해서도 소식을 들을 수 없다. 사도행전의 전반부에는 베드로와 야고보 등 다른 사도들에 대해서도 이야기하지만 후반부는 거의 바오로에게만 집중되기 때문이다.

토마 사도에 대한 소식은 초대 교회의 다른 전승을 통해 들을 수 있다. 토마는 동방으로 선교 여행을 떠난 것으로 전해진다. 토마 사도의 족적은 팔레스티나 동쪽, 곧 시리아와 페르시아(오늘날 이라크 영토)는 물론 인도에도 남아 있다.

그리스도교 신앙은 일찍부터 서부 시리아에 진출하였다. 사도 9장에 따르면 다마스쿠스에도 그리스도인들이 있었다. 사울이 주님을 만나는 체험을 하게 된 것이 바로 다마스쿠스의 그리스도인들을 잡으러 가는 길목에서였다(이 체험을 계기로 사울은 그리스도교 박해자에서 최고의 그리스도교 전파자가 된다). 예수님의 추종자들이 처음으로 그리스도인들이라고 불린 곳도 시리아의 안티오키아였다(사도 11,26). 안티오키아는 사도 바오로와 베드로의 활동 기지 역할을 하게 된다. 마태오 복음이 안티오키아에서 집필되었으리라 추정하는 학자들도 있다. 이는 그만큼 안티오키아가 초대 그리스도교 중심지로서 손색이 없었다는 방증이 된다. 안티오키아의 제삼대 주교 이냐시우스의 활약을 통해 안티오키아 그리스도교 공

---

[1] 송혜경, 『신약 외경 입문 하권』, 285-312을 참조하라. Baum/Winkler, *The Church of the East: A Concise History*; Klijn, "Christianity in Edessa and the Gospel of Thomas: On Barbara Ehlers, 'Kann das Thomasevangelium aus Edessa stammen?'", 70-77; Thomas, "The Conversions of Adiabene and Edessa in Syriac Christianity and Judaism: The Relations of Jews and Christians in Northern Mesopotamia in Antiquity", 10-33도 참조하라.

동체가 전체 교회에 얼마나 강한 영향력을 행사했는지 짐작할 수 있다.

그러나 신약성경에 나오는 인물 가운데 동부 시리아 선교와 관련 있는 사람은 없다. 그런데 사도 2,9에 오순절 날 예루살렘에 왔다가 베드로의 연설을 들은 청중 가운데 "파르티아 사람, 메디아 사람, 엘람 사람, 또 메소포타미아 … 주민"이 섞여 있었다고 전한다. 이들이 베드로 사도의 첫 복음 선포 대상이었던 셈이다. 이들은 고향 곧 동부 시리아와 메소포타미아와 페르시아 지역으로 돌아가 그곳에서 그리스도교 신앙을 전파했을 법하지만 그에 관한 기록은 남아 있지 않다. 라삐 가말리엘 문하에서 교육을 받았다는 사도 바오로는(사도 22,3)[2] 당시 페르시아에 유다인 공동체가 있다는 사실을 알았을 것이다. 그렇다고 그쪽에 먼저 복음을 전파해야 한다고는 생각하지 않았던 모양이다.

20세기에 접어들어 초창기 그리스도교 찬가인 솔로몬의 송가(Odes of Solomon)가 발견되면서 빠르면 1세기 말엽, 늦어도 2세기 중반에 이미 동부 시리아에 일종의 그리스도교 공동체가 있었다는 새 증거가 되었다.

동부 시리아 그리스도교에 대한 최초의 언급은 비문에서 발견된다. 아베르키우스 마르켈루스라는 주교는 직접 자신의 비문을 지었다. 이 비문은 192년에 만들어진 것으로 추정된다. 비문에서 주교는 자신이 동부 시리아의 니시비스라는 도시를 여행한 사실을 언급하는데, 어디를 가든 그곳에 형제들이 있었다고 한다. 니시비스는 기원후 162년부터 167년까지 있은 로마와 파르티아와의 전쟁 이후 로마의 보호국이 되었다. 따라서 마르켈루스 주교가 동부 시리아의 이곳으로 여행 와서 그리스도교 공동체가 있음을 확인한 것은 167년부터 192년 사이일 것이다.

동부 시리아 교회에 대한 다른 언급은 '에데사 연대기'에서 발견된다. 이 책

---

[2] "나는 유다 사람입니다. 킬리키아의 타르수스에서 태어났지만 이 도성 예루살렘에서 자랐고, 가말리엘 문하에서 조상 전래의 엄격한 율법에 따라 교육을 받았습니다. 오늘날 여러분이 모두 그렇듯이 나도 하느님을 열성으로 섬기는 사람이었습니다."

은 기원후 540년경에 익명으로 저술되었다. 여기에 201년에 큰 홍수가 나서 도시를 휩쓸었다는 내용이 나오는데, 지나가는 말로 이 홍수로 인해 그리스도 교회 건물이 파괴되었다고 전한다. 그렇다면 그리스도인들이 에데사에 들어온 때는 기원후 201년 전이었을 것이다. 그들은 지역사 기록물에 언급될 만큼 큰 공동체로 발전했던 것 같다.

토마 사도의 선교 여행담은 3세기 작품인 토마 행전에 처음 나온다. 토마 행전에서 사도는 "쌍둥이라고도 불리는 유다 토마"로 소개된다. 행전에서 열두 사도는 예루살렘에 모여 각자 맡을 선교지를 제비로 뽑는다. 토마 사도에게는 인도가 임지로 할당된다. 토마는 몸이 허약하다는 핑계로 그리고 히브리인인 자기가 어떻게 인도 사람들에게 복음을 전하겠느냐면서 거부 의사를 표명한다. 주님께서 토마 사도에게 몸소 나타나시어 인도로 가라고 명령하시자 토마는 주님께서 명하시는 곳이면 어디든 가겠으나 인도에만은 가지 않겠다고 고집한다. 결국 주님께서 인도의 군다포로스 임금이[3] 보낸 상인에게 접근하여 토마 사도를 목수로 판다. 마침내 토마는 주님의 결정에 승복하고 인도 상인과 함께 배를 타고 동쪽으로 떠난다.

인도로 가는 길에 토마 사도는 안드로폴리스라는 도시에 잠시 머무는데 거기서 그 나라 공주의 결혼식에 참석한다. 사도를 눈여겨본 임금은 사도에게 신방에 들어가 신혼부부를 위해 기도해 달라고 부탁한다. 사도는 신방에서 기도한 다음 주님께 자리를 비켜드리고 나간다. 이때 주님께서 토마의 모습으로 나타나시어 신혼부부에게 육신의 결합 대신 정결의 삶을 살라고 독려하신다(토마 행전 12).[4] 이에 자극받은 신혼부부는 평생 정결의 삶을 살기로 결심한다. 다음날 이 모든 사실을 알게 된 임금은 토마 사도를 체포하라고 명령하지만 사도는 이미 떠나고 없었다.

---

3 1세기 인도의 일부를 다스린 임금.

4 이후 토마 행전에서는 줄곧 육신의 정결이 영혼의 구원을 위한 필수 요건으로 제시된다.

다시 상인과 함께 여정에 오른 토마 사도는 마침내 군다포로스의 왕국에 당도한다. 거기서 사도는 임금의 왕궁을 짓기로 하지만 받은 돈을 가난한 사람들을 위해 다 써버리고 오직 복음 전파에만 전념한다. 이 사실을 알게 된 임금이 토마 사도를 소환하자 자신은 하늘에 임금을 위한 왕궁을 건설해 두었다고 말한다. 처음에는 이 말을 믿지 않지만 임금의 동생이 환시로 하늘 나라에 지어진 임금의 왕궁을 보았다고 하자 수긍한다.

토마 행전은 계속해서 토마의 인도 선교 활동을 소개한다. 사도는 인도에서 수많은 기적을 행하면서 복음을 전파한다. 그는 동부 인도까지 진출하여 그곳의 왕비를 그리스도교로 개종시키고 정결의 삶을 택하게 만든다. 이에 앙심을 품은 임금은 토마를 체포하여 처형시킨다.

토마의 유해는 나중에 인도에서 동부 시리아의 에데사로 옮겨졌다고 한다. 4세기에 한 순례자가 에데사에서 토마의 유해를 보았다는 기록이 남아 있다.

'아따이의 가르침'에서도 토마 사도의 선교 활동에 대한 단서를 찾을 수 있다.[5] 예수님은 십자가형을 당하시기 얼마 전에 에데사 국왕 압가루스의 편지를 받는다. 당시 에데사는 동부 시리아 오스로에네 왕국의 수도였다. 압가루스 임금은 편지에서 예수님께서 에데사로 오시어 자신을 병에서 낫게 해 주십사 요청한다. 예수님은 임금의 요청을 정중히 거절하면서 대신 다른 제자를 보내 주실 것을 약속하신다. 예수님께서 돌아가신 뒤 토마 사도는 예수님의 약속을 지키려 아따이를 에데사 국왕에게 보낸다. 아따이는 국왕의 병을 낫게 하여 임금뿐 아니라 에데사 백성을 모두 그리스도교 신앙으로 인도한다.

사실상 아따이가 예수님 시대에 살았을 법하지는 않다. 아따이(혹은 그 비슷한 선교사)가 에데사에 도착한 것은 2세기 말엽이었을 것이다. 그러나 이 이야

---

[5] 같은 이야기가 4세기에 기록된 에우세비우스, 『교회사』 1.13에도 나온다. 여기서는 아따이가 타데우스라는 이름으로 나온다.

기에서 에데사 교회가 토마 사도 같은 대사도가 아닌 아따이처럼 평범한 인물에 의해 세워졌다고 묘사하는 점은 사뭇 신선하다. 단지 토마 사도가 아따이를 에데사 교회에 파견한 것으로 설정되었을 따름이다. 이렇게 해서 에데사 교회는 토마 사도와 간접적으로 연결된다. 토마 사도는 인도로 선교 여행을 떠났다는 전승이 이미 에데사에 퍼져 있었던 탓에 토마 사도가 에데사 교회를 직접 세웠다고는 못하고 아따이를 통해 간접적으로 에데사 교회의 시작에 기여한 것으로 만들었을 법하다.

동부 시리아는 서방의 초대 그리스도교가 배척했던 여러 사조와 개념들을 별 거부감 없이 받아들였다. 2세기 말에는 마르키온의 가르침이 동부 시리아에서 큰 인기를 끌었으며 그 여파는 4세기까지 이어졌다. 동부 시리아에서 유명세를 얻은 인물 가운데 바르 다이산도 빼놓을 수 없다. 그의 사상에는 발렌티누스의 가르침과 비슷한 면이 있었다. 바르 다이산은 대중들에게 쉽게 다가서기 위해 자신의 가르침을 노래(찬가madrasha)로 만들었다. 따라 부를 수 있는 노래의 파급력을 확신했던 것이다. 결국 그 방법이 주효하여 바르 다이산의 가르침이 대중들 사이에 쉽게 파고들자 정통 교회 작가인 마르 에프렘이 그를 따라 하기도 했다. 에프렘 역시 자신의 가르침을 찬가 형식으로 만들어 대중들에게 보급하면서 상대적으로 바르 다이산의 영향력을 감소시키고자 했던 것이다.

어쨌든 동부 시리아에는 일찍부터 영지주의가 강한 존재감을 지니고 있었음이 틀림없다. 동부 시리아에는 일찍부터 토마 복음, 용사 토마의 책과 같은 영지주의 성향의 작품이 만들어질 수 있는 토양이 형성되어 있었던 것이다.

*

토마 사도가 동방 세계와 연결된 것은 참 흥미롭다. 이는 그리스도교가 일찍부터 동부 시리아를 넘어 페르시아와 인도에까지 곧 로마 제국 바깥에까지 전파되었음을 암시한다. 그리스도교가 그리스-로마 문화와 차이가 나는 동방의 색다른 문화와 만났을 때 어떤 화학반응을 일으켰을지 토마 전승과 관련된 작품들을 통해 조금이나마 엿볼 수 있다. 특히 이 지역의 교회는 로마와 페르시아 사이의 정치적 분쟁과 그리스도론을 둘러싼 신학적 논쟁을 겪으면서 5-6세기경부터 서방 교회와 결별하고 독자적인 행보를 걷게 된다는 점도 흥미롭다. 나중에 네스토리우스파 교회, 혹은 동방의 교회(Church of the East)라 불리게 되는 이들은[6] 페르시아 제국의 박해를 피해 동쪽으로 이동하여 인도와 중국에까지 진출한다. 서양의 선교사들이 중국에 들어가기 훨씬 전에 이들을 통해 그리스도의 복음이 극동 지역까지 전파되었다는 사실은 의미심장하다.

---

6   Baum/Winkler, *The Church of the East: A Concise History*, 4.

05
죽음 뒤에는?

콥트어 바오로 묵시록

Coptic Apocalypse of Paul

영지주의 본문들 가운데에는 영혼의 천계 여행이 소재로 채택된 경우가 많이 있다. 천계 여행 테마는 대개 영혼의 사후 운명이라는 묵직한 주제와 얽혀 있다. 그리고 영혼의 운명이라는 주제는 필연적으로 윤리 문제와 연결된다. 사실 모든 종교의 가르침에는 윤리와 도덕 문제가 수반된다. 우리가 하느님과 세계와 인간을 어떻게 바라보고 믿느냐에 따라 우리가 이 세상에서 살아가고 행동하는 방식이 정해진다. 영지주의자들도 예외는 아니었다. 그들의 가르침에도 직간접적으로 윤리적 의미가 내포되어 있다.

예를 들면 요한의 비전에는 영혼이 육신에서 빠져나온 뒤 어디로 가는지 설명하는 대목이 나오는데 이에 따르면 영혼의 상태에 따라 운명은 세 가지로 나뉜다. 먼저 아류-영(= 비루한 영)보다 강한 힘을 가진 영혼은 살아서는 악을 피하고 죽어서는 불멸하신 분에게 구원되어 플레로마의 안식에 접어든다. "자기가 가진 힘이 비루한 영보다 더 커지는 영혼은 참으로 강인하여 악에서 달아나게 된다. 그리고 (그 영혼은) 불멸하신 분의 방문을 받아 구원되고 에온의 안식처에 받아들여진다"(요한의 비전 26). 그러나 자신의 기원을 알지 못하는 영들, 곧 아류-영의 힘이 강해진 영혼은 살아서는 악과 망각에 빠져들고 죽어서는 아르콘들의 손에 넘겨진다. 그런 뒤 사슬에 묶여 감옥 속, 곧 다른 몸속으로 들어간다. 다른 사람으로 환생하는 것이다. "그 (영혼)이 (몸을) 떠난 뒤에 그것은 아르콘에 의해 생겨난 권세들의 손에 넘겨진다. 그리고 그들은 그것을 사슬로 묶어 감옥에 던져 넣는다"(27). 이러한 윤회는 "(그 영혼)이 망각에서 깨어나 지식(깨달음)을 얻을 때까지"(27) 계속된다. 이런 과정을 통하여 마침내 깨달음을 얻은 "영혼이 완전해지면 구원을 받는다"(27). 마지막으로 하느님에 대한 깨달음을 얻고도 다시 옛 삶으로 돌아간 사람의 영혼은 회개가 없는 감옥으로 보내진다. 그들은 그곳에서 영원히 벌 받을 것이다. "빈곤의 천사들이 가게 될 곳, 그곳으로 그들은 인도될 것이다. 그곳은 회개가 일어나지 않는 곳이다. 그들은 영을 모독한 자들이 고문당하는 그날까지 갇혀 있을 것이다. 그리고 그들은 영원한 징벌로 벌 받을 것이다"(27).

여기서는 콥트어 바오로 묵시록을 중심으로 사후 영혼의 운명에 대해 살펴볼 것이다. 죽은 뒤의 영혼은 어떻게 되는가? 삶과 영혼의 운명은 어떤 관계가 있는가? 영혼의 운명을 좌우하는 것은 무엇인가? 하는 문제들이 천계 여행 테마와 맞물려 펼쳐질 것이다.

1. 콥트어 바오로 묵시록 소개

콥트어 바오로 묵시록은 코린토 2서에 언급된 바오로 사도의 천계 체험을 확장하여 만든 일종의 여행담으로 나그 함마디 코덱스 V에 나오는 여러 묵시록들 가운데 제일 앞자리에 해당한다(코덱스 V,2). 이 코덱스를 하나로 엮은 사람이 묵시록 전집을 만들고 싶어 했는지도 모른다. 바오로 묵시록 뒤에는 두 편의 야고보 묵시록이 나오고, 아담의 묵시록이 그 뒤를 잇는다. 콥트어 바오로 묵시록의 저자가 누구인지, 언제 어디서 만들어졌는지 확실히 알 수 없으나 유다교 사상에 대해 부정적 시각을 가진 사람이었을 법하다. 구약성경에서 신적 인물에 해당하는 '연로한 노인'이[1] 여기서는 악마적 존재로 묘사되기 때문이다. 그러나 이것만으로는 이 작품이 어느 영지주의 분파에서 만들어졌을지 알아낼 수 없다. 그런데 바오로 사도를 다른 사도들보다 높게 평가하는 것은 2세기 영지주의자들 특히 발렌티누스파의 특징이라고 한다. 이레네우스에 따르면, 당대 영지주의자들 사이에, 2코린 12,2-4의, 셋째 하늘로 올라간 체험을 해석하는 전통이 있었다고 한다(『이단 논박』 2.30.7).[2] 이를 감안하면 콥트어 바오로 묵시록은, 2세기 발렌티누스파 또는

---

1 다니 7,9-10을 참조하라. 여기서는 '연로하신 분'이 긍정적으로 묘사되어 종말의 심판과 관련 있는 신적 존재로 등장한다.

2 Murdock/MacRae (eds.), "Apocalypse of Paul", 48-49 참조.

그들과 가까운 영지주의 분파에서 만들어졌을 법하다.3

콥트어 바오로 묵시록의 원천이 되는 자료는 2코린 12,2-4, 바오로 사도가 셋째 하늘로 들어 올려진 이에 대해 이야기하는 대목이다. 바오로 사도는 코린토 교회에 보내는 둘째 편지에서 셋째 하늘까지 들어올려져 발설할 수 없는 말씀을 들은 이에 대해 언급한다. "나는 그리스도를 믿는 어떤 사람을 알고 있는데, 그 사람은 열네 해 전에 셋째 하늘까지 들어 올려진 일이 있습니다. 나로서는 몸째 그리되었는지 알 길이 없고 몸을 떠나 그리되었는지 알 길이 없지만, 하느님께서는 아십니다. 나는 그 사람을 알고 있습니다. 나로서는 몸째 그리되었는지 몸을 떠나 그리되었는지 알 길이 없지만, 하느님께서는 아십니다. 낙원까지 들어 올려진 그는 발설할 수 없는 말씀을 들었는데, 그 말씀은 어떠한 인간도 누설해서는 안 되는 것이었습니다."

바오로 사도는 그 사람이(혹은 사도 자신이) 셋째 하늘에서 겪은 일이나 들은 말씀에 대해 자세한 내용은 소개하지 않지만 이 대목은 수많은 그리스도인, 특히 영지주의 그리스도인들에게 큰 영감을 주었다. 콥트어 바오로 묵시록도 2코린 12,2-4의 연장선에 있다고 말할 수 있다. 다만 바오로 묵시록은 사도의 천계 체험을 한 단계 더 높인다. 이를테면 코린토서에서는 셋째 하늘까지 들어 올려졌다고 말하지만 바오로 묵시록에서는 셋째 하늘까지는 그냥 통과하고 넷째 하늘부터 둘러보았다고 한다. 바오로 묵시록 저자가 코린토서 자료를 새로운 이야기로 확대시킨 것이다.

이처럼 영지주의자들은 성경의 말씀을 있는 그대로 받아들이거나 거기에 얽매일 필요를 느끼지 않았다. 그들은 성경 내용을 일방적으로 받아들이기보다는 자신들의 가설을 더욱 보충하거나 지지 기반을 넓힌다는 측면에서 성경을 읽었다. 그리하여 성경 내용을 자유롭게 변형 첨삭하며 완

---

3   Murdock/MacRae (eds.), "The Apocalypse of Paul", 50-63을 참조하라.

전히 새로운 이야기로 바꾸는 데 주저함이 없었다. 바오로 묵시록도 그러한 예들 가운데 하나다.

2. 천계 여행

바오로 사도는 넷째 하늘부터 열째 하늘까지 여행하며 지금까지 알려져 있지 않던 신비를 접한다. 천계 여행 내내 성령께서 줄곧 바오로 사도를 인도한다.[4]

여정의 시작

계시는 작은 소년의 등장으로 시작된다. 바오로는 그 소년에게 예루살렘으로 가는 길을 묻는다. 소년은 바오로에게 정신을 깨어나게 하라며 천상으로의 여정에 초대한다. "눈에 보이는 것들을 통하여 숨겨진 것들을 알 수 있"게(콥트어 바오로 묵시록 19) 하려는 것이다.

소년은 바오로 사도에게 자신을 성령(=거룩한 영)이라 소개한다. 그러나 때로는 천사나 인도자 영으로 보일 때도 있다.[5] 이 아이는 바오로에게 천계로 가는 길을 안내하고 열째 하늘까지의 전 여정을 인도한다.

---

4 천계 여행 테마에 대해서는 야고보의 첫째 묵시록을 참조하라.
5 발렌티누스파 작품에서 예수님은 종종 어린 아이의 모습으로 그려진다. 특히 환시나 계시 사건이 일어날 때는 더욱 그러하다. 이런 점에서 바오로 묵시록이 발렌티누스의 영향을 받았을 가능성이 있다.

넷째 하늘과 다섯째 하늘: 심판

바오로 사도와 성령-아이는 넷째 하늘로 비상하는데 사도는 거기서 열두 사도를[6] 만난다. 사도들은 아무 말 없이 그저 바오로의 여정에 동행하기만 한 듯하다. 넷째 하늘과 다섯째 하늘에서는 심판이 이루어지고 있었다. 넷째 하늘에서는 천사들이[7] 어떤 사람을 데려다가 생전에 지은 죄를 묻는다. 그가 처음에는 죄를 부인하지만 세 증인이 나타나서 그를 설득하자, 그는 마침내 자신의 죄를 인정하고 지상으로 다시 내려가 새로운 몸속으로 들어간다. 말하자면 다른 사람으로 **환생**한 것이다.

다섯째 하늘은 넷째 하늘보다 위협적인 분위기다. 쇠 지팡이를 든 천사가 채찍을 든 다른 세 천사와 함께 인간의 영혼들을 심판으로 인도한다.

여섯째 하늘: 빛

여섯째 하늘은 눈부신 빛의 장소다. 빛줄기가 위에서부터 여섯째 하늘로 내려쬐고 있다. 바오로 사도는 더 높은 하늘로 올라가는 길목에서 통행료를 걷고 있는 징수원에게 말을 건넨다. 징수원은 바오로와 그 동료들에게 문을 열어 주며 일곱째 하늘로 올라갈 수 있게 해 준다.

일곱째 하늘: 징수원과의 질의응답

일곱째 하늘로 들어가자 옥좌에 앉은 연로한 노인이 그들을 맞이한다. 노인의 옷은 새하얗고 그의 옥좌는 태양보다 찬란하게 빛난다. "그리고 나

---

[6] 열두 사도는 '선택된 영(pneuma)'들로 묘사된다. 열두 사도는 여덟째 하늘까지 줄곧 바오로 사도와 함께 것으로 보인다.

[7] 이들은 사람이 천계로 나아가는 것을 방해하는 아르콘들이다.

환생?

영지주의자들은 대체로 환생과 윤회를 믿었다. 완전한 깨달음을 얻어 천상계에 합류하지 못한 영혼은 다시 지상으로 보내어져 새로운 사람으로 태어난다는 것이다. 환생은 그 사람이 깨달음을 얻을 때까지 반복될 것이다. 한편 구원의 희망이 전혀 없는 육적인 인간, 오직 물질적인 것에만 마음이 빼앗긴 사람은 환생조차도 허락되지 않는다. 육적 인간에게 기다리는 것은 파멸과 소멸뿐이다.

는 빛 [한가운데 있는] 연로한 노인을 보았습니다. [그의 의]복은 하얀 빛깔이었습니다. 일곱째 하늘에 있는 [그의 옥좌]는 태양보다 일곱 배나 더 밝게 빛났습니다"(22). 연로한 노인의 이미지는 유다교 묵시문학 특히 다니 7장에서 빌려온 듯하다. "내가 보고 있는데 마침내 옥좌들이 놓이고 연로하신 분께서 자리에 앉으셨다. 그분의 옷은 눈처럼 희고 머리카락은 깨끗한 양털 같았다. 그분의 옥좌는 불꽃 같고 옥좌의 바퀴들은 타오르는 불 같았다. … 그분을 시중드는 이가 백만이요 그분을 모시고 선 이가 억만이었다. 법정이 열리고 책들이 펴졌다"(다니 7,9-10). 옥좌에 앉아 계신 연로하신 분의 이미지는 요한 묵시록에도 영향을 끼쳤다. 마지막 심판을 묘사하는 묵시 20,11-12이 그것이다. "나는 또 크고 흰 어좌와 그 위에 앉아 계신 분을 보았습니다. … 그리고 죽은 이들이 높은 사람 낮은 사람 할 것 없이 모두 어좌 앞에 서 있는 것을 보았습니다. 책들이 펼쳐졌습니다. 또 다른 책 하나가 펼쳐졌는데, 그것은 생명의 책이었습니다. 죽은 이들은 책에 기록된 대로 자기들의 행실에 따라 심판을 받았습니다. … " 바오로 묵시록의 일곱째 하늘에서 일어나고 있는 일이 바로 묵시 20장의 마지막 심판과 크게 다르지 않다.

바오로 사도는 옥좌에 앉아 있는 노인과 말을 나눈다. 노인은 바오로가 어디로 가고 있는지 알고 싶어 한다. "연로한 노인이 [내]게 말하였습니다. '어디로 가느냐, 바오로! 축복받은 이이며 어머니 배 속에서부터 따로 뽑힌 이여!'⁸ 내가 돌아서서 영을 바라보자 그분께서는 머리를 끄덕이시며 내게 말씀하셨습니다. '그에게 말하여라!' 그래서 나는 대답하며 연로한 노인에게 말하였습니다. '내가 나온 그곳으로 가려 합니다'"(23). 여기서 마지막 문장은 영지주의자의 영혼이 천계로 올라가는 것을 방해하는 아르콘을 만났을 때 해야 하는 답변이다. 이 대답을 알아야만 죽은 사람의 영혼이 물질계를 완전히 벗어나서 천상계로 올라갈 수 있다.

죽은 이후 인간의 영혼이 자신을 가두던 육체와 그 권세에서 벗어나기 위해서는 그것을 방해하는 세력, 곧 창조주와 그 수하세력의 음모에서 벗어날 수 있어야 한다. 사람이 죽은 뒤 육체를 빠져나온 영혼은 천계로 올라가게 되는데 각 하늘을 통과하는 관문마다 창조주의 수하세력이 지키고 있다. 그래서 영혼이 각 관문을 통과하기 위해서는 방해자들이 원하는 답변을 내놓을 수 있어야 한다.

지금 연로한 노인과 바오로가 나누는 대화가 바로 그런 종류의 것이다. 연로한 노인은 어떻게 자신의 세력권에서 벗어나겠느냐며 바오로를 위협한다. "네가 어떻게 내 손에서 벗어나겠느냐? 보아라. 권력들arche과 권세들exousia을 보아라"(23). 그러나 영의 지시대로 바오로가 노인에게 징표를 보여 주자 하늘 문을 열어 준다. 그리하여 바오로는 여덟째 하늘로 올라갈 수 있게 된다.⁹

---

8   갈라 1,15: "어머니 배 속에 있을 때부터 나를 따로 뽑으시어 당신의 은총으로 부르신 하느님께서 …" 참조.

9   이때 바오로가 보여 준 징표가 무엇이었는지에 대해서는 아무런 설명이 없다. 그 징표는 영지주의자들 사이에서만 은밀히 전수되는 비밀일지도 모른다. 영지주의자들은 영혼이 하늘의 문들을 통과할 수 있기 위해 필요한 암호나 주문과 징표들이 있다고만 말하며 그것이 정확히 무엇이었는지는 밝히지 않는다. 영지주의 공동체가 나중에 밀교적 집단이 된 것도 무리는 아닐 것이다.

죽은 뒤의 영혼이 하늘을 올라갈 때 각 하늘 문을 지키고 있는 '징수원'의 질문에 답변을 해야 한다는 것은 영지주의자들이 처음 지어낸 이야기가 아니다. 이미 헤르메스주의 작품이나 그리스어 마술 파피루스에서 두루 발견되는 주제들이다. 영지주의자들은 이 주제를 채택하여 선택된 영혼만이 천상계로 회귀할 수 있으며 그것이 가능하도록 자기네 공동체 안에서 비전을 공유한다는 식의 사상을 발전시켰다. 이와 비슷한 주제는 바오로 묵시록뿐 아니라 다른 영지주의 문헌에서도 널리 발견된다.

여덟째에서 열째 하늘까지

일곱째 하늘은 천상계로 올라가는 마지막 관문이었다. 여덟째와 아홉째 하늘은 자세히 묘사되어 있지 않다. 바오로 사도가 여덟째 하늘에서 만난 열두 사도와 인사하고 아홉째 하늘에서도 거기 있는 모든 이에게 인사한다. 이 사실로 미루어 볼 때 여덟째와 아홉째 하늘은 일종의 낙원과 같은 곳인 듯하다. 마지막 하늘인 열째 하늘에서 바오로는 자신의 "동료 영들"에게 인사한다. 이 열째 하늘이야말로 모든 생명의 원천이며 바오로가 나오고 속한 곳, 곧 플레로마다. 이로써 넷째 하늘부터 열째 하늘까지 바오로의 천계 여행은 끝난다.

3. 사후 영혼의 운명

콥트어 바오로 묵시록에 따르면 하늘은 모두 열 개로 구성되어 있다.[10] 바

---

10 2에녹 1-22가 하늘을 열 개 하늘로 묘사한다. 각 하늘의 세부 설명은 콥트어

오로는 성령의 인도를 받아 셋째 하늘을 통과하여 그 위로 올라간다. 넷째 하늘과 다섯째 하늘에서는 죽은 이의 심판이 이루어지고 있다. 넷째 하늘의 심판에서 유죄로 판결된 이는 다시 지상으로 내려가 다른 사람으로 환생한다. 다섯째 하늘에서는 쇠 지팡이와 채찍을 든 천사들이 영혼을 재판정으로 끌고 간다. 여기서 쇠 지팡이와 채찍은 영혼에게 내리는 일종의 처벌을 상징한다. 여섯째 하늘은 위에서 쏟아지는 빛으로 가득하다. 이곳에서 바오로는 하늘 문을 지키는 '세금 징수원'을 만나 문을 열어 달라고 청한다. 징수원이 문을 열어 주자 사도는 일곱째 하늘로 올라간다. 일곱째 하늘에서 바오로는 옥좌에 앉아 있는 연로한 노인을 만난다. 노인은 바오로에게 어디로 가느냐고 묻고 바오로는 자기가 난 곳으로 간다고 옳은 답을 내놓는다. 그리하여 바오로는 일곱째 하늘을 통과하고 여덟째, 아홉째, 열째 하늘까지 올라간다. 열째 하늘에서 바오로는 자신의 동료 영들을 만난다. 열째 하늘에 있는 영들이 바오로의 동료라 함은 바오로가 본디 그곳에 속해 있음을 뜻한다. 바오로가 나온 곳이며 최종적으로 올라가야 할 곳, 곧 플레로마라는 뜻이다.[11]

 여기서 죽은 뒤 영혼의 운명은 세 종류로 나뉨을 짐작할 수 있다. 하나는 다시 지상으로 내려가 다른 사람으로 환생해야 하는 운명이다. 다른 하나는 심판과 처벌의 운명이다. 마지막은 궁극의 천상계, 영혼의 본향으로 올라가는 운명이다. 복된 운명은 하늘 관문을 지키는 징수원과 질의응답을 나눌 연로한 노인을 통과한 영혼만이 누릴 수 있다. 곧 연로한 노인의 질문에 올바로 답할 수 있어야 하고, 그가 원하는 징표를 보여 줄 수 있어야 한다. 올바른 해답과 징표를 제시할 수 있는 사람은 오직 영지주의자들뿐임은 두 말할 필요가 없다. 이때 질문의 요지가 '어디서 와서 어디로 가는가?'

바오로 묵시록의 것과 다르다. 이를테면 셋째 하늘에 에덴 동산과 지옥이 있다고 한다. 열째 하늘에 하느님의 옥좌가 있다고 하는 점은 비슷하다.
11 부활에 대한 논고 참조.

하는 점을 눈여겨보아야 한다(콥트어 바오로 묵시록 23). 결국 인간이 알아야 할 것은 자신이 누구인가, 어디서 와서 어디로 가는가라는 뜻이 함축되어 있다. 이는 영지주의 근본 질문이기도 하다.

결국 영혼의 사후 운명을 좌우하는 것은, 일곱째 하늘의 연로한 노인이 기대하는 답을 내놓느냐 그리고 그에게 보여 줄 징표를 갖고 있느냐의 문제다(야고보 첫째 묵시록 33-35; 토마 복음 50 참조). 해답과 징표는 그노시스, 지식을 획득한 자만이 가질 수 있을 것임은 당연하다.

한 가지 유의할 점은 바오로 묵시록이 그노시스뿐 아니라 평소의 삶도 중시한다는 사실이다. 넷째 하늘에서 영혼은 자신이 지은 죄, 곧 분노와 질투, 살인과 육체의 욕망의 죄를 인정한다. 그의 죄를 증언하는 증인의 등장으로 할 말이 없어진 영혼은 지상으로 돌아가 다른 몸으로 환생한다. 생전에 지은 죄가 없어야 한다는 것은 천상으로 올라갈 수 있는 첫째 요건이 되는 셈이다. 연로한 노인에게 제시할 답변이나 징표는 그 다음 문제다.

4. 콥트어 바오로 묵시록

Nag Hammadi Codex V,2; 콥트어 대본: Murdock/MacRae (eds.), "The Apocalypse of Paul", 50-63.

17. [바오]로[의 묵시록]
　　[4줄 훼손]

여정의 시작

아이와 바오로의 만남

18. [1줄 훼손]

그리고 [그(바오로)]가 아이에게 대답하며] 말하였습니다. ⁵ "예루살렘으로 올라가려면 [어느] 길로 가야 하느냐?" 어린 아이가 [대답하며 말하였습니다]. "그대 이름을 말해 보십시오. 그러면 내가 그대에게 길을 [알려]드리겠습니다." [어린 아이는] 바[오로가 누]구인지 알고 있었습니다. ¹⁰아이는 그와 말로 대화를 나누고 싶어서 그와 이야기할 구실을 찾으려는 것이었습니다. 어린 아이가 대답하며 말하였습니다. "나는 그대가 누군지 압니다. ¹⁵바오로. 그대는 그대 어머니의 뱃속에서부터 축복을 받은 이입니다.¹² 내가 그대에게 온 것은 그대가 예루살렘에 (있는) 동료 [사도]들에게 가게 하기 위해서입니다. ²⁰그대가 불리운 것은 이 이유 때문입니다. 그리고 나는 그대와 [동행하는] 영입니다.
　　[6줄 훼손]

19. ¹ ⋯ 권[력]arche, 권세들exousia, 대천사들과 권능들과, ⁵모든 종의 다이몬(마귀)들, ⋯ 혼적 씨앗에게 육체를 드러내는 자."¹³

12　예레 1,5; 갈라 1,15 참조.

13　로마 8,38-39: "죽음도, 삶도, 천사도, 권세도, 현재의 것도, 미래의 것도, 권능도, 저 높은 곳도, 저 깊은 곳도, 그 밖의 어떠한 피조물도 우리 주 그리스도 예수님에게서 드러난 하느님의 사랑에서 우리를 떼어 놓을 수 없습니다" 참조.

출발

그리고 아이는 그 말을 마친 다음 대답하며 내게[14] 말하였습니다. [10]"그대의 정신nous을 깨어나게 하십시오, 바오로. 그리고 아십시오, 그대가 발 딛고 서 있는 산이 바로 예리코 산입니다. 그대가 눈에 보이는 것들을 통하여 숨겨진 것들을[15] 알 수 있기를! [15]그대는 이제 열두 사도에게 가야 합니다. 그들은 선택된 영pneuma들입니다. 그들이 반갑게 그대를 맞이할 것입니다."

천계 여행

셋째 하늘을 지나 넷째 하늘로: 심판

그는 눈을 들어 [20]그들이 자기를 맞이하는 모습을 보았습니다. 그때 그가 함께 얘기를 나눈 성[령]이 그를 붙잡아 저 높은 곳, 셋째 하늘까지 데려갔습니다. 그리고 그는 그곳을 지나 [25]넷째 [하늘]까지 갔습니다. [성]령이 그에게 대답하며 말씀하셨습니다. "보라! 땅 위에 있는 너와 닮은 것을 보아라!" 그는 아래로 내려다보며 [30]땅 [위에 있]는 것들을 보았습니다. 그는 시선을 고정하여 […] 위에 있는 것들을 [보았습니다]. […]

20. [1]그는 [아래로] 시선을 돌려 [열두] 사도가 피조물 가운데 자기 오른편과 왼편에 있는 것을 보았습니다. 영께서는 [5]그들 앞에 걸어가고 계셨습니다.

나는 넷째 하늘에서는 신들과 종γένος이 비슷한 천사들을 보았습니

---

14 3인칭에서 1인칭으로 바뀌는 현상이 반복된다. 편집의 흔적이다.
15 또는 "눈에 보이는 것들 안에 숨겨져 있는 것들."

다.¹⁶ 그 천사들은 죽은 자들의 세상에서¹⁷ 한 영혼을 데려오고 있었습니다. ¹⁰ 그들은 그 (영혼)을 넷째 하늘의 문pyle 앞에 내려놓았습니다. 그리고 천사들은 그 (영혼)에게 채찍질을 했습니다. 그 영혼이 대답하며 말하였습니다. "제가 세상에서 지은 죄가 무엇입니까?" ¹⁵ 그러자 넷째 하늘에 앉아 있던 세금 징수원telones이¹⁸ 대답하며 말하였습니다. "죽은 자들의 세상에 있는 그 모든 무법한 짓들을 행하는 것이 마땅치 않았다."

²⁰ 그 영혼이 대답하며 말하였습니다. "증인을 데려오십시오. 제가 어떤 몸으로 불법을 저질렀는지 말하게 해 보십시오! 책을 가져 오시렵니까? ²⁵ 읽어 보게 말입니다."

그러자 세 명의 증인이 왔습니다. 첫째 (증인)이 대답하며 말하였

---

16   콥트어 본문은 'ⲀⲒⲚⲀⲨ ⲆⲈ ϨⲚ ⲦⲘⲈϨϤⲦⲞ ⲘⲠⲈ ⲔⲀⲦⲀ ⲅⲈⲚⲞⲤ ⲀⲒⲚⲀⲨ ⲆⲈ ⲈⲚⲒⲀⲅⲅⲈⲖⲞⲤ ⲈⲨⲈⲒⲚⲈ ⲚⲚⲞⲨⲦⲈ'라 읽는다. 우리말로는 '나는 넷째 하늘에서는 종에 따라 보았습니다. 나는 신들과 비슷한 천사들을 보았습니다'로 옮겨진다. 앞 문장에 목적어가 없는 데다 '종에 따라'라는 표현(ⲔⲀⲦⲀ ⲅⲈⲚⲞⲤ = κατὰ γένος)이 문맥에 어울리지 않는다. 중복오사에 의한 실수로 보인다: Murdock/MacRae, "Apocalypse of Paul", 54 참조. 본디 문장은, 뒤에 나오는 'ⲀⲒⲚⲀⲨ ⲆⲈ'를 뺀 'ⲀⲒⲚⲀⲨ ⲆⲈ ϨⲚ ⲦⲘⲈϨϤⲦⲞ ⲘⲠⲈ ⲔⲀⲦⲀ ⲅⲈⲚⲞⲤ ⲈⲚⲒⲀⲅⲅⲈⲖⲞⲤ ⲈⲨⲈⲒⲚⲈ ⲚⲚⲞⲨⲦⲈ'였을 법하다. 이를 직역하면, '나는 넷째 하늘에서는 종(種)의 측면에서 신들을 닮은 천사들을 보았습니다'이다.

17   '죽은 자들의 세상'은 문맥상 저승(하데스)이 아닌, '이 세상'을 가리킨다. '죽은 자들의 세상'으로 옮긴 콥트어 본문은 'ⲠⲔⲞⲤⲘⲞⲤ ⲚⲦⲈ ⲚⲈⲦⲘⲞⲞⲨⲦ'다. 20,19-20; 23,17에서도 마찬가지다. 콥트어 번역자가 ⲚⲈⲦⲘⲞⲞⲨⲦ를 '필멸하는 자들'이라는 의미로 사용한 듯하다. 곧 '죽을 자들의 세상' 또는 '죽는 자들의 세상'을 의도했을 법하다: Murdock/MacRae, "Apocalypse of Paul", 54 참조. 아니면, 저 세상 곧 하늘 나라가 진정한 의미에서 '살아 있는 이들'의 세상이며 반대로 이 세상, 곧 땅은 '살아 있지 않은, 죽은 자들'의 세상이라는 의미로 쓰였을 가능성도 있다.

18   야고보 첫째 묵시록 33-35 참조.

습니다. "내가 몸 [안에] 있지 않았습니까? 둘째 시간에 […] ³⁰ 내가 그
21. 대를 거슬러 일어나 ²¹·¹ 그대가 분노와 화와 질투에 빠졌지요."

그리고 둘째 증인이 대답하며 말하였습니다. "나 또한 세상에 있지 않았습니까? ⁵ 나는 다섯째 시간에 들어왔었지요. 나는 그대를 보고 그대를 갈망했습니다epithymein. 그리고 보십시오! 이제 나는 그대가 저지른 살인을 들어 그대를 고발합니다."

¹⁰ 셋째 증인이 대답하며 말하였습니다. "하루의 열둘째 시간에 그대에게 간 자가 내가 아니었습니까? 해가 막 지려던 참이었지요. 나는 그대가 죄를 다 끝낼 때까지 그대에게 어둠을 주었습니다."

¹⁵ 그 영혼은 이 모든 일을 듣고는 슬퍼하며 아래쪽을 쳐다보았습니다. 그런 다음 다시 위를 바라보았습니다. 그러고는 그것은 아래로 던져졌습니다. 아래로 던져진 영혼은 ²⁰ [자기를] 위해 준비돼 있던 몸에 들어갔습니다.¹⁹ 그리고 드디어 (그 영혼을 위한) 증언이 끝났습니다.

다섯째 하늘: 심판

그리고 나는 시선을 하늘로 향하였고 영pneuma께서 나에게 ²⁵ "바오로야, 오너라! 내[게] 다[가]오너라!" 하고 말씀하시는 것을 보았습니다. 내가 앞으로 걸어 나가자 문pyle이 열렸습니다. 나는 다섯째 [하늘]로 올라갔습니다. 그리고 나는 나의 동료 사도들이 ³⁰ [나]와 함께 걸어가는
22. 것을 보았습니다. ²²·¹ 그때 영께서 우리와 함께 걸어가고 있었습니다.

그리고 나는 다섯째 하[늘]에서 위대한 천사를 보았습니다. 그는 손에 쇠 지팡이를 쥐고 있었습니다.²⁰ ⁵ 다른 천사 세 명이 그와 함께

---

19 살면서 죄 지은 영혼은 심판을 받은 뒤 다시 지상으로 내려가 새로운 몸속에 들어간다. 이른바 환생하는 것이다. 요한의 비전 27 참조.
20 묵시 19,15: "그분께서는 쇠 지팡이로 그들을 다스리시고, 전능하신 하느님의

있었습니다. 나는 그들의 얼굴을 뚫어지게 바라보았습니다. 그들은 손에 채찍을 쥐고 서로 앞을 다투면서 [10]영혼들을 재판(정)에 끌어 가고 있었습니다.

여섯째 하늘: 빛

한편 나는 영과 함께 걸어갔는데 그때 문이 내 앞에서 열렸습니다. 그리하여 우리는 여섯째 하늘로 올라갔습니다. 그리고 나는 나의 동료 사도들이 [15]나와 함께 걸어가는 것을 보았습니다. 그리고 성령께서는 나를 그들 앞에 세우고 (길을) 인도하셨습니다. 그리고 나는 위로 눈을 들어 올렸습니다. 그리고 커다란 빛이 여섯째 하늘 위로 빛을 비추는 것을 보았습니다. [20]나는 여섯째 하늘에 앉아 있는 세금 징수원에게 대답하며 말하였습니다. "나와 내 앞에 계신 성령께 [문을 열어 주십시오]!" 그가 [나]에게 문을 열어 주었습니다.[21] 그리하여 [우리]는 일곱째 [하늘]로 올라갔습니다.

일곱째 하늘: 연로한 노인과의 질의응답[22]

격렬한 진노의 포도주를 짜는 확을 친히 밟으실 것입니다"; 시편 2,9: "너는 그들을 쇠 지팡이로 쳐부수고 옹기장이 그릇처럼 바수리라"를 참조하라.

21 본디는 "'나에게 문을 열어 주십시오!' 그러자 내 앞에 계시던 성령께서 문을 열어 주셨습니다"로 옮기는 것이 원문에 더 가깝다. 그러나 문맥상 맞지 않아 '성령' 앞에 전치사를 붙여 '나와 성령께'로 옮겼다.

22 이 대목에는 영혼이 천상으로 돌아가는 길에 맞닥뜨리게 되는 질문들이 나온다. 영지주의 작품마다 조금씩 다르게 소개하지만 기본은 똑같다. 곧 '나는 어디서 와서 어디로 가는가?'라는 근본적 문제들이다(이레네우스, 『이단 논박』 1.21.5). 천계를 막고 선 아르콘의 수하세력들을 어떻게 벗어날 것인가에 대해서도 언급된다. 자세한 내용에 대해서는 야고보의 첫째 묵시록을 참조하라. 토마 복음 50도 참조.

23. ²⁵ 그리고 나는 빛 [한가운데 있는] 연로한 노인을²³ 보았습니다. [그의 의]복은 하얀 빛깔이었습니다. 일곱째 하늘에 있는 [그의 옥좌]는 태양보다 ³⁰ 일곱 배나 더 밝게 빛났습니다. ²³,¹ 연로한 노인이 [내]게 말하였습니다. "어디로 가느냐, 바오로! 축복받은 이이며 어머니 배 속에서부터 따로 뽑힌 이여!"²⁴ ⁵ 내가 돌아서서 영을 바라보자 그분께서는 머리를 끄덕이시며 내게 말씀하셨습니다. "그에게 말하여라!" 그래서 나는 대답하며 연로한 노인에게 말하였습니다. "내가 나온 그곳으로 가려 합니다."

¹⁰ 그러자 연로한 노인이 내게 대답하였습니다. "네가 어디서 나왔느냐?" 나는 대답하며 말하였습니다. "나는 죽은 자들의 세상에 가려 합니다. ¹⁵ 바빌론 유배 때 끌려간 포로들을 끌고오기 위해서입니다."²⁵ 연로한 노인이 내게 대답하며 말하였습니다. "네가 어떻게 ²⁰ 내 손에서 벗어나겠느냐? 보아라. 권력들arche과 권세들exousia을 보아라." 영께서 대답하시며 말씀하셨습니다. "네 손에 든 징표semeion를 그에게 주어라.²⁶ 그러면 그가 ²⁵ 너에게 문을 열어 줄 것이다." 그러자 나는 [그에게] 징표를 주었습니다. 그는 얼굴을 숙여 그의 피조물과 그의 권위에 속한 것들에게로 향하게 하였습니다. 그때 ³⁰ ⟨일곱째⟩²⁷ 하늘이 열렸

---

23   다니 7,13; 1에녹 46-47 참조.

24   앞 18,15을 보라. 갈라 1,15: "어머니 배 속에 있을 때부터 나를 따로 뽑으시어 당신의 은총으로 부르신 하느님께서 …" 참조.

25   에페 4,8-10: "'그분께서는 높은 데로 오르시어 포로들을 사로잡으시고 사람들에게 선물을 주셨다.' … 내려오셨던 그분이 바로 만물을 충만케 하시려고 가장 높은 하늘로 올라가신 분이십니다" 참조.

26   토마 50 참조: "그들이 너희에게 '여러분 안에 계신 여러분 아버지의 징표는 무엇입니까?' 하고 물으면 그들에게 '움직임이시며 안식이시오' 하고 말하여라."

27   사본은 '여섯째' 하늘로 되어 있지만 문맥상 '일곱째'로 바꾸었다.

24. 습니다. 그리고 우리는 ²⁴·¹ 옥도아드(여덟째 하늘)로 올라갔습니다.

여덟째 하늘에서 열째 하늘로

그리고 나는 열두 사도를 보았습니다. 그들은 나에게 인사를 하였습니다. 그리고 우리는 아홉째 하늘로 올라갔습니다. 나는 ⁵아홉째 하늘에 있는 모든 이에게 인사하였습니다. 그리고 우리는 열째 하늘로 올라갔습니다. 그리고 나는 나의 동료 영들에게 인사하였습니다.

바오로의 묵시록

06
부활

부활에 대한 논고

Treatise on the Resurrection

신약성경은 예수 그리스도께서 죽은 이들 가운데서 부활하셨으며 믿는 이들도 그렇게 되리라고 선포한다. 부활을 믿지 않는 자들을 나무라는 바오로 사도의 모습도 찾아볼 수 있다(1코린 15,12). 그렇다면 우리가 믿어야 할 부활은 어떤 것일까? 부활에 대해 신약성경은 어떻게 말하고 있을까?[1]

부활에 대한 단초는 무엇보다 복음서와 바오로 서간, 특히 1코린 15장에서 얻을 수 있다. 먼저 복음서는 예수님의 부활이 육신을 포함한 전인격적 부활임을 드러낸다. 부활하신 주님이 제자들과 함께 먹고 마시고, 심지어 당신 손과 옆구리를 토마에게 만져보라고도 하신다. 이런 식으로 복음서는 부활하신 주님께서 육신을 가지신 분이심을 분명히 드러낸다. 이는 우리가 믿어야 할 부활이 '육신의 부활'임을 암시한다.

한편 신약성경은 부활한 육신이 지금 우리가 가진 육신과 다르리라는 것도 암시한다. 그 어떤 제자도 부활하신 주님을 단번에 알아보지 못했다. 마리아 막달레나는 주님을 만나고서 주님이 어디 계신지 아느냐고 물었다. 그리고 주님께서 '마리아야' 하고 부르셨을 때라야 그분을 알아보았다. 엠마오로 가던 길에 주님을 만난 두 제자도 그분이 누구신지 모르다가 그분께서 빵을 떼어 주셨을 때 비로소 그분을 알아보았다. 그분을 단번에 못 알아보기는 다른 제자들도 마찬가지였다. 제자들은, 부활하신 주님께서 말씀이나 행동으로 '당신이 당신임을' 알려주셨을 때라야 그분을 알아볼 수 있었다. 이를 통해 부활한 육신은 생전의 육신과 다르기도 하고, 같기도 하리라는 것을 짐작할 수 있다. 이러한, 부활의 복합적 특성은 1코린 15장에서 잘 드러난다. 1코린 15장은 그리스도께서 생전에 말씀하신 것처럼 실제로 부

---

1 구약성경에서 부활을 '명시적으로' 언급한 예는 다니엘서가 유일하다(12,2). 제2성전기 후반에 만들어진 구약 외경과 쿰란 문헌에서는 부활에 대한 믿음과 희망을 쉽게 찾아볼 수 있다: 송혜경, 『구약 외경 1』, 43-49을 참조하라. 신약성경에서는 그리스도의 죽음과 부활, 그리고 믿는 이들의 부활에 대한 믿음이 그 중심을 차지한다.

활하셨으며 사도들에게 부활하신 모습으로 나타나셨다고 전한다. 그런 다음 죽은 이들이 어떻게 부활할 것인지에 대해 설명한다.

"그리스도께서는 … 성경 말씀대로 사흗날에 되살아나시어, 케파에게, 또 이어서 열두 사도에게 나타나셨습니다. … 그리스도께서는 죽은 이들 가운데에서 되살아나셨습니다. 죽은 이들의 맏물이 되셨습니다. 죽음이 한 사람을 통하여 왔으므로 부활도 한 사람을 통하여 온 것입니다. … 그러나 '죽은 이들이 어떻게 되살아나는가? 그들이 어떤 몸으로 되돌아오는가?' 하고 묻는 이가 있을 수 있습니다. … 육체라고 다 같은 육체가 아닙니다. … 하늘에 속한 몸체들도 있고 땅에 속한 몸체들도 있습니다. 그러나 하늘에 속한 몸체들의 광채가 다르고 땅에 속한 몸체들의 광채가 다릅니다. … 죽은 이들의 부활도 이와 같습니다. 썩어 없어질 것으로 묻히지만 썩지 않는 것으로 되살아납니다. 비천한 것으로 묻히지만 영광스러운 것으로 되살아납니다. 약한 것으로 묻히지만 강한 것으로 되살아납니다. 물질적인 몸으로 묻히지만 영적인 몸으로 되살아납니다. 물질적인 몸이 있으면 영적인 몸도 있습니다. … 우리가 흙으로 된 그 사람(아담)의 모습을 지녔듯이, 하늘에 속한 그분의 모습도 지니게 될 것입니다. … 우리 모두 죽지 않고 다 변화할 것입니다. 순식간에, 눈 깜박할 사이에, 마지막 나팔 소리에 그리될 것입니다. 나팔이 울리면 죽은 이들이 썩지 않는 몸으로 되살아나고 우리는 변화할 것입니다. 이 썩는 몸은 썩지 않는 것을 입고 이 죽는 몸은 죽지 않는 것을 입어야 합니다. 이 썩는 몸이 썩지 않는 것을 입고 이 죽는 몸이 죽지 않는 것을 입으면, 그때에 성경에 기록된 말씀이 이루어질 것입니다. '승리가 죽음을 삼켜 버렸다'"(1코린 15,3-54).

육신이 부활하되, '썩는 몸', '비천한 것'이 아니라, '썩지 않는 몸', '영광스러운 것'으로 되살아난다는 것이다. 또한 썩는 몸이 썩지 않는 것을 입고, 죽는 몸이 죽지 않는 것을 입는 것이 죽음을 삼켜버리는 것 곧 부활임을 암시한다.

나그함마디 문헌 가운데 1코린 15장에 근거하여 부활에 대해 깊이 성찰한 작품이 있다. '부활에 대한 논고'가 그것이다. 이 작품 전체를 1코린 15장의 재해석이라고 보아도 무방할 정도로 이 논고는 처음부터 끝까지 해당 서간을 연상시키는 내용으로 가득하다.[2] 그런데 이 논고는 바오로의 부활 신학에 크게 기대면서도 특정 지점에서는 바오로 신학에서 벗어나 영지주의 고유의 결론에 이른다. 바오로의 부활 신학이 영지주의를 만났을 때 어떤 모습이 되는지 이 논고를 통해 확인할 수 있다.

1. 부활에 대한 논고 소개

'레기노스에게 보내는 편지'*Epistle to Rheginos*라고도 알려진 '부활에 대한 논고'는(이하부터는 부활논고라고 줄여서 부르겠다), 스승이 제자에게 보낸 편지 형식의 작품이다. 제목에 걸맞게 이 논고는 부활에 관한 여러 가지 단상을 담고 있다. 저자는 발렌티누스(100-160년) 또는 그 제자였을 것으로 추정된다.[3] 이 작품은 부활 개념과 예수님의 본성에 대한 깊은 통찰을 담고 있다는 점에서 신학적으로 매우 중요하다. 저자는 바오로의 부활 개념과 영지주의 부

---

2   Mulder, "The Reception of Paul's Understanding of Resurrection and Eschatology in the Epistle to Rheginos: Faithful Paulinism, or Further Development?", 199-215 참조.

3   저자가 발렌티누스, 적어도 발렌티누스파일 가능성에 대해서는 Peel, "The Treatise on the Resurrection", 144-145을 참조하라. 발렌티누스의 가르침은 원-정통 그리스도론과 고도의 영지주의 (가령 셋파 영지주의) 사이 어디쯤에 해당한다: Thomassen, "Orthodoxy and Heresy in Second-Century Rome", 241-256 참조.

활 개념을 접목하여 부활에 대해 깊이 있게 다루고 있다.[4] 바오로 서간 전체를 두루 인용 또는 암시하고 있으나 특히 1코린 15장을 토대로 저자의 숙고와 성찰을 진행해 나간 듯이 보인다.

저술 연대와 관련해서는 부활논고가 처음 만들어진 시기가 4세기 이전이었다는 데 대부분의 학자들이 동조한다. 그러나 그 정확한 시점에 대해서는 합의에 이르지 못했다. 푸에흐H-C. Puech와 퀴스펠G. Quispel은 부활논고 안에 신약성경 자료가 두루 포진해 있다는 점에 주목한다. 이는 논고의 저자가 어느 정도 권위 있는 신약성경 전집(꼭 27권이라고는 할 수 없다)을 손에 넣고 있었다는 방증이라는 것이다. 그런데 120-130년 이전에는 그런 전집이 존재하지 않았다고 한다. 또한 그리스도론의 발전 시기도 고려해야 함을 상기시킨다. 부활에 대한 다양한 가르침들 사이에서 정통 교의의 가닥이 잡혀가던 시기가 부활논고에 반영되어 있다는 것이다.[5] 그리하여 푸에흐와 퀴스펠은 부활논고가 150년 이후 발렌티누스 본인에 의해 저술되었다고 결론 내린다.[6]

부활논고의 저술 시기를 더 늦게 잡는 경우는 에드워즈M.J. Edwards가 대표적이다. 에드워즈는 부활논고가 아리우스 논쟁을 연상시킨다면서 저

---

4 영지주의 작품은 그노시스의 획득 곧 자기 자신과 참하느님에 대한 깨달음이 구원 또는 부활이라고 가르친다. 그노시스가 곧 부활이라고 보아도 무방할 정도다. 그런데 부활논고 저자는 그노시스라는 단어보다 부활이라는 단어에 더 집중한다. 실제로 그노시스와 관련된 단어(알다, 앎)보다 부활과 관련된 단어가 훨씬 자주 쓰인다.

5 Peel, *The Epistle to Rheginos: A Valentinian Letter on Resurrection*, 13에 재인용.

6 Peel, *The Epistle to Rheginos: A Valentinian Letter on Resurrection*, 16 참조. 1코린 15,12과 2티모 2,18이 증언하듯이 1세기에도 부활을 부정하거나 사도와 다르게 해석하는 사람들이 있었다. 그러나 부활 문제가 논쟁의 전면에 나선 것은 2세기부터였다: Lalleman, "The Resurrection in the Acts of Paul", 127 참조.

술 연대를 4세기 중반으로 잡는다.[7] 논고 저자가 교회 당국의 박해를 피하기 위해 정통 신학에서 멀어지지 않으려 애쓴 흔적이 남아 있다는 것이다. 곧 이단으로 비판받을 여지가 있는 표현들, 이를테면 소피아라든가 에온의 유출과 같은 표현들은 되도록 자제하고 바오로 서간에 더 가깝게 표현하려는 노력이 엿보인다는 것이다.[8] 그러나 부활논고가 후대 발렌티누스파 신학을 연상시키는 요소를 거의 담지 않았고 바오로 신학과 가깝다는 것은 이 논고가 상대적으로 이른 시기에 저술되었다는 증거일 수 있다. 저자가 정통 신학에 '의도적으로 가깝게' 써서가 아니라, 정교한 발렌티누스파 신학이 발달하기 '전에' 써서 정통 신학과 가깝다는 것이다.

이 작품이 콥트어로 번역된 시기가 적어도 4세기 중반일 테니[9] 그리스어 원본은 더 이른 시기에 만들어졌음이 분명하다. 콥트어 사본에 쓰인 언어가 2세기에 널리 쓰인 리코폴리스 방언이라는 점을 고려할 때 부활논고는 2세기 (중)후반 작품으로 보는 것이 타당할 듯하다.[10] 그리고 그 저자는,

---

7 Edwards, *The Epistle to Rheginus: Valentinianism in the Fourth Century*, 76-91 참조.

8 Edwards, *The Epistle to Rheginus: Valentinianism in the Fourth Century*, 78.

9 나그함마디에서 발견된 코덱스들은 고문서학(Paleography)상 4세기 말 이전에 만들어진 것으로 추정된다: Bausi, *Comparative Oriental Manuscript Studies*, 141 참조. 콥트어 필사본의 고문서학적 분석에 대해서는 같은 책 283-286을 보라.

10 필(Peel)은 부활논고를 2세기 말 작품으로 간주한다: Peel, "The Treatise on the Resurrection", 146. 필에 따르면, 부활논고가 신약성경을 정경으로서 인식하는 점이라든가 '복음서'와 '사도(의 서간들)'을 구분하는 점이 2세기 중반에서 말엽을 반영한다. 2세기 대교회가 마주했던 부활 논쟁을 반영한다는 점도 이 작품을 2세기 작품으로 보게 만든다고 한다. 순교자 유스티누스, 이레네우스, 테르툴리아누스, 바오로와 테클라 행전 등이 2세기의 부활 논쟁을 보여주는 예들이다. 부활논고와 2세기 말의 중기 플라톤 사상과의 유사점들도 이 작품이 2세기에 만들어졌으리라는 추정에 힘을 싣는다: Peel, *The Epistle to Rheginos: A Valentinian Letter on the Resurrection*, 180도 참조하라.

발렌티누스보다는 그의 직접 제자였을 법하다.

2. 부활 신학

여기서 다룰 내용은 부활논고의 '부활' 신학이다. 그런데 이를 정확히 이해하기 위해서는 그리스도론뿐 아니라 신론, 우주론, 인간론, 종말론, 구원론 등을 두루 살펴야 한다. 신학의 한 측면이 형성되는 과정은 다른 측면들과의 상호관계 안에서 이루어지기 때문이다. 이를 염두에 두면서 이 논고의 부활 신학 및 그와 관련된 요소들을 살펴보도록 하겠다. 먼저 이원론과 구원론을 간단히 짚어본 다음 부활에 대해 다루겠다. 그리고 마지막에 부활을 종말론과 연결하여 살펴보겠다.

부활 신학의 전제

부활 신학을 말하기 전에 그 전제가 되는 개념을 짚고 넘어가야 한다. 하나는 이원론이고 다른 하나는 구원론이다.

이원론

발렌티누스파 영지주의 신학을 서술하는 출발점은 형이상학적 이원론이다. 이 이원론을 토대로 다른 모든 신학적 서술들이 전개된다. 부활논고에서도 여러 신학의 전제로 이원론이 깔려 있다. 세계는 천상계와 지상계로 구분되고, 인류는 선택받은 이들과 그렇지 못한 이들로 양분되며, 한 인간은 영적 요소와 육적 요소로 나뉜다.

먼저 천상계 '플레로마'와 '이 곳'(토포스) 또는 '이 세상'(코스모스)이 엄격히 구분된다.[11] 플레로마(충만)는 하느님이 계시는 곳으로 '에온'이라고도 불린다. 세상은 플레로마의 교란을 통해 생겨났으며, '결핍' 상태에 있다(46.36-38). 이 세상은 환상에 지나지 않으며 필멸할 운명이다. 그리고 '주권' 또는 '지배자들'이라 불리는 세력의 지배를 받는다(44.37-38).

인류는 '뽑힌 이들'과 그렇지 못한 이들로 양분된다. 뽑힌 이들은 '믿는 이들' 또는 '영적 인간'이라 불린다. '일체'라고도 일컬어지는(47.26-29) 뽑힌 이들의 총체는, 이 세상에 내려오기 전에 플레로마에 선재했다(46.38-47.6). 이들은 구원자에 의해 '지식'을 얻음으로써 다시 플레로마로 돌아갈 수 있다. 그러나 나머지 사람들은 지식을 얻을 능력이 없으며 오류와 어리석음에 빠져 살다가 결국 파멸에 이르게 된다.

인간, 엄밀히 말해서 영적 인간(=뽑힌 이)은, 영적 요소와 혼적·육적 요소의 이중구조로 이루어져 있다.[12] 플레로마에 있던 영적 요소가 멸하는 몸체를 빌려 이 세상에 들어왔다고 한다. 영적 요소는 '영' 또는 '정신'이며 불멸의 내적 인간이라고도 한다. 영적·내적 인간은 내면의 비가시적 지체들(μέλη, 48.2-3)로 구성되었으며, 부활과 구원의 대상이 된다. 혼적·육적 요소, 곧 외적인 몸 또는 육신은 '가시적 지체들'로 이루어졌으며 노화와 부패에 노출되어 있다(47.11-20). 이 육신은 결국 죽음과 함께 부재ἀπουσία의 상태에 이르게 된다(47.37-48.1).

---

[11] 발렌티누스파 작품에서 드러나는 최상신과 하급신의 구분이 부활논고에서는 명확히 드러나지 않는다. 이 세상이 하급신에 의해 창조되었음을 암시하는 내용도 없다. 다만 물질계가 '권력들' 또는 '지배자들'의 지배를 받는다고 하며 구원자의 구원 대상이 아닌 것으로 그려진다. 이 세상과 저 세상을 명확히 구분한다는 점은 확실하다.

[12] 부활논고가 인간을 영·혼·육 삼중구조로 묘사한다고도 볼 수 있다. 그러나 이 논고에서 혼과 육이 늘 함께 하는 것으로 그려지므로 영적 요소와 혼·육적 요소의 이중구조로 보는 것이 더 타당해 보인다.

구원론

부활논고에서 구원은 부활과 거의 동의어로 쓰인다. 따라서 '구원받았다'와 '부활했다'를 같은 의미로 받아들여도 된다.

구원자

부활에 대한 믿음의 근거는 구원자의 부활에 있다. 부활하신 구원자 덕분에 우리도 부활할 수 있다는 것이다. 부활논고에서 구원자는 '우리 주 예수 그리스도'라 불린다.

구원자의 두 본성 구원자 예수 그리스도는 '사람의 아들'이자 '하느님의 아들', 곧 신성과 인성을 모두 갖춘 분으로 제시된다. 먼저 '사람의 아들'은 '진리의 씨앗'으로서 창조 이전부터 존재(이른바 선재)했다고 한다(44.21-36). 그분은 플레로마의 두 에온 '진리'와 '영'에서 나온 '유출물'προβολή로 제시된다(45.11-13).[13] 구원자는 육신을 취하여 이 세상에 오셨다(44.13-15). '사람의

---

[13] 신플라톤 철학자 플로티누스(204-270년)의 작품에서 유출 개념이 돋보인다. 일자로부터 만물이 유출되어 나왔다는 이론이다. 이에 따르면 유출은 단계별로 진행된다. 일자(一者)에게서 첫 세대의 유출물이 나오고 첫 세대에게서 다시 2세대 유출물이 나오는 식이며, 유출의 마지막 단계가 물질이라고 한다. 일자에게서 멀어질수록 완전성과 충만함이 감소된다(플로티누스, 『엔네아데』 2.3.2-11; 5.1.6). 『엔네아데』에서 유출을 가리키는 데는 ἀπορροή 또는 ἀπόρροια가 쓰였다. 이 단어는 지혜서에도 나온다. "지혜는 하느님 권능의 숨결이고 전능하신 분의 영광의 순전한 발산(ἀπόρροια)이어서 어떠한 오점도 그 안에 기어들지 못한다"(지혜 7,25). 사실 유출 개념은 발렌티누스나 바실리데스가 플로티누스보다 먼저 발전시켰다. 두 사람은 영지주의 천상계 신화를 유출 개념으로 표현한다(이레네우스, 『이단 논박』 1.11; 1.24). 테르툴리아누스는 발렌티누스를 반박하면서도 발렌티누스 특유의 용어인 'προβολή'(발출, 사출)를 성부와 성자의 관계를 설명하는 데 사용한다(『발렌티누스파 반박』 7-8). 테르툴리아누스의 'προβολή'에 대해서는, Orbe, *Hacia la Primera Teología de la Procesión Del Verbo*, 519-531을 참조하라. 'προβολή' 및 관

아들' 구원자는 육을 취함으로써 인성에 동참하고(44.21-29), 죽음도 겪는다(46.16-17; 참조: 45.25-26).[14]

그러나 구원자는 죽음을 집어 삼킴으로써 죽음을 쳐부수신 분이기도 하다(45.14-15). 하느님 아들로서의 '신성'을 통해 죽음을 정복하신 것이다(44.27-29). 구원자는 당신을 멸하는 세상으로부터 자신을 분리하고, 불멸의 에온으로 변모함으로써 이 일을 완수하셨다고 한다. 당신의 비가시적 본성을 통해 가시적 본성을 멸하시고 플레로마로 올라가셨다는 것이다(45.18-23).

구원자의 두 역할 부활논고에서 구원자의 역할은 두 가지로 제시된다. 죽음을 쳐부수고 불멸을 부여하는 종말론적 구원자로서의 역할, 그리고 '진리'를 가르치고 '지식'을 계시하는 계시자로서의 역할이다.

먼저 종말론적 구원자로서의 역할이다. 믿는 이들이 부활을 획득하는 데에 구원자 예수 그리스도가 결정적 역할을 한다(48.18-19; 49.38-50.1).[15] "구원자께서는 죽음을 삼켜 버리셨다. … 그분께서는 불멸의 에온으로 변모(변화)하셨다. 그리고 비가시적인 것을 통해 가시적인 것을 삼켜 버리신 다음 당신 자신을 일으키시어 우리에게 불사의 길을 선사해주셨다"(45.14-23). 그리하여 뽑힌 이들은 구원자의 죽음과 부활과 상승에 참여할 수 있게 되었

련 단어는 초세기 그리스도교 저작물에서 자주 발견된다. 가령 유스티누스, 『트리폰과의 대화』 62.4에서 아담이 하느님 아버지로부터 나왔음을 표현할 때 'προβολ-ή'와 같은 어근의 동사가 사용되었다(ἀπὸ τοῦ πατρὸς προβληθέν). 타티아누스의 'προβολή' 용례에 대해서는 Orbe, *Hacia la Primera Teología de la Procesión Del Verbo*, 584-585 참조. 'προβολή' 전반에 대해서는 https://www.lexico.com/definition/probole도 참조하라.

14 그분이 플레로마로부터 이 세상으로 하강한 사실이 암시된 대목들이 더 있다(44.34-35; 45.19; 45.26-28 참조).

15 부활과 구원을 위해서는 구원자의 활동에 대한 신자 측의 합당한 응답도 필요하다(49.25-26). 부활은 저절로 이루어지는 자동적 과정이 아니기 때문이다. 영혼은 본성 상 불멸하게 되어 있다는 '영혼 불멸' 개념과 차이가 나는 부분이다.

다(45,24-28).¹⁶ "우리 주 구원자 예수 그리스도"를 통하여 부활이 생겨나고 (48.16-19), 불사의 길이 열렸다(45.14-39). 그리하여 믿는 이들에게 '안식'이 부여된다(43.35-38). 이 모든 구원 활동은 '사람의 아들'의 복원 활동(곧 플레로마의 복원 ἀποκατάστασις)에 통합된다(44.30-33; 48.31-49.7).

구원자의 다른 역할은 '지식'의 통교다. 구원자는 믿는 이들에게 종말론적 '안식'을 주는 '진리'를 전달한다(43.35-44.3). 이 진리에는, 인간의 조건에 대한 지식도 포함된다. 인간은 부패와 파멸에 종속된 존재라는 인식이다. 이런 인간을 구원하는 구원자의 역할에 대한 지식도 여기에 포함된다(43.35-44.3; 45.3-11). 이 지식은 인간의 실존 문제에 대한 '해답'이기도 하다(45.3-11). 저자가 레기노스에게 준 가르침의 대부분은 그가 '주 예수 그리스도'로부터 받은 지식이라고 한다(49.37-50.4).

피구원자

앞에서 말한 대로 인간이 부활에 대한 희망을 품을 수 있는 것은 구원자 덕분, 곧 구원자께서 부활을 가능케 만든 덕분이다(48.16-19). 다른 한편, 인간이 부활의 선물을 받아들일 수 있는 것은 그가 하느님 또는 구원자로부터 선택받았기 때문이다. 그런데 이 선물을 받아들이는 것은 인간 측의 응답 곧 '믿음'πίστις, '지식'γνῶσις, '수련'ἄσκησις에 달린 문제이기도 하다. 구원자의 선택과 인간 측의 응답이 있어야 부활이 가능하다는 의미다.

선택된 이들, 뽑힌 이들 부활의 초대에 응답이 가능한 인간은 선택된 소수에 불과하다(44.8-10). 이는 46.25-34에서도 드러난다. "그러므로 우리는 구원과 속량을 위해 선택받은 이들(=ἐκλεκτός)이다.¹⁷ 우리는 무지한 자들의 어리석음에 빠지지 않고, 진리를 안 이들의 지혜로움으로 들어가도록

---

16 로마 8,17; 에페 2,5-6 참조.
17 구원(ⲛⲟⲩⲭⲉⲉⲓ)과 속량(ⲡⲥⲱⲧⲉ)을 받도록 선택받았다는 의미다. ⲛⲟⲩⲭⲉⲉⲓ는 그리스어 σωτηρία, ⲡⲥⲱⲧⲉ는 그리스어 λύτρωσις에 해당한다(Crum).

처음부터 정해졌기 때문이다(=προορίζω)." '처음부터'라는 표현은 선택된 이들의 운명이 창조 이전부터 정해져 있었음을 암시한다. 이는 플레로마가 '일체'(모든 것)로서 존재했다(46.35-47.1)는 표현과 부합한다. 선택된 이들은 '진리를 안 이들의 지혜로움'에 들어가도록 예정되었다는 표현에는, 부활과 그노시스가 관련되어 있다는 의미가 함축되어 있다.

그런데 대부분의 인간은 선택된 이들의 무리에 들지 못한다(44.8-10). 그들은 지식이 없는 자들의 어리석음에 빠질 것이라고 한다(46.25-29). 선택된 이들은 '지혜로움'에, 그렇지 못한 이들은 '어리석음'에 들어가도록 예정되었다는 것이다.[18]

믿음과 지식 선택된 이들의 특성은 그들에게 '믿음'에 대한 능력이 있다는 점이다. '믿음'은 그리스도의 부활을 진실로 받아들이는 믿음이다(45.14-46.4; 46.14-20). 그리고 그리스도처럼 부활을 누리게 됨을 믿는 믿음이다(46.6-10). 이처럼 믿음과 부활은 불가분의 관계로 연결되어 있다. '믿음을 가졌다'는 것과 '불멸한다'는 것이 같은 의미로 다뤄지기도 한다(46.20-21).[19]

한편 부활논고에서 '믿음'과 '앎'은 상호보완적 관계다. 여기서 믿음과 지식의 대상은 무엇보다 '사람의 아들'과 그분의 부활이다(46.13-17).[20] '사람의 아들'을 아는 것은 '진리'를 아는 것과 같다(참조: 44.1-3; 45.3-11; 46.30-32).[21] 이러한 지식에는 그분이 스승임을 아는 것(참조: 44.39)과 우리가 죽음을 피

---

18 구원이 '지혜로움'과 '어리석음', '진리를 안 이들'과 '무지한 이들'과 같이, 지혜·지식과 관련된 문구로 표현된다. 이로써 구원과 지식의 연관성이 드러난다.

19 믿음의 반대는 철학적 '설득' 또는 '논증'(πείθω), 그리고 의심이다(διστάζω, 46.3-7; 47.1-3; 47.36-48.3). 부활은 믿음에 찬 희망의 대상이지 설득의 대상이 아니다.

20 믿음과 지식의 대상이 '그리스도의 부활'과 자신들의 부활 가능성임을 주목하라. 이런 점에서 부활논고는 충분히 '그리스도 중심'적(christocentric)이라 칭할 만하다: Peel, "Treatise on the Resurrection", 141 참조.

21 그러한 '지식'은 정신에서 나오는 '생각'과도 연관이 있다(46.22; 47.29; 48.10).

할 수 없는 존재임을 아는 것도 포함된다(49.16-19). 아울러 죽음을 이미 지나간 일로 여기는 것도 이 지식에 들어간다(49.25-28). '진리'를 얻음으로써 우리는 지금 여기서(44.1-3), 그리고 미래에(46.30-32) 종말론적 안식을 누리게 된다고 한다. 구원자를 '알게 된' 사람들의 정신은 결코 멸하지 않는다는 것이다(46.23-24).

수련과 훈련 부활의 수혜를 온전히 누리려면 '수련'이 필요하다. 부활논고에 따르면, '원소'στοιχεῖον의[22] 적대적 능력에서 해방되기 위해서는 '수련'ἀσκεῖν과 '훈련'γυμνάζω이 필수적으로 요구된다(49.25-26). 여기서 수련은, 정신적 수련으로서 부활에 대한 의심을 거두고(47.2-3; 참조: 47.36-48.3), 구원에 대한 올바른 생각에 도달하려는(47.26-30; 48.10-11) 노력을 가리킨다. '훈련'도 이와 비슷하게 부활에 대한 확신을 가져오는 내적 훈련과 연습을 가리킨다.[23]

부활 신학

앞에서 언급한 구원에 대한 설명은 부활에 대한 설명으로 읽어도 크게 틀리지 않는다. 이제는 구원 개념의 범위를 좁혀서 '부활'이 명시된 본문을 살펴보도록 하겠다. 부활논고를 중심으로 삼되 이해도를 높이기 위해 다른 발렌티누스파 작품인 필립보 복음을 함께 살피겠다.[24]

---

22 그리스어 στοιχεῖον이 복수로 쓰일 때는 천상의 초자연적 세력을 가리킨다 (Bauer-Danker). 해당 구절의 각주를 참조하라.

23 해당 구절의 각주를 참조하라.

24 부활논고의 부활 개념에 대해서는 Craig, "Anastasis in the treatise on the Resurrection: How Jesus' Example Informs Valentinian Resurrection Doctrine and Christology", 475-496을 참조하라. 저자는 나그 함마디에서 발견된 발렌티누스파 작품들에 나타난 부활 개념을 살피면서 부활논고에 특별한 주의를 기울인다.

구원자의 부활

부활을 이해하기 위해 가장 먼저 살펴야 할 사항은 예수 그리스도의 부활이다. 신약성경은 부활 희망의 근거가 예수 그리스도의 부활에 있다고 가르친다. 부활논고는, 죽음을 삼키신 구원자께서 불멸의 에온으로 변모하셨으며 다시 일어나시어 우리에게 불사의 길을 열어 주셨다고 한다. 다음 본문은 구원자의 '부활'이 어떤 식으로 이루어졌는지, 그리고 어떻게 해서 인간에게 불사의 길, 곧 부활의 가능성이 열렸는지 보여준다.

"구원자께서는 죽음을 삼켜 버리셨다.[25] … 그분께서는 불멸의 에온으로 변모(변화)하셨다. 그리고 비가시적인 것을 통해 가시적인 것을 삼켜 버리신 다음 당신 자신을 일으키시어 우리에게 불사의 길을 선사해주셨다"(45,14-23).

여기에 암시된 구원자의 부활은, 육신의 부활이 아니라 영적 부활임이 분명하다.[26] 곧 예수님의 부활이, 과거에 일어난 역사적·물리적 사건이라기보다는 그분의 영적 변화와 현존을 표현하는 개념으로 이해된다. 이런 맥락에서 그분께서 다시 오시리라는 약속은 그분께서 육체를 지닌 채 물리적으로 다시 오시리라는 약속이 아니라 그분의 지속적인 영적 현존에 대한 약속으로 읽힌다.[27]

실제로 부활논고의 부활 개념을 살핌으로써 발렌티누스파 그리스도론의 발전 상황을 가늠할 수 있다. 아울러 이 논고가 그리스도론 역사에서 차지하는 위치도 짐작할 수 있다. 발렌티누스파 작품에 대해서는 같은 책, 496을 참조하라.

25 1코린 15,54: "승리가 죽음을 삼켜 버렸다"; 2티모 1,10: "그리스도께서는 죽음을 폐지하시고, 복음으로 생명과 불멸을 환히 보여 주셨습니다" 참조.

26 Lehtipuu, "Flesh and Blood Cannot Inherit the Kingdom of God: The Transformation of the Flesh in the Early Christian Debates Concerning Resurrection", 163-164.

27 Peel, "Gnostic Eschatology and The New Testament", 163 참조. 말콤 필은

영지주의 본문에서 그분의 부활 발현이 종종 '환시' 체험으로 묘사되는 것도 그분 부활의 영적 특성을 드러낸다. 이를테면 마리아 복음은 마리아가 부활하신 주님을 환시(호로마 ϩⲟⲣⲟⲙⲁ)로 뵈었음을 전한다. 이 일을 두고 마리아는 주님께 묻는다. "주님, 지금 환시를 보는 자는 그것을 영혼으로 보는 것입니까, 영으로 보는 것입니까?" 구원자께서 대답하시며 말씀하셨다. "그는 영혼으로도 영으로도 보지 않는다. 환시를 보는 것은 그 둘 사이에 있는 정신ⲛⲟⲩⲥ이다"(마리아 복음 10.17-23). 콥트어 베드로 묵시록에서는 베드로와 부활한 그리스도의 만남을 탈혼 체험과 유사하게 묘사한다.[28] 이 모든 것이 그리스도 부활의 영적 특성을 부각시킨다. 부활한 그리스도는 영적인 몸으로서 우리의 정신에만 보인다는 것이다.

부활이란?

영지주의자들은 부활을 미래에 일어날 종말론적 현실이라기보다는 지금 이 순간 일어나는 현재의 영적 그노시스로 받아들인다. 이러한 부활 개념에는 육신의 요소가 끼어들 여지가 없다. 부활은, 죽은 육신이 다시 생명을 얻어 되살아나는 것이 아니라 우리의 영ⲡⲛⲉⲩ̂ⲙⲁ이 깨달음을 통해 육신에서 해방되는 것이라고 한다. 따라서 부활논고는, 육신과 영혼은 부활에 참여하지 않고 영(또는 정신ⲛⲟⲩ̂ⲥ)만 관여한다고 말한다. "죽은, 가시적인 지체들,

---

영지주의가 그리스도교화할수록 사후 상태를 '부활한 몸'으로 이해하는 경향이 짙어졌다고 한다.

28 콥트어 베드로 묵시록(NHC VII,3)에 베드로가 부활한 그리스도를 만나는 장면이 나온다. 십자가 처형이 진행되는 도중에, 인간 예수를 떠난 천상의 그리스도, 곧 영지주의 식으로 부활한 그리스도를 뵙는 장면이다. 그분의 말씀이 끝나자 베드로는 제 정신으로 돌아왔다고 한다. 부활 그리스도와의 만남이 환시 또는 탈혼 체험으로 묘사됨을 알 수 있다.

그것들은 구원받지 못할 것이다. 그 안에 존재하는, 살아 있는 지체들은[29] 다시 일어날 것이다"(47.38-48.2).

이에 따르면 가시적인 지체들 안에 존재하는 '살아 있는 지체들' 곧 영적 요소만 부활의 대상이 된다. 한마디로 부활은 '영적 부활'이라는 것이다. 그리고 영적 부활은, 구원자에 의해 우리의 영이 하늘까지 끌어당겨지는 것이라고 설명한다.

"우리는 그분에 의해, 빛살(광선)이 태양에 의해 끌어당겨지듯, 하늘까지 끌어당겨지고 있다. 어떤 것도 우리를 붙잡아두지 못한다. 이것이 영적 부활이다. 그것은 혼적인 것과 육적인 것을 똑같이 삼켜 버린다"(45.39-46.2).

부활이 영적 사건임은 다음 본문에서도 드러난다.

"그것(부활)은 굳건히 서 있는 진실이다. 그리고 그것은 존재하는 것의 드러남이며, 사물의 변화다.[30] 그리고 새로움으로의 전환이다. 불멸성이 멸하는 것 위에 내려오고, 빛이 어둠 위에 내려와 그것을 삼켜 버리며 플레로마는 결핍된 것을 채운다. 부활이 상징하고 비유하는 것이 바로 이런 것들이다"(48.19-49.6).

이에 따르면, 부활은 사물의 변화이며 새로운 것으로의 변형이다. 또한 불멸성이 필멸성 위로 내려오고 빛이 어둠으로 내려와 삼켜버리는 것, 그리하여 플레로마(천상계)가 결핍을 메우고 완전성을 회복하는 것이다. 이러한 부활 개념에 물질과 육신이 차지할 자리는 없다.

이러한 영적 부활은 대개 현재의 사건으로 그려진다. 죽은 뒤가 아니라 살아 있는 동안 부활한다는 것이다. "일치를 위해 이 육신을 따라 살지 마라. 분열과 속박에서 달아나라. 너는 이미 부활을 가졌다"(49.11-16). '이미 부활을 가졌다'는 표현에서 영지주의 부활은 미래보다 현재에 초점이 맞추

---

[29] '살아 있는 지체들'에 대해서는 해당 구절의 각주를 참조하라.

[30] 1코린 15,51-52 참조: "우리 모두 죽지 않고 다 변화할 것입니다. … 죽은 이들이 썩지 않는 몸으로 되살아나고 우리는 변화할 것입니다."

어짐을 알 수 있다.

부활의 현재성은 필립보 복음에서 더욱 분명히 드러난다. "우리가 이 세상에 있는 동안에 부활을 획득하는 것이 좋습니다. 그래야 우리가 육신의 옷을 벗었을 때 안식 안에 머물고 중간 지대에서 돌아다니지 않을 것입니다"(필립보 복음 66). 살아 있는 동안에 미리 부활을 얻어야 한다는 말에서도 부활의 현재성이 드러난다. "먼저 죽고 그 다음에 일어날 것이라고 말하는 사람은 오류에 빠졌습니다. 살아 있는 동안에 부활을 미리 얻지 않는다면 그들이 죽었을 때 아무것도 얻지 못할 것입니다"(필립보 복음 73). 다른 곳에서도 부활이 먼저고 죽음은 그 다음임을 강조한다. "'주님께서는 먼저 돌아가셨다가 일어나셨다'고 말하는 사람들은 오류에 빠졌습니다. 그분께서는 먼저 일어나셨고 그 다음에 돌아가셨기 때문입니다. 어느 누구라도 먼저 부활을 얻지 않으면 죽지도 않을 것입니다. 하느님께서는 살아 계십니다"(필립보 복음 56,15-20). 죽은 뒤의 최종 운명은 현재의 부활·구원 여부에 달려 있다는 것이다. 살아생전에 부활을 체험하지 못한 사람은 죽어서도 그러지 못한다는 의미다.[31]

부활한 육체

영지주의자들이 지금 여기서 체험하는 현재적 부활을 강조한다고 해서, 죽음 뒤에 일어나는 부활을 부정하는 것은 아니다. 그들도 죽은 뒤의 부활을 이야기한다. 그러나 그것은 그리스도교가 말하는 육신의 부활과

---

31 이런 식의 현재 지향의 종말론은 미래 지향의 종말론에 대한 반동에서 생겨났다고 보는 학자들도 있다: Peel, "Gnostic Eschatology and The New Testament", 141-165; Burkitt, *Church and Gnosis*; Grant, *Gnosticism and Early Christianity* 참조.

거리가 멀다.³² 그들에 따르면, 죽은 뒤의 부활은 영(πνεῦμα 또는 정신 νοῦς)과 육의 완전한 분리를 전제로 한다. 육신을 떠난 영이 불멸성을 획득하는 것이 부활이라는 것이다. 물론 영지주의자들도 '부활한 육신'이나 '부활한 육체'Resurrection body를 이야기한다. 하지만 그 육신은 온전히 영적인 육신으로서 우리가 살아생전에 소유했던 물질적 육신과 전혀 다르다고 한다.

이를테면 부활논고는 우리의 영이 천상계로 올라갈 때 새로운 육신을 입는다고 말한다. "네가 에온으로³³ 올라갈 때는 왜 육신σάρξ을 취하지 않겠느냐? (그 육신은) 육신보다 훌륭한 것, 육신에게 생명의 원인이 되는 그것이다"(47.4-10) 이에 따르면, 죽음 이후에 취할 육신은 생명력과 관련된 것으로서 생전의 육신과 다르다. 지상의 육신과 부활한 육체 사이에는 일종의 불연속성이 존재한다는 의미다. 다른 한편, 죽음 또는 부활 후에도 인간의 자기 정체성은 유지된다. 그 증거로는 거룩한 변모 사건 때 모세와 엘리야가 예수님과 세 제자에게 나타난 사건이 제시된다(48.3-11). 모세와 엘리야는 죽은 뒤에도 여전히 엘리야와 모세로서 나타났으며, 다른 사람들에게 엘리야와 모세로서 인지되었다는 것이다. 이는 우리가 부활하여 새로운 육신을 입어도 여전히 지상 시절과 같은 인간으로 나타나고 인식될 것임을 암시한다.

'부활 육신' 개념은, 부활이 '사물의 변화'(μεταμορφόομαι 또는 ἀλλάσσω)와³⁴ '새로움으로의 전환'으로 표현된 데서도 드러난다(48.35-38). 이 표현에는 우

---

32 영지주의에서 물질과 육신은 아무 의미가 없기에 물질과 육신의 부활도 아무 의미가 없다. 그래서 예수님의 십자가 죽음도 육신의 부활도 부정하는 것이다.

33 여기서 에온은 천상계를 가리킨다. 해당 구절의 각주를 참조하라.

34 마태 17,2: "(예수님께서) 그들 앞에서 모습이 변하셨는데(μεταμορφόομαι)…"; 1코린 15,51-52: "자, 내가 여러분에게 신비 하나를 말해 주겠습니다. 우리 모두 죽지 않고 다 변화할(ἀλλάσσω) 것입니다. 순식간에, 눈 깜박할 사이에, 마지막 나팔 소리에 그리될 것입니다. 나팔이 울리면 죽은 이들이 썩지 않는 몸으로 되살아나고 우리는 변화할(ἀλλάσσω) 것입니다" 참조.

리가 '영적 육신' 또는 '부활한 육체'를 획득하게 되리라는 의미가 함축되어 있다. "불멸성이 멸하는 것 위에 내려온다"는 표현도 마찬가지 개념을 담고 있다(48.38-49.1).[35] 부활한 육신은 생전의 물질로 된 육신과는 완전히 차원이 다른, 불멸의 영적 육신이라는 것이다.

부활·구원의 시간

부활논고에서 시간은 두 극단 사이에서 오간다. 두 극단은 각각 '처음'(ϢΑΡΠ = ἀρχή, 44.33-34; 46.27)과 '복원'(ἀποκατάστασις, 44.31-33)의 때를 가리킨다. '처음'은 창조 이전의 '완전한 플레로마'의 시간이며, '복원'은 결핍에 놓인 플레로마가 원상태를 회복하는 시간이다.

처음과 복원의 시간 사이에는 이 세상의 시간이 놓여 있다. 후자는 노화와 부패 및 생물학적 죽음이 일어나는 시간이다(45.16-17; 47.17-19). 그것은 '환상' 또는 변화와 요동의 시간이기도 하다(48.22-27). 선택된 이들은 이 시간의 감옥에서 탈출해야 한다. 그들에게는 이 시간이 구금 기간에 지나지 않는다. 그들을 이 세상에서 탈출시키기 위해 구원자, 그리스도가 세상의 시공간 안에 들어오셨다. 그분의 하강 및 고난과 부활이 선택된 이들에게 탈출구를 마련해 주었다(44.21-36; 45.14-21; 45.25-39; 46.14-20; 48.16-19). 그들에게 구원과 복원의 시간이 시작된 것이다.

그렇다면 그 시간은 언제일까? 부활논고에서 구원의 초점은 무엇보다 지금 이 순간, 현재에 맞춰진다(43.34-37; 45.22-28; 46.20-24; 47.26-29; 49.15-16; 49.25-26).[36] 선택된 이들은 '이미' 그리스도와 함께 죽어서 '이미' 그리스도와 함께 부활했으며 '이미' 부활을 소유하고 있다. 부활의 시간이 반드시 먼 미

---

35 한 형태의 육신을 벗고 다른 형태(곧, 천상의 영적 육신)를 취한다는 개념은 아마 2코린 5,1-4에서 착안했을 터다.

36 이 점은 요한 복음과 비슷하다.

래에 있을 마지막 때를 가리키지는 않는 것이다. 그러나 부활과 복원은 미래의 일이기도 하다. 그리스도와 함께 죽어서 그분과 함께 부활한 이들이 '아직' 물리적 죽음을 겪지 않았으며 아직 플레로마로 복귀하지 않았을 수 있다. 플레로마의 복원이 '아직' 마무리되지 않은 것이다. 완전한 복원은 선택된 모든 이의 상승과 함께 비로소 실현될 것이다.

이처럼 부활논고에는 신약성경에서처럼 '이미와 아직'의 긴장이 존재한다. 그러나 부활논고와 신약성경 사이에는 중요한 차이가 있다. 신약성경에서는 '이미'보다는 '아직' 도래하지 않은 그리스도의 재림(파루지아)과 '모든 이들의 부활'이 부각된다.[37] 이 '아직'은 마지막 때에 모든 믿는 이들이 부활함으로써 비로소 해소될 것이다. 그런데 부활논고에서는 이와 같은 종말론적 유보 개념이 엿보이지 않으며 각 개인에게 '이미' 실현된 부활 쪽에 무게가 실려 있다. 그리하여 선택된 개인이 저마다 지금 여기서 체험하는 부활이 종말론적 유보를 대체한다. 먼 미래의 희망이 아니라 현재의 지식과 부활이 중요하다는 것이다.

종말론

부활 및 구원 개념은 종말론과 밀접한 관련이 있다. 부활, 구원, 종말을 따로 떼어 볼 수 없을 정도다. 부활이 곧 구원이며, 부활이 일어나는 때가 곧 종말론적 구원의 시간이기 때문이다. 부활논고에서 부활과 구원의

---

[37] 1코린 15,22-26.51-56; 1테살 4,13-17 참조. 특히 "명령의 외침과 대천사의 목소리와 하느님의 나팔 소리가 울리면, 주님께서 친히 하늘에서 내려오실 것입니다. 그러면 먼저 그리스도 안에서 죽은 이들이 다시 살아나고, 그다음으로 그때까지 남아 있게 될 우리 산 이들이 그들과 함께 구름 속으로 들려 올라가 공중에서 주님을 맞이할 것입니다. 이렇게 하여 우리는 늘 주님과 함께 있을 것입니다"(1테살 4,16-17) 참조.

시간 곧 종말 개념은 현재적 특성과 미래적 특성을 모두 지닌다.

실현된 종말론

부활논고에서 '종말'은 주로 이미 실현된 것, 또는 현재 체험되는 것으로 제시된다. 한마디로 죽은 뒤가 아니라 살아생전에 부활을 체험한다는 것이다. 종말의 현재적 특성은 특히 '개인'의 종말과 관련하여 두드러지게 나타난다.

물론 모든 인간은 자연의 법칙에 지배 받으며 생물학적 죽음을 겪어야 한다(44.17-21). 부활 생명ζωή을 소유한, '선택된 이들'도 예외가 될 수 없다(46.7-8). 그들도 노화와 부패를 겪는 몸을 소유하고 있기 때문이다(47.17-19). 따라서 누구나 죽음을 인정하고 받아들여야 한다(49.16-21). 그러나 그리스도께서 죽음을 집어 삼키시고(45.14-15) 죽음을 정복하셨기에(44.27-29), 이러한 생물학적 '죽음'이 믿는 이들에게는 이 세계에서 저 세계로 넘어가는 통과 과정에 지나지 않는다. 이러한 죽음 이해에 죽음에 대한 공포나 불안이 들어설 여지는 없다.

그런데 생물학적 죽음 외에도, 선택된 이들이 겪는 죽음이 따로 있다. 그들은 이 생生에서 이미 그리스도와 함께 죽었다(44.27-29; 45.14-15; 45.25-26). 그리고 그들은 스스로를 이미 죽은 자로 여겨야 한다(49.16-30). 자신이 이미 죽었음을 아는 이들은, 자기가 그리스도 안에서 이미 부활하여 안식ἀνάπαυσις에 들었다는 것도 알아야 한다(49.9-30; 44.6). 이 안식은 죽은 뒤에 저세상에서나 누리는 미래의 안식이 아니다. 지금 여기서 이미 부활한 이들이 누리는 현재의 안식이다(47.26-29). 한마디로 선택된 이들은, 지금 여기서 죽음을 겪고 지금 여기서 부활과 안식을 얻는다. 죽음도 부활도 죽은 뒤가 아니라 살아 있는 이 순간, 이 세상에서 이미 얻었다는 것이다.

아직 완성되지 않은 종말

부활논고에서는 종말의 미래적 특성도 엿보인다. 부활과 구원은 미래의 일이기도 하다는 것이다. 부활논고에 따르면, 뽑힌 이들은 '이미 일어났지만', 그들이 죽기 전까지는 온전히 일으켜지지 않는다(참조: 49.9-30; 47.26-29; 44.6; 45.32-46.2). 그들은 죽음의 순간 구원자에 의해 하늘로 끌어당겨진다(45.34-39). 이 지점에서 부활은 '상승' 개념과 연결된다.[38] 살아 있는 동안 '이미' 부활한 이들의 '영'이 생물학적 죽음을 통해 육신을 완전히 벗어난 뒤 천상계(플레로마)로 상승한다는 것이다.[39] 그리고 이렇게 상승한 영이 천상계에 합류하는 것이 부활의 최종적 완성이자[40] 플레로마의 복원이라고 한다(44.30-33).

결국 구원의 최종 목표는 플레로마의 복원 ἀποκατάστασις이다. 구원의 전 과정이 지향하는 최종 목표점이 '복원'인 셈이다. 부활논고에 따르면 천상계의 교란으로 물질계가 창조되고 '일체'가 물질계로 내려가면서(영의 하강 descent) 플레로마에는 그만큼 '결핍' ὑστέρημα이 초래되었다. 구원자의 도움으로 모든 '일체'가 천상계로 복귀하는 그때 플레로마는 원래의 충만성을 회복하게 된다. 천상계의 교란이 야기한 '결핍'은 이 복원을 통해 해소될 것이다.

그런데 이러한 복원의 대상에 이 세상은 포함되지 않는다. 물질로 이

---

[38] 영의 상승(ascent 또는 비상) 개념은 마리아 복음에서도 나타난다. 마리아 복음 15-17에서 마리아는 살아 있는 동안 영의 상승을 체험한다. 해당 본문과 각주를 참조하라.

[39] 내면의 영이, '죽음'으로 육신을 떠나 축복된 '부재'에 이른다는 표현도 '상승' 개념을 드러낸다(47.19-24; 47.35-38).

[40] 생물학적 죽음 이후 육신을 벗어난 '영'이 상승을 통해 천상계로 완전히 돌아감으로써 생전에 획득한 부활이 완성된다고 한다.

루어진 이 세상은 부패와 소멸의 길을 걷는다. 인류 전체가 복원에 참여하는 것도 아니다. 오직 선택된 극소수만이 복원에 참여한다. 이 세상에 오기 전에 천상계에 있던 '일체'라 불리는 극소수만이 천상계로 돌아갈 수 있다. 이들을 제외한 나머지 사람들에게는 다른 운명이 예정되어 있다. 선택된 이들과 나머지 사람들의 운명은 서로 다르게 결정되었다는 것이다. 전자에게는 '진리를 안 이들의 지혜로움'이, 후자에게는 지식 없는 자들의 '어리석음'이 예정되어 있다고 한다(46.28-31).

*

부활논고는, 예수 그리스도가 인류 역사 안에서 차지하는 위치와 의미, 예수 그리스도 사건의 역사적·구원사적 의미에 대해서 별다른 관심을 보이지 않는다. 예수님의 삶과 행적에도 특별한 의미를 부여하지 않는다. 예수 그리스도의 십자가와 부활은 역사적 사건으로서가 아니라 상징과 비유로서 이해된다. 이러한 부활 이해는 예수님 부활 사건의 탈역사화라고 볼 수 있다.

부활 사건을 구원 역사에서 걷어낸 부활논고는, 종말에 있을 전우주적 차원의 구원 희망(집합적 종말론)도 약화시킨다. 그리고 부활을 개인적 사건으로 축소시킨다(개인적 종말론). 이로써 종말 또는 부활이 인류 전체와 관련된 사건, 곧 종말에 일어날 모든 인간의 부활이라기보다는 개개인의 개별적·현재적 사건으로서 다뤄진다. 플레로마의 복원도 종말에 한꺼번에 일어나는 사건이 아니라 매순간 개개인에게 순차적으로 일어나는 사건으로 제시된다. 이처럼 부활논고의 부활 및 구원 개념은 그 무게중심이 개인적·현재적 전망에 놓여 있다. 그리고 개인적·현재적 부활은 죽은 뒤에 되살아나는 육신의 부활이 아니라, 살아 있는 이 순간에 일어나는 영적 부활이라고 한다. 물론 부활논고가 죽은 뒤의 부활과, '부활한 육신'에 대해서도 이야기한다. 그러나 그 의미는 신약성경에 암시 또는 명시된 것과 차이가 나며 영적 측면이 강조된다.

이런 점에서 부활논고의 부활개념은 바오로의 부활 개념(1코린 15장; 1테살 4,13-18)에서 멀어져 탈역사화, 개인화, 현재화, 영성화되었다고 결론내릴 수 있다.

3. 부활에 대한 논고

번역 대본은 Peel, "The Treatise on the Resurrection", 148-157에 소개된 콥트어 본문이다. 콥트어 사전은 Crum, *A Coptic Dictionary*, 그리스어 사전은 Liddell-Scott, *A Greek-English Lexicon*을 주로 사용하였다.

80 03

도입: 편지의 목적

43. ²⁵ 내 아들 레기노스야, 많은 것들을 배우고 싶어 하는 사람들이 있다. 그들은 답이 없는 질문들을 하면서 그런 목표를 가진다. ³⁰ 그리고 자기들이 그런 일을 해내면, 속으로 자신들을 높이 평가하곤 한다. 그러나 나는 그들이 진리의 말씀 안에 서 있다고 생각지 않는다.⁴¹ 그들은 ³⁵ 자신의 안식을 찾고 있다. 우리는 그것을 우리의 구원자, 우리 주 그
44. 리스도를⁴² 통해 받았다.⁴³ ⁴⁴·¹ 우리는 진리를 알았을 때 안식을⁴⁴ 얻었

---

41 에페 1,13; 콜로 1,5; 2티모 2,15; 야고 1,18 참조.

42 43,37에서 Χριστός 대신 Χρηστός가 쓰인 점을 주목하라(48,19; 50,1 참조). 1-2세기 로마인들뿐 아니라 교회 저자들도 크리스투스와 크레스투스를 혼용하곤 했다. 이에 대해서는 Renehan, "Christus or Chrestus in Tacitus?", 368; van

으며 그 (진리) 위에서 안식을 누렸다.[45]

그런데 네가 기꺼운 마음으로 우리에게 [5] 부활에 관한 적합한 가르침이 무엇인지 물었기에, 나는 너에게 편지를 쓴다. 그것(부활)은 반드시 필요하다. 그러나 그것을 믿지 않는 자들이 많으며 [10] 소수만이 그것을 발견한다.[46] 그러니 그것(부활)에 대해서 의견을 나누어보자.

부활의 그리스도론적 근거

그리스도의 본성

그분께서 육신으로[47] 계시던 동안,[48] [15] 그리고 당신이 하느님의 아들이심을 드러내신 뒤에 주님께서는 어떤 식으로 일을 하셨느냐? 그분께서는 지금 네가 머물고 있는 이 영역에서 머무셨다. 그리고 [20] 자연의 법칙 — 나는 그것을 '죽음'이라 부른다 — 에 대해 말씀하셨다.[49]

Voorst, *Jesus Outside the New Testament: An Introduction to the Ancient Evidence*, 35-36 참조. 필립보 복음 52,24에 달린 각주를 참조하라.

43   우리는 구원자를 통해 이미 받은 '안식'을 그들은 아직 찾고 있다는 의미다. '우리 구원자 우리 주 그리스도'와 비슷한 칭호가 에우세비우스, 『교회사』 2,23,2에도 나온다. 주님의 형제 야고보가 군중들 앞에서 행한 "우리 구원자 주 예수님은 하느님의 아들이시다"라는 고백이 그것이다.

44   직역: "그것을."

45   예레 6,16; 마태 11,28-29; 히브 4,1-11 참조.

46   마태 7,13-14; 루카 13,23-24 참조.

47   또는 "육신 안에." ⲞⲚ ⲤⲀⲢⲌ = ἐν σαρκί.

48   마태 3,17; 마르 1,11; 루카 3,22; 요한 1,33-34. 또한 마태 17,5; 마르 9,7; 루카 9,35; 로마 1,3-4; 2베드 1,17.

49   로마 8,2 참조.

레기노스야, 하느님의 아들은 사람의 아들이셨다. 그리고 그분께서는 ²⁵둘 다를 품으셨다.⁵⁰ 인성과 신성을 모두 소유하신 것이다. 그리하여 그분께서는 하느님의 아들이심을⁵¹ 통해서 죽음을 쳐부수시고,⁵² ³⁰사람의 아들(임)을 통해서 플레로마로의 복원이 일어나게 하셨다.⁵³ 그분께서는 처음부터, 위에서 나신 분, ³⁵진리의 씨앗이셨기 때문이다. 이 구조(이 세상)가 생겨나기 전부터 그러하셨다. 이 구조 안에 주권들과 천신들이 생겨났다.⁵⁴

'해답'의 출현

45. 나는 알고 있다. ⁴⁵·¹내가 어려운 말로 해답을 제시하고 있다는 것을. 그러나 진리의 말씀⁵⁵ 안에는 어려운 것이란 없다.⁵⁶ ⁵'해답'이 나타났기 때문이다. 아무것도 숨겨진 채로 남겨두지 않고 존재에 대해 '모든 것'을 명백히 계시해주기 위해서였다. 한편으로는 ¹⁰악의 파멸, 다른 한편으로는 뽑힌 이의 드러남에 관해서였다.⁵⁷ 그 (해답)은⁵⁸ 진리와 영의

---

50 마태 16,13.16; 마르 8,27.29; 루카 9,18.20; 요한 1,34.49; 6,68-69; 11,27; 20,28; 콜로 1,19; 2,9 참조.

51 부활논고 44.21-29.

52 죽음을 쳐부수셨다는 데 대해서는, 부활논고 44.27-29; 46.17-19 참조. 44.25-29 전체는 히브 2,14-15와 비교하라. 1코린 15,26; 2티모 1,10도 참조하라.

53 콜로 1,19-20 참조. 부활논고 44.30-33에 구원자께서 플레로마를 복원하심을 이야기한다. 플레로마의 복원에 대해서는 48.31-49.7에 상세히 소개된다. 해당 각주를 참조하라.

54 위로부터: 요한 1,1-2; 3,31; 8,23; 8,58; 1코린 15,47. 처음부터: 콜로 1,16-18; 1요한 1,1-2; 2,13-14; 집회 24,9(한처음 세기가 시작하기 전에 그분께서 나를 창조하셨고 나는 영원에 이르기까지 사라지지 않으리라). 씨앗: 갈라 3,16 참조.

55 부활논고 43.32-34.

56 에페 1,13; 콜로 1,5; 2티모 2,15; 야고 1,18 참조.

유출물이다. 은총은 진리의 것이다.[59]

구원자의 부활

구원자께서는 [15]죽음을 삼켜 버리셨다.[60] 네가 그것을 모른다고는 생각되지 않는다. 사실 그분께서는 멸하는 세상을 버리셨다.[61] 그분께서는 불멸의 에온으로 변모(변화)하셨다. 그리고 비가시적인 것을 통해 가시적인 것을[62] [20]삼켜 버리신 다음 당신 자신을 일으키시어[63] 우리에게 불사의 길을 선사해주셨다.[64]

부활에 대하여

뽑힌 이들의 부활

그 다음은 사도가 말한 대로다. [25]"우리는 그분과 함께 고난을 겪고 그

---

57 '드러남'이라 옮긴 ⲠⲞⲨⲰⲚϨ ⲀⲂⲀⲖ은 '계시', '공표' 등으로 옮길 수도 있다. 뽑힌 이를 만천하에 밝히 드러낸다는 뜻이다. '해답'이 나타나서 악이 소멸한다는 것과 선택받은 이들이 드러나리라는 것을 숨김없이 알려 주었다는 의미다.

58 문맥상 '그것'(ⲦⲈⲈⲒ)은 '해답'을 가리킨다. '해답'에 해당하는 ⲠⲂⲰⲖ은 남성 단수이지만 유출물(ⲦⲠⲢⲞⲂⲞⲖⲎ)이 여성이므로 대명사 주어 '그것'이 여성형으로 쓰였다. 진리와 영에게서 '해답'이 유출되어 나왔다는 뜻으로 보인다.

59 또는, '그것은 진리와 영, 진리의 것인 은총의 유출물이다.' 이렇게 읽으면, 진리와 영과 은총에게서 '해답'이 흘러나왔다는 의미가 된다. 요한 1,14.17-18 참조.

60 1코린 15,54: "승리가 죽음을 삼켜 버렸다"; 2티모 1,10: "그리스도께서는 죽음을 폐지하시고, 복음으로 생명과 불멸을 환히 보여 주셨습니다" 참조.

61 또는 "없애셨다." 진리의 복음 20.30-32 참조.

62 또는, "보이지 않는 것을 통해 보이는 것을"

63 또는, "일어나셔서는."

64 진리의 복음 31.28-29 참조.

분과 함께 일어났으며 그분과 함께 하늘로 올라갔다."65 우리가 30이 세상에서 그분을 두른66 모습으로 드러난다면, 우리는 그분의67 빛살 (광선)들이다.'68 그분께서는 우리의 황혼, 곧 이 생에서의69 우리의 35 죽음 (때)까지 우리를 감싸고 계신다.70 우리는 그분에 의해, 빛살(광선)이 태양에 의해 끌어당겨지듯,71 하늘까지 끌어당겨지고 있다. 어떤 것도

---

65   로마 8,17; 에페 2,4-6; 콜로 2,12; 3,1-3. 로마 6,8: "그래서 우리가 그리스도와 함께 죽었으니 그분과 함께 살리라고 우리는 믿습니다"; 8,17: "그리스도와 함께 영광을 누리려면 그분과 함께 고난을 받아야 합니다"; 콜로 3,1: "여러분은 그리스도와 함께 다시 살아났으니, 저 위에 있는 것을 추구하십시오. 거기에는 그리스도께서 하느님의 오른쪽에 앉아 계십니다." 콜로 2,12도 참조하라. 부활논고에서는 바오로 사도의 입을 빌려 신자들이 고난과 부활, 상승까지 그리스도와 함께했음을 고백한다. 에페 2,5-6과의 유사성도 눈에 띈다: "잘못을 저질러 죽었던 우리를 그리스도와 함께 살리셨습니다. ― 여러분은 이렇게 은총으로 구원을 받은 것입니다. ― 하느님께서는 그리스도 예수님 안에서 우리를 그분과 함께 일으키시고 그분과 함께 하늘에 앉히셨습니다." 실현된 종말론의 관점이 부각된다. 부활논고 45,24-40; 47,30-48,1도 마찬가지다.

66   갈라 3,27 참조: "그리스도와 하나 되는 세례를 받은 여러분은 다 그리스도를 입었습니다."

67   또는, "존재하시는 분."

68   또는, "우리가 이 세상에서 그분을 두른 모습으로 나타난다면, 우리는 그분의 빛살이다." '그분' 또는 '그것'으로 옮길 수 있는 남성 대명사 단수가 무엇 또는 누구를 가리키는지 분명하지 않다. 문법적으로 '세상'(ΠΚΟϹΜΟϹ 남성 단수)과 '그분'이 모두 가능하다. 내용상 '그분'으로 옮겼다. '두르다'로 옮긴 그리스어 차용어 ϕορει는 '(옷을) 입다'로 옮겨도 된다. 그분 혹은 그것을 옷처럼 입고 있다는 의미다.

69   '생(生)'이라고 옮긴 단어 ΒΙΟϹ(그리스어 βίος의 차용어)는 생애, 일생, 지상 생활, 생활비 등을 가리킨다. 불멸의 생명의 뜻이 강한 ζωή와 구분하라(Liddell-Scott). 47,10 '생명'에 붙은 각주를 참조하라.

70   직역: "우리는 … 이 생에서의 우리의 죽음까지 그분에 의해 감싸지고(둘러싸여) 있다."

46. 우리를 붙잡아두지 못한다.[72] 이것이 [40]'영적 부활'이다.[73] [46.1] 그것은 혼적인 것과 육적인 것을[74] 똑같이 삼켜 버린다.[75]

---

71 햇살 이미지는 솔로몬의 송가 21,2-4; 21,4-7에도 나온다.

72 직역: "우리는 어떤 것에 의해서도 가두어지지 않는다." '감싸다', '가두어두다'로 옮긴 콥트어 ЄΜΑϨΤЄ는 '감싸다', '두르다', '붙잡다', '가두다', '제한하다' 등으로 옮길 수 있다(Crum). 평생 동안 주님께서 우리를 감싸고 계시며 그분께서 우리 영을 끌어당기실 때 다른 어떤 것도 우리를 붙잡아두지 못한다는 의미다. 이 표현은 부활과 상승이 현재의 사건임과 동시에 미래의 사건이기도 함을 함축한다. 2코린 4,14에서도 같은 긴장이 관찰된다: "주 예수님을 일으키신 분께서 우리도 예수님과 함께 일으키시어 여러분과 더불어 당신 앞에 세워 주시리라는 것을 알고 있기 때문입니다." 1코린 15,51-55; 1테살 4,15-17도 참조. 이 점에서 부활논고 저자는 바오로의 '이미와 아직' 사이의 긴장을 잘 유지하고 있다. 우리는 이미 죽었지만 육체적으로 아직 죽지 않았으며 우리는 이미 부활했지만 그 부활이 아직 완성되지는 않았다는 것이다: Peel, *The Epistle to Rheginos: A Valentinian Letter on Resurrection*, 152. 45,24-40; 46,14-17; 47,30-48,1; 49,11-16에서도 '이미'(실현된 종말론)와 '아직'(미래 종말론) 사이의 긴장이 잘 드러난다. 바오로 서간 콜로 2,12; 에페 2,5-6; 1코린 15,51-55; 2코린 4,14-17; 1테살 4,15-17; 로마 6,11 참조.

73 여기서 '부활'과 '상승'이 동일시되고 있음을 확인할 수 있다. 오리게네스, 『원리』 II,10,3 참조. 부활논고 45,34-39는 다른 한편으로 바오로 신학을 벗어나기도 한다. 부활논고(특히 자신이 이미 일어났다는 사실을 안다고 하는 49,22-30)에서는 파루지아를 기다리지 않는다. 주님께서 다시 오시고 죽은 모든 이들이 부활하리라는 기대가 없다. 45,34-39에서 죽음은 사후 상승으로 진입하는 관문으로 여겨진다.

74 각각 '혼적인 것'(ΤΨΥΧΙΚΗ)과 '육적인 것'(ΤϹΑΡΚΙΚΗ)으로 옮긴 표현은 여성형 정관사(Τ)와 그리스어 차용어(형용사, 각각 ΨΥΧΙΚΗ와 ϹΑΡΚΙΚΗ)가 결합된 형태로 이루어져 있다. 따라서 이 표현은 인간의 부류가 아니라 인간의 구성 요소를 가리킨다. 또는 혼적인 부활과 육적인 부활을 가리킬 수도 있다. 앞 문장에서 '부활'이라는 단어가 명시되어 있기에 해당 문장에서는 해당 단어를 생략해도 같은 범주의 표현으로 이해할 수 있다.

75 또는, "이것이 혼적인 것과 육적인 것을 삼켜 버리는 영적 부활이다." '삼켜 버리다'는 파괴, 폐지를 의미한다(1코린 15,54: "승리가 죽음을 삼켜 버렸다"; 2티모 1,10

부활의 가능성

만약 믿지 않는 자가 있다면 그는 ⁵설득당할 가능성이 없는 자다. 사실, 내 아들아, 그것은 믿음의 영역이지 설득의 문제가 아니다. 죽은 자는 일어날 것이다.⁷⁶ 이 세상의 철학자들 가운데에도 믿는 이가 있다. ¹⁰ 그는 일어날 것이다.

그러나 이 세상의 철학자가, 자신은 '혼자 힘으로 스스로 돌아가는⁷⁷ 사람'이라고 믿게 해서는 안 된다. (그것은) 우리의 믿음 덕분이다.⁷⁸ 사실 우리는 사람의 ¹⁵아들을 알았고, 그분께서 죽은 이들 가운데에서 일어나신 것을⁷⁹ 믿었다.⁸⁰ 그분은 우리가 '그분께서는 죽음의

참조). 영적 부활이 혼적 요소와 육적 요소를 삼켜버린다는 것은, 영적 부활에는 육적 요소와 혼적 요소가 배제된다는 의미다. 다시 말해 영적 부활에는 '영적인 것' 또는 '영적인 요소'(ΠΝΕΥΜΑΤΙΚΗ)만 관계될 따름, 혼적인 요소(=영혼)와 육적인 요소(=육신)는 관계되지 않는다. 또는 영적인 부활로 혼적 부활과 육적 부활은 파괴되었다는 의미로 볼 수도 있다. 1코린 15,42-46 참조. Peel, *The Epistle to Rheginos: A Valentinian Letter on Resurrection*, 75 참조.

76   또는, "그것, 곧 죽은 자가 일어나리라는 것은 믿음의 영역이지, 설득의 문제가 아니다, 내 아들아."

77   돌아간다는 것은 인간의 영이 떠나왔던 플레로마로 되돌아가는 것을 말한다.

78   스스로의 힘으로 돌아가는 것이 아니라 믿음의 힘으로 돌아간다는 의미다. '자력 구원'을 부인하는 셈이다. '믿음'의 힘으로 돌아간다는 것은 바오로 사도의 말을 연상시킨다. 로마서를 참조하라. 이를테면, "믿음으로 의롭게 된 우리는 우리 주 예수 그리스도를 통하여 하느님과 더불어 평화를 누립니다. 믿음 덕분에, 우리는 그리스도를 통하여 우리가 서 있는 이 은총 속으로 들어올 수 있게 되었습니다"(로마 5,1-2). 요한 6,40; 11,25-26; 1테살 4,14; 히브 11,5 참조.

79   마르 9,9 참조: "… 사람의 아들이 죽은 이들 가운데에서 다시 살아날 때까지…"; 병행 마태 17,9.

80   여기서 앎과 믿음은 불가분의 관계로 엮여 있다. 부활논고는 전형적인 영지주의 작품보다 훨씬 더 '믿음'을 부각시킨다. 물론 '앎'이 믿음보다 먼저다. 이는 사람의 아들을 알았고, 그 다음에 그분의 부활을 믿었다고 한 데서 드러난다. 진리를 앎으

파괴자가 되셨습니다'[81] 하고 말하는 바로 그분이시다. 그분은 위대하시기 때문이다.[82] [20] 그들은 그분을 믿는다. 믿는 이들은 위대하다.[83]

생각과 정신은 멸하지 않는다

구원받는 이들의 생각은 멸하지 않을 것이다. 그분을 안 이들의 정신 ⲚⲞⲨⲤ은[84] 멸하지 않을 것이다. [25] 그러므로 우리는 구원과 속량을 위해 선택받은 이들이다.[85] 우리는 무지한 자들의 어리석음에[86] 빠지지

로써 구원의 안식에 들었다고 하는 44.1-3(현재의 안식)과 46.30-32(미래의 안식) 참조. 앎의 대상은 '진리'(44.1-3; 45.3-11; 46.30-32), '사람의 아들'(46.24)이다. 믿음의 대상은 그리스도의 부활(45.14-46.4; 46.14-20), 우리가 이미 불멸성을 가졌다는 것(46.20-24)이다. 앎과 믿음의 조화와 균형은 요한 17,8; 1테살 4,13-14; 야고보 비전 14.8-10에서도 발견된다. 그리스도의 부활을 믿는다는 고백은 저자가 정통 그리스도교에 가까움을 드러낸다. 케린투스나 바실리데스 같은 전형적 영지주의자들은 예수님의 부활을 전면 부정한다: 이레네우스, 『이단 논박』 1.26.4; 히폴리투스, 『이단 논박』 7.27.11; 필립보 복음 56.15-20.

81　1코린 15,54; 2티모 1,10; 히브 2,14-15 참조. 『테오도투스 발췌록』 61.7에도 같은 개념이 엿보인다. 구원자가 죽음을 쳐부수시고 멸하는 몸을 일으키셨다는 것이다.

82　또는, "우리가 '그분께서는 죽음의 파괴자가 되셨습니다. 그분께서 위대하시기 때문입니다' 하고 말하는 그분이시다."

83　콥트어 필사본은 ⲚⲀⲦ(…이 없는)라 읽지만 문맥을 고려하여 'ⲚⲀϬ'(위대하다)로 고쳐 읽었다.

84　사람의 아들을 아는 능력은 정신(ⲚⲞⲨⲤ)에 있다. 뽑힌 이의 육신은 멸해도 그 정신과 생각은 멸하지 않는다. 그분을 아는 주체가 정신임을 유의하라. 선재한 영적 자아는 바로 이 '정신'임을 알 수 있다. 지식(그노시스)을 얻은 '정신'은 마침내 '비가시적인 지체들에 둘러싸여 다시 천상계로 돌아갈 것이다.

85　구원(ⲠⲞⲨⲬⲈⲈⲒ)과 속량(ⲠⲤⲰⲦⲈ)을 받도록 선택받았다는 의미다. ⲠⲞⲨ-ⲬⲈⲈⲒ는 그리스어 σωτηρία, ⲠⲤⲰⲦⲈ는 그리스어 (ἀπο)λύτρωσις에 해당한다 (Crum). 1테살 5,9; 2테살 2,13 참조. 속량은 바오로 서간에 자주 나오는 용어로 몸

않고, ³⁰진리를 안[87] 이들의 지혜로움으로[88] 들어가도록 처음부터 정해졌기 때문이다.[89]
 사실 그들이 지키는 진리는 잃어질 수 없으며 그런 일이 일어난 적도 없다. ³⁵플레로마 조직(시스템)은 강하다. 떨어져 나와 세상(코스모스)이 된 그것은 보잘것없다.[90] 지금 (구원자께) 감싸여 있는 것은 '일체'
47. 다.[91] 그것은 ⁴⁷⋅¹생겨난 적이 없다. 그것은 그저 존재했다.[92]

값을 지불하여 죄의 속박에서 해방시킨다는 의미다. 부활논고에서는 죄의 용서와는 무관하게 사용된다.

86 어리석음으로 옮긴 TMNTΑΘΗΤ는 그리스어 ἀφροσύνη 또는 ἄνοια에 해당한다(Crum). 유사어인 ἀφροσύνη와 ἄνοια는 '어리석음', '우둔함', '미련함' 등으로 옮길 수 있다(Liddell-Scott).

87 앎의 대상이 진리임을 주목하라. 진리를 아는 것에 대해 말하는 요한 8,32; 2요한 1,1을 참조하라. 요한 8,44; 18,37도 참조. 테르툴리아누스에 따르면 발렌티누스파 사람들은 진리를 앎으로써 이미 부활한 것이라고 믿었다(『죽은 이들의 부활』 22,1).

88 지혜로 옮긴 TMNTPMNϨΗΤ는 그리스어 σύνεσις 또는 σωφροσύνη에 해당한다(Crum). 유사어인 σύνεσις와 σωφροσύνη는 '현명함', '슬기', '지혜로움' 등으로 옮길 수 있다(Liddell-Scott).

89 부활이 예정된 이들을 언급 또는 암시하는 45,4-13; 45,28-35도 참조하라. 이에 따르면, 우리는 사람의 아들을 알고 그분의 부활을 믿음으로써 부활에 동참하지만 그것이 가능한 이유는 그렇게 되도록 선택받고 그렇게 예정되었기 때문이다. 앎과 믿음이 예정되었다는 결정론적 세계관이다. 로마 8,29-30; 에페 1,4-14 참조. 악인과 의인의 운명이 예정되어 있다는 개념은 쿰란 문헌에서도 나타난다(『다마스쿠스 문헌』 CD II,6-10). 감사 시편에서도 윤리적 이원론과 예정론적 경향을 쉽게 발견할 수 있다(1QHa). 이에 따르면 악인들이 의인들(공동체)을 공격하지만 하느님께서 그들을 구해내시고 지식과 계약을 선사하신다. 그리하여 의인들은 하느님께 찬양 노래를 부르며 저 높은 데로 들어 올려지고 그곳에서 천사들과 통교한다. 일종의 상승 체험을 묘사하는 듯하다.

90 플레로마와 이 세상을 비교한다. 이 세상이 플레로마에서 떨어져 나와서 생긴 것임을 암시한다.

육신과 영

² 그러니 부활에 대해 절대 의심하지 마라, 내 아들 레기노스야! 네가 (원래는) ⁵육신으로 존재하지 않았지만 네가 이 세상에 들어 올 때 육신을 취했다.⁹³ 네가 에온으로⁹⁴ 올라갈 때는 왜 육신을 취하지 않겠느냐?⁹⁵ (그 육신은) 육신보다 훌륭한 것, ¹⁰육신에게 생명의⁹⁶ 원인이 되

---

91   직역: "품어져 있는 것은 일체다." '일체'라 옮긴 ⲠⲦⲎⲢϤ는 그리스어 'τὸ πᾶν' 또는 'τὸ ὅλον'(the whole)에 해당한다. 여기서는 플레로마의 구성요소 '전체'를 가리킨다. 각 요소가 합해진 전체가 하나이자 충만하다는 의미에서 '일체'라 불린 듯하다. 필(M. Peel)에 따르면, 이 '일체'는 '선택된 이들'을 가리킨다. 플레로마의 구성요소인 이들은 지금 구원자에 의해 감싸여 있다(부활논고 45.32-34). Peel, *Epistle to Rheginos*, 81 참조. 본디 플레로마의 구성요소였던 이들은, 세상에 갇혔지만 다시 플레로마로 돌아갈 운명임을 함축한다.

92   뽑힌 이들(더 정확히는 그들의 누스 또는 영)은 플레로마에 선재했으며 그것들은 그저 존재했다. 이들은 소멸과 파괴의 대상이 아니다. 필립보 복음 64.10-12: "주님께서 말씀하셨다. '자신이 생겨나기 전에 존재하는 이는 행복하다. 존재하는 이는 전에도 존재했으며 앞으로도 존재할 것이다.'"; 토마 19: "자신이 존재하기 전에 이미 존재한 사람은 행복하다. …"

93   직역: "네가 육신으로 존재하지 않았다면, 네가 이 세상에 들어 왔을 때 육신을 취했다." 여기서 말하는 육신은 순전히 물질적인 육신이다.

94   여기서 에온은 선택된 이들이 올라갈 천상계를 가리킨다.

95   사실 이 문장은 해석하기 어렵다. 두 종류의 정반대의 해석이 가능하다. 첫째는, 저자가 레기노스에게 '에온으로 올라갈 때 왜 육신을 가져가지 않겠느냐?'는 수사학적 의문으로 읽는 경우다. Peel, "The Treatise on the Resurrection," 179. 육신이 없던 우리가 이 세상에 들어올 때 육신을 취한 것처럼 우리가 에온으로 들어갈 때도 육신을 취하지 않겠느냐는 것이다. 둘째는 에온으로 올라갈 때 육신을 가져가지 않는 이유를 묻는 내용으로 읽는 경우다(Layton, *The Gnostic Treatise*, 23.77-79). 둘째 해석이 영지주의에 더 부합한 해석이다. 육신은 오직 이 세상에 있을 때만 필요하며 에온 혹은 플레로마에서는 오직 영으로만 존재한다는 것이 영지주의 사고이기 때문이다. 이런 선입관 없이 본문을 읽으면 첫째 해석으로 읽힌다. 세상으로 들어올 때도, 에온으로 들어갈 때도 육신이 필요하다는 것이다. 단 세상에 들어

는 그것이다.[97]

너 때문에 생겨난 것은 너의 것이 아니냐? 너의 소유인 그것은 너와 함께 존재하지 않느냐? 네가 이곳에 있는 동안 너에게 [15] 결핍된 것은 무엇이냐? 그것은 네가 알아내려고 애쓰던 것이다.

올 때 우리가 취한 육신과 에온으로 들어갈 때 취할 육신은 다를 수 있다. 이는 부활논고 전체를 통해 밝혀질 것이다. 부활논고 49.34-37을 고려하면 우리가 이 세상에 오기 전 에온에 있었을 때에는, '영적 육신'을 가지고 있었다. 세상에 들어올 때 '물질적 육신'을 받았다가 죽은 뒤 다시 에온으로 돌아갈 때 물질적 육신은 버리고 다시 예전의 영적 육신을 받게 될 것이다: Peel, "The Treatise on the Resurrection," 178-179; Haardt, "'Die Abhandlung iiber die Auferstehung' des Codex Jung aus der Bibliothek gnostischer koptischer Schriften von Nag Hammadi: Bemerkungen zu ausgewahlten Motiven, Teil II: Die Interpretation", 262.267. 에피파니우스, 『구급상자』 31.7.6에 따르면 발렌티누스파 사람들은 죽은 이들의 부활을 부인한다고 하면서, 그들은 우리의 이 몸이 아니라 영적인 몸이라 부르는 다른 육신으로 부활한다고 믿었다.

96   여기서는 생명을 가리키는 데 "ⲡⲱⲚϨ"(= ἡ ζωή)가 사용되었다. 이 작품에서 생명은 "ὁ βίος"와 "ⲡⲱⲚϨ"로 표현된다. 대개 전자는 자연적 생명, 후자는 영원한 생명과 관련된다. 곧 "ὁ βίος"는 육신이 이 세상에 살아가기 위해 필요한 생명이며 죽음과 함께 끝난다. "ἡ ζωή"는 내면의 영적 요소와 지체들이 지니는 것으로서 뽑힌 이들의 불멸의 본성 또는 그들이 경험하는 부활과 관련하여 사용된다. 죽음은 지상의 생명인 "βίος"를 종식시킨다. 모든 인간은 자연의 법칙에 지배를 받는다. 달리 말해 썩고 부패하고 소멸한다. 이것이 죽음의 법칙이다(44.17-21). 신자들에게는 그러한 죽음이 몸, 또는 육신 생명의 종식이며, 육신으로부터의 해방과 분리 곧 새로운 생명(ἡ ζωή)의 시작을 의미한다(47.30-48.1; 참조: 47.17-22).

97   '육신보다 나은 것'과 '육신에게 생명의 원인이 된 것'은 둘 다 앞 문장의 '육신'과 동격을 이룬다. 곧 '에온으로 올라갈 때는 왜 육신, 곧 육신보다 나은 것, 육신에게 생명의 원인이 되는 것을 취하지 않겠느냐?'로 읽을 수 있다. 우리가 에온으로 올라갈 때는 세상에 들어올 때 취한 육신보다 나은 육신, 육신에게 생명을 가능케 한 것을 취하라는 의미다.

육체의 태는 '늙음'이며 너는 부패에 놓여 있다.[98] '떠나감'이[99] [20] 너에게 이득이다.[100] 네가 떠나갈 때, 더 나은 것은 버리지 않을 터이기 때문이다.[101] 더 나쁜 것은 '감소를 겪는다.[102] 그러나 그것을 위한 은총이 있다.

[25] 우리를 이곳에서 구해내는 것은 아무것도 없다.[103] 하지만 일체인 우리들은[104] (이미) 구원받았다. 우리는 끝에서[105] 끝까지 구원을 얻

---

98 인간의 육신은 노화와 부패와 파괴에 직면해 있다는 뜻이다. '태'라 옮긴 단어는 그리스어(τὸ χόριον)의 차용어다. '후산(後産)'으로 옮길 수도 있다. 태아의 육신을 키워주던 태조차 노화를 피할 수 없고 우리 육신은 부패할 운명이다.

99 '떠나감'으로 옮긴 ἀπουσία는 ἄπειμι(옮겨가다, 멀리 가다, 부재하다)에서 나온 명사로 '부재', '멀리 있음', '출발' 등의 의미다. παρουσία '다시 옴', '재림'의 반대말에 해당한다.

100 직역: "너는 떠나감을 이득으로 갖고 있다. 육신을 버리고 떠나가는, 곧 부재하게 되는 편이 육신 안에 머무는 삶보다 더 이득이라는 의미다. 영이 육신을 떠남으로써 하늘로 올라갈 수 있기 때문이다"(부활논고 47.7-8). 필립 1,21-23 참조: "사실 나에게는 삶이 곧 그리스도이며 죽는 것이 이득입니다. … 나의 바람은 이 세상을 떠나 그리스도와 함께 있는 것입니다. 그편이 훨씬 낫습니다." 2코린 5,8-9; 요한 13,1 참조.

101 뽑힌 이들이 떠나갈 때, 나쁜 것 곧 물질적 육신을 버리지 나은 것 곧 새로운 육신을 버리지는 않는다는 의미다.

102 육신은 감소를 겪게 마련이지만 그러한 육신에게도 은총이 주어진다. 육신의 변화를 암시하는 듯하다. 구원자께서 불멸의 에온으로 변모하셨다고 하는 부활논고 45.17-18을 참조하라.

103 몸값을 치르고 우리를 구해내는 것은 없다는 의미로 읽힌다. '구해내다'로 옮긴 단어는 cωτ다. 몸값을 주고 속량한다는 뜻이다. 구원은 죄의 용서와 상관이 없음을 함축한 듯하다. 구원은 우리를 대신하여 죗값을 치르는 존재로 인해 이루어지는 일이 아니라는 것이다.

104 뽑힌 우리들이 '일체'라는 것은 피스티스 소피아 57.7-14에도 나온다. 토마 복음 말씀 77과 비교하라. "나는 그것들 모두 위에 있는 빛이다. 나는 모든 것이다. 모

었다.[106] 자 우리, 이런 식으로 생각하자. [30] 우리, 이런 식으로 받아들이자.

부활이란?

[31] 어떤 사람들은 탐구를 통해 자신들이 찾고 있는 것을 알아내고 싶어 한다. 곧 구원받은 이가 [35] 자신의 몸을 떠나면 곧바로 구원받을 것인가? 아무도 이에 대해 의심해서는 안 된다.[107] 사실[108] 죽은, 가시적인 48. 지체들, [48.1] 그것들은 구원받지 못할 것이다. 그 안에 존재하는, 살아 있는 지체들은[109] 다시 일어날 것이다.[110]

든 것이 바로 내게서 나왔고 또 모든 것이 내게로 왔다. 나무를 쪼개 보아라. 내가 거기 있다. 돌을 들어 보아라. 거기서 나를 찾을 것이다."

105 또는 "한 극단에서."

106 요한 13,1: "그분께서는 이 세상에서 사랑하신 당신의 사람들을 끝까지 사랑하셨다" 참조. '끝에서 끝까지' 또는 '끝까지'는 '처음부터 끝까지'라는 뜻과 함께 극도로, 한계점에 이르기까지라는 의미로 이해할 수 있다.

107 정통 신학은 그리스도가 재림하는 마지막 때에 죽은 이들이 부활할 것이라 선포한다. 부활논고는 죽음 직후에 바로 구원받는다고 한다. 구원과 부활의 순간이 죽음 직후라는 것이다. 부활이 일어나려면 종말까지 기다려야 한다는 개념과 차이가 난다: Peel, "Treatise on the Resurrection", 186-187 참조.

108 ⲚⲚⲈⲤ Ⲛ︤Ⲡ︦Ⲉ︥의 의미가 불명확하다. 필(Peel)은 이를 공백으로 처리한다: *The Epistle to Rheginos*, 87. 여기서는 해당 구문을 빼고 번역하였다. 그래도 본문 이해에는 별다른 지장이 없다.

109 2코린 4,16: "우리의 외적 인간은 쇠퇴해 가더라도 우리의 내적 인간은 나날이 새로워집니다" 참조. 에페 3,16에도 '내적 인간'이 언급된다. 내적 인간과 외적 인간의 대비에 대해서는 로마 7,21-25을 보라. 이레네우스, 『이단 논박』 1.21.5에 따르면, 마르쿠스파는 사람이 죽으면 내적 인간은 하늘로 올라가고 육신은 땅에 남는다고 믿었다.

110 다시 일으켜지는 것은 오직 내적인, 살아 있는 비가시적 지체들뿐이다. 지상

그렇다면, 부활이란 무엇인가? ⁵그것은 매순간[111] (이루어지는), 일어난 이들의 드러남이다.[112] 네가 복음서에서 엘리야와 모세가 함께 나타났다고[113] 읽은 것을 기억한다면, ¹⁰부활이 환상일[114] 따름이라고

의 외적인 지체들은 부활하지 않는다(47,17-23; 47,38-39). 1코린 15,50 참조: "살과 피는 하느님의 나라를 물려받지 못하고, 썩는 것은 썩지 않는 것을 물려받지 못합니다."

111 또는 "항상", "언제나", "매번."

112 부활한 이들이 밝히 드러난다는 의미다. 부활논고 48,34-35도 참조하라. '드러남'으로 옮긴 콥트어 ⲡϭⲱⲗⲡ̄ ⲁⲃⲁⲗ는 그리스어 ἀποκάλυψις, φανέρωσις, φανερωθῆναι에 해당한다. ⲡⲟⲩⲱⲛϩ̄ ⲁⲃⲁⲗ과 유의어로 쓰인다(Crum). 해당 문장을 "일어난 것들(=비가시적 지체들)의 드러남이다"로 옮길 수도 있다. 부활은 '존재하는 것(이)', '일어난 것(이)'들의 드러남이라는 문장은 두 가지로 해석할 수 있다. 첫째, 부활이란 부활한 이들이 다른 사람들에게 나타나는 것이다. 요한 21,1-14에 비추어 읽을 때 이러한 해석이 가능하다. 부활한 예수님께서는 제자들에게 '자신을 드러내셨다'(21,1). 그리고 제자들에게 '나타나셨다'(21,14). 사도 10,40에서도 "하느님께서는 그분을 사흘 만에 일으키시어 사람들에게 나타나게 하셨다." 이는 부활한 이들이 자신을 드러낸다는, 또는 사람들에게 나타난다는 의미를 함축한다. 로마 8,19; 콜로 3,4도 참조. 둘째, 부활이란 가시적인 것 안에 숨겨져 있는 비가시적인 것이 밝히 드러나는 것이다. 첫째와 둘째 의미 둘 다, '죽음 이전에 이루어지는 부활' 및 '죽음으로 이루어지는 부활'을 포괄한다. 살아생전에 일어나는 부활은 깨달음을 얻은 이들에게 일어나는 변화로서, 안에 숨겨져 있던 비가시적인 지체들이 밝히 드러나는 것이다. 죽음으로 이루어지는 부활은 살아생전에 부활을 체험한 이들에게만 가능하며, 첫 번째 부활의 완성이라고 볼 수 있다. 여기서 부활을 '매순간' 이루어지는 것으로 묘사한 점을 주목하라. 논고 저자는 종말에 일어나는 일회적, 집단적 부활이 아니라 매순간 이루어지는 각 개인의 부활을 염두에 둔 듯하다. 비가시적인 내적 지체가 드러나는 매순간, 매경우가 부활이라는 것이다. 또한 이러한 드러남은 한 순간의 일로 그치는 것이 아니라 지속적으로 이루어진다. 부활이 늘, 언제나, 매순간 밝히 드러난다는 것이다.

113 마르 9,2-8 참조. 1코린 15,3-8도 보라.

114 환상이라고 옮긴 단어는 φαντασία다. 이 단어는 '상상', '머리에 떠오르는 영

생각하지 마라. 그것은 환상이 아니다. 그것은 진실이다. 부활보다는 세상이 [15]환상이라고 말하는 편이 더 옳다. 부활은 우리 주 구원자 예수 그리스도에[115] 의해 실제로 생겨났기[116] 때문이다.

세상 대(對) 부활

내가 너에게 [20]지금 무슨 말을 하고 있느냐? 살아 있는 이들은 죽을 것이다. 그들은 어떻게 환상 안에서 살아가느냐? 부자들은 가난해졌다. [25]그리고 임금들은 전복되었다.[117] 모든 것은 변한다. 세상은 환상이다. 하지만 나는 [30]사물들에 대해 너무 나쁘게 말하지 않겠다.

그러나 부활은 그런 식의 것이 아니다. 그것은 굳건히 서 있는 진실이다.[118] 그리고 그것은 존재하는 것의 [35]드러남이며,[119] 사물의 변화
49. 다.[120] 그리고 새로움으로의 전환이다.[121] 불멸성이 [49.1]멸하는 것[122] 위에

상', '표상', '겉보기', '전시' 등의 의미를 지닌다(Liddell-Scott). 논고 저자는 부활이 단지 겉보기 전시용이 아니라 진실, 실제 사건임을 강변한다. 그리고 부활이 아니라 이 세상이 환상이라고 한다. 이데아가 실체이며 세상은 그 그림자에 불과하다는 플라톤의 말을 연상시킨다.

115 ⲠⲈⲚⲬⲀⲈⲒⲤ ⲠⲤⲰⲦⲎⲢ ⲒⲎⲤⲞⲨⲤ ⲠⲈⲬⲢⲎⲤⲦⲞⲤ. 48.19에서도 그리스도를 가리키는 데 Χριστός 대신 Χρηστός가 쓰였다(43.37; 50.1 참조). 비슷한 칭호가 2베드 1,11; 2,20; 3,18에 나온다: "우리의 주님이시며 구원자이신 예수 그리스도."

116 또는 "실제로 일어났기."

117 집회 10,14; 루카 1,52 참조.

118 또는 "그것은 굳건히 서 있는 진리다." 진리의 복음 17,25-29 참조.

119 여기서는 '드러남'을 가리키는 데 ⲠⲞⲨⲰⲚϨ ⲀⲂⲀⲖ이 쓰였다. 콜로 3,1-4, 특히 4절 "여러분의 생명이신 그리스도께서 나타나실 때, 여러분도 그분과 함께 영광 속에 나타날 것입니다" 참조.

120 1코린 15,51-52 참조: "우리 모두 죽지 않고 다 변화할 것입니다. … 죽은 이들이 썩지 않는 몸으로 되살아나고 우리는 변화할 것입니다." 구원자께서도 변화와 부활을 함께 겪으시듯 뽑힌 이들도 그러할 것이다.

내려오고, 빛이 어둠[123] 위에 내려와 그것을 삼켜 버리며[124] ⁵플레로마는 결핍된 것을 채운다.[125] 부활이 상징하고 비유하는 것이 바로 이런 것들이다.[126] 그분께서는 좋은 것을 만드는 분이시다.[127]

---

[121] 전환이라 옮긴 단어는 그리스어 μεταβολή의 차용어다. 이 단어는 변화, 전환 등을 의미한다(Liddell-Scott). '새로움'은 구원받은 이가 누리는 새로운 천상적 실존을 가리킨다. 로마 6,4 참조: "과연 우리는 그분의 죽음과 하나 되는 세례를 통하여 그분과 함께 묻혔습니다. 그리하여 그리스도께서 아버지의 영광을 통하여 죽은 이들 가운데에서 되살아나신 것처럼, 우리도 새로운 삶을 살아가게 되었습니다."

[122] 불멸성과 멸하는 것의 대비는 1코린 15,53-54 참조.

[123] 빛은 지식과 생명, 어둠은 무지와 죽음에 대응한다.

[124] '삼켜 버리다'에 대해서는 1코린 15,54; 2코린 5,4; 부활논고 45,15; 45,20; 46,1 참조. 루카 11,36도 참조하라.

[125] 48,31-49,7에서 부활은 전우주적 차원으로 확장된다. 곧 부활은 사물들의 변화이며 모든 것이 새롭게 변모되는 것이다. 불멸성이 필멸성 위로 내려오고 빛이 어둠 위에 내려와 삼켜 버리는 것, 그리하여 플레로마가 결핍을 메우고 완전성을 회복하는 것이다. 여기서 부활은 처음의 질서를 회복·복원하는 과정 곧 아포카타스타시스(ἀποκατάστασις)와 맞물려 있다. 아포카타스타시스란 이 세상이 종결되고 플레로마의 완전성이 회복되는 미래의 복원을 가리킨다. 이 지점에서 부활의 미래적 특성이 부각된다. 부활은, 지금 이 순간 각 개인이 겪는 현재적 사건이지만 동시에 인류 전체, 우주 전체가 집단적으로 겪을 미래적 사건이기도 하다. 부활 안에 과거와 현재와 미래, 그리고 개인과 인류 전체, 이 세상과 플레로마의 운명이 교차하고 있다.

[126] 직역: "부활의 상징과 비유들이 이것들이다." '부활의'에서 부활은, 상징과 비유의 주체로 해석된다. 부활을 상징하는 것, 부활을 비유하는 것이 아니라, 부활이 상징하는 것, 부활이 비유하는 것이다.

[127] 필(Peel)은 그분은 구원자로, '좋은 것'은 구원의 전 과정으로 이해한다: *The Epistle to Rheginos*, 85 참조.

결론: 부활은 이미 일어났다

그러니, [10]부분적으로만 생각하지 마라, 레기노스야! 그리고 일치를 위해 이 육신을 따라 살지 마라![128] 분열과 [15]속박에서 달아나라.[129] 너는 이미 부활을 가졌다.[130] 만약 필멸하는 자가[131] 자신에 대해서, 곧 자신이 죽으리라는 것을 안다면, ― 그가 [20]이 생애에서 많은 햇수를 산다 하더라도, 그는 그것으로[132] 인도된다 ― 네가 너 자신에 대해서, 너는 이미 일어났으며 그것으로 (이미) 인도되었다고[133] 여기지 않을 이유가 무엇이냐? [25]만약 네가 부활을[134] 가졌다면, 그런데도 네가 ― 자기가 죽었다는 것을 아는 자가 ― 여전히 죽을 것처럼 지낸다면,[135] 왜 내가

---

128 로마 8,4-5.12-13; 2코린 10,2 참조.

129 '일치'가 플레로마의 특성이라면 '분열'과 '속박'은 이 세상의 특성이다.

130 2티모 2,18과 비교하라: "이자들은 진리에서 빗나가, 부활이 이미 일어났다고 말하면서 몇몇 사람의 믿음을 망쳐 놓고 있습니다."

131 모든 인간은 죽음을 피하지 못한다. 선택된 이들도 죽음 앞에서는 예외가 아니다.

132 그것이 정확이 무엇을 가리키는지 알기 어렵다. 가까운 문맥 안에 남성 단수 명사는 '생애'(ⲂⲒⲞⲤ)밖에 없다. 필(Peel)은 '그것'이 '죽음'을 가리키는 것으로 해석한다. 가까운 본문에서 죽음은 동사 형태(ⲘⲞⲨ)로만 사용되었지만('자신이 죽으리라는ⲘⲞⲨ 것을 안다면') 이 단어가 명사로 쓰일 때는 남성이다. 만약 '그것'이 '죽음'을 가리킨다면, 그가 아무리 오래 살았다 하더라도 결국 죽음으로 인도된다는 의미가 된다.

133 위와 같은 이유에서 '그것'은 '죽음'을 가리키는 듯하다. 필(Peel)을 따라 '인도된다'(ⲤⲈⲈⲒⲚⲈ 현재) 앞에 'ⲉ-'(circumstantial)를 덧붙여 직전 동사 '이미 일어났다'(ⲈⲀⲔⲦⲰⲞⲨⲚ 과거)와 같은 시제로 읽었다("Treatise on the Resurrection", 208). 그렇다면, 이 문장은 레기노스가 이미 '부활'했으며 이미 죽음을 맞이했다는 뜻으로 이해된다.

134 부활논고에서 '부활'은 항상 그리스어 차용어인 ⲀⲚⲀⲤⲦⲀⲤⲒⲤ가 사용되는데 여기서만 예외적으로 콥트어 ⲠⲦⲰⲞⲨⲚ이 쓰였다. 두 단어 사이에 뜻 차이는 없다.

너의 ³⁰훈련부족을 그냥 두고 보아야 하겠느냐?¹³⁶ 저마다 여러 방법으로 수련해야 마땅하다.¹³⁷ 그리하면 그는 이 '원소'에서¹³⁸ 해방되고¹³⁹ 오류에 빠지지 않을 것이다. ³⁵그리고 다시 한 번 자기 자신, 처음부터 있던 그것을 받게 될 것이다.¹⁴⁰

---

135   이미 부활을 가졌으니, 부활한 사람답게 살라는 의미다. 콜로 2,20-21 참조: "여러분은 그리스도와 함께 죽어 이 세상의 정령들에게서 벗어났으면서도, 어찌하여 아직도 이 세상에 살고 있는 것처럼 규정에 얽매여, '손대지 마라, 맛보지 마라, 만지지 마라' 합니까?"

136   로마 6,1-11, 특히 4절 참조: "과연 우리는 그분의 죽음과 하나 되는 세례를 통하여 그분과 함께 묻혔습니다. 그리하여 그리스도께서 아버지의 영광을 통하여 죽은 이들 가운데에서 되살아나신 것처럼, 우리도 새로운 삶을 살아가게 되었습니다." 13절 "오히려 죽은 이들 가운데에서 살아난 사람으로서 자신을 하느님께 바치고, 자기 지체를 의로움의 도구로 하느님께 바치십시오"도 보라.

137   1티모 4,7-8; 콜로 2,20-23; 2클레 20.2-4 참조. 특히 1티모 4,7-8을 보라: "저속하고 망령된 신화들을 물리치십시오. 신심(εὐσέβεια)이 깊어지도록 자신을 단련하십시오(γυμνάζω). 몸의 단련(γυμνασία)도 조금은 유익하지만 신심(εὐσέβεια)은 모든 면에서 유익합니다. 현재와 미래의 생명(ζωή)을 약속해 주기 때문입니다." 훈련과 수련에 대해서는 플라톤의 『파이돈』도 참조하라. 소크라테스가 말한 죽음 연습을 연상시킨다. 훈련과 수련으로 옮긴 단어는 각각 그리스 차용어 ⲅⲩⲙⲛⲁⲍⲉ(γυμνάζω)와 ⲁⲥⲕⲉⲓ(ἀσκεῖν)다. 두 단어 모두 훈련, 연습, 수련을 뜻한다(Liddell-Scott).

138   그리스어 στοιχεῖον은 '원소', '요소', '원리', '정령', '천체' 등으로 옮길 수 있다. 갈라 4,3; 콜로 2,8.20 등에서 복수 형태로 쓰인 이 단어는 이 세상의 사건들을 조종하고 지배하는 초자연적 세력을 가리킨다(Bauer-Danker). 『성경』은 이 경우 '정령'이라고 옮겼다.

139   바실리데스가 비슷한 가르침을 펼쳤다. 그리스도와 아버지의 구원 업적을 아는 사람은 권세들의 지배에서 해방된다는 것이다: 이레네우스, 『이단 논박』 1.24.4 참조.

140   선택된 이들이 세상에 내려오기 전의 상태, 원래의 자기 자신을 회복한다는 의미다: Peel, *The Epistle to Rheginos*, 99 참조.

에필로그

50. 이것들은 내가 나의 50.1 주님, 예수 그리스도의141 관대함으로부터 받은 것이다. 나는 너와 너의 형제들, 곧 내 아들들에게 그것들을 가르쳐주었다. 나는 너희들을 굳건히 하는 데 필요한 것은142 하나도 빼놓지 않았다. ⁵만약 말씀에 대한 내 설명 가운데 분명치 않은 것이 있다면 물어보아라. 너희에게 해석해 주겠다.

자, 이제 질투심 때문에 너와 같은 소속인 이를143 한 명이라도 물리치는 일이 없도록 하여라. ¹⁰그가 도움이 될 수 있다.

내가 너에게 써준 이 문제에 대해 답을 찾고 있는 사람들이 많다. 나는 그들에게 말한다. 평화와 은총이 그들 가운데 있기를! ¹⁵나는 너와, 형제적 사랑으로 너희를 사랑하는 이들에게 인사한다.

부활에 대한 논고

---

141 50.1에서도 그리스도를 가리키는 데 Χρηστός가 쓰였다(43.37; 48.19 참조).
142 로마 1,11; 16,25; 1테살 3,2.13; 2테살 2,17; 콜로 2,5; 1베드 5,10 참조.
143 'ωπ'의 상태형 ΗΠ이 전치사 ϵ-와 함께 '…에 속하다', '…와 관련되다'는 의미로 쓰인다(Crum). 레기노스와 같은 집단에 소속된, 부활논고 저자의 다른 제자들을 가리킨다.

발렌티누스와 그의 추종자들[1]

앞에서 발렌티누스에 대해 간략하게 살펴보았다. 그러나 발렌티누스와 그의 가르침에 대해 조금 더 자세히 살필 필요가 있다. 이는 발렌티누스파와 관련이 깊은 진리의 복음이나 필립보 복음서를 이해하는 것은 물론 영지주의 사상 전반을 이해하는 데 큰 도움이 된다.

발렌티누스

발렌티누스는 본디 이집트 알렉산드리아 출신이다. 그는 그 도시에서 큰 호응을 얻고 있던 영지주의 사고방식을 깊이 흡수한 뒤 이탈리아 로마로 활동무대를 옮겼다. 발렌티누스는 로마에서 교회 지도자로서, 그리고 한 학파(또는 학원)의 스승으로서 대략 20여 년을 보내며 가르침 활동을 펼쳤다. 2세기 지중해 세계에서는 한 스승을 중심으로 남녀 소수의 학생들이 학원을 만드는 것이 유행하였다. 스승과 함께 지내면서 가르침도 받고 스승의 생활양식도 자연스레 익히려는 것이었다. 지중해 세계 전역에 여러 학원이 세워졌는데 이러한 학원은 교육과 토론의 공간이자 일종의 공동체이기도 했다.

신약성경에도 그런 집단에 대해 언급이 되어 있다. 이방인 출신의 그리스도인들은 예수님과 그 제자단을 일종의 학파(또는 학원)로 해석했을 법하다. 바오로는 에페소에서 선교 활동을 벌이던 중에 티란노스 학원을 빌려 제자들을 데리고 날마다 토론을 벌였다. 이 일이 두 해 동안 계속되자 유다인 이방인 할 것 없이 수많은 아시아 출신의 그리스도인들을 배출하게 된다(사도 19,9-10). 나중에는 주류 교회의 신자들도 학원이나 학파를 형성하였다. 발렌티누스와 동시대를 살았던 순교자 유스티누스가 그 경우다. 제자들은 로마에 있는 유스티누스의 집에 모여 그

---

[1] 발렌티누스와 그의 추종자들에 관해서는 Layton, *The Gnostic Scriptures*, 276-275; Pearson, *Ancient Gnosticism: Tradition and Literature*, 145-173을 참조하라.

에게서 배웠다. 알렉산드리아 교리 학교는 규모는 커졌지만 기본적으로 학원과 같은 종류로 이해할 수 있다.[2]

이런 학원이나 학파가 교회 당국과 상관없이 독자적으로 운영되던 탓에 당국과의 충돌은 예견된 일이었을지도 모른다. 특히 강력한 카리스마로 제자들을 모으는 영지주의 교사들의 활동이 교회 성직자들에게는 위협으로 느껴질 수도 있었을 것이다. 학교나 학원의 활동은 대개 교회의 권한 밖이었으므로 그곳에서 가르치는 내용이 이른바 '신앙의 규범'과 부합하는지는 아무도 장담할 수 없었다. 어쨌든 그들의 가르침이 비밀에 붙여졌기에 교회 당국이 조사에 나서기까지 시간이 걸렸을 것이다. 그리하여 발렌티누스와 그 제자들은 정통 그리스도교 공동체 안에 머물면서 같은 성경을 사용하고 전례에도 참석할 수 있었다.[3] 그러는 와중에 그리스도교 성경과 예수님 사건을 자기네 관점으로 재해석한 내용을 교회 안에 보급함으로써 보다 많은 신자들을 자기네 편으로 끌어들일 수 있었을 것이다.

발렌티누스 학파

발렌티누스와 그 제자들은 발렌티누스 생전에는 주류 그리스도교 공동체 안에 머물러 있었다. 발렌티누스가 사망한(160년경) 뒤에도 얼마 동안은 이런 상태가 유지되었다. 발렌티누스가 사망하고 이레네우스의 『이단 논박』이 나오기 전

2　Snyder, "'Above the Bath of Myrtinus': Justin Martyr's 'School' in the City of Rome", 335-362 참조. 2-3세기 그리스도인들 사이에서는 이런 대규모의 학교나 학원이 아니더라도 소규모로 스터디 그룹을 형성하여 함께 공부하고 토론하는 문화가 형성되어 있었다. 이 시기에 그리스도교 신학이 눈부신 발전을 이룰 수 있었던 이유가 바로 이런 학구적 분위기와 토론 문화 덕분이었을 것이다.

3　발렌티누스파 사람들이 정통 교회 공동체 안에 머물러 있으면서 같은 성경을 사용하고 같은 '신앙의 규범'을 고백한 사실은 진리의 복음을 통해 알 수 있다. 진리의 복음에는 신약성경이 직접 인용되어 있지는 않지만 마태오, 요한, 로마, 1&2 코린, 에페, 콜로, 히브, 1요한, 묵시 등에서 착안한 내용이나 이를 암시하는 내용들이 들어 있다.

까지 약 20년 동안 발렌티누스 학파는 발전을 거듭하면서 동방과 서방의 두 학파로 나뉘었다. 그들의 영향력은 아주 먼 곳까지 미쳤다. 이레네우스는 자신이 쓴 『이단 논박』에서 발렌티누스뿐 아니라 그 제자들까지도 조목조목 비판하였다(1.29-31).

발렌티누스의 제자들은 그리스도교 성사 가운데 가장 중심이 되는 세례와 성찬에 새로운 의미를 부여하기 시작하였다. 게다가 그들은 주류 교회에서는 드리지 않는 자신들만의 성사와 예식의 비중을 점차 높여갔다. 이 모든 것이 정통 교회를 떠나 그들만의 독자적 조직으로 부상하기 위한 전초전이었다.

콘스탄티누스 대제가 326년 칙령을 발표하여 이단자들의 집회를 금했을 무렵은 발렌티누스파 사람들이 이미 자신들의 정체성을 확보한 다음이었다. 어쨌든 콘스탄티누스의 칙령으로 발렌티누스파 사람들의 집회 활동은 국가 차원의 제재를 받게 되었다. 386년에는 시리아의 칼리니쿰(Callinicum)이라는 도시에서 발렌티누스파 교회 건물이 폭도들에 의해 파괴된 사건이 일어나기도 했다. 발렌티누스파는 그 이후에도 몇 세기 동안 지속되다가 교회 안에서 자취를 감추었다.

서방 학파

발렌티누스의 제자들 중에 로마와 그 주변 마을에서 스승의 가르침을 전파한 사람들은 나중에 서방 학파(Western School)라 불렸다. 이들은 이탈리아 학파라고도 알려져 있다. 이들이 동방 학파로 알려진 다른 제자들과 의견차를 보인 지점은 그리스도의 몸에 대한 내용이었다. 동방 학파는 예수님을 순전한 영적 실체로 여겼다. 반면에 서방 학파는 예수님의 몸이 데미우르고스에 의해 영혼과 같은 재료로 만들어졌다고 주장하였다. 예수님의 몸은 영(pneuma)과는 달리 데미우르고스에 의해 창조되었다는 것이다. 다만 그분의 몸은 다른 사람들과 달리 물질적 육체가 아니라 '혼적' 육체였다. 그리고 세례 때 하늘에서 구원자가 내려와 이 혼적 육체에 들어가셨다고 한다. 이렇게 해서 예수님은 세례를 통해 영적 본성으로 거듭났다는 것이다. 바실리데스나 다른 알렉산드리아의 영지주의자들도 비슷한 생각이었던 것 같다. 로마에 이집트 알렉산드리아의 영향력이 여전하였던 셈이다.

발렌티누스의 서방 학파 제자들 가운데 가장 잘 알려진 사람이 프톨레미다.[4] 그의 개인사에 대해서는 거의 알려진 바가 없지만 이레네우스 덕분에 그의 가르침에 대해서는 꽤 상세히 알려져 있다. 이레네우스가 주교로 있던 리옹의 교회 공동체 신자들에게 영향을 준 인물이 프톨레미였던 것 같다. 자기 눈으로 공동체 신자들이 영지주의자들의 가르침에 흔들리는 것을 목격한 이레네우스는 그들의 가르침을 체계적으로 비판해야겠다고 마음먹었을 것이다. 그렇다면 프톨레미야말로 이레네우스의 『이단 논박』을 탄생시킨 장본인이라 할 수 있겠다. 이레네우스는 『이단 논박』 1권 서문에서 이단을 퍼뜨리는 사람들의 견해를 간명하게 드러내겠다고 하면서 특별히 프톨레미의 제자들을 언급한다. 교부는 그들을 발렌티누스에게서 나온 새순이라 표현하면서 그들의 가르침이 얼마나 진리에 어긋나는지 증명하겠다고 선언한다. 그렇게 해서 그들을 전복시킬 방안을 제공하겠다는 것이다. 프톨레미는 '플로라에게 보낸 편지'의 저자이기도 하다.

발렌티누스의 서방파 제자들 가운데 헤라클레온도 프톨레미 못지않은 영향력과 명성을 누렸다. 알렉산드리아의 클레멘스는 헤라클레온을 일컬어 "발렌티누스파에서 가장 유명한 사람"이라 하였다. 헤라클레온은 복음서 주석서를 최초로 집필한 인물로 유명하다. 헤라클레온이 쓴 요한 복음 주석서는 남아 있지 않다. 그러나 그에 자극받은 오리게네스가 『요한 복음서 강해』라는 역작을 집필하게 되었다. 오리게네스의 『요한 복음서 강해』는 헤라클레온의 해석을 논박하기 위해 쓴 것이라 해도 과언이 아니다. 이 책에서 오리게네스는 헤라클레온의 작품에서 폭넓게 인용하고 여러 면에서 그의 해석 방법을 채택하기도 했다.

---

4 로마인들 중에 프톨레마라는 이름을 가진 사람은 매우 드물었다. 일부 학자들은, 그가 로마 부인을 그리스도교로 개종시키려 했다는 죄목으로 152년경에 처형당한 프톨레미와 같은 인물이었을지도 모른다는 추측을 하기도 했다. 그는 순교자 유스티누스가 언급한 사람이기도 하다. 이것이 사실이라면 프톨레미는 발렌티누스가 로마에서 가르치던 시기에 죽었다는 뜻이 된다. 그렇다면 그가 발렌티누스의 후계자가 되었을 리 만무하다. 게다가 이 시기는 이레네우스가 『이단 논박』을 쓰던 때보다 20년이나 앞선다. 따라서 이 사람은 발렌티누스의 후계자 프톨레미가 아닐 것이다.

플로라에게 보내는 편지[1]

프톨레미가 플로라라는 로마의 귀부인에게 보낸 편지로 4세기에 살라미스의 에피파니우스가 자신의 책에 편지글 전체를 인용함으로써 우리에게 전해졌다(『구급상자』 33.3.1-33.7.10). 편지는 정통 그리스도교 신자인 플로라를 회유하여 발렌티누스 쪽으로 전향시키기 위한 목적으로 쓰였다. 편지의 중심 주제는 구약성경을 어떻게 읽고 해석할 것인가, 하는 문제다. 구약성경이 과연 하느님의 영감에 의해 기록되었는가? 따라서 그리스도인이라면 모두가 읽고 따라야만 하는 책인가? 그리고 구약성경이 하느님과 인간에 대해 올바른 정보를 담고 있는가? 아니면 구약성경은 사탄의 인도로 기록되었으며 독자들을 오류로 이끌 뿐인가? 이 문제에 대해 프톨레미는 다른 대안을 내놓는다.

프톨레미는 모세의 율법에 대해 다소 복합적인 시각을 지녔다. 그는 모세의 율법, 곧 구약성경이 불완전하기는 하지만 기본적으로 옳다고 믿었다. 구약성경이 사탄 혹은 그와 비슷한 존재의 업적이라는 견해에는 반대하면서도 예수 그리스도의 아버지의 계시로 만들어진 것은 아니라는 입장이었다. 그에 따르면, 구약성경에는 하느님에게서 나온 말씀 외에도 모세나 다른 사람의 견해도 덧붙여져 있다. 게다가 하느님에게서 나온 것이라 해도 모두가 완벽한 것은 아니며, 어떤 것은 예수님 안에서 완성되어야 할 부분들이다. 이혼을 허용하는 대목 같은 것은 완전히 옳다고 말할 수 없다. 이는 나중에 예수님에 의해 폐기될 것이다. 그리고 어떤 부분은 상징적이어서 영적으로 해석할 필요가 있다. 할례와 관련된 대목이 그 예다.

프톨레미의 결론은 모세의 율법의 저자가 의롭기는 하지만 불완전한 하느님이라는 것이다. 이 입장은 마르키온의 주장과 비슷하다. 프톨레미는 구약성경을 불완전한 것으로 보는 시각이 예수님에게서 배운 것이라 주장하였다. 예수님께서

---

[1] 플로라에게 보내는 편지에 대해서는 Layton, *The Gnostic Scriptures*, 306-315을 참조하라.

보여 주신 하느님과 유다인들의 하느님이 같은 분이 아니라는 것이다.

프톨레미는 다음에 하느님에 관해, 그리고 만물이 어떻게 해서 생겨났는지에 관한 편지를 보내겠다고 플로라에게 약속한다. 이 편지는 남아 있지 않지만 이레네우스가 『이단 논박』에서 소개한 프톨레미의 창조 신화와 비슷한 내용일 법하다.

프톨레미의 편지를 통해 영지주의 세계관이 이방인 개종자들에게 얼마나 매력적이었을지 짐작할 수 있다. 프톨레미는 간결하면서도 직설적인 화법으로 자신의 주장을 설득력 있게 펼쳐 나간다. 정통 그리스도교 교부들의 눈에 가히 위협적일 만했다.

동방 학파

발렌티누스 학파의 또 다른 기둥은 알렉산드리아와 로마 제국의 동편 일부 지역, 곧 시리아나 소아시아 등지에 거점을 두고 있었다. 이들은 동방 학파(Eastern School)라 불린다. 이들은 예수님 몸의 본성에 관해 서방 학파와 다른 노선을 취하였다. 이 학파의 스승들은 구원자가 오직 영적 실체일 뿐이라고 가르쳤다. 예수님은 전혀 고통을 겪으실 수 없는 분이라는 이른바 가현주의적 입장을 취했던 것이다.

동방파 스승 가운데 테오도투스와 마르쿠스가 가장 두드러진 활약을 보였다. 알렉산드리아의 클레멘스가 펴낸 『잡록』에 '테오도투스 발췌록'이라는 인용문이 실린 덕분에 테오도투스라는 이름이 친숙하지만 그 사람의 사생활에 대해서는 알려진 바가 없다. 이 발췌록은 클레멘스가 테오도투스의 작품에서 인용한 것이라고는 하나 어디까지가 테오도투스의 생각이고 어디부터가 클레멘스의 논평인지 구분하기가 쉽지 않다. 이 발췌록은 발렌티누스 학파가 알렉산드리아나 로마 제국 동쪽에서 어떻게 발전하고 변천했는지 짐작하는 데 중요한 실마리를 제공한다(필립보 복음을 이해하는 데도 큰 도움이 된다).

마르쿠스에 대해서는 이레네우스 덕분에 비교적 상세히 알려져 있다. 이레네우스는 『이단 논박』 1.13-21에서 마르쿠스에게 상당 부분을 할애한다. 물론 비난이 주를 이룬다. 그에 따르면 마르쿠스는 '신방' 성사의 개념을 글자 그대로 받아들이고 이 성사를 여자를 잠자리로 꾀어내는 데 이용했다. 종교 지도자가 자신의 권위와 카리스마를 이용해 이성을 농락한 예가 전혀 없었다고는 할 수 없다. 따라서 증거는 없지만 이레네우스의 말이 거짓이라고 단언할 수도 없을 것이다.

07
하느님과 창조주

야고보의 둘째 묵시록
Second Apocalypse of James

영지주의자들은 이 세상의 창조주를 비판한다. 창조주는 인간이 지혜로 워져서 영원히 사는 것을 시기한 심술궂은 악신에 지나지 않는다는 것이다. 게다가 그는 무지하기까지 하다고 한다. 진리의 증언의 말을 들어보자.[1]

"이런 신은 도대체 어떤 신이란 말인가? 첫째, 그자는 아담이 지식gnosis의 나무에서 (열매를) 따 먹는 것을 시기하였다. 둘째, 그자는 '아담아, 너 어디 있느냐?'하고 말하였다. 신이라는 자가 예지가 없다는 뜻이다. 다시 말해 그는 처음부터 이 일을 알지 못했다. 그런 뒤 그자는 말하였다. '그(아담)를 이곳에서 쫓아내자. 그가 생명의 나무에서 (열매를) 따 먹고 영원히 살지 못하도록.'[2] 이런 식으로 그자는 참으로 자신이 악하고 질투하는 자임을 드러내었다. 그러니 이자는 도대체 어떤 종류의 신이란 말인가!"(진리의 증언 45-48).

진리의 증언은 창조주의 악함이 여기서 그치지 않는다면서 구약성경에 나오는 창조주의 말을 인용한다.

"'나는 질투하는 신이다. 나는 조상들의 죄악을 삼 대 사 대 자손들에게 가져 갈 것이다.'[3] 그리고 그자가 말하였다. '나는 그들의 마음을 무디게 하고 그들의 정신nous을 눈멀게 할 것이다. 그들이 자기네가 들

---

1 나그 함마디 코덱스 IX,3에 실려 있는 진리의 증언은 구약의 하느님이 보이는 위협과 분노에도 질타를 가한다. 구약의 하느님은 자기의 마음에 들지 않는 사람에게는 무자비한 벌을 내리는 질투의 신이라는 것이다: Pearson, "The Testimony of Truth", 106-107. 159-169을 참조하라.
2 창세 3장 참조.
3 탈출 20,5 참조.

은 것들을 알지도 이해하지도 못하게 하려는 것이다'"(진리의 증언 48).[4]

이처럼 영지주의자들은 구약의 하느님이 조상의 죗값을 후손에게 물리는 자요, 인간이 지식을 갖게 되는 것을 질투하고 방해하는 악신이라고 비판한다. 그렇다고 그들이 하느님 자체를 부인한 것은 아니다. 그들은 진정한 하느님은 따로 있다고 보았다. 그리고 구약의 하느님인 창조주, 이 세상의 지배자는 진정한 신이 아니라고 하였다.

이런 식으로 영지주의자들은 이 세상의 창조주와 참하느님을 엄격히 구분한다. 따라서 그들의 작품에는 창조주를 최고신에 대비시키며 비판하는 내용이 자주 나온다.[5] 상세한 내용은 조금씩 다르지만 기본 틀은 똑같다. 참하느님만이 진정한 신이다. 창조주는 진정한 신이라고 말할 수 없으며 기껏해야 하급신이라 부를 수 있을 정도다. 따라서 창조주는 최고신과 평등한 존재가 아니다. 비슷한 힘을 가진 선과 악의 대립구조라기보다는 저 아래에 있는 악을 저위에 있는 선이 포섭하는 구도다.

먼저 최상신이신 하느님은 눈에 보이지 않고 언어로 표현할 수 없는 불가지한 분이시다. 따라서 최상신에 대해서는 '이러이러한 분이시다'라는 긍정의 표현보다 '이러이러한 분이 아니시다'라는 부정의 표현이 더 적합하다.

---

4 이사 6,10 참조.

5 요한의 비전이 대표적이며, 유다 복음서도 마찬가지다. 유다 복음서는 열두 제자가 섬기는 신과 예수님의 하느님이 다른 분이심을 밝히고 있다. 감사제를 드리는 열두 제자를 보고 예수님께서 웃으시자 제자들이 이유를 묻는다. 예수님께서는 감사제를 통해 '너희의 신'이 찬양을 받는 것임을 밝히신다. "내가 너희를 두고 웃는 것은 아니다. 너희가 이 일을 하는 것도 너희의 뜻대로가 아니다. 이 일을 통해 너희의 하느님(신)이 찬양을 받을 것이다"(유다 복음 34). 열두 제자 가운데 예수님을 참으로 아는 사람은 유다뿐이다. "저는 당신께서 누구신지, 그리고 당신께서 어느 곳에서 오셨는지 압니다. 당신께서는 정녕 바르벨로의 불사의 에온에서 그리고 당신을 보내신 분에게서 오셨습니다. 저는 그분의 이름을 발설할 자격도 없습니다"(35).

다시 말해 최상신에게는 긍정 신학적 접근보다는 '**부정 신학적 접근**'이 더 온당하다. 가령 하느님은 측량할 수 없으시고, 눈에 보이지 않으시며, 한계가 없는 분이시다 등. 그러나 이 같은 부정의 형용사들도 최고신을 설명하기에 충분하지는 않다. 그래서 "그분은 육체를 지니신 분이 아니시며, 육체가 없는 분도 아니시다. 그분은 크지도 않으시고 작지도 않으시다"라는 이중적 표현이 나오기도 한다(요한의 비전 3). "그분은 몇 분이신가라든지 그분은 무엇과 같으신가 하고 말할 수 없다. 아무도 그분을 이해할 수 없기 때문이다"라는 것도 하느님의 불가지성을 표현하는 말이다(요한의 비전 3).

반면에 창조주는 존재 차원에서부터 하느님과 다르다. 하느님은 스스로 존재하시는 분이시나 창조주는 그렇지 않다. 창조주는, 하느님에게서 유출된 에온(대개 소피아)의 독단적 결정에 의해 '태어난' 존재다. 창조주 자신이 피조물인 셈이다. 게다가 하느님의 허락 없이 이루어진 창조주의 출생은, 그 자체로 실수요 잘못이다. 그리고 실수로 태어난 창조주가 지선한 존재일 리 없다. 오히려 그는 세상이 악한 원인이 된다. 세상이 악한 이유가 창조주의 손에 만들어졌기 때문이라는 것이다.[6] 태어나자마자 바깥으로 버려진 창조주는 플레로마에 속하지도 못한다.[7] 야고보의 둘째 묵시록에도 하느님과 창조주를 구분하는 내용이 나온다. 기본 골격은 위 내용과 같다.

---

6 요한의 비전은 온갖 잘못과 불의가 얄다바옷의 소생인 숙명, 곧 헤이마르메네에게서 유래했다고 한다. 얄다바옷은 자신의 수하세력인 아르콘들과 함께 제 어미인 소피아를 범하는데 이때 태어난 것이 헤이마르메네다. 그리고 이 헤이마르메네에게서 온갖 잘못, 불의, 신성모독, 망각의 족쇄, 무지, 온갖 혹독한 겨울, 무거운 죄와 커다란 공포가 나왔다. 그리고 이렇게 해서 모든 피조물이 눈멀게 되어 하느님을 알지 못하게 되었다(요한의 비전 29).

7 요한의 비전 9-10을 보라.

부정 신학

부정 신학(Apophatic Theology; 혹은 Negative Theology), '아포파틱'은 그리스어 명사 ἀπόφασις에서 나왔다. 아포파시스는 '부정하다, 부인하다'라는 뜻의 동사 ἀπόφημι(apophēmi)에서 나온 말이다. via negativa(부정의 길)라고도 한다. 하느님은 어떠한 분이신가를 묘사하는 긍정 신학(Cataphatic Theology)의 반대편에 서 있다.

---

https://www.etymonline.com/search?q=Apophatic;
https://en.wikipedia.org/wiki/Cataphatic_theology.

1. 야고보의 둘째 묵시록 소개

야고보의 둘째 묵시록은 첫째 묵시록 바로 뒤, 나그 함마디 코덱스 V,4에 실려 있다. 이 작품은 기도문과 고백문들로 가득하여 전례나 예배 때 사용되었던 것으로 짐작된다. 본문이 전체적으로 손상이 심하며, 필사본 하단이 거의 사라지고 없다. 따라서 때때로 해석하기가 어렵고 말하는 주체가 누구인지도 불분명할 때가 있다.[8]

야고보의 둘째 묵시록은 야고보의 죽음을 전하는 보고서 형식을 띠고 있으며, 야고보가 순교하기 직전에 수많은 사람들 앞에 서서 연설한 내용을 담고 있다. 연설 첫머리에는 야고보가 불멸의 플레로마로부터 계시를

---

8   Hedrick (ed.), "The (Second) Apocalypse of James", 105-109을 참조하라.

야고보 사도

야고보는 베드로의 뒤를 이어 예루살렘 교회의 수장을 지낸 인물로 주님의 형제로 알려져 있었다. 야고보가 다른 사도들보다 더 높은 권위를 행사한 것으로 묘사되는 작품들이 다수 전한다. 토마 복음,[1] 이집트인들의 복음, 야고보의 비전, 야고보의 첫째·둘째 묵시록 등이 대표적이다. 야고보의 둘째 묵시록에서도 야고보는 특별한 능력과 역할을 지녔다고 소개된다. 주님께 비밀 가르침을 계시받은 야고보는 단순히 계시의 전달자 역할을 뛰어넘어 이제 야고보 자신이 구원자이자 계시자의 역할을 맡는다.

주님께서 말씀하신다. "나는 그대(야고보)를 통하여, 그리고 힘의 [영]을 통해 계시하고 싶소. 그분(영)께서 그대에게 속한 이[들에게] 계시할 수 있도록 말이

---

[1] 토마 말씀 12: 예수님의 제자들이 말하였다. "저희는 당신께서 저희 곁을 떠나시리라는 것을 압니다. 누가 저희의 지도자가 되겠습니까?" 예수님께서 그들에게 말씀하셨다. "너희가 어디서 왔든지 의인 야고보에게 가야할 것이다. 하늘과 땅이 바로 그를 위해 생겨났다."

받았음을 밝히는 내용이 나온다. "나는 불멸aphtharsia의 플레로마pleroma로부터 계시를 받은 자, 위대하신 분께 부름을 받고 [주]님께 순종한 자입니다"(야고보의 둘째 묵시록 46). 이 때문에 자신이 지식(그노시스)으로 부유하다는 것이다. 이러한 표현들은 이 작품이 영지주의 관점에서 기록된 것임을 드러낸다.

야고보의 연설에는 주님께서 그에게만 알려 주신 계시 내용이 포함되어 있다. 주님께서 야고보에게 입을 맞추시며 하늘들도 알지 못하고 아르

오. 그들은 그대를 통하여 좋은 문을 연다오. 안으로 들어가기를 원하는 이들, 그리고 문 앞에 놓인 길 위로 걷고자 하는 이들 말이오. 그리고 그들은 그대 뒤를 따를 것이오. 그리고 들어갈 것이오. 그대는 그들을 데리고 들어가 (상급을) 받을 준비가 된 사람 하나하나에게 상급을 줄 것이오. … 그대는 빛을 주는 이며, 내게 속한 이들의 구원자요. 그리고 이제 그대는 그대에게 속한 이들의 (구원자요). 그대는 (그들에게) 밝히 드러내 줄 것이며, 그들 모두 안에 선을 가져다 줄 것이오. 그들은 (그대가 지닌) 모든 힘을 보고 그대에게 놀랄 것이오. 하늘들이 축복하는 자는 바로 그대요. 스스로를 [주님]이라 부르는 자가 그대를 질투할 것이오. … 그대로 인해 그들은 이 [일들에] 관해 가르침을 받고 안식에 들 것이오. 그대로 인해 그들은 다스리고 임금이 될 것이오. 그대로 인해 그들은 자기들이 불쌍히 여기는 이들을 불쌍히 여기게 될 것이오"(야고보의 둘째 묵시록 55-56).[2]

---

[2] 주님께서 베드로에게 하늘 나라의 열쇠를 맡기시는 마태 16,18-19과 비교하라: "너는 베드로이다. 내가 이 반석 위에 내 교회를 세울 터인즉, 저승의 세력도 그것을 이기지 못할 것이다. 또 나는 너에게 하늘 나라의 열쇠를 주겠다. 그러니 네가 무엇이든지 땅에서 매면 하늘에서도 매일 것이고, 네가 무엇이든지 땅에서 풀면 하늘에서도 풀릴 것이다."

콘들도 알지 못하고 창조주도 알지 못하는 일들을 야고보에게 계시해 주셨다는 것이다. "내 사랑하는 이여! 보시오. 하늘들도 알지 못했고 그들의 아르콘들도 알지 못한 일들을 그대에게 계시해 주겠소. 보시오! 허[세]를 부린 자가 알지 못한 일들을 그대에게 계시해 주겠소"(56). 야고보는 계시를 받음과 동시에 하느님의 소유인 이들을 계몽하고 구할 사명을 함께 받는다.

2. 창조주와 참하느님

야고보의 둘째 묵시록은 하느님(58.2-6)과 창조주(54.10-15; 56.20-57.3)를 구분한다.

창조주

주님께서 계시해 주신 일들 가운데는 물질계의 창조주에 관한 내용이 포함된다. 창조주는 보이지 않는 하느님, 참하느님이 아니라는 설명이다. 여기서 창조주는 '허세를 부리는 자' 등으로 불리며 구약의 야훼 하느님을 연상시킨다. 가령 "그자는 아버지에게서 나온 이들을 포로로 삼은 뒤 그들을 붙잡아 자신을 닮은 모습으로 만들었소"(54)[9] 하는 식이다.

창조주는 보이지 않는 참하느님의 존재조차 알지 못한다. 그래서 나 말고 다른 신은 없다고 말하며 자기가 '아버지'라고 말한다. "[그자는 말하오]. '[내가 신이다.] 나 말고 다른 (신은) [없다]. 내가 살아 있지 않단 말이냐? 내가 아버지이지 않느냐? 나에게 모든 것을 (할 수 있는) 능력이 [없단] 말이냐?"(56-57).[10]

그러나 창조주의 능력은 보잘 것 없으며, 그의 선물은 좋지 않고 그의 약속은 사악할 따름이다. "그자의 상속재산이 적다는 것이 드러날 것이오. 그자가 많다고 자랑했던 바로 그것 말이오. 그의 선물들은 좋은 것이 아니고, 그자의 약속들은 사악한 계획이오"(53). 또한 창조주는 연민으로 사람을 만든 게 아니며 사람에게 폭력과 불의를 일삼을 뿐이다. "그대는 그자의 연

---

9 창세 1,26; 2,7 참조.
10 신명 32,39; 이사 45,5; 44,6.8; 45,21; 요엘 2,27을 보라.

민의 도구가 아니라오. 그자는 그대를 통해서 폭력을 저지르고 있소. 그자는 우리에게 불의를 행하려 하고 있소"(53).

창조주는 지금 세상의 지배자 노릇을 하고 있지만 그것은 잠시일 뿐이다. "그자는 자신에게 주어진 얼마간의 시간 동안 지배자 노릇을 할 것이오"(53). 연민이 많으신 아버지 하느님의 상속재산이 영원한 것과 대조된다. "연민이 많으신 아버지를 아시오! 그분께서는 상속을 받는 분이 아니시오 — 그분의 상속에는 한계가 없으며, 날수가 한정되어 있지도 않소. 그것은 영원한 날이오!"(53).

창조주는 사람을 질투한다. 그래서 야고보의 탁월한 능력과 역할을 두고도 질투할 것이다. 야고보를 향한 주님의 말씀이다. "하늘들이 축복하는 자는 바로 그대요. 스스로를 [주님]이라 부르는 자가 그대를 질투할 것이오"(55).[11]

참하느님

참하느님은 창조주와 다르시다. 창조주는 참하느님을 뵌 적조차 없다. 하느님은 생명이시며 빛이시다. 존재하시는 분이시며, 거룩하신 영, 눈에 보이지 않는 분이시다. 그분께서 원하시는 일은 반드시 일어나고야 만다.

"그분께서는, 하늘과 땅을 창조한 자 — 그는 지금 거기에 있습니다. — 가 본 적이 없는 분이십니다.
그분께서는 생명이신 분이셨습니다. 그분께서는 빛이셨습니다.[12]
그분께서는 존재하실 분이셨습니다. 그리고 그분께서는 시작된 것들

---

11 구약의 하느님은 종종 '질투하는 하느님'으로 묘사된다. 탈출 20,5; 34,14; 신명 5,9; 여호 24,19을 보라.

12 요한 14,6 참조.

에게는 완결을, 완결된 것들에게는 시작을 주실 것입니다.

그분께서는 거룩하신 영(성령), 눈에 보이지 않으시는 분, 땅에 내려오지 않으신 분이셨습니다.

그분께서는 동정이셨습니다. 그리고 그분께서 원하시는 일은 그분께 반드시 일어납니다"(58).

3. 창조주는 참하느님이 아니라는 말의 의미

물질계를 만든 창조주는 참하느님이 아니라는 말 속에는 여러 가지 의미가 내포되어 있다. 구약성경의 부정과 거부도 그 가운데 하나다. 구약성경에 따르면 하느님은 오직 한 분뿐이며 이 세상을 만든 창조주시다. 그분의 이름은 야훼이며 그 뜻은 '존재하는 자'다. 영지주의자들은 이 같은 선언을 모두 창조주의 착각과 무지에서 비롯된 것이라 여긴다. 창조주는 참하느님이 아니며 물질계를 다스리는 하급신일 뿐, 참하느님은 천상에 따로 계신다는 것이다.

그렇다면 영지주의자들은 왜 창조주를 하느님으로 여기지 않은 것일까? 여러 가지 이유가 있겠지만 무엇보다 그들은 물질계의 창조주에게서 구속과 억압을 느낀 것 같다. 이 세상의 주인인 신이, 인간에게 자유와 해방을 주는 존재가 아니라 인간을 구속하고 억압하는 존재로 느껴졌다는 말이다. 영지주의자들의 눈에는 이 세상도, 이 세상을 움직이는 원리도 좋아 보이지 않는다. 이 세상과 그 안에 깃든 모든 것에서 아무런 가치를 발견할 수 없다. 이 세상에는 자유도 정의도 사랑도 없다. 전쟁과 불의가 만연하는 세상에서 정의와 평화가 실현될 기미도 희망도 보이지 않는다. 이 세상이 달라지리라는 기대도 없다. 이 세상과 이 삶에서 좋은 일을 기대할 수 없다는 것이다.

　　세상에 대한 부정은 세상의 창조주에 대한 부정으로 이어진다. 그래서 영지주의자들은 세상이 악하고 타락한 이유를 세상의 창조주에게서 찾는다. 이 세상이 악한 것은 이 세상을 만들고 제멋대로 움직이는 창조주가 악하기 때문이라는 것이다. 악한 창조주의 의지에 따라 움직이는 세상이 선할 리가 없는 논리다. 사실 영지주의자들에게는 세상의 창조 자체가 일어나지 말았어야 하는 일일 법하다.

　　인류의 창조 역시 마찬가지다. 창조주의 창조 행위는 순수한 영인 인간의 영(魂)을 육체라는 감옥에 가두는 결과를 가져왔을 따름이다. 창조 행위로 말미암아 천상계에 속하는 영이 물질계에 갇히고 만 것이다. 때문에 인간은 창조주의 지배를 받으며 억압 속에서 고통스럽게 살아가고 있다. 결국 인간이 고통 가득한 세상에 태어나 고통 속에 살아가는 것이 모두 창조주 때문이라는 결론이 나온다.

　　다른 한편 창조주는 육체의 주인일 뿐, 인간의 영을 어떻게 하지는 못한다. 창조주는 오직 물질계만 다스릴 수 있는데, 영은 천상계에 속하기 때문이다. 영의 주인은 천상계의 주인이신 참하느님이시다. 이 하느님은 순수한 영으로서 육체나 물질과는 아무런 관련이 없으시며 보통 '보이지 않는 영', '존재하시는 분', '아버지' 등으로 불리신다.

　　따라서 영지주의자들에게 중요한 것은 보이는 세상 너머의 현실, 참하느님이 누구신가를 깨닫고, 육체 이면의 현실, 참자아, 내 영의 존재를 깨닫는 일이다. 그리고 창조주의 물질계에서 해방되어 천상계의 하느님께 돌아가는 일이다. 세상에 정의를 실현한다거나 보다 나은 세상을 만들려는 시도는 별 의미가 없다. 그들에게 물질계는 창조주의 영역이며, 인간이 추구해야 할 곳은 이 세상 너머의 세상, 천상계이기 때문이다.

4. 야고보의 둘째 묵시록

Nag Hammadi Codex V,4; 콥트어 대본: Hedrick (ed.), "The (Second) Apocalypse of James", 110-149.

☜ ☞

44. [11]야[고보]의 묵시록

머리말

야고보의 연설·마레임의 기록

이것은 의인 야고[보가] [15]예루살렘에서 행한 연설로, 사제들 가운데 하나인 마레임이 기록해 둔 것이다. (마레임은) 이것을 의인의 아버지인 테우다스에게 다음과 같이 말해주었다.[13] 그들이 서로 친척 관계였기 때문이다.[14] [20]그가 말하였다.

계시 본문

---

[13] 또는, "이것은 의인 야고보가 예루살렘에서 행한 연설로, 마레임이 기록해 둔 것이다. 사제들 가운데 하나가 이것을 의인의 아버지인 테우다스에게 말해 주었다."

[14] 직역: "그(테우다스)가 그의 친척이었기 때문이다."

마레임의 말

서둘러 오시오

당신 아내인 마리아와 (다른) 친척들과 함께 서둘러 오십시오.

45. [11줄 훼손] **45.1** ...

⁶그러니 서두르십시오! 혹시 당신이 우리를 그(야고보)에게 안내해 주면 그가 이해할지도 모르겠습니다. 보십시오. 군중이 ¹⁰그의 […]에 동요하고 [그에게] 몹시 화가 나 있습니다. [3줄 훼손] ¹⁵그가 이런저런 것들을 여러 번 말했기 때문입니다. 그(야고보)는 백성들이 앉아 있는 가운데 이 말들을 하곤 했습니다.

²⁰그런데 그가 (이번에는) 들어와서 늘 앉던 자리에 앉지 〈않았습니다〉. 대신 계단의 다섯째 단에 앉았습니다. ²⁵백성은 모두 […] [야고보가 말하였습니다.]

[11줄 훼손]

야고보의 연설

나는 계시의 수혜자

46. […]

⁶"나는 불멸aphtharsia의 플레로마pleroma로부터 계시를 받은 자, ¹⁰위대하신 분께 부름을 받고 [주]님께 순종한 자입니다. (주님)께서는 세상들을 통과하셨으며¹⁵ […] ¹⁵옷을 벗고 나신으로 걸어 다니셨습니다. 그분께서는 멸하는 자로 보이셨으나 불멸aphtharsia로 인도될 참이

---

15 히브 4,14: "우리에게는 하늘들을 통과하신 위대한 대사제가 계십니다"(직역) 참조.

셨습니다.[16] [20] 지금 이곳에 계시는 바로 그 주님께서는 볼 수 있는 아들로서 오셨으며 (사람들은) 그분을 형제로서 찾았습니다. 그분께서는 […]에게 오실 것입니다. [[13]줄 훼손]

47. … [7] 이제 나는 지식으로 부유합니다. 그리고 나에게는 유일한 […]이 있습니다. [10] 그분은 오직 위로부터 나신 분이십니다.[17] [[2]줄 훼손]
   나는 […]입니다. 내가 안 분 […].

나에게 계시된 것(분)은 모든 이에게 숨겨졌습니다. 그것은 그분을 통해서(만) 계시될 것입니다. [20] 볼 수 있는 이 둘은 바로 나[입니다]. 그들은 이미 이 말로써 선포하였습니다. '그분께서는 [불]의한 자들과 함께 재판을 받을 것입니다. 신성모독 없[이] 사신 그분께서 [25] 신성모[독]으로 돌아가셨습니다. 내던져지신 분께서 […] [[9]줄 훼손]'"

주님의 첫 번째 연설

48. (야고보가 이 말을 마치자 그분께서 말씀하셨습니다.)
   [6] "나는 지식을 통해 육신을 빠져나올 것이오. 나는 죽음으로 죽지만 내가 생명 안에 있음이 드러날 것이오. [10] 나는 심판[받으러] 들어왔지만 […] 재판에서 나갈 것이오.[18]
   [나는] 그의 […]의 종들에게 [탓]을 돌리지 않소. [15] 나는 그들을

---

16 1코린 15,42-54 참조.

17 또는, "그것은 오직 위로부터만 생겨난 것입니다." 요한 3,31; 8,23 참조.

18 '나는 심판 받으러 왔지만 […] 심판에서 나갈 것이오'라 옮긴 콥트어 본문은 'ⲀⲚⲞⲔ Ⲁ̄ⲒⲈ̄[Ⲓ] Ⲉ̄ⲘⲞⲨⲚ ⲬⲈ ⲈⲨⲚⲀ†ⲀⲠ   †ⲘⲘⲞⲨ ⲈⲂⲞⲖ ϨⲚ̄ⲠⲒ† ϨⲀⲠ Ⲁ[…]'다. Funk 등은 뒤 문장을 'Ⲡ†[†] ϨⲀⲠ Ⲁ[Ⲛ …]'으로 고쳐 '나는 심판[받으러] 왔지만 […] 나설 것이오. 나는 심판하지 않소'라 읽는다: Murdock/MacRae, "The Second Apocalypse of James", 118 참조.

자유롭게 해 주려고 서두르고 있소. 또한 나는 그들을 지배하려는 자 위로 그들을 데려가기 원하오. [20] 그들이 스스로를 돕는다면 말이오.[19] 나는 숨어 있는 형제로서 아버지께 기도한 자요.[20] [11줄 훼손]

49.　··· [5]나는 태어난 자들 가운데 맏[아들]이오. 그분께서는 그들의 지배자들을 모두 파괴하실 것이오.

나는 사랑받는 자요.

나는 의로운 자dikaios요.

[10]나는 [아버지]의 아들이오. 나는 들은 대로 말하오. 나는 계명 entole을 [받]은 대로 명령을 내리오.[21]

나는 알아[낸] 대로 여러분에게 가르치오.[22] 보시오. 나는 [15]앞에 나서려고 말을 한다오. 여러분은 나에게 주의를 기울이시오. 여러분이 나를 볼 수 있게 말이오.

만일 내가 존재하게 되었다면, 나는 도대체 누구란 말이오?

[20]나는 원래 모습 그대로 오지는 〈않았〉소.

내가 존재하는 모습 그대로 드러나지도 않았을 것이오.

사실 나는 잠시 동안만 [지상(?)에] 있었던 것이오."

[9-10줄 훼손]

19　또는, "그들이 도움을 받아들인다면 말이오", "그들이 도움을 받는다면 말이오."

20　마태 6,6: "너는 기도할 때 골방에 들어가 문을 닫은 다음, 숨어 계신 네 아버지께 기도하여라" 참조.

21　요한 8,28; 12,49.

22　요한 17,25-26 참조.

주님의 발현

50. [야고보가 말하였습니다.] … [5]내가 앉아서 깊은 생각에 빠져 있었을 때였습니다. 그분께서 문을 열고 들어와 나에게 오셨습니다. 여러분께서 미워하고 [10]박해했던 그분이십니다. 그분께서 나에게 "안녕하시오, 내 형제여! 내 형제여,[23] 안녕하시오!" 하고 말씀하셨습니다. 내가 그분을 바라보려고 [얼]굴을 들어 올리자 [15]어머니께서 나에게 말씀하셨습니다. "그분께서 너에게 '내 형제여' 하고 말씀하셨다고 겁내지는 마라, 아들아. 너희 둘 다 같은 젖을 먹고 자랐기 때문이다. [20]이 때문에 그분이 나를 '내 어머니'라 부르시는 것이다. 사실 그분은 우리에게 낯선 분이 아니시다. 그분은 네 아버지 [쪽] 형제시다."[24]

[12줄 훼손]

주님의 두 번째 연설

51. (마리아가 이 말을 마치자 그분께서 말씀하셨습니다.)

    [6]"나는 그들을 발[견]할 것이고 그들은 앞에 나설 것이오. 그러나 나는 낯선 자이고 그들은 마음으로 나를 알지 못한다오. [10]그들이 [이] 곳에서만 나를 알기 때문이오. 그러나 다른 이들이 그대를 통해 깨닫는 것은 좋은 일이오. 나는 그대에게 말하오. [15]'들으시오, 그리고 깨달으시오!' 많은 이들이 듣고 겁을 낼 것이오. 그러나 그대는, 내가 그대에게 말하는 그대로 깨달으시오. 그대의 아버지는 [20]나의 아버지가 아니오. 그러나 내 아버지께서는 [그대]에게 아버지가 되어 주셨소. 그대가 이야기를 듣는 이 동정녀parthenos—지금 그대는 그녀에 대해 이야

---

23 갈라 1,19 참조(주님의 형제 야고보).
24 친가 쪽 사촌 형제임을 가리키는 듯하다. '그분은 네 아버지 [쪽] 형제시다'로 옮긴 콥트어 본문은 'ΠϹΟΝ [ΔΑ] ΠЄΚЄΙѠΤ ΠЄ'다. Funk는 'ΠϢΝϹΟΝ ΜΠЄΚЄΙѠΤ'으로 고쳐 '네 아버지의 조카'라 읽는다.

기를 듣고 있소—는 … [¹⁴⁻¹⁵줄 훼손].

52. … ⁸이것은 그대에게도 유익하다오. 그대가 ¹⁰부유한 분이라고 생각하는 그대의 아버지께서 그대가 보는, 이 모든 것을 상속받게 해 주실 거요. 나는, 내가 그대에게 말할 이것들을 그대에게 주겠다고 선포하는 바요. ¹⁵그대가 듣기만 한다면! 그러니 이제 그대의 귀를 여시오, 그리고 깨닫고 (그에 걸맞게) 걸으시오!

　　　그들은 그대 때문에 지나쳐가고 있소. 그리고 영광스러우신 분의 ²⁰자극을 받고 있소. 그들은 혼란을 일으키며 … 손에 넣고 싶어 하오. … [⁷⁻⁸줄 훼손]

53. […] 그자가 보낸, 앞으로 올 자들도 … 아니오 — (그들이 파견된 것은) 여기 있는 이 [피조물]을 만들라는 뜻이었소.²⁵ ⁵이 일들이 있은 뒤, 그자가 수치를 겪을 때 에온들과 거리가 먼 자신의 노고(의 결과물)이 아무것도 아님을 알고 몹시 당황할 것이오. 그리고 그자의 상속재산kleronomia이 ¹⁰적다는 것이 드러날 것이오. 그자가 많다고 자랑했던 바로 그것 말이오. 그의 선물들은 좋은 것이 아니고, 그자의 약속들은 ¹⁵사악한 계획이오. 그대는 그자의 연민의 도구가 아니라오.²⁶ 그자는 그대를 통해서 폭력을 저지르고 있소. 그자는 우리에게 불의 adikia를 행하려 하고 있소. ²⁰그자는 자신에게 주어진 얼마간의 시간 동안 지배자 노릇을 할 것이오.²⁷

　　　그러나 깨달으시오, 그리고 연민이 많으신 아버지를 아시오! ²⁵그분께서는 상속을 받는 분이 아니시오 — 그분의 상속에는 한계가 없

25　야곱의 둘째 묵시록 53-54에 언급된 '그자'는 이 세상의 지배자, 하급신 창조주를 가리킨다. 신약성경의 사탄과 비슷한 역할을 담당하고 있음을 주목하라.
26　또는, '그대는 그자의 연민을 위해 있는 게 아니오.'
27　요한 12,31; 14,30; 16,11 참조.

으며, 날수가 한정되어 있지도 않소. 그것은 영원한 날이오! 그리고 […]
이오. [4-5줄 훼손]

54. … 사실 그자(데미우르고스?)는 그들에게서 나온 자가 아니오. 이 때문에 그자는 […]하오. ⁵ 이 때문에 그자가 허세를 부린다오. 자신이 비난받지 않으려는 것이오. 사실 이런 이유로 그자가 아래에 있는 이들을 넘어서는 것이오(아래에 있는 자들 위에 있는 것이오?). ¹⁰ ─ 이들은 그대를 내려다보고 있소 ─ 그자는 아버지에게서 나온 이들을 포로로 삼은 뒤 그들을 붙잡아 자신을 닮은 모습으로 만들었소. ¹⁵ 그래서 그들이 그자와 함께인 게요.

나는 존재하게 된 이(것)들을 위에서부터 바라보았소. 그리고 나는 그(것)들이 어떻게 존재하게 되었는지 설명하였소.²⁸ 그들은 다른 형상으로 있는 동안 ²⁰ 방문을 받았소. 그리고 내가 지켜보고 있는 동안에 [그]들은, 내 본 모습을 알아보았소.²⁹ 내가 아는 이들을 통해서였소. 이제 그들은 존재하게 된 이들 앞에서 ²⁵ [완성(혹은 탈출)]하게³⁰ 될

55. 것이오. 나는 그들이 어떻게 이곳으로 내려왔는지 알고 있소. ⁵⁵·¹ 그자가 어린아이들처럼 [내]게 접근하려는 것이었소.

---

28 또는, "나는 일어난 일들을 위에서부터 바라보았소. 그리고 그 일들이 어떻게 일어났는지 설명하였소."

29 요한 10,14 참조.

30 공백을 ⲭⲱⲕ ⲉⲃⲟⲗ로, 아니면 ⲃⲱⲕ ⲉⲃⲟⲗ로 복구하느냐에 따라 뜻이 달라진다.

나는 그대를 통하여, 그리고 힘의 [영]을 [31] 통해 계시하고 싶소. [32] ⁵ 그분
(영)께서 그대에게 속한 이[들에게] 계시할 수 있도록 말이오. 그들은 그
대를 통하여 좋은 문을 연다오. 안으로 들어가기를 원하는 이들, 그리
고 문 앞에 놓인 ¹⁰ 길 위로 걷고자 하는 이들 말이오. 그리고 그들은 그
대 뒤를 따를 것이오. 그리고 들어갈 것이오. 그대는 그들을 데리고 들
어가 (상급을) 받을 준비가 된 사람 하나하나에게 상급을 줄 것이오.

¹⁵ 사실 그대는 낯선 이들의 구원자나 조력자가 아니오. 그대는 빛
을 주는 이며, 내게 속한 이들의 구원자요. 그리고 이제 그대는 ²⁰ 그대
에게 속한 이들의 (구원자요). 그대는 (그들에게) 밝히 드러내 줄 것이
며, 그들 모두 안에 선을 가져다 줄 것이오. 그들은 (그대가 지닌) 모든
힘을 보고 그대에게 놀랄 것이오. 하늘들이 축복하는 자는 바로 그대
요. ²⁵ 스스로를 [주님]이라 [33] 부르는 자가 그대를 질투할 것이오. [34]

[4-5줄 훼손]

56. … ² 그대로 인해 그들은 이 [일들에] 관해 가르침을 받고 안식에 들 것
이오.

그대로 인해 그들은 다스리고 ⁵ 임금이 될 것이오.

그대로 인해 그들은 자기들이 불쌍히 여기는 이들을 불쌍히 여기
게 될 것이오.

---

31 2티모 1,7: "하느님께서는 우리에게 비겁함의 영을 주신 것이 아니라, 힘과 사
랑과 절제의 영을 주셨습니다" 참조.

32 야고보의 특출한 위상에 대해서는 토마 복음 12; 이집트인들의 복음을 참조
하라.

33 공백에 '질투하는 자', '아버지', '신' 등을 메워 넣을 수 있다.

34 구약의 하느님은 종종 '질투하는 하느님'으로 묘사된다. 탈출 20,5: "주 너의 하
느님인 나는 질투하는 하느님이다"; 34,14: "너희는 다른 신에게 경배해서는 안 된
다. 주님의 이름은 '질투하는 이', 그는 질투하는 하느님이다"를 보라. 신명 5,9; 여호
24,19도 참조하라.

사실 그대가 옷을 입은 첫 번째 사람이었듯이 그대는 [10]옷을 벗는 첫 번째 사람이 될 것이오. 그리고 그대는 그대가 옷을 벗기 전처럼 될 것이오."[35]

그러고 나서 그분께서는 나에게 [15]입을 맞추셨습니다. 그리고 나를 붙잡고 말씀하셨습니다.

"내 사랑하는 이여! 보시오. 하늘들도 알지 못했고 그들의 아르콘들도 알지 못한 일들을 그대에게 계시해 주겠소. [20]보시오! 허[세]를 부린 자가 알지 못한 일들을 그대에게 계시해 주겠소.

57.　　　[그자는 말하오]. '[내가 신이다.] [57,1]나 말고 다른 (신은) [없다].[36] 내가 살아 있지 않단 말이냐? 내가 아버지이지 않느냐? 나에게 모든 것을 (할 수 있는) 능력이 [없단] 말이냐?'

보시오! 나는 그대에게 모든 일을 계시해 주겠소, [5]내 사랑하는 이여! 깨달으시오, 그리고 그들을 아시오. 그러면 그대는 나처럼 앞에 나설 수 있을 것이오. 보시오! 나는 [10][숨]겨지신 분을 그대에게 계시해 주겠소. 이제, 그대의 [팔을] 뻗으시오. 이제 나를 붙잡으시오!"

야고보의 반응
그래서 나는 팔을 뻗었습니다. 그런데 그분은 내가 생각하던 모습이 아니었습니다.[37] [15]그 뒤 나는 그분께서 '깨달아라! 그리고 나를 붙잡

35　콜로 1,15.18; 야고보 첫째 묵시록 14,35-36 참조.
36　신명 32,39: "이제 너희는 보아라! 나, 바로 내가 그다. 나 말고는 하느님이 없다. 나는 죽이기도 하고 살리기도 한다. 나는 치기도 하고 고쳐 주기도 한다. 내 손에서 빠져나갈 자 하나도 없다"; 이사 45,5; 44,6.8; 45,21; 요엘 2,27도 보라.
37　혹은, "나는 그분이 내가 생각하던 모습이 아님을 발견했습니다."

아라!' 하고 말씀하시는 것을 들었습니다. 그때 나는 깨닫고 두려움을 느꼈습니다. 그리고 나는 큰 기쁨으로 기뻐하였습니다.

야고보의 마지막 권고

58. ²⁰ 그러므로 나는 재판관인 여러분들에게 말합니다. "여러분은 심판을 받았습니다. 그리고 여러분이 용서한 것이 아닙니다. 여러분은 용서를 받은 것입니다. 깨어나십시오! [4줄 훼손] ⁵⁸·¹ 여러분은 몰랐습니다.

그분께서는, 하늘과 땅을 창조한 자(데미우르고스) — ⁵ 그는 지금 거기에 있습니다 — 가 본 적이 없는 분이십니다.

그분께서는 생명이신 분이셨습니다. 그분께서는 빛이셨습니다.[38] 그분께서는 존재하실 분이셨습니다. ¹⁰ 그리고 그분께서는 시작된 것들에게는 완결을, 완결된[39] 것들에게는 시작을 주실 것입니다.

그분께서는 거룩하신 영(성령), ¹⁵ 눈에 보이지 않으시는 분, 땅에 내려오지 않으신 분이셨습니다.

그분께서는 동정이셨습니다. 그리고 그분께서 원하시는 일은 그분께 반드시 일어납니다.

²⁰ 나는 그분께서 나신으로 계신 것을 보았습니다. 그분께는 아무런 의복도 입혀져 있지 않았습니다. 그분께서 바라시는 일은 반드시 일어나고야 맙니다. [4줄 훼손]

59. ¹ 어려운(복잡한?) 이 길 — 그것은 여러 형상을 가졌습니다 — 을 버리십시오. 그리고 그분의 뜻에 따라 걸으십시오. 그러면 여러분이 나와 함

---

38 요한 14,6 참조.

39 직역: "완결될."

께 자유로워질 수 있을 것입니다. ⁵ 여러분은 이미 모든 지배자들 위로 올라가지 않았습니까! 사실 그분께서는 여러분이 행한 일들을 두고 심판하지 않으실 것입니다. 대신 그분께서는 여러분을 불쌍히 여기실 것입니다. 그것들을 행한 자가 여러분이 아니라 ¹⁰ 여러분의 주군이기 때문입니다. 그분께서는 화를 잘 내시는 분이 아니셨습니다. 그분께서는 너그러운 아버지셨습니다.

그러나 여러분은 여러분 자신을 심판하였습니다. 이 때문에 여러분은 그들의 족쇄 안에 머물 것입니다. 여러분은 ¹⁵ 여러분 자신에게 짐을 지웠습니다. 그리고 여러분은 후회할 것입니다. 그러나 아무 소용이 없을 것입니다.⁴⁰ 말하는 이를 보십시오, 그리고 입을 다무는 이를 쫓아가십시오. 이곳에 오신 분을 아십시오, 그리고 (그곳에서) 나오신 분을 알아보십시오.

나는 의인dikaios입니다.⁴¹ 그리고 나는 심판하지 〈않〉습니다. 나는 주님이 아닙니다. 나는 조력자입니다.

그들은 ²⁵ 그분께서 팔을 뻗기도 전에 그분을 내던졌습니다. 나는 … [4줄 훼손]

60. ¹ 그분께서는 내가 듣게 해 주십니다. 여러분은 이 집을 위해 나팔과 플루트와 하프를 연주하십시오. ⁵ 여러분을 주님에게서 (빼앗아) 포로로 삼은 주인은 여러분의 귀를 막아 내 말소리를 듣지 못하게 하였습니다.⁴² ¹⁰ 그러나 여러분은 마음속으로 주의를 기울여 나를 의인dikaios이라 부를 것입니다. 그래서 나는 여러분에게 말합니다. '보십시오! ¹⁵ 나는 여러분에게 집을 주었습니다. 여러분은 그것을 하느님께서 만드신

---

40 직역: "여러분은 아무 이득을 보지 못할 것입니다."
41 곧, 의인 야고보.
42 이사 6,9-10; 요한 12,40 참조.

것이라 말합니다. 그분께서는 그것을 통해 여러분에게 상속을 주시기로 약속하셨습니다. ²⁰ 그러나 나는 이것을, 무지에 빠져 있는 자들의 웃음거리와 파괴 대상으로 만들 것입니다."⁴³

지금은 재판관들이 심의하고 있습니다. [⁵줄 훼손]

야고보의 순교⁴⁴

배경

61. ¹ 그날 온 백성과 군중은 혼란에 빠져 갈팡질팡하는 모습을 보였습니다. ⁵ 그러자 그(야고보)는 일어나 앞에 나서서 이러저러하게 말하였습니다. 같은 날 그는 (성전?) 안으로 들어가서 몇 시간 동안 말하였습니다. 나는 사제들과 함께 있었습니다. ¹⁰ 그러나 (우리가) 친척 관계라는 데 대해서는 아무것도 알려 주지 않았습니다. 그들이 모두 한 목소리로 "자, 의인dikaios에게 돌을 던집시다!" 하고 말했기 때문입니다.⁴⁵

---

43   여기서 야고보의 연설이 끝나는 것 같다.

44   야고보의 순교를 전하는 전승들은 더 있다. 요세푸스는, 야고보가 산헤드린의 결정에 따라 투석형에 처해졌다고 한다: 『유다 고대사』 20.9.1. 알렉산드리아의 클레멘스의 '야고보의 층계'와 '헤게시푸스 회고록'은 예루살렘 성전을 야고보의 순교 장소로 제시한다. '야고보의 층계'에 따르면 군중이 야고보를 성전 층계 꼭대기에서 밀어 죽였다. '헤게시푸스 회고록'에서는 율법학자와 바리사이들이 야고보를 성전 꼭대기에서 밀어뜨렸는데 숨이 붙어 있자 사람들이 돌을 던진다. 야고보는 결국 누군가 내리친 곤봉에 머리를 맞아 죽었다고 한다(에우세비우스의 『교회사』 2.23).

45   여기까지가 마레임이 쓴 기록 같다. 다음 단락부터는 의인 야고보의 죽음 장면을 전하는데, 앞 단락과 문체가 달라진다. 이를 구분하기 위해 이후부터는 하대어로 옮긴다.

야고보에게 돌을 던지다

¹⁵그들은 일어나 말하였다. "예! 이 사람을 죽입시다! 그리하여 우리들 가운데서 이자를 치워버립시다! 이자는 우리에게 아무 소용이 없을 것이기 때문이오."

²⁰그들은 거기 있다가 그가 육중한 주춧돌 옆, 성전 꼭대기⁴⁶ 옆에 서 있는 것을 보았다. 그들은 ²⁵그를 꼭대기에서 아래로 밀어뜨리기로 하고 그를 아래로 내던졌다. [⁴줄 훼손]

62. ¹그들은 그를 붙잡아 [두들겨] 패며 땅바닥에 질질 끌고 다녔다. 그들은 그[의 사지]를 잡아당긴 뒤 그의 배 위에 돌을 올려놓았다. ⁵그들은 모두 발로 그를 짓밟으며⁴⁷ 말하였다. "오류에 빠진 자여!" 그들은 다시 그를 일으켜 세웠다. 그가 살아 있었기 때문이다. 그들은 그에게 땅에 구덩이를 파게 하였다. 그리고 그를 그 안에 세웠다. ¹⁰그들은 그의 배 부근까지 흙을 덮은 뒤 그를 향해 돌을 던졌다.

야고보의 기도

그러나 그는 팔을 뻗어 올려 이 기도를 드렸다. ¹⁵그 기도는 그가 늘 하던 기도와 달랐다.⁴⁸

---

46 콥트어 ⲦⲎϬ는 본디 '날개'를 뜻하며 날개 모양의 것을 가리키는 데도 사용된다. 마태 4,5에서 이 단어는 '성전 꼭대기'로 옮긴다. 그러나 이 본문에서 야고보가 성전 꼭대기 옆과 주춧돌 옆에 동시에 서 있는 것은 좀 이상하다. 해당 콥트어 ⲦⲎϬ에 상응하는 그리스어 πτερόν이 이집트 성전의 측벽을 가리키는 사례가 있어 여기서도 '성전 측벽'으로 옮길 수 있을 것이다: Liddell/Scott, *A Greek-English Lexicon*, 1546-7. 그러나 폭도들이 야고보를 위에서 아래로 떨어뜨리는 정황으로 보아서는 '성전 꼭대기'로 옮기는 것이 더 타당할 듯하다.

47 직역: "그들은 모두 발을 그(의 몸) 위에 올려놓고."
48 직역: "그것은 그의 습관과 달랐다."

"저의 하느님, 그리고 저의 아버지! 죽은 희망elpis에서 저를 구해내신 분이시여!
당신의 마음에 드는 신비mysterion로 ²⁰ 저를 살리신 분이시여!

저에게 이 세상의 날들이 늘어나게 하지는 말아 주소서!
대신 당신 빛의 날(을 늘어나게 해 주십시오)! [3-4줄 훼손]

63. ¹이 체류지에서 저를 꺼내 주소서!
당신의 은총이⁴⁹ 제 안에 남겨지지 않게 하시고,
당신의 은총을 거룩하게 만드소서!

⁵사악한 죽음에서 저를 구해 주소서!
제가 살아 있는 동안에 저를 무덤에서 꺼내 주소서!
당신의 은총이 제 안에 살아 있는 까닭입니다.
— 그것은 플레로마의 일을 하려는 열망eros입니다.

¹⁰죄 많은 육신에서 저를 구해 주소서!
제 온 힘을 다하여 당신을 신뢰하였기 때문입니다!
당신께서 생명 중의 생명이신 까닭입니다!

모욕하는 원수에게서 저를 구해 주소서!
¹⁵죄 앞에 가혹한 재판관의 손에 저를 넘기지 마소서!⁵⁰

---

49 카쎄(Kasser)는 콥트어 필사가가 '진노'를 뜻하는 ϭⲱⲛⲧ를 '은총'을 뜻하는 ⲈⲘⲟⲦ으로 잘못 썼을 거라 추정한다.
50 마태 6,13.

(제) 날들의 모든 빚을 탕감해 주소서!⁵¹
저는 당신 안에 살고 ²⁰당신의 은총은 제 안에 살기 때문입니다.

저는 모든 이와 의절하였습니다.
그러나 당신만은 제가 드러내놓고 고백하였습니다.⁵²

사악한 시련에서 저를 구해 주소서!
지금이 그 순[간], ²⁵그 시간입니다.

오, 거룩한 영(성령)이시여!
[저]에게 구원을 보내 주소서!
빛 중의 빛이시여! 힘으로 [⋯] 하소서!"

결말
³⁰그는 말을 마친 다음 입을 다물었다. 그 뒤 그의 연설이 [기록되었다].

---

51   마태 6,12.
52   루카 12,8-9 참조.

08
인간

유다 복음

Gospel of Judas

모든 인간이 평등하게 태어나는 것일까? 오늘날 대부분의 나라에서 모든 인간이 평등하며 같은 권리와 의무를 지닌다고, 신분과 계급은 더 이상 존재하지 않는다고 이야기한다. 그러나 실제로도 과연 그럴까? 어느 시대 어느 곳, 어느 부모에게서 태어났느냐와 상관없이 인간이라면 누구나 똑같은 권리를 누리는 평등한 존재일까?

  인간은 누구나 사람이라는 점에서는 같다. 그러나 각 사람이 서로 다르다는 점도 틀림없는 사실이다. 인종과 민족과 나라가 다르고 성이 다르고 나이가 다르고 집안이 다르다. 이처럼 사람마다 태어난 모습이 다르고 세상에서 살아가는 모습이 다르다. 학벌과 직업도 다르고 빈부에도 차이가 난다. 이런 차이를 인정하지 않고서 그저 이론적으로만 인간은 평등하다고 말하는 것은 별 의미가 없다. 그 모든 차이에도 불구하고 모든 사람이 같은 인간으로서 평등하다고 말할 수 있어야 할 것이다.

  사실 인간의 평등을 이야기한 것이 인류 역사 전체를 놓고 볼 때 그리 오래된 일이 아니다. 어쩌면 신분질서는 인류의 역사와 함께 등장한 일인지도 모른다. 미국에서 노예가 해방된 것도, 우리나라에서 신분질서가 없어진 것도 불과 얼마 전의 일이다. 그만큼 동서고금을 막론하고 거의 언제 어디서나, 사람마다 타고난 신분이 다르며 또 그 신분에 따라 귀천에 차이가 난다고 여겨졌다.

  이 같은 차이를 두고 그 원인을 찾았던 사람들이 있다. 중국의 한 고대 신화도 사람마다 신분귀천의 차이가 나는 이유를 설명한다. 이에 따르면 인간이 창조된 방법은 두 가지이며 그에 따라 각 사람의 타고난 품격에서 차이가 난다는 것이다. 창조주 여와가 직접 만든 인간과 그렇지 않은 인간은 품격에서 차이가 난다는 것이다. 처음에 여와는 사람을 진흙과 물을 섞은 반죽을 빚어 만들었다. 세상을 창조한 뒤 황량하여 고독해진 여와가 지상의 진흙을 파고 물과 반죽하여 어떤 형체를 만들었더니 살아 움직였다. 그것이 곧 '사람'이었다. 사람은 몸은 왜소했지만 신이 직접 창조했기에 새나 짐승과 달리 신과 상당히 닮았으며 우주를 지배할 수 있는 기세도 지녔다고 한다. 자신의 창조물을 보고 만족한 여와는 진흙을 빚어 자꾸 사람을 만들어냈다. 그리하여 수없이 많은 남자와 여자 들이 만들어졌다. 여와는 이제 어디서나 사람의 소리를 듣게 되어 더 이상 고독하지 않았다. 그래서 여와는 사람을 세상 가득 만들어놓고 싶어졌다. 그러나 세상이 너무 광대한 데다 여와의 기운이 떨어져 손으로 빚어 만들 힘이 없었다. 그래서 여와는 새끼줄을 가져다가 진흙탕 속에 넣고는 휘저었다. 그 후 새끼줄을 꺼내자 진흙물이 땅에 뚝뚝 떨어졌는데, 그것이 모두 사람으로 변하였다. 이 방법으로 한꺼번에 수많은 사람이 탄생하게 되었다. 그리고 세상은 얼마 지나지 않아 여와의 뜻대로 인류로 가득 차게 되었다.[1]

이 신화를, 사람이 어떻게 만들어졌느냐에 따라 빈부귀천이 달라짐을 보여 주는 것으로 해석하는 이들이 많다. 창조주의 손으로 직접 빚어 만들어진 사람은 부귀를 누리고, 진흙에 담근 새끼줄에서 떨어져 나온 흙에서 생겨난 사람은 빈천한 삶을 살게 된다는 것이다.

이처럼 여와 신화는, 사람은 저마다 그 타고남이 근본적으로 다름을 암시한다. 여러 종교의 가르침도 이와 크게 다르지 않다. 모든 사람이 평등하다고 가르치는 종교에서도 대개 구원의 평등을 가르치지는 않는다. 선민의식과 엘리트 의식을 배제한 종교는 별로 없다. 이는 어쩌면 불가피한 일일지도 모른다. 모든 사람이 평등하게 태어나는지는 몰라도 각자 살아가는 모습, 각자가 가꾸어내는 인격에는 차이가 난다. 직업에는 귀천이 없지만 인격에는 귀천이 있다고도 하지 않는가! 하느님과 사람을 사랑하면서 산 사람이나 그러지 않은 사람이나 결국은 똑같아진다는 가르침에 설복될 자가 몇이나 되겠는가? 윤리적인 삶 자체가 행복이며 그것으로 만족한다는 사람은 그리 많지 않을 것이다.

---

1   위앤커, 『중국의 고대신화』, 65-67 참조.

실제로 종교마다 정도의 차가 있을 뿐 모두 각 사람의 구원 가능성이 다르다고 가르친다.[2] 현재 신앙의 길을 걷는 사람과 그러지 않은 사람의 최후가 서로 다르다고 하는 것은 그리스도교도 마찬가지다. 바오로 사도는 그리스도를 믿고 따르는 사람들은 빛의 자녀요 낮의 자녀라고 부르면서 밤의 자녀나 어둠의 자녀와 구분한다. 그리고 어둠과 밤의 자녀는 심판을, 빛과 낮의 자녀는 구원을 받도록 정해졌다고 한다. "여러분은 모두 빛의 자녀이며 낮의 자녀입니다. 우리는 밤이나 어둠에 속한 사람이 아닙니다. 그러므로 이제 우리는 다른 사람들처럼 잠들지 말고, 맑은 정신으로 깨어 있도록 합시다. 잠자는 이들은 밤에 자고 술에 취하는 이들은 밤에 취합니다. 그러나 우리는 낮에 속한 사람이니, 맑은 정신으로 믿음과 사랑의 갑옷을 입고 구원의 희망을 투구로 씁시다. 하느님께서는 우리가 진노의 심판을 받도록 정하신 것이 아니라, 우리 주 예수 그리스도를 통하여 구원을 차지하도록 정하셨습니다"(1테살 5,5-9).

바오로 사도가 빛의 자녀와 어둠의 자녀를 구분할 때는 단순히 바오로의 공동체와 그들을 정치적·종교적으로 탄압하던 조직, 곧 로마 제국 및 예루살렘의 유다인들과 대비시키려는 의도는 아니었다. 그보다 심오한 의미를 내포하고 있었다. 빛의 자녀를 어둠의 자녀에 대비시킨 것은 둘이 본질

---

[2] 조로아스터교는 이 점에서 조금 독특하다. 이에 따르면 사람의 사후 운명은 자신의 삶에 따라 결정된다. 어떤 기도나 희생 제사도 자신의 삶을 대신할 수는 없다. 은총도 소용없다. 살아생전에 했던 좋은 생각과 좋은 말과 좋은 행위를 자신이 했던 나쁜 생각과 나쁜 말과 나쁜 행위와 저울질하여 그 결과에 따라 운명이 결정된다는 것이다. 좋은 쪽의 무게가 나쁜 쪽보다 무거우면 낙원으로, 그 반대는 지옥으로 가서 벌을 받는다. 좋은 쪽과 나쁜 쪽의 무게가 똑같은 사람은 연옥에 가서 벌을 받는데 그 벌의 강도가 지옥 벌보다 훨씬 가볍다. 그러다가 때가 차면 구원자가 도래하여 모든 악의 세력을 쳐부술 것이다. 결국에 가서는 선이 악을 이겨 소멸시킨다는 것이다. 이때 죽은 모든 이가 부활하여 구원을 누리게 된다. 이런 의미에서 조로아스터교의 구원론은 보편적 구원론(universalism)이라 볼 수 있다.

적으로 다른 사람임을 강조하기 위해서가 아니었다. 빛의 자녀라면 어둠의 자녀와 다른 삶을 살아야 한다는 윤리적 권고 차원에서 이루어진 일이었다. 그리스도를 믿는 신앙인들은 빛과 낮의 자녀이며 밤에 속하지 않으니, 빛의 자녀답게 살아가야 한다는 것이다. 다시 말해 술에 취해 잠든 밤의 자녀들, 곧 영적으로 태만한 자들과는 완전히 다른 삶을 살아야 한다는 뜻이다.

바오로 서간 말고도 신약성경 곳곳에서 '빛의 아들들'이라는 표현이 더러 나온다.[3] 이를테면 루카 16,8에서는 이 세상의 자녀들과 빛의 자녀들이 대비된다. 요한 12,36에서는 신앙인들을 가리키는 말로 '빛의 자녀'라는 표현이 사용된다.[4] 에페 5,8에서도 빛과 어둠을 대조시키며 비슷한 표현이 사용된다. "여러분은 한때 어둠이었지만 지금은 주님 안에 있는 빛입니다. 빛의 자녀답게 살아가십시오."

여기서도 빛의 자녀냐 어둠의 자녀냐 하는 것은 나면서부터 혹은 나기 전부터 결정되는 일이 아님이 드러난다. 바오로의 말은 어둠이 빛이 될 수 있음을 전제로 하기 때문이다. 이러한 변화 가능성은 매우 중요하다. 인간이 존재론적으로 빛과 어둠으로 나뉘는 것은 아니며 따라서 구원도 존재론적으로 규정된 일은 아니라는 뜻이기 때문이다. 그래서 "아버지께서는 우리를 어둠의 권세에서 구해 내시어 당신께서 사랑하시는 아드님의 나라(= 빛의 나라)로[5] 옮겨 주셨습니다. 이 아드님 안에서 우리는 속량을, 곧 죄의 용서를 받습니다" 하고 말할 수도 있는 것이다(콜로 1,13-14).

빛의 자녀와 어둠의 자녀라는 표현은 신약성경 이외에도 다양한 작품에서 발견된다. 예를 들어 쿰란 공동체는 선과 악의 전쟁을 묘사하면서 종

---

3 Bridges, *1&2 Thessalonians*, 129 131 참조.
4 "빛이 너희 곁에 있는 동안에 그 빛을 믿어, 빛의 자녀가 되어라."
5 같은 서간 12절에서는 '아드님의 나라' 대신 '빛의 나라'라는 표현이 사용된다. 하느님께서 우리를 어둠의 권세에서 빛의 나라, 아드님으로 옮겨 주셨다는 것이다.

종 '어둠과 빛의 자녀들'이라는 표현을 쓴다(공동체 규칙서; 전쟁 규칙서).6 이와 유사한 대비는 영지주의 작품에서도 종종 발견된다. 영지주의자들 역시 자신을 빛의 자녀로, 그들과 다른 사람은 어둠의 자녀로 보았던 것이다. 어둠의 자녀는 종종 '낯선 자', '이방인' 등으로도 표현된다. 유다 복음서도 빛에 속하는 자들과 어둠에 속하는 자들을 구분한다. 여기서는 빛의 자녀를 가리켜 '거룩한 세대'라는 표현이 사용된다.

1. 유다 복음 소개

유다 복음서를 담은 필사본이 처음 발견된 것은 1978년 이집트 알 민야의 동굴을 뒤지고 있던 농부에 의해서였다. 그러나 이 필사본이 학자들 사이에서 알려진 것은 2004년 파리에서 열린 제8차 국제 콥트 학회에서 로돌프 카쎄Rodolphe Kasser가 발표한 뒤부터였다.7 이 필사본에는 유다 복음서 말고도, '필립보에게 보낸 베드로의 편지', '야고보의 첫째 묵시록', '알로게네스의 책'이 포함되어 있다. 네 작품이 모두 콥트어로 쓰였으나 그리스어 원문에서 옮긴 번역본임이 확실하다.

필사본 자체는 고문서학상 3세기 말에서 4세기 무렵의 것으로 추정된다. 복음서 이야기가 만들어진 것은 그보다 이른 시기였을 것이다. 리옹의 주교 이레네우스는 카인파Cainites로 알려진 사람들이 유다 복음서를 사용한다고 기록하고 있는데, 알 민야에서 발견된 유다 복음서가 이레네우스가 말한 것과 같은 책인지는 확실하지 않다. 만일 그러하다면 유다 복음서는

---

6   Bridges, *1&2 Thessalonians*, 129-131 참조.
7   골동품상들이 잘못 취급하여 유다 복음서 본문의 10-15% 정도가 소실되었다.

이레네우스가 『이단 논박』을 쓴 180년경에 사람들 사이에 회자되고 있었을 터이므로 그보다 앞선 140-150년경에 기록되었을 법하다.[8]

유다 복음서가 영어를 비롯한 현대어로 번역되어 출간되자 학자들뿐 아니라 일반 대중들 사이에서도 큰 반향이 일어났다. 이 책이 천상계의 형성과 이 세상의 창조에 대한 계시뿐 아니라 예수님이 붙잡히시기 전에 제자들 특히 유다 이스카리옷과 나누신 대화를 담고 있기 때문이었다. 특히 전통적으로 배반자라는 낙인이 찍혀 있던 유다 이스카리옷이 제자들 사이에서 탁월한 위치를 점하고 있다는 사실이 대중들 사이에 놀라움을 불러일으켰다. 이를테면 유다 복음서에서는 제자들 가운데 유독 유다만이 예수님의 참모습을 알아본 인물로 그려진다.[9] 오직 유다만이 예수님께서 창조주가 만든 세상에서 유래하신 분이 아님을 깨달았다는 것이다.

유다 복음서는 서론·본론·결론을 모두 갖춘 완전한 복음서로 십자가 처형 직전의 과월절 주간에 예수님과 제자들이 나눈 여러 대화들을 담고 있다. 십자가 처형 자체는 다루지 않는다. 유다 복음서 저자에게 예수님 이야기의 절정은 십자가 수난이 아니었기 때문일 것이다. 중요한 것은 예수님께서 구원의 진리에 대해 제자들, 특히 유다에게만 비밀리에 전해 주신 계시 말씀이다(1.1). 구원을 가져다주는 것은 예수님의 죽음과 부활이 아니라

---

[8] Ehrman/Pleše (eds.), *The Apocryphal Gospels: Texts and Translations*, 389-390을 보라.

[9] 이 책의 주인공인 유다에 대한 학자들의 평가는 사뭇 다르다. 어떤 이들은 유다가 예수님을 알고 또 그분의 뜻을 행하는 인물로 그려졌다고 본다. 어떤 이들은 유다가 진리(Gnosis)의 몇몇 측면은 깨달았을지 모르지만 구원은 얻지 못했을 것이라 평가한다. 어떤 이는 중도 노선을 취하여, 유다가 '육적'(hylic) 인간인 다른 제자들보다는 나은 '혼적'(psychic) 인간(일반 그리스도인)이며, 천상계로 올라가게 될 진정한 '영적'(pneumatic) 인간(영지주의자)은 아니라는 입장이다: Ehrman/Pleše (eds.), *The Apocryphal Gospels: Texts and Translations*, 390.

그분의 비밀 가르침이기 때문이다. 따라서 유다 복음서는 십자가 수난이 아니라 유다의 배반으로 끝이 난다.

　복음서의 분위기는 예수님과 제자들의 첫 조우 장면에서 드러난다. 제자들이 감사제를 드리고 있는 모습을 예수님께서 보시고는 웃음으로 반응하신다. 예수님의 눈에 제자들의 행동은 웃음거리에 지나지 않기 때문이다. 제자들은 그들에게 양식을 제공해 준 이 세상의 창조주가 참하느님인 줄 착각하고 있다는 것이다. 예수님께서 당신은 바르벨로[10] 세계에서 오셨다고 말씀하셨을 때 이 말씀을 제대로 알아들은 사람은 유다뿐이었다. 그래서 예수님께서는 유다만 따로 불러 비밀 가르침을 전수하신다.

　이때부터 예수님과 유다 사이에 여러 차례의 대화가 전개된다. 그 가운데 천상계의 생성과 관련된 내용이 매우 큰 비중을 차지한다.[11] 핵심 내용은 다음과 같다. 눈에 보이는 이 세상이 생겨나기 전에 신들의 세계가 먼저 생겨났다. 이 물질 세계를 창조한 이는 최상신이 아니라 하급신들이다. 이 세상의 창조주는 '반역자'라는 뜻의 '네브로'라는 이름을 가지고 있으며, 피로 물들어 있다. 인간의 창조주는 네브로의 보조자인 '사클라스'인데 '어리석은 자' 또는 '바보'라는 뜻이다. 결국 이 세상과 인류를 만든 자는 피에 굶주린 반역자와 바보라는 의미다.

10　바르벨로는 하느님의 여성적 측면을 가리키는 이름이다. 대개 하느님-어머니로 여겨진다.
11　유다 복음서는 셋파 영지주의 신화와 맥을 같이 한다. 천상계 신화 및 신과 인류의 이분법 등이 대표적이다. 하지만 비-셋파 작품과도 관련성이 있다. 가령 예수님의 웃음이라든가 제자들의 무지에 관한 내용은 마르키온의 가르침에도 자주 나타난다. Ehrman/Pleše, *The Apocryphal Gospels: Texts and Translations*, 391 참조. 셋파 영지주의에 대해서는 Schenke, "The Phenomenon and Significance of Gnostic Sethianism", 588-616; Williams, "Sethianism", 32-63을 참조하라. 셋파 영지주의 작품 가운데 요한의 비전이 가장 잘 알려져 있다.

유다 복음은 유다의 배반에서 절정을 맞는다. 예수님께서는 죽음을 통해 이 육신을 벗고 천상계로 돌아가게 되시므로 유다의 배신은 배은망덕한 행위가 아니라 결국은 예수님께 이로운 행위이다. 배반이 더 이상 배반이 아닌 것이다.

2. 인류의 이분법

인간이 두 부류로 나뉘는 것은[12] 하느님과 창조주의 구분에 근거한다. 하느님과 창조주의 구분은 인류가 양분되는 현실의 전제가 된 셈이다.

하느님과 창조주

유다 복음서는 열두 제자가 섬기는 신과 예수님의 하느님이 다른 분이심을 분명히 밝힌다. 열두 제자는 자기네가 섬기는 신이 참하느님인줄 알지만 그것은 착각일 뿐이다. 열두 제자가 거행하는 성찬례(혹은 감사제)는 하느님께 바쳐지는 것이 아니라 창조주에게 바쳐지는 것이다. 그들이 행하는 희생 제사 역시 마찬가지다. 그들은 참하느님을 섬긴다고 착각하면서 제사를

---

[12] 더 엄밀히 말하면 유다 복음에서 인류는 세 부류로 나뉜다. 육적 인간, 혼적 인간, 그리고 영적 인간이다. 이는 인간의 구성 요소를 영, 영혼, 육신 이렇게 세 가지로 보는 것과 상통한다. 영이 인간의 몸속에 들어와 있지만 이 세상의 창조주에게 주어진 시간이 채워지고 나면, 영이 인간에게서 분리된다. 그리고 인간의 몸은 죽고 영혼은 살아남아 위로 들어 올려진다: "사람들의 모든 세대는, 그들의 영혼은 죽을 것이다. (이 세상) 왕국의 때가 끝이 나고 영(pneuma)이 그들에게서 분리되면, 그들의 몸(soma)은 죽을 것이다. 그러나 그들의 영혼(psyche)은 살아남아 위로 들어 올려질 것이다"(43).

드릴 때 주님의 이름을 부른다. 이 모든 것이 무지의 소치다.

열두 제자 가운데 주님을 참으로 아는 사람은 유다뿐이다. 열두 제자는 예수님이 자기네 신의 아들인 줄 알지만 그것은 사실이 아니다. 예수님은 이 세상의 창조주에게서가 아니라 바르벨로의 세계에서, 곧 참하느님에게서 나오셨다. 유다가 그분께 말하였다. "저는 당신께서 누구신지, 그리고 당신께서 어느 곳에서 오셨는지 압니다. 당신께서는 정녕 바르벨로의 불사의 에온에서 그리고 당신을 보내신 분에게서 오셨습니다. 저는 그분의 이름을 발설할 자격도 없습니다"(유다 복음 35).

참하느님은 위대하고도 무한한 에온에 계시는 '눈에 보이지 않는 영'이시다. 그분께서는 어느 누구의 마음에도 품어진 적이 없으시고 어떠한 이름으로도 불린 적이 없으시다. "위대하고 한계가 없는 에온이 존재한다. 어떠한 천사의 세대도 그 크기를 다 본 적이 없다. 그 안에 눈에 보이지 않는 위대한 영이 계신다. 천사의 눈도 그분을 뵌 적이 없다. 마음의 생각이 그분을 품은 적이 없으며, 어떠한 이름으로도 그분은 불린 적이 없으시다"(47).

거룩한 세대와 사람들의 세대

하느님과 창조주가 구분되듯 빛의 자녀와 어둠의 자녀도 구분된다. 영지주의자들은 자신을 빛의 자녀로, 그들과 다른 사람은 어둠의 자녀로 보았다. 어둠의 자녀는 종종 '낯선 자', '이방인' 등으로도 표현된다. 그들은 인류를 존재론적 차원에서 구분한다. 보통 영적 인간과 육적 인간으로 양분하거나, 영적 인간과 육적 인간 그리고 그 가운데에 낀 혼적 인간, 이렇게 삼등분한다. 그 가운데 영적 인간은 그노시스(지식)를 얻은 자로서 천상으로 귀환할 수 있다. 육적 인간은 지식과는 거리가 먼 인간으로 오직 물질과 육적인 것만을 추구하며 이들에게는 구원이 차단되어 있다. 혼적 인간은 그 중간에 해당한다. 윤회를 거쳐 마침내 지식을 얻으면 그들에게도 언젠가 구원의 길이 열린다.

같은 맥락에서 유다 복음은 이 세대와 거룩한 세대를 명백히 구분한다. 이 세대는 창조주에게 속하지만 거룩한 세대는 참하느님께 속한다. 거룩한 세대는 영원히 지속될 종족, 이들과는 다른 현 세대는 '사멸하는 사람의 자식', '인류의 세대', '사람들의 세대' 등으로 불린다. 이 둘은 존재론적으로 서로 다른 차원인 것이다.

거룩한 세대

제자들이 자기네보다 높고 위대하다는 '거룩한 세대'에 대해 묻자 예수님께서는 이 세상 사람들은 거룩한 세대를 보지 못할 것이며 어떤 천사 부대도 그 세대를 다스리지 못한다고 말씀하신다. 거룩한 세대는 이 세상에서 나오지 않았기 때문이다. "이 에온에서 태어난 이는 누구라도 그 세대를 보지 못할 것이다. 어떠한 별들의 천사 부대도 그 세대를 다스리지 못할 것이다. 사멸하는 사람의 자식은 어느 누구도 그 (세대)와 함께 갈 수 없을 것이다"(37).

거룩한 세대와 사람들의 세대는 나온 곳이 서로 다르기에 종착지도 다르다. "사멸하는 인간에게서 난 모든 소생은, 네가 본 그 집에 들어갈 자격이 없다. 그곳은 거룩한 성도들을 위해 수호된 곳이기 때문이다. 그곳은 태양과 달도, 낮도 다스리지 못하는 곳이다. 그러나 그들은 언제나 이 에온에서 거룩한 천사들과 함께 서 있을 것이다"(45).

위대한 세대는 "하늘과 땅과 천사들보다 앞서 영원으로부터 존재"(57)하며 이 세대가 사라지는 날 높이 들어 올려질 것이다. "천사도 [능신]도 이 위대한 거룩한 세대가 보게 될 그곳을 보지 못할 것이다"(44).

사람들의 세대

사람들의 세대는 주님의 이름을 헛되이 부르면서 자녀나 부인을 제물로 바치고, 온갖 죄와 불법을 저지른다. "[어]떤 이들은 두 주 동안 [단식하고], [어떤 이들은] 자기 자신의 자녀들을, 그리고 어떤 이들은 자기 부인을 희생 제사로 바치면서 찬양을 드리며 서로를 모욕합니다. 어떤 이들은 남자들과 같이 잠자리에 들고, 어떤 이들은 살인을 저지르고, 또 다른 어떤 이들은 수많은 죄와 불법을 저지릅니다. 그리고 제단 위에 선 사람들이 당신의 이름을 부르고 있습니다. 그들이 제물과 관련된 모든 일에 빠져 있는 동안에 그 제단이 채워지고 있습니다"(38-39).

그들은 결국 사멸하고 말 것이다. 그리고 "마지막 날에 그들은 수치를 당할 것이다"(40).

*

주류 교회도 영지주의자들도 빛과 어둠을 가르고, 빛의 자녀와 어둠의 자녀를 구분한다. 빛의 자녀와 어둠의 자녀를 구분한다는 점은 같지만 그 안에 내포된 의미는 다르다. 주류 교회는 어둠의 자녀가 빛의 자녀가 될 수 있다고, 아니 어둠에서 빛으로 돌아서라고 가르친다. 그러나 영지주의자들은 빛의 자녀와 어둠의 자녀가 날 때부터 혹은 나기 전부터 정해져 있다고 가르친다. 이처럼 두 입장은 겉은 비슷하지만 그 속은 천양지차다. 이러한 차이는 변화와 회개의 가능성을 인정하느냐, 그러지 않으냐 하는 문제로도 이어진다. '회개하라!'는 부르짖음에는 변화의 가능성에 대한 인정이 숨어 있다. 영지주의자들이 회개라는 말을 비교적 적게 하는 것도 이상한 일이 아닐 것이다.

3. 유다 복음

Codex Tchacos; 콥트어 대본: Kasser/Meyer/Wurst, *The Gospel of Judas: Critical Edition*. 카쎄Kasser 등이 편집한 콥트어 본문이 Ehrman/Pleše (eds.), *The Apocryphal Gospels: Texts and Translations*, 389-411에도 실려 있다.

ೞ ಢ

유다의 복음

도입

모두冒頭

33. 파스카를 지내시기 사흘 전 여드레 동안 예수님께서 유다 이스카리옷과 나누신 숨겨진 선포의 말씀.

예수님의 공생활

그분께서는 이 땅에 나타나셨을 때 인류의 구원을 위하여 표징들과 큰 기적들을 행하셨다. 그런데 어떤 이들은 의로움dikaiosyne의 길을 걸어갔고 어떤 이들은 범법parabasis의 길을 걸어갔다. 그리하여 열두 제자가 부름을 받았다. 그분께서는 그들과 이 세상 너머에 있는 신비mysterion와 마지막에 일어날 일들에 관하여 그들과 말씀을 나누기 시작하셨다. 종종 그분께서는 제자들에게 모습을 보이지 않으셨지만 필요할 때면 제자들 사이에서 그분을 볼 수 있었다.

중심 본문

장면 1

감사제

34. 어느 날 그분께서 제자들과 함께 유다 땅에 계셨을 때의 일이다. 그분께서 그들이 한데 모여 앉아 신성에 관해 토론을 벌이고 있는 것을 보셨다. 제자들이 ³⁴ 함께 모여 자리에 앉아 빵을 두고 감사를 드리고 있는 동안 그분께서 그들에게 다가가셨다. 그리고 제자들을 향해 웃으셨다. 그들은 그분께 말하였다. "스승님, 우리가 드리는 감사제eucharistia를 두고 왜 웃으십니까? 우리가 무엇을 했단 말입니까? 이것은 필요한 일이지 않습니까?" 그분께서는 그들에게 대답하시며 말씀하셨다. "내가 너희를 두고 웃는 것은 아니다. 너희가 이 일을 하는 것도 너희의 뜻대로가 아니다. 이 일을 통해 너희의 하느님(신)이 찬양을 받을 것이다."

제자들의 분노

그들이 말하였다. "스승님, 당신께서는 … 우리 하느님(신)의 아들이십니다." 예수님께서 그들에게 말씀하셨다. "너희가 어떻게(무엇으로) 나를 안단 말이냐? 내가 진실로 너희에게 말한다. 어떤 세대도 너희들 가운데 있는 사람들을 통해서는 나를 알지 못할 것이다."¹³

그분의 제자들은 이 말을 듣자 동요하며 화가 나서 마음속으로 그분을 모독하기 시작하였다. 예수님께서는 그들의 어리석음을 보시

---

13   또는, "어떤 세대도 너희들 가운데 있는 사람들 속에서는 나를 알지 못할 것이다."

고 그들에게 말씀하셨다. "왜 동요하고 화가 났느냐?[14] 너희 가운데 있
35. 는 너희 하느님(신)과 그 (수하)[세력들도] ³⁵ 너희 영혼들과 더불어 동요
되었구나! 너희 인간들 가운데 강한 자가 있거든 (자기 안에서) 완전한
인간을 끌어내어라. 그리고 내 얼굴 바로 앞에 서게 하라!"

그들은 모두 말하였다. "저희는 강합니다." 그러나 그들의 영은 감히 그분 앞에 나서지 못하였다. 유다 이스카리옷만 예외였다. 그는 그분 앞에 서 있을 수 있었다. 그러나 그는 그분의 눈을 똑바로 바라보지 못하고 얼굴을 돌려버렸다. 유다가 그분께 말하였다. "저는 당신께서 누구신지, 그리고 당신께서 어느 곳에서 오셨는지 압니다. 당신께서는 정녕 바르벨로의 불사의 에온에서 그리고 당신을 보내신 분에게서 오셨습니다. 저는 그분의 이름을 발설할 자격도 없습니다."

유다만 따로 부르시다

예수님께서는 그가 다른 고상한 것을 생각하고 있음을 아시고 그에게 말씀하셨다. "그들에게서 떨어져라. 내가 너에게 (하늘) 나라의 신비들mysterion에 관해 말해 주겠다. 네가 그곳에 가게 하려는 것이 아
36. 니라 몹시 탄식하게 만들려는 것이다. ³⁶ 왜냐하면 다른 이가 네 자리를 차지하여 열두 제자가 그들의 신에 의해 다시 완성될 것이기 때문이다."[15] 그러자 유다가 그분께 말하였다. "당신께서는 언제 저에게 이 일들을 말씀해 주시렵니까? 그리고 … 이 세대를 위한 위대한 빛의 날은 (언제) 밝아오게 될까요?" 그가 이 말을 했을 때 예수님께서는 그의 곁을 떠나셨다.

---

14   직역: "동요와 분노는 무엇 때문이냐?"
15   사도 1,15-26 참조. 자살한 유다를 대신해 마티아를 사도로 뽑은 일을 가리킨다.

장면 2

주님께서 다시 나타나시다
이 일이 있은 다음날 아침 그분께서 제자들에게 나타나셨다. 그러자 그들이 그분께 말하였다. "스승님, 당신께서는 어디에 가셨습니까? 우리 곁을 떠나신 후 어떻게 지내셨습니까?"[16]

예수님께서 그들에게 말씀하셨다. "나는 다른 위대한 거룩한 세대에게 갔다." 그분의 제자들이 그분께 말하였다. "주님, 지금 이 에온들 가운데에는 없는, 우리보다 높고 거룩한 위대한 세대란 무엇입니까?"

37. 예수님께서 이 말을 들으시고는 웃음을 지으셨다. 그분께서 그들에게 말씀하셨다. "어찌하여 너희는 강하고 거룩한 세대에 대해 마음속으로 생각하느냐? [37] 진실로 내가 너희에게 말한다. 이 에온에서 태어난 이는 누구라도 그 세대를 보지 못할 것이다. 어떠한 별들의 천사부대도 그 세대를 다스리지 못할 것이다. 사멸하는 사람의 자식은 어느 누구도 그 (세대)와 함께 갈 수 없을 것이다. 그 세대는 생겨난 … [이 세상]에서 나온 것이 아니라 … 이기 때문이다. 너희들 사이에 있는 사람들의 세대는 인류의 세대에서 나왔다. […]한 힘과 능력들… 너희는 그것들로 다스린다."

그분의 제자들이 이 말을 들었을 때 그들은 저마다 영이 동요하여 무슨 말을 해야 할지, 할 말을 찾을 수 없었다.

다른 날: 제자들의 성전에 대한 토론
다른 날 예수님께서 그들에게 다가오시자 그들이 그분께 말하였다.

---

16 또는, "무엇을 하셨습니까?"

"스승님, 저희가 당신을 환시로 뵈었습니다. 사실 저희는 지난밤에 대단한 꿈들을 꾸었습니다."

[그분께서 말씀하셨다.] "너희는 무엇 때문에 […]하고 몸을 숨겼느냐?"

38. 그러자 그들은 말하였다. "[저희가] 큰 집을 보았는데, 그 안에 큰 제단과 열두 사람 — 그들은 사제들이라고 말할 수 있습니다 — 과 한 이름이 있었습니다. 그리고 사제들이 예물 봉헌을 마칠 때까지 많은 이들이 그 제단 곁에 머물러 있었습니다. 저희도 (거기) 머물러 있었습니다." 예[수님]께서 말씀하셨다. "[… 그들은] 어떠하냐?" 그들이 [말하였다.] "[어]떤 이들은 두 주 동안 [단식하고],[17] [어떤 이들은] 자기 자신의 자녀들을, 그리고 어떤 이들은 자기 부인을 희생 제사로 바치면서 찬양을 드리며 서로를 모욕합니다. 어떤 이들은 남자들과 같이 잠자리에 들고, 어떤 이들은 살인을 저지르고, 또 다른 어떤 이들은 수많은 죄와 불법을 저지릅니다. 그리고 제단 위에 선 사람들이 당신의 이름

39. 을 부르고 있습니다. [39] 그들이 제물과[18] 관련된 모든 일에 빠져 있는 동안에 그 제단이 채워지고 있습니다."

예수님의 해석

그들은 이 말을 하고는 마음이 동요되어 입을 다물었다. 예수님께서 그들에게 말씀하셨다. "너희는 무엇 때문에 동요되었느냐? 참으로 내가 너희에게 말한다. 그 제단 위에 서 있는 모든 사제가 내 이름을 부르고 있다. 내가 너희에게 또 말한다. 사람들의 세대에 의해 내 이름이

---

17 카쎄(Kasser)를 따라 단식하다를 뜻하는 ⲛⲏⲥⲧⲉⲩⲉ를 공백에 넣었다. 아래 사본 40쪽 참조.

18 또는, "결핍." 사람들이 결핍과 관련된 일에 빠져 있는 동안 제단은 채워지고 있다는 뜻이다.

별들의 세대의 이 [집?]에 기록되었다. 그리고 그들은 수치스럽게도 내 이름으로 열매 없는 나무들을 심었다."

예수님께서 그들에게 말씀하셨다. "제단에서 예물을 봉헌하고 있는 자들은 바로 너희다. 너희가 보았던 그것은 너희가 숭배하는 하느님(신)이며, 너희가 보았던 열두 사람은 바로 너희다. 그리고 너희가 보았던 40. 제물은 사람들이 바친 소들, 곧 너희가 꾀어 ⁴⁰ 그 제단으로 데려간 군중이다. [이 세상의 지배자는]¹⁹ 일어설 것이다. 그리고 그는 이런 식으로 내 이름을 이용할 것이며, 경건한 이들의 세대가 그의 곁에 머물러 있을 것이다. 그 다음에는 음행을 저지르는 [자]들을 위해 다른 사람이 일어날 것이다. 그리고 또 다른 이가 자녀를 살해하는 자들을 위해 일어날 것이다. 그리고 또 다른 이가, 남자들과 잠자리에 드는 자들과 단식하는 자들, 불결과 불법과 오류에 빠진 자들을 위해, 그리고 '우리는 천사와 같소!' 하고 말하는 자들을 위해 일어설 것이다. 그들은 모든 것을 완결 짓는 별들이다. 사실 사람들의 세대들은 '보라! 하느님께서 사제들의 손에서 여러분의 제물을 받아들이셨습니다!' 하는 말을 들었다. 그자는 오류의 시종이다. 그러나 명령을 내리는 자는 주군, 곧 만물 위에 주군으로 있는 자다. 마지막 날에 그들은 수치를 당할 것이다."

41. 예수님께서 [그들에게] 말씀하셨다. "희생 제사 바치는 것을 그만두어라. 너희들은 제단 위에 […] 그들은 너희의 별들과 너희의 천사들 위에 있으며 이미 그곳에서 완성되었다. 그러니 그들로 하여금 너희 앞에 […하고] 가게 하여라. [¹⁵줄 가량 해독 불가]. 빵 굽는 사람이 [하늘] 아래 모든 피조물을 다 먹일 수는 없다."

---

19 혹은, "대주교." 요한 12,31; 14,30; 16,11 참조.

42.　　　　제자들은 이 말씀을 듣고 그분께 말하였다. "주님, 저희를 도와주십시오. 그리고 저희를 구원해 주십시오!" 예수님께서 그들에게 말씀하셨다. "나와 논쟁하는 것을 그만두어라. 너희에게는 각자 자신의 별이 있다. 그리고 누구나 [17줄 가량 해독 불가].

43.　　　[3줄 가량 해독 어려움]

　　　　그러나 그는 하느님의 동산에 그리고 영원히 지속될 종족에게 물을 주러 왔다. 그는 그 세대의 여정을 더럽히지 않고 영원히 [⋯]할 것이기 때문이다.

예수님께서 인류의 운명에 대해 알려주시다.

유다가 [그분]께 말하였다. "라삐, 이 세대는 어떤 열매를 가집니까?" 예수님께서 말씀하셨다. "사람들의 모든 세대는, 그들의 영혼은 죽을 것이다. (이 세상) 왕국의 때가 끝이 나고 영pneuma이 그들에게서 분리되면, 그들의 몸soma은 죽을 것이다. 그러나 그들의 영혼psyche은 살아남아 위로 들어 올려질 것이다." 유다가 말하였다. "그러면 사람들의 나머지 세대들은 어떻게 됩니까?" 예수님께서 말씀하셨다. "바위에 씨

44.　를 뿌릴 수 없고 [44] 그 열매를 거둘 수도 없다.[20]

　　　　이처럼 [⋯] [더러운] 종족과 불결한 소피아 [⋯] 사멸하는 사람을 만든 손은 [⋯]. 그러나 그들의 영혼은 저 높은 곳으로 올라갈 것이다. 참으로 내가 너희에게 말한다. [⋯]도 천사도 [능신]도 이 위대한 거룩한 세대가 보게 될 그곳을 보지 못할 것이다." 예수님께서는 이 말씀을 하신 뒤 자리를 뜨셨다.

20　루카 8,6 참조.

장면 3

예수님께서 유다의 환시를 해석하시다

유다가 말하였다. "스승님, 당신께서 이들 모두의 말을 들으신 것처럼 이제는 제 말을 들어 보십시오. 사실 저는 엄청난 환시horoma를 보았습니다." 예수님께서는 (유다의 말을) 듣고 웃으셨다. 그분께서 그에게 말씀하셨다. "너는 왜 문제를 일으키느냐?[21] 오, 열셋째 다이몬아.[22] 자, 네가 말해 보아라. 내가 너를 받아주겠다."

유다가 그분께 말하였다. "저는 환시horoma로 저 자신을 보았습니다. 그
45. 런데 열두 제자들이 저에게 돌을 던지면서 [45] 제 뒤를 바짝 쫓고 있었습니다. 그리고 저는 다시 당신을 따라 […] 그곳으로 갔습니다. 그리고 집 한 채를 보았는데, […] 제 눈으로 그 크기를 [잴] 수 없을 정도였으며, 몇몇 거대한 사람들이 그것을 에워싸고 있었습니다. 그리고 그 집에는 풀로 덮인 옥상이 있었으며,[23] 그 집 한가운데에 군중이 있었습니다. … '스승님, 저 사람들과 함께 저도 이 집 안으로 받아들여 주십시오!' 하고 [말하였습니다]."

[예수님께서] 대답하시며 말씀하셨다. "너의 별이 너를 오류로 이끌었구나, 오, 유다야! 사멸하는 인간에게서 난 모든 소생은, 네가 본 그 집에 들어갈 자격이 없다.[24] 그곳은 거룩한 성도들을 위해 수호된 곳이기 때문이다. 그곳은 태양과 달도, 낮도 다스리지 못하는 곳이다.

---

21 또는, "무슨 문제냐?"
22 숫자 13과 다이몬은 당시에 긍정적 의미로도 부정적 의미로도 사용되었다. 아래 사본 46쪽을 보라.
23 칠십인역 시편 128,6; 이사 37,27 참조.
24 유다는 거룩한 성도들에게 속하지 않는다는 뉘앙스로 읽힌다.

46. 그러나 그들은 언제나 이 에온에서 거룩한 천사들과 함께 서 있을 것이다. 보라! 내가 너에게 왕국의 신비들에 관해 말해 주었다. ⁴⁶ 그리고 별들의 오류에 관해서도 너에게 가르쳐 주었다. 그리고 […] 열두 에온에게 […] 보내어라."

유다의 운명

유다가 말하였다. "스승님, 혹시 저의 씨앗도 아르콘들에게 복종하게 되는 건 아니겠지요?" 예수님께서 대답하시며 그에게 말씀하셨다. "자, 오너라! 내가 너에게 […]을 해 주겠다. [¹줄 훼손]. 네가 그 왕국과 그 세대 전체를 보고 몹시 탄식하게 하려는 것이다." 유다는 이 말씀을 듣고서 그분께 말하였다. "제가 얻게 될 이익은 무엇입니까? 당신께서 저를 그 세대와 떨어뜨려 놓지 않았습니까?" 예수님께서 대답하시며 말씀하셨다. "너는 열셋째가 될 것이다. 그리고 너는 남은 세대들에게 저주를 받을 것이다. 그리고 그들을 다스리게 될 것이다. 마지막 날에 그들

47. 은 네가 ⁴⁷ 거룩한 세대를 향해 올라가지 못하도록 (저주할)²⁵ 것이다."

시작: 위대한 영과 스스로 생겨난 이

예수님께서 말씀하셨다. "자, 오너라! 내가 사람들이 […] 보게 될 것들에 관해 너에게 가르쳐 주겠다. 사실 위대하고 한계가 없는 에온이 존재한다. 어떠한 천사의 세대도 그 크기를 다 본 적이 없다. 그 안에 눈에 보이지 않는 위대한 영이 계신다. 천사의 눈도 그분을 뵌 적이 없다. 마음의 생각이 그분을 품은 적이 없으며,²⁶ 어떠한 이름으로도 그

---

25 필사가의 실수로 단어가 누락되었다. "마지막 날에 그들은 저주의 말을 할 것이다. 그리고 너는 거룩한 세대를 향해 높이 오르지 못할 것이다"로 옮길 수도 있다.

26 1코린 2,9: "어떠한 눈도 본 적이 없고 어떠한 귀도 들은 적이 없으며 사람의 마음에도 떠오른 적이 없는 것들을 하느님께서는 당신을 사랑하는 이들을 위하여

분은 불린 적이 없으시다.

그런데 그곳에서 눈부신 구름이 나타났다. 그리고 그분(눈에 보이지 않는 위대한 영)께서 말씀하셨다. '내 조수가 되도록 천사여 생겨나라!' 그러자 구름 속에서 거대한 천사, 스스로 생겨난 이Autogenes, 빛의 하느님이 나왔다. 그리고 그 덕분에 다른 구름에서 네 명의 천사들이 더 생겨났다. 그리고 그들은 천사와 같은 '스스로 생겨난 이'Autogenes의 조수가 되었다. 그리고 '스스로 생겨난 이'가 [48] 말하였다. '[다른 에온아],[27] 생겨나라!' 그러자 [말한 대로] 되었다.

48.

그리고 그는 그곳을 다스리도록 첫째 빛물체를[28] 만들었다.[29] 그리고 그는 말하였다. '그를 섬기도록 천사들이여 생겨나라!' 그러자 셀 수 없이 많은 (천사들이) 생겨났다.

그리고 그가 말하였다. '빛나는 에온이여, 생겨나라!' 그러자 그것이 생겨났다. 그는 그곳을 다스리도록 둘째 빛물체를 세웠다. (그를) 섬기도록 셀 수 없이 많은 천사들도 (세웠다). 그는 나머지 빛의 에온들도 같은 식으로 만들었다. 그리고 그들로 하여금 그곳들을 다스리게 하였다. 또한 그들을 돕도록 셀 수 없이 많은 천사들을 그들에게 만들어 주었다.

마련해 두셨다" 참조.

27   또는, "아담아."

28   지혜 13,1-2: "하느님에 대한 무지가 그 안에 들어찬 사람들은 본디 모두 아둔하여 … 하늘의 빛물체들을 세상을 통치하는 신들로 여겼다" 참조.

29   창세 1,14-16: "하느님께서 말씀하시기를 '하늘의 궁창에 빛물체들이 생겨, 낮과 밤을 가르고, 표징과 절기, 날과 해를 나타내어라. 그리고 하늘의 궁창에서 땅을 비추는 빛물체들이 되어라' 하시자, 그대로 되었다. 하느님께서는 큰 빛물체 두 개를 만드시어, 그 가운데에서 큰 빛물체는 낮을 다스리고 작은 빛물체는 밤을 다스리게 하셨다. 그리고 별들도 만드셨다" 참조.

아담과 빛물체들

49. 그리고 아담은 첫째 빛구름 속에 있었다. 신이라 불리는 자들 가운데 어느 누구도 그것을 보지 못하였다. 그리고 그가 […] ⁴⁹ 그리고 모상 […] 그리고 이 천사와 닮은 모습으로 […] 그는 셋Seth의 멸하지 않는 [세대]를[30] 열둘과 […] 스물넷에게 보여 주었다. […] 그는 영의 뜻에 따라 멸하지 않는 세대 안에 일흔두 빛물체를 출현시켰다. 그리고 일흔두 빛물체들은 영의 뜻에 따라 멸하지 않는 세대 안에 삼백예순 빛물체를 출현시켰다. 그리하여 그 개수는 저마다 다섯씩이 되었다.

   그리고 그들의 아버지는 (각각) 열두 빛물체로 된 열두 에온이었다. 에온마다 여섯 하늘을 가져 총 일흔두 빛물체의 일흔두 하늘이 되

50. 었다. 그리고 각 (하늘마다) ⁵⁰ 다섯 창공을 가져서 총 삼백예순 창공이 되었다.[31] 그들에게는 권위와 수없이 많은 천사들의 군대가 주어졌다. 영광과 시중을 위해서였다. 동정인 영들도 주어졌는데, 전체 에온들과 하늘들과 그들의 창공들을 위한 시중과 영광을 위해서였다.

우주·혼돈·저승·얄다바옷

아버지와 일흔두 빛물체들—이들은 '스스로 생겨난 이'와 그의 일흔두 에온과 함께 계신다—에게 이들 불사의 군단은 '우주'cosmos 곧 파멸phthora이라 불린다. 첫 번째 인간이 그곳에서 출현하였다. 멸하지 않는 능력을 지니고서였다.

   자기 안에 지식의 구름과 천사를 담고 있는 에온이 자신의 세대

---

30   아담과 하와에게서 난 셋째 아들 '셋'을 새 인류의 시작으로 보는 점은 셋파 영지주의의 공통된 특성이다.

31   12, 72, 360 등의 숫자들은 모두 천문학적 의미가 있으며, 천체들의 위계질서를 나타낸다. 가령 황도 십이궁, 72주(오일 일주) 360일(monomoiria 모노모이리아). Ehrman/Pleše (eds.), *The Apocryphal Gospels: Texts and Translations*, 405 참조.

51. 와 함께 출현하였다. 그는 ⁵¹ '엘'이라³² 불린다. […] 이 일이 있은 뒤 그 (엘)가 말하였다. '열두 천사여, 생겨나라! 그리고 혼돈chaos과 저승을 다스려라!' 그러자 보라, 한 천사가 구름 속에서 나타났는데 그의 얼굴이 불을 뿜어내고 있었다. 그의 외관은 피로 더럽혀져 있었다. 그에게는 '네브로'Nebro라는³³ 이름이 있었는데, 그것은 '반역자'라는 뜻으로 풀이된다. 그러나 어떤 이들은 (그를) '얄다바옷'이라 부른다.³⁴

그리고 '사클라스'라는 다른 천사가 구름 속에서 나왔다. 네브로는 조수로 (삼으려고) 여섯 천사를 만들었다. 사클라스도 그렇게 하였다. 이들은 하늘에 열두 천사를 낳았는데, 그들은 하늘에서 저마다 제 몫을 받았다.

열두 아르콘과 열두 천사

그리고 열두 아르콘이 열두 천사와 이야기를 나누었다. '여러분, 각자
52. […] ⁵² 하십시오. […] 다섯 천사 […]!'

첫째는 '셋'Seth이다. 그는 '그리스도'라 불린다.

둘째는 '하르마톳'이다. 그는 […]

[셋]째는 '갈릴라'다.

넷째는 '요벨'이다.

다섯째는 '아도나이오스'다.

이들이 저승을 다스린 다섯 (천사)다. 그 전에는 카오스(혼돈)를

---

32 '엘레레트'의 한 형태일 것이다.

33 이집트인들의 복음(NHC III,2)에서 네브루엘은 여성인 데몬으로서 사클라스와 결합하여 열두 에온을 낳는다. 이는 아마 '세상의 첫 장사' 네브로드(칠십인역 창세 10,8-12)와 관련 있을 것이다. 히브리어 이름인 니므롯이 '반역자'라는 뜻을 지녔을 법하다.

34 요한의 비전 참조.

(다스렸다).[35]

인간의 창조
그때 사클라스가 그의 천사들에게 말하였다. '닮은 모습으로 모상에 따라 사람을 만듭시다!'[36] 그리고 그들은 아담과 그의 아내 이브를 빚었다. 그녀는 구름 속에서는 '조에'(생명)라 불린다.[37] 사실 모든 세대가 이 이름으로 그를 찾는다. 그리고 그들은 저마다 자신들의 이름으로 그녀를 부른다.

53.   한편 사클라스는 [53] […] 빼고는 명[령]을 내리지 않았다. […] 그 [아르콘이] 그에게 말하였다. '너의 수명은 시간과 네 자식과 함께 […] 이 될 것이다.'"[38]

대화: 인류와 유다의 운명
유다가 예수님께 말하였다. "인간이 살 수 있는 최대한은 [얼마]입니까?" 예수님께서 말씀하셨다. "아담과 그의 세대가 시간을 일정한 수만큼 받았다 해서 네가 왜 놀라느냐? 그가 자신의 왕국과 아르콘을 일정한 수로 받았음을 고려하여 (결정된 일이다)."

유다가 예수님께 말하였다. "인간의 영은 죽습니까?" 예수님께서 말씀하셨다. "사실은 이러하다. 하느님께서는 미카엘에게, 사람들이 시중드는 동안 그들에게 영을 빌려 주라고 명령하셨다. 그러나 위대하신 분께서 가브리엘더러, 영 ― 영과 영혼 ― 을 임금이 없는 위대한 세대

---

35 또는, "처음에는 카오스를 다스렸다."
36 창세 1,27 참조.
37 창세 3,20 참조.
38 "너의 생명은 시간과 네 자녀와 함께 네 것이 될 것이다."

54. 에게 주라고 명령하셨다. 그리하여 나머지 영혼들, ⁵⁴ ··· 빛 ··· 혼돈 ···

사악한 자들의 파멸

영이 너희 안에 있게 되었다. 너희가 이것들을 육신 안에, 천사들의 세대 사이에 살게 한 것이다. 그러나 하느님께서는 아담과 그와 함께 있는 이들에게 지식이 주어지게끔 하셨다. 혼돈과 저승의 임금들이 그들을 지배하지 못하게 하려는 것이었다."³⁹

유다가 예수님께 말하였다. "그렇다면 그 세대들은 어떻게 될까요?" 예수님께서 말씀하셨다. "진실로 내가 너희에게 말한다. 별들은 그들 모두에 대해 (일을) 마무리할 것이다. 그러나 사클라스가 그에게 주어진 시간을 다 보내고 나면 그들의 첫째 별이 세대들과 함께 올 것이다. 그리고 그들은 예언된 일을 다 이룰 것이다. 그때 그들은 내 이름
55. 으로 음행을 저지르고 자기네 자녀들을 죽일 것이다.⁴⁰ ⁵⁵ 그리고 그들은 [³⁻⁴줄 훼손] 사클라스의 종 ··· 모두 내 이름으로 죄를 지을 것이다. 그리고 너의 별은 열셋째 에온을 다스릴 것이다."⁴¹

그런 다음 예수님께서는 웃으셨다. 유다가 말하였다. "스승님, [당신께서는 무엇 때문에 저희를 보고 웃으십니까?]" 예수님께서 대답하시며 말씀하셨다. "너[희]를 보고 웃는 것이 아니라 별들의 오류를 보고 웃는 것이다. 여섯 개의 이 별들이 이 다섯 전사와 함께 오류에 빠졌기 때문이다. 그들은 모두 자기네 피조물들과 함께 파멸할 것이다."

---

39 지식을 얻어야 혼돈과 저승의 세력에서 자유로울 수 있다.
40 사본 38-39쪽을 보라.
41 숫자 13에 대해서는 사본 44-46쪽을 참조하라.

세례를 받은 이들과 유다의 배반에 대하여

그러자 유다가 예수님께 말하였다. "그렇다면 당신의 이름으로 세례를 받은 이들은 어떻게 됩니까?" 예수님께서 말씀하셨다. "진실로 내가
56. [너에게] 말한다. 내 이름[으로 행한] [56] 이 세례는 […] [3-4줄 정도 훼손] [내가] 너희에게 [말한다] […] 사람의 손 […] 진실로 내가 너에게 말한다. 유다야! 사클라스에게 제물을 바치는 사람들은 [2줄 정도 훼손] 온갖 악한 일 … 그러나 네가 그들 모두를 넘어설 것이다. 네가 나를 지고 있는 사람을[42] 희생시킬 것이기 때문이다.[43]

> 이미 너의 뿔은 높이 들어올려졌으며,
> 너의 분노는 채워졌고,
> 너의 별은 지나갔으며
> 너의 마음은 …

57. 진실로 내가 너에게 말한다. 너의 마지막은 [4줄 훼손]. 아르콘은 제거될 것이다. 그리고 그때 아담의 위대한 세대의 형상이 높이 들어올려질 것이다. 왜냐하면 그 세대는 하늘과 땅과 천사들보다 앞서 영원으로부터 존재하기 때문이다. 자, 보라. 모든 것이 너에게 말해졌다. 네 눈을 들어 올려 저 구름과 그 안에 있는 빛, 그리고 그것을 둘러싼 별들을 바라보아라. 앞에서 길을 인도하는 저 별이 너의 별이다."

---

42 '예수님을 지고 있는 사람'에 대해서는 해석이 갈린다. 예수님의 영을 담고 있는 '육신'일 수도 있고 예수님의 인성 자체일 수도 있다. 필립보 복음 54-55쪽을 참조하라.

43 유다가 예수님을 유다인들에게 넘김으로써 예수님이 육신 혹은 인성에서 벗어나게 만드는 유익한 결과를 가져왔다는 말이다. 아우구스티누스의 표현대로 '오, 복된 탓이여!'라 할 수 있겠다.

58. 유다는 자기 눈을 들어 올려 빛나는 구름을 바라보았다. 그리고 그는 (구름) 속으로 들어갔다. 아래에 서 있던 사람들은 한 소리가 구름 속에서 나와 다음과 같이 말하는 것을 들었다. ⁵⁸ [4줄 훼손]

결말: 유다가 예수님을 넘기다

그들의 대사제들은 웅성거렸다. [그분께서] 기도하시러 방에 들어가셨기 때문이다. 몇몇 율법 학자들이 거기 있으면서 그분께서 기도하시는 동안 그분을 붙잡으려고 지켜보았다. 사실 그들은 백성을 두려워하고 있었다. 그분께서 모두에게 예언자로 여겨지고 계셨기 때문이다.⁴⁴ 그리하여 그들은 유다에게 다가가서 그에게 말하였다. "네가 이곳에서 무얼 하고 있느냐? 너는 예수의 제자가 아니냐?" 그는 그들이 원하는 대로 그들에게 대답해 주었다. 유다는 돈을 얼마 받고 그들에게 그분을 넘겨주었다.⁴⁵

유다의 복음

---

44   마태 21,46; 루카 22,2 참조.
45   마태 26,15-16; 27,3; 마르 14,11; 루카 22,5-6 참조.

09
여자

마리아 복음

Gospel of Mary

여자가 남자와 평등한 존재임을 인정받은 것은 인류 역사상 그리 오래된 일이 아니다. 교회 안에서는 어떨까? 구약성경은 차치하고라도 신약성경만 들여다보아도 의구심이 든다.

예수님께서 여자 제자를 뽑는 이야기는 왜 단 하나도 없을까? 여자는 예수님의 제자가 될 자격이 없었던 것일까? 초대 교회를 이끈 열두 사도는 왜 모두 남자일까? 그리고 유명한 교부들은 왜 모두 남자일까? 여자는 교회에서 가르치고 신자들을 바른 신앙으로 인도할 자격이 없었을까? 여자는 그저 교회에서 남자 사도들이, 혹은 남자 선교사들이 가르치는 것을 듣고 배우고 예배에 수동적으로 참여할 자격밖에 없었을까? 애찬에 모인 사람들 시중드는 일이 여자가 교회에서 할 수 있는 일의 전부였을까? 초대 교회 때부터 남녀의 역할은 이렇게 확연히 구분되었던 것일까? 이것이 예수님께서 원하신 일일까? 혹시 다르게 생각한 사람은 없었을까? 예수님의 가르침을 듣고 전파하는 데는 남녀의 구분이 있을 수 없다고 믿었던 사람은 없었을까?

먼저 여자 제자에 대한 문제를 살펴보자. 복음서에는 예수님께서 여자 제자를 뽑는 이야기가 나오지 않고 열두 제자 중에도 여자가 포함되지 않는다. 그러나 분명 예수님의 제자로 볼 수 있는 여자들이 있었다. 갈릴래아에서부터 예루살렘까지 줄곧 예수님의 선교 여행에 동반하면서 시중을 들었던 여자들이 여기 해당한다(마태 27,55-56; 마르 15,40-41). 그들이 십자가 처형 때까지 아니 부활 때까지 예수님을 따라다니며 예수님과 열두 제자의 시중만 들었을 뿐, 그분에게서 가르침은 전혀 받지 않았을까? 그러지는 않았을 것이다. 예수님과 함께 지내며 그분의 가르침을 들었다면, 그리고 그분의 십자가 처형 때까지 함께했다면, 단지 그들이 여자라는 이유로 제자가 아니라고 말할 수 있을까?

그렇다면 예수님의 제자, 나아가 사도가 될 수 있는 최소한의 요건은 무엇이었을까? 스스로 목숨을 끊은 유다를 대신할 사도를 뽑을 때 내세워진 후보 요건은, 예수님과 함께 지내며 직접 가르침을 받은 사람이어야 한다는 것이었다. 그만큼 예수님과 동고동락하며 그분의 삶을 직접 보고 배우는 것, 그리고 그분의 말씀을 들으며 직접 하느님 나라의 신비에 관해 배우는 것이 제자로서 갖추어야 할 최소한의 아니 최고의 요건이었던 셈이다. 그렇다면 갈릴래아에서부터 예수님을 따라온 여자들을 주님의 제자라고 부를 수 있지 않을까? 실제로 마리아 막달레나는 부활하신 주님께서 '마리아야!' 하고 부르시자, '라뿌니' 하고 대답한다(요한 20,16). 라뿌니는 스승을 가리키는 말이다. 이는 마리아가 평소에 예수님을 스승이라 불렀음을 암시한다. 마리아는 예수님을 스승으로 모시는 제자였음을 암시한다.[1] 게다가 예수님께서는 마리아에게 제자들에게 가서 아버지 하느님께 올라가시리라는 소식을 전하는 임무를 맡기신다(요한 20,17-18). 마리아는 예수님의 사도들에게 파견된 자, 곧 또 한 명의 사도였던 셈이다. 실제로 나중에 토마스 아퀴나스(1225-1274년)는 마리아 막달레나를 '사도들에게 파견된 사도'라고 하였다. 마리아가 주님의 부활을 선포하도록 사도들에게 파견된 사도였다는 의미에서다(『요한 복음 강독』 *Lectura super Ioannis*, 20.3).[2]

특히 신약 외경에 속하는 작품들 안에서 나타나는 마리아 막달레나의 위상은 놀랄 만하다. 그녀의 위상이 높았다 해서 여성 전체의 위상이 높았다는 뜻은 아니지만[3] 둘 사이에 어느 정도는 상관관계가 있다. 따라서 마리

1 　야고보의 첫째 묵시록에서는 야고보가 주님의 일곱 '여제자'를 언급한다. "그러나 한 가지 더 당신께 여쭈어 보렵니다. 당신의 제자가 된 일곱 여자는 누구입니까? 보십시오. 모든 여자가 당신을 찬양합니다. [힘]없는 그릇들이 자기 안에 있는 지각을 통해 어떻게 (이토록) 강해졌는지, 저는 그저 놀랄 따름입니다"(38).

2 　https://thomistica.net/posts/2019/7/22/apostle-to-the-apostles.

3 　주님께서 여제자도 두셨음을 알리는 야고보의 첫째 묵시록조차 여자 자체에 대한 시각은 당시 일반인들의 생각과 별 차이가 없다. 그저 '힘없는 그릇'에 불과한 여자가 주님의 제자가 될 수 있었던 것은 그들이 지각을 통해 강해졌기 때문이라고 보기 때문이다(야고보의 첫째 묵시록 38).

아 막달레나를 신약성경에서는 어떻게 소개하는지, 그리고 그 외 작품, 특히 영지주의 작품에서는 어떻게 소개하는지 비교함으로써 여성에 대한 주류 교회와 영지주의자들의 시각차를 가늠할 수 있을 것이다.

마리아 막달레나에 대한 기록의 역사[4]

신약성경에서 가장 먼저 기록된 편인 바오로의 서간에서는 마리아 막달레나가 언급되지 않는다. 심지어 1코린 15장의 부활 목격자 목록에도 주님의 무덤을 찾은 여자들이 아무도 포함되어 있지 않다.[5]

사실 마리아 막달레나를 위시한 세 여인이야말로 주님의 부활 소식을 가장 먼저 접했으며 그 소식을 다른 제자들에게 알리기까지 한 사람들 곧 주님 부활 소식의 전령들이다. 이 최초의 목격자들이 증인 목록에 끼여 있지 않다는 것은 어째 좀 이상하다. 바오로 사도가 전해 받았다는 복음(1코린 15,3)에 이 여자들에 관한 이야기가 빠져 있었던 것이 아닐까?

당시 사람들은 여자가 주요 사건의 목격 증인이 될 수 있는지 확신하지 못했던 것 같다.[6] 그리스도교를 신랄하게 비판한 2세기 철학자 켈수스

---

4 송혜경, "신약 외경에 나타난 마리아 막달레나", 47-89을 참조하라.
5 1코린 15,3-8: "그리스도께서는 성경 말씀대로 우리의 죄 때문에 돌아가시고 묻히셨으며, 성경 말씀대로 사흗날에 되살아나시어, 케파에게, 또 이어서 열두 사도에게 나타나셨습니다. 그다음에는 한 번에 오백 명이 넘는 형제들에게 나타나셨는데, 그 가운데 더러는 이미 세상을 떠났지만 대부분은 아직도 살아 있습니다. 그다음에는 야고보에게, 또 이어서 다른 모든 사도에게 나타나셨습니다. 맨 마지막으로는 칠삭둥이 같은 나에게도 나타나셨습니다."
6 고대 지중해 사회에서 여자들은 일반적으로 법정에서 증언할 자격이 없거나 제한되었다고 한다: Kopyto, "Women's Testimony and Talmudic Reasoning", 62-63 참조. 저자는, 구약성경에는 여자가 증인으로 나설 수 없다고 명시되어 있지 않지만(신명 19,15) 탄나임 시대에 주변 사회의 영향을 받은 라삐들이 점차 여자들의

는 부활하신 주님을 만났다는 마리아의 정신 상태에 의혹을 품었다. 과연 온전한 정신인지도 모르는 여자의 말만 듣고 예수가 부활했다는 사실을 믿을 수 있느냐는 것이다(오리게네스, 『켈수스 논박』 2.55). 켈수스가 제시하는 것과 같은 이유로 마리아 막달레나나 다른 여자들이 바오로의 부활 목격자 목록에서 제외되었을 법하다.

그러나 바오로 서간보다 나중에 만들어진 복음서에서는 이 모든 반대급부에도 불구하고 부활의 최초 목격자가 여자였다고 밝힌다. 사실이 그러하지 않았다면 굳이 복음서 저자들이 여자들을 목격자로 내세우지는 않았을 것이다. 결국 당시의 관습과 상관없이 복음서 저자들에게는 여자도 부활 사건의 목격 증인이자 부활 소식의 전령으로서 전혀 손색이 없었던 것이다.

복음서에서 마리아 막달레나는, 예수님의 어머니 마리아를 제외하고 여자들 가운데 으뜸의 자리를 차지한다. 복음서에서 여자들의 이름이 언급될 때마다 그녀가 거의 매번 제일 처음 거명된다. 그녀는 예수님이 처형당하실 때도, 무덤에 묻히실 때도(마태 27,61; 마르 15,47) 자리를 지켰다. 예수님의 부활을 맨 처음 목격한 여인들 가운데서도 단연 첫 자리를 차지하였다. 복음서마다 상세한 내용에서는 차이가 나지만 마리아 막달레나가 처형과 무덤과 부활 이 세 장면에서 항상 등장한다는 점은 똑같다. 사도행전이 전하는, 예루살렘 다락방에서 제자들과 함께 기도드린 무리 중에 마리아 막달레나도 끼여 있었을 법하다. 그 이후부터 마리아 막달레나는 성경에서 간접적으로도 더 이상 언급되지 않는다.

마리아 막달레나에 대한 소식은 주로 신약 외경에서 들을 수 있다. 나그 함마디 문헌 가운데 필립보 복음서, 구세주와의 대화가 마리아 막달레나의 교회 내 위상에 대한 실마리를 제공한다. 여기서 마리아 막달레나는

증언 권리를 제한한 것(*m. Shevuot* 4.1)으로 추정한다.

예수님께서 가장 사랑하시는 제자, 동반자, 짝 등으로 묘사된다.7 특히 구세주와의 대화는 주님께서 질문과 응답 형식으로 제자들에게 하늘과 땅의 신비를 계시해 주시는 내용인데 여기서 마리아는 그녀가 제기하는 질문의 횟수와 중요도에 있어서 다른 어느 제자에게도 뒤지지 않는다. 마리아는 "모든 것을 이해한 여인"으로서 "제자는 그 스승을 닮습니다"라는 지혜의 말을 선포하기도 하고(139), "저도 그들처럼 모든 것을 알고 싶습니다"라는 말도 한다(141). 적어도 구세주와의 대화에서 마리아는 제자로서 주님께 질문하고, 주님께서 스승으로서 답해 주신 것이 분명하다. 다른 영지주의 문헌인 피스티스 소피아에서도 마리아는 비슷한 모습으로 소개된다. 여기서 주님께서는 마리아에게 말씀하신다. "복된 마리아여! 내가 저 위의 온갖 신비들로 완전하게 해 줄 그대여! 터놓고 말하시오. 그대의 마음이 다른 모든 형제들 이상으로 하늘 나라 위에 세워져 있기 때문이오!"(피스티스 소피아 18).

마리아 복음은 열두 제자와 마리아 막달레나에 관한 가장 상세한 기록이다. 이 복음을 통해 마리아가 제자들 사이에서 어떤 역할을 했는지, 그리고 그 위상은 어떠했는지 가늠할 수 있다. 마리아 복음서에 나오는 마리아가 초대 교회의 여자들을 대표하는 사람은 분명 아니다. 가령 마리아가 다른 어떤 제자보다 탁월한 깨달음을 얻은 사람으로 소개된다 하더라도, 이 사실을 일반화시켜서는 안 된다. 마리아 막달레나의 경우를 확대 해석하여 초대 교회 때는 여자가 남자보다 더 높은 위치를 차지했다고 말할 수는 없는 것이다. 다만 초대 교회 안에는 여자의 역할에 대해 유연한 태도를 지닌 공동체도 있었음을 짐작할 수 있다는 점에서 의의가 있다.

이제 본격적으로 마리아 복음서를 중심으로 여자, 특히 마리아 막달

---

7 "항상 주님과 함께 걸었던 사람이 셋 있었습니다. 그분의 어머니 마리아, 그녀의 누이, 그리고 막달레나 그분의 동지(koinonos)라고 불린 이. 사실 그분의 (어머니의) 누이와 그분의 어머니와 그분의 동반자가 모두 마리아였습니다"(필립보 복음 59).

레나를 둘러싸고 일어난 논쟁을 살펴볼 차례다.

1. 마리아 복음 소개

마리아 복음은 1896년 이전까지 그 존재조차 전혀 알려진 바가 없었다. 나중에 베를린 코덱스라 이름이 붙은 사본이 1896년에 발견되었는데 그 속에 콥트어로 된 마리아 복음이 담겨 있었다. 본문은 손상 정도가 심각한 편이다. 첫 여섯 쪽과 가운데 부분에 네 쪽이 소실되고 없으며 남아 있는 본문에도 중간 중간 해독이 어려운 부분들이 있다. 복음서의 반 이상을 잃어버린 셈이다. 이 복음서가 무얼 말하고자 하는지 남은 반으로 판단해야 하는 것이다.

베를린 코덱스가 발견되고 1955년 출판될 때까지 마리아 복음서 단편 두 개가 더 발견되었다. 두 단편 모두 그리스어 본문이고 콥트어 본문과 겹치는 내용이다. 결국 잃어버린 반의 내용은 여전히 어둠 속에 숨어 있다.

베를린 코덱스는 5세기 것으로 추정되지만 그리스어 원문이 언제 만들어졌는지는 정확히 알지 못한다. 마리아 복음서 그리스어 단편은 둘 다 2세기 것으로 짐작된다. 따라서 마리아 복음은 본디 늦어도 2세기에는 만들어졌을 것이다.[8]

처음 6쪽이 소실되고 없어서 마리아 복음서의 시작이 어떠한지 알지

---

8 Wilson/MacRae (eds.), "The Gospel according to Mary", 456-471을 참조하라. 그 밖에 마리아 복음서에 대해서 Meyer/De Boer, *The Gospel of Mary. The Secret Tradition of Mary Magdalene, The Companion of Jesus*; Brock, *Mary Magdalene, The First Apostle: The Struggle for Authority*; King, *The Gospel of Mary Magdala*을 참조하라.

못하지만 도입부에 구원자 예수님과 제자들이 대화를 나누게 된 정황이 소개되었을 법하다. 본문 내용을 미루어보건대 이 대화는 예수님 부활 후에 이루어진 것이 분명하다.

마리아 복음서에서 지금 전해지는 본문은 모두 질문과 응답으로 이루어져 있다. 물질 세계의 운명, 죄의 본성 등에 대해 말씀하신 뒤 예수님께서는 제자들에게 오류에 이끌리지 말고 자기들 가운데에서 사람의 아들을 찾아야 한다고 말씀하신다. 그리고 마지막으로 제자들에게 세상에 나아가 복음을 선포하라고 명령하시며 당신께서 정하신 것 이외에 어떠한 규칙이나 법규도 더해서는 안 된다고 경고하신다. 그러지 않으면 제자들이 자신이 세운 법규의 지배를 받게 되리라는 것이다.

2. 마리아의 역할

마리아 복음서에서 마리아 막달레나는 여러 가지 역할을 맡고 있다. 그 각각이 여자의 교회 내 위상과 관련된 것이라 모두 중요하다.

제자들의 위로자

세상에 나아가 예수님의 메시지를 선포하라는 명령을 받고 제자들은 당혹감에 휩싸인다. 스승이 겪은 것과 같은 운명을 겪게 되지 않을까 두려워서였다. 이때 분연히 일어나 제자들을 격려하고 고무한 사람은 마리아였다. 마리아는 주님의 은총이 그들을 보호할 것이라 말하며 용기를 내라고 한다. 마리아는 제자들의 마음을 다시 좋으신 분, 곧 하느님께로 돌려놓는 데 성공한다. 그리고 그들의 영은 다시 도약한다. 용기를 얻은 제자들은 구원자께서 그들에게 주신 가르침을 두고 토론을 벌이기 시작한다(9).

환시와 계시의 수혜자

베드로는 마리아에게 주님께서 그녀에게만 알려 주신 비밀 가르침을 들려 달라고 한다. 주님께서 그 어느 여자들보다 마리아를 더 사랑하셨으니 제자들도 모르는 일을 마리아에게는 들려 주셨을 법하다는 이유에서다. "자매여, 우리는 구원자께서 다른 여자들보다 그대를 더 아끼셨다는 것을 알고 있소. 그대가 기억하는 구원자의 말씀을 우리에게 들려주시오. 그대는 알지만 우리는 알지 못하고 들은 적도 없는 것들 말이오"(10). 그러자 마리아는 자신이 구원자를 환시로 뵈었다고 하면서 그분께서 그녀에게 나타나셨을 때 본, 제자들이 모르는 숨겨진 일들에 대해 들려 준다. "여러분에게는 숨겨져 있는 것을 제가 여러분에게 알려드리겠습니다. … 저는 환시로 주님을 뵈었습니다"(10). 환시에서 예수님은 마리아의 마음nous이 흔들림 없이 하느님께 향하고 있음을 칭송하신다. 마리아가 환시를 볼 수 있는 것이 사실 이러한 굳건한 마음가짐 덕분이다. 마리아는 계속해서 자신이 본 환시 내용을 이야기한다. 환시의 주 내용은, 영혼이 천계를 지키는 권세exousia들을 통과하여 영원한 안식에 이르는 과정이다.[9]

신비가: 영혼의 비상 체험

영지주의자들에게 그노시스의 획득 곧 깨달음이 매우 중요했지만 그것이 그들의 종착지는 아니었다. 그들에게 그노시스의 획득은 구원 여정의 시작이었다. 그 여정의 끝은 영혼이 물질계를 떠나 천상계와 합일하는 것이었다. 영적 인간의 지향이 단순히 신비를 깨닫는 데 있지 않았던 것이다. 물질적 실존의 사슬을 끊고 천상계에 다시 합류하는 것이 그들의 궁극적 목

---

[9] 이에 대해서는 야고보의 첫째 묵시록과 콥트어 바오로 묵시록을 참조하라.

표이자 이상이었다. 깨달음, 그노시스는 이 이상을 실현하기 위한 전제조건이며, **영혼의 비상**(또는 상승 ascent)은 이 이상을 실현하는 수단이었다. 또한 영혼의 비상은 그노시스를 얻은 사람만이 누릴 수 있는 특혜이기도 했다. 예수님을 환시로 뵙는 가운데 마리아 막달레나에게 일어난 일이 바로 이런 영혼의 비상이었던 것 같다.

마리아는 환시에서 영혼의 비상을 통해 적대세력들, 곧 영혼을 물질계에 가두고 지배하는 아르콘들의 방해공작을 피할 수 있는 방법을 배운다. 마리아는 네 세력인 어둠, 욕망, 무지, 분노를 차례차례 뛰어넘는다. 각 세력은 영혼이 한 단계씩 진행하는 것을 방해한다. 영혼이 마지막 세력인 분노까지 통과하자 환시는 끝난다(15-17).

계시의 전달자

마리아가 자신이 본 환시에 대해서 말을 마치자 제자들은 술렁거린다. 그들이 기대했던 내용이 아니었기 때문이다. 안드레아는 마리아의 말에 의혹을 제기한다. 마리아가 환시로 보았다는 내용들이 모두 이상하다는 것이다. "그녀가 한 말에 대해 여러분이 하고 싶은 말을 해 보십시오. 나는 구원자께서 이런 말씀을 하셨다는 것을 믿지 못하겠습니다. 이 가르침들은 (우리가 들었던 것과는) 다른 생각들이기 때문이오"(17). 이 말은 영지주의자들의 가르침을 대하는 주류 교회 신자들의 일반적 태도를 대변하는 듯하다. 일찍이 바오로 사도는 자기들이 들은 것과 '다른' 가르침은 인정하지 않았다. 바오로는 사도들이 전한 것과 다른 복음 ἕτερον εὐαγγέλιον 을 전한다면 저주를 받아 마땅하다고 선포한다. 그리고 다른 교리를 가르치는 사람들은 교만해져서 쓸데없이 논쟁에만 빠져 있다고 비난한다.[10] 사실 이

---

10 갈라 1,6-9: "여러분이 … 다른 복음으로 돌아서다니, 나는 놀라지 않을 수 없

영혼의 비상

영혼의 비상(혹은 상승 Ascent)은 영혼이 번잡한 물질계를 떠나 천상의 것을 관조하는 경지를 일컫는 표현이다. 천계 여행 테마와도 일맥상통한다. 필론의 작품과 더불어 초세기 그리스도교 문학에서도 자주 등장하는 테마다. 영혼의 비상을 비유적인 언어로 받아들여야 할지, 아니면 저자들이 실제로 그런 체험을 했는지에 대해서는 단언할 수 없다. 적어도 영지주의자들은 영혼의 비상이 실제로 일어난다고 믿었으며 심지어 이를 유도하기 위해 일종의 의식을 치르기도 했던 것 같다. 영지주의자들에게 영혼의 비상은, 그저 천상계를 한번 여행해 보는 것도 아니었고 다른 사람들에게 가려진 비밀 계시를 얻는 수단도 아니었다. 그노시스를 얻은 영적 인간이 궁극적으로 걷게 될 운명, 곧 천상계와의 합일(혹은 하느님 직관)을 살아 있는 동안에 미리 맛보고 누리는 것이었다.[1]

영혼의 비상은 야고보의 비전에서도 다룬다. 여기서 야고보와 베드로의 영혼이 비상하여 천상의 일들을 본다. 그러나 이 둘은 지극히 존엄하신 하느님을 뵙지는 못했던 것 같다. 하느님 직관이라는 지복은 아직 이들에게 허락되지 않았던 것이다. "그분께서는 이 말씀을 하시고 떠나셨습니다. 우리는 무릎을 꿇었습니다. 나와 베드로는 감사를 드리고 우리의 마음을 하늘을 향해 위로 들어올렸습니다. 우리는 우리의 귀로 듣고 우리의 눈으로 보았습니다. 전쟁의 소음과 나팔 소리와 큰 혼란을! 우리는 그곳을 통과하자 우리의 마음을 더더욱 위로 들어 올렸습니다. 그리고 우리는 우리 눈으로 보았으며 우리의 귀로 들었습니다. 찬가와 천사의 축복과 천사들의 환호성을! 그리고 하늘의 존엄들이 찬가를 불렀으며 우리 또한 환호하였습니다. 그 다음에 우리는 다시 우리의 영을 저 위 지존께로 들어올리기를 원했습니다. 그러나 우리가 위로 올라간 뒤에는 더 이상 아무것도, 보는 것도 듣는 것도 허락되지 않았습니다"(야고보의 비전 15).

---

[1] Merkur, *Gnosis: An Esoteric Tradition of Mystical Visions and Unions*; Brakke, *The Gnostics: Myth, Ritual, and Diversity in Early Christianity*, 74-83을 보라.

단heresis이라는 말은 어원αἵρεσις 상 생각의 차이와 그에 따른 선택의 차이를 가리키는 중립적 용어였다.[11] 그런데 사도들에게는 자기들이 전해 받은 것과 다른 가르침은 뿌리부터 제거하는 일이 매우 중요했다. 따라서 '다르다'는 것은 단순한 문제가 아니었다. 사소한 의견 차이로 치부하고 넘어갈 수 없는 사안이었던 것이다. 마리아의 말을 '다른 생각들'이라 표현한 안드레아의 말은 가르침에 있어서 다름과 차이를 인정할 수 없었던 주류 교회의 입장을 잘 드러낸다.

다음에는 베드로가 안드레아의 말을 이어받는다. 베드로의 의혹은 환시 내용에 국한되지 않는다. 예수님께서 무슨 이유로 그토록 심오한 가르침을 일개 여자에게 주셨느냐는 것이다. "그분께서 정말로 우리 모르게 여자와 은밀히 말씀을 나누셨겠습니까? 정말로 우리가 (그녀에게) 가서 모두 그녀의 말을 들어야 한단 말이오? 그분께서 정말로 우리보다 그녀를 더 아끼셨다는 말이오?"(17).

앞에서는 자신들이 모르는 비밀 가르침을 들려 달라고 했던 베드로가 왜 갑자기 태도를 바꾼 것일까? 베드로는 이런 중대한 가르침이 여자에게 주어졌다는 사실을 자각하고 언짢아진 것이 아닐까? 예수님께서 마리아에게만 은밀히 비밀 가르침을 주셨다는 사실과 따라서 남자인 다른 제자들이 그 여자의 가르침을 받아야 한다는 사실이 문제였던 것이다.

습니다. 실제로 다른 복음은 있지도 않습니다. 그런데도 여러분을 교란시켜 그리스도의 복음을 왜곡하려는 자들이 있습니다. 우리는 물론이고 하늘에서 온 천사라도 우리가 여러분에게 전한 것과 다른 복음을 전한다면, 저주를 받아 마땅합니다. … 누가 여러분이 받은 것과 다른 복음을 전한다면, 그는 저주를 받아 마땅합니다"; 1티모 6,3-4: "누구든지 다른 교리를 가르치고 우리 주 예수 그리스도의 건전한 말씀과 신심에 부합되는 가르침을 따르지 않으면, 그는 교만해져서 아무것도 깨닫지 못할 뿐만 아니라 논쟁과 설전에 병적인 열정을 쏟습니다"를 보라. 1코린 4,6; 2코린 11,4.19; 2베드 2,1도 참조하라.

11   Le Boulluec, "Hétérodoxie et orthodoxie", 269-270 참조.

마리아는 그들의 말에 눈물을 흘린다. 베드로와 안드레아가 자신이 거짓말을 하고 있다고 여기는 것이 억울했던 모양이다. 이때 레위가 나서서 마리아 편을 든다. 예수님께서 다른 제자들보다 마리아를 더 사랑하셨으며 그 누구보다 그녀를 잘 아시니 문제 될 것이 없다는 말이다. 예수님께서 마리아에게 환시를 보여 주셨는데 베드로가 무어라고 주님의 뜻을 반대하느냐는 것이다.[12] "만일 구원자께서 그녀를 합당하게 만드셨다면(여기셨다면), 그대가 누구라고 그녀를 물리친다는 말이오? 틀림없이 구원자께서 그녀를 잘 알고 계시오. 그래서 그분께서 그녀를 우리보다 더 아끼신 것이오"(18).

이로써 레위는 마리아가 다른 사도들을 가르칠 권한이 있음을 강변한다. 주님께서 마리아에게 비밀 가르침을 주셨으니 마리아는 그 가르침을 다른 제자들에게 알릴 권리와 의무가 있다는 것이다. 마리아가 여자라는 이유만으로 계시의 수혜자이자 전달자가 되지 못하란 법은 없는 것이다. 여자니까 비밀 가르침을 받기에 적당하다는 것도, 여자니까 그럴 수 없다는 것도 아니다. 여자냐 남자냐 하는 것은 비밀 가르침을 받고 그것을 다른 이들에게 전할 수 있는 자격 요건이 아니다. 성별에 따라 가르침을 받을 자격과 가르칠 자격이 주어지는 것은 아니라는 뜻이다. 비밀 가르침을 받아들이기 위한 요건은 앞에서 언급했듯이, 하느님을 향한 순수한 마음뿐이다. 사람의 마음을 아시는 주님께서 마리아에게 비밀 가르침을 주셨으니 어느 누구도 이에 대해 왈가왈부할 수 없다. 교회의 반석인 베드로도 예외는 아니다.

---

[12] 레위는 다시 한 번 복음을 전하러 떠나라는 주님의 명령을 되풀이하며 제자들을 독려한다. "그러니 우리는 부끄러운 줄 알고 완전한 사람을 입어 그분을 받아들이도록 합시다. 그리고 그분께서 우리에게 명하신 대로 복음을 선포합시다. 그리고 구원자께서 말씀하신 것 외에는 다른 규칙과 다른 율법을 세우지 말노록 합시다"(마리아 복음 18). 마리아 복음서는 제자들이 복음을 선포하러 떠나는 것으로 끝난다.

3. 마리아와 베드로의 주도권 다툼?

마리아 막달레나와 베드로의 언쟁이 지니는 의미는 무엇일까? 초대 교회 때 여자의 교회 내 역할을 두고 사람들 사이에 의견 대립과 충돌이 충분히 있었을 법하다. 사실 초대 교회 안에서 다양한 문제를 둘러싼 언쟁과 논란이 드물지 않게 일었다. 이는 사도행전이 증언한다. 작게는 식량 분배 문제(6,1), 크게는 율법 준수 여부를 두고 교회 안에 크고 작은 논란이 일어났다(11,1-4). 할례나 음식 규정 등의 율법과 관련된 문제는 사안 자체가 워낙 심각하다보니 급기야 사도 회의가 소집되기도 하였다. 이것이 예루살렘 사도 회의, 이른바 최초의 공의회였다(사도 15장). 이처럼 초대 교회는 처음부터 통일된 생각과 교리를 갖춘 부동의 집단이 아니었다. 아직은 성장과 성숙이 필요한 집단이었고, 따라서 논쟁과 논란도 피할 수 없는 일이었다. 논쟁과 갈등은 교회의 성장을 위해 불가피한 진통이었던 셈이다. 여자의 교회 내 역할 문제도 이런 논란거리들 중에 하나였을 것이다.

그런데 나그 함마디 문헌 가운데 여러 작품이 베드로와 마리아의 갈등을 묘사하고 있다. 이를테면 이런 식이다. "시몬 베드로가 그들에게 말하였다. '여자들은 생명에 합당하지 않으니 마리아를 우리한테서 내보냅시다'"(토마 114,1). 베드로와 마리아 막달레나가 실제로 갈등을 겪거나 하지는 않았을 것이다. 이 둘의 갈등은 여자의 권위를 둘러싼 논쟁을 상징적으로 보여 주는 것일 터이다. 아울러 마리아의 입을 통해 발설된 가르침의 내용을 받아들이는 사람과 그러지 않은 사람의 갈등을 대변하는 것이기도 하다. 곧 영지주의 가르침을 수용하느냐 거부하느냐의 문제인 것이다. 따라서 마리아 막달레나는, 여자를 교회 지도자로서 인정하는 사람들을 대표함과 동시에, 영지주의 가르침의 대변자이기도 하다. 반면에 베드로는 남자만 교회 지도자가 될 수 있다고 믿게 된 사람들의 수장이자 정통 교의의 대표자인 것이다. 결국 마리아 막달레나와 베드로의 갈등은 영지주의와 주류 교

회의 갈등에 대한 은유인 셈이다.[13]

4. 마리아 막달레나 이야기에 담긴 의미: 여성 지도자?

이미 초대 교회 때부터 지역이나 공동체에 따라 여자에 대한 시각차가 있어서 어떤 지역에서는 보다 개방적이고 어떤 지역에서는 그렇지 못했을 것이다. 사도들을 비롯한 다른 교회 지도자들도 여자가 지도자가 될 수 있느냐는 문제에 대해서 견해가 일치하지 않았던 것 같다. 바오로 사도는 여자들과 함께 복음을 전파하는 데 아무런 문제를 느끼지 못한 듯하다. 여자를 교회의 일꾼(봉사자 decanos)이라 부르기도 하고,[14] 심지어 사도라 부른 경우도 있다.[15]

그런데 코린토 1서, 티모테오 1서(2,12), 티토서 등의 바오로 서간들에서는 교회 전례 때 여성의 역할을 제한하는 내용들이 나온다. 교회 안에서 여성에게 지도자가 될 가능성을 제한하는 것은 말할 필요도 없다. 그런데 티모테오 1서와 티토서는 바오로 사도 자신의 생각이라기보다는 그 제자들의 의견이었을 가능성이 크다. 실제로 두 편지는 바오로 친서가 아니라 그의 후계자가 쓴 것으로 여겨진다. 여자는 교회 안에서 침묵해야 한다는 구절(1코린 14,34-35)도 후대에 첨가되었을 가능성이 있다. 아니면 해당 구절은 코린토 공동체의 특수 상황을 반영하는 내용일 수 있다. 이 구절을 교회 전

---

13 Brock, *Mary Magdalene, The First Apostle: The Struggle for Authority*을 참조하라.

14 로마 16,1: "켕크레애 교회의 일꾼이기도 한 포이베."

15 로마 16,7: "안드로니코스와 유니아 … 그들은 뛰어난 사도로서 나보다 먼저 그리스도를 믿은 사람들입니다."

체에 통용되는 일반 지침으로 여겨서는 안 될 것이다. 사실 1코린 11,15을 보면 전례에서 여자가 기도와 예언을 맡는 것을 사도가 금하지 않았음을 알 수 있다. 어쨌든 초대 교회 안에 일찍부터 여성의 활동을 제한하는 움직임이 있었던 것은 사실이다. 시간이 갈수록 이러한 움직임이 교회 안에서 고착되고 교회 전반으로 확산되었던 것 같다.

그러나 초대 교회 안에 여성의 역할을 제한하려는 움직임만 있었던 것은 아니다. 여성이 예수님의 복음을 선포하고 가르치는 것을 막지 않던 공동체들도 있었다. 적어도 일부 교회 공동체에서는 여자들도 지도자가 될 수 있었던 것이다. 이는 테르툴리아누스의 글이 증언한다. 테르툴리아누스는 일부 공동체를 이단자들이라 부르면서 비판하는데, 그들 공동체에서는 여자들이 가르치고 논쟁하고 구마도 하고 병자 치유도 하고 심지어 세례까지 베푼다고 비난한다. 곧 주님께서 제자들에게 명하신 모든 일을 여자들도 똑같이 하고 있더라는 것이다(『이단자들에 대한 처방』 41). 테르툴리아누스의 비판 글 덕분에 당시 일부 공동체에서 여자들도 사도들의 임무와 역할을 똑같이 수행하고 있었음을 알 수 있다. 교회에서 여자가 사도처럼 활동하는 것을 반대했던 테르툴리아누스가 나중에 몬타누스의 추종자가 된 것은 참 아이러니하다. 몬타누스파는 몬타누스와 함께 두 명의 여성 예언자에 의해 세워졌기 때문이다. 초대 교회 때 여성의 활동을 바라보는 태도와 시각은 별로 일관성이 없었으며 사람에 따라, 지역과 공동체에 따라, 그리고 때와 상황에 따라 조금씩 혹은 크게 달랐던 게 분명하다.

외경으로 분류된 테클라 행전(바오로 행전의 일부)도 초대 교회 때 여성의 역할에 대해 좋은 정보를 제공한다. 테르툴리아누스도 이 작품에 대해 언급한 바 있다. 테클라 행전에서 바오로 사도에게 배운 테클라는 이제 자신이 바오로 사도처럼 이곳저곳을 다니며 예수님의 복음을 선포하고 전파한다. 제2의 바오로 사도 혹은 여자 바오로가 되었다 해도 지나치지 않을 정도다.

마리아 복음은 여기서 한 걸음 더 나아가, 여자를 단순한 지도자로서

뿐 아니라 사도들의 권위에 버금가는 복음 선포자로서, 혹은 그 이상의 권위자로서 인정한다. 물론 이 복음서 내용이 역사적 사실이라고도, 마리아 막달레나에게 엄청난 권위와 존경을 표한 공동체가 실제로 있었다는 직접 증거라고도 말할 수 없다. 그러나 필립보 복음서, 피스티스 소피아, 구세주와의 대화 등의 작품을 통해서도 마리아의 권위와 역할이 상당했음을 확인할 수 있다. 적어도 이 작품들 속에서 마리아 막달레나는, 신약성경에서 보이는 것과 달리 사도들 못지않은 권위를 인정받았던 것이다.

초대 교회 시대에는 여자를 영도자로 인정한 공동체들도 분명 있었을 것이다. 여자의 역할을 축소하거나 제한하기를 원했던 사람들은 이런 공동체들과 갈등을 피하기 어려웠을 법하다. 초대 그리스도교 공동체에서 주도 세력으로 부상하던 사람들(이들은 나중에 정통 교부라 불린다)은 대개 여자의 권위를 제한하려는 편이었다. 마리아 막달레나는 이들 정통 교부들과 의견이 달랐던 사람들, 그리하여 그들로부터 이단이라는 비난을 면치 못했던 사람들, 특히 영지주의자들 사이에서 하나의 상징적 존재로 자리매김한 것 같다. 마리아 막달레나가 다른 어떤 사도들보다 지혜로우며 이 사도들이 깨닫지 못한 신비를 홀로 깨달은 존재, 사도들과 달리 참지식을 소유한 유일한 존재로 부각된 것이다.

마리아 복음서는 마리아 막달레나를 다른 사도들보다 위에 두었다는 사실만으로도 정통 교부들의 비난을 면하기 어려웠을 것이다. 사도들의 권위에 대한 도전은 정통 교회에 대한 도전에 다름 아니었기 때문이다. 정통 교회는 이 도전자들에게 맞서 거꾸로 마리아 막달레나의 역할과 권위를 축소시키는 방향으로 나아갔을 법하다. 특히 마리아 막달레나가 예수님의 제자로서 부각된다든가, 권위 있는 복음 선포자로서 부각될 수 있는 모습은 되도록 희석시키려는 경향으로 나아갈 수밖에 없었을 것이다.

이런 경향은 그레고리우스 1세(540-604 재임)의 강론에서 잘 드러난다. 6세기 말쯤 그레고리우스 교황은 강론에서 예수님과 밀접한 관계에 있었던 세 마리아를 한 사람으로 만든다. 루카 복음 7장에 나오는 '간음한 여인'(예수님의 발에 향유를 붓고 머리카락으로 눈물을 닦은 여인)과, 요한 복음 12장에 나오는 라자로와 마르타의 누이인 베타니아의 마리아(그녀 역시 향유를 예수님의 발에 붓고 자기 머리카락으로 그 발을 닦아 드린다), 그리고 마리아 막달레나. "우리는, 이 여인이 루카의 죄녀, 곧 요한이 마리아라 부르는 그 여인이자 마르코가 (주님께서) 마리아에게서 일곱 마귀를 쫓아내 주셨다고 말하는 그 마리아임을 믿습니다"(그레고리우스 1세 교황, 『복음서 강론』 33).

이렇게 해서 마리아 막달레나는 간음한 창녀가 되어버렸다. 현대 성서학자들은 마리아 막달레나, 베타니아의 마리아, 그리고 간음한 여인을 따로 구분한다. 그러나 아직도 일반 신자들의 머릿속에 마리아 막달레나라 하면 가장 먼저 떠오르는 이미지가 회개한 죄녀일 것이다. 예수님께 가르침을 받았으며 예수님의 부활을 가장 먼저 목격하고 다른 사도들에게도 알린, 복음의 전령으로서의 모습은 회개한 창녀의 이미지에 쉽게 가려져 버리고 마는 것이다.

5. 영지주의 신화는 양성평등인가?

마리아 복음서는 그리스도교 공동체의 지도자가 되는 데 성性이 문제가 되느냐에 대한 논란을 담고 있다. 이는 교회 지도자가 되는 문제에 양성평등 원칙을 주장하는 사람이 있었음을 드러낸다. 성과 관련된 문제는 지도자 문제에 한정되지 않는다. 교회 언어가 주로 남성을 지향하는 반면 영지주의 작품에서는 그 반대 경향을 보여 준다. 영지주의 신화에서 천상계를 구성하는 에온들이 대개 남녀 대립쌍 syzygy으로 존재한다는 점이 그 좋은 예다. 그들의 신화에 따르면 최상신인 아버지 하느님에게서 여러 쌍의 남녀 에온들이 유출되어 천상의 플레로마를 이루고 있다. 대개 최상신은 아버지 하느님이며 이 아버지의 짝은 없는 것으로 소개되지만 어떤 작품에서는 아버지 하느님과 어머니 하느님이 쌍을 이루고 있는 경우도 있다(발렌티누스파). 아니면 최상신이 '아버지-어머니'라는 이름으로 불린다. 이로써 최상신이 남녀양성의 특성을 아우르는 분이심이 표현되고 있다.

사실 하느님을 여성의 이미지 혹은 어머니의 이미지로 표현하는 것이 영지주의자들의 전유물은 아니다. 가령 구약의 이사야 예언자는 하느님의 자애로운 보살핌을 젖먹이를 향한 어미의 심정에 비견한다.[16] 그러나 신의 여성성, 혹은 양성성은 신구약 성경보다는 영지주의자들의 작품에서 더욱 확실하게 표현된다. 실제로 나그 함마디에서 발견된 작품들 가운데 다수가 신의 여성성을 다루고 있다.[17] 영지주의 본문이 주류 교회 본문에서보다 신의 여성성에 더 많은 관심을 기울이고 여성의 가치를 상대적으로 더 높이 평가하는 것은 분명하다. 그러나 그렇지 않은 면도 있다. 이는 천상계의 타락을 다루는 영지주의 신화에서 잘 드러난다. 신화의 골격은 대개 다음과 같다.

최상신인 아버지 하느님에게서 남녀 에온이 둘씩 짝을 지어 유출되어 나왔다. 그리고 여러 쌍의 남녀 에온은 아버지 하느님과 함께 충만한 천상계인 플레로마를 구성한다. 플레로마는 아무런 부족함도 아무런 결핍도 없이 충만하고 완전한 세계, 조화와 균형의 천상계를 이룬다. 그런데 천상계의 조화와 균형을 깨트리는 일대 사건이 발생한다. 에온의 끝자리를 차지하는 여성 에온인 소피아가 독단적으로 해서는 안 되는 일을 꾸민 것이다. 그 일이란 아버지 하느님의 허락도 구하지 않고, 반려 에온의 동의도 구하지

---

16 이사 49,14-15: "시온은 '주님께서 나를 버리셨다. 나의 주님께서 나를 잊으셨다' 하고 말하였지. 여인이 제 젖먹이를 잊을 수 있느냐? 제 몸에서 난 아기를 가엾이 여기지 않을 수 있느냐? 설령 여인들은 잊는다 하더라도 나는 너를 잊지 않는다."

17 예를 들어 바르벨로라 불리는 최상신은 종종 아버지이자 어머니, 그리고 아들로서 말해진다. 그리고 발렌티누스파 신화에서는 최상신이 남녀 쌍으로 표현된다.

않은 채 홀로 자식을 잉태한 것이다(요한의 비전).

사실 이곳이 아이러니한 지점이다. 주류 교회가 인류의 잘못을 최초의 여인 하와에게 돌렸다면 그들은 죄의 시작을 여성 에온인 소피아에게 돌린다. 결국 천상계의 균형을 깨트린 장본인이 여자라는 것이다. 그것도 모자라 여자 에온 혼자서 다른 남자 에온의 동의를 구하지 않은 채 단독으로 결정한 탓에 이 모든 불균형이 일어났다고 주장한다. 여성에게 죄의 탓을 돌리는 점에 있어서 어느 한 쪽이 다른 한 쪽보다 더하거나 덜하다고 말할 수 있을까?

6. 이상과 현실

여자에 대한 영지주의적 시각이 실제로 영지주의 공동체의 실상을 드러내는 것일까? 사실 여성에 대한 영지주의적 서술에도 긍정적인 측면과 부정적인 측면이 모두 존재한다. 긍정적이든 부정적이든 여성의 역할과 위상과 관련된 내용들은 하느님 관과 실제 삶에서 여성이 차지하는 비중 사이에 모종의 관계가 있음을 반영한다. 하느님에게서 여성성을 찾는 사람이라면 실제 삶에서 만나는 여성에게서 상대적으로 쉽게 신성을 발견할 수 있을 것이기 때문이다. 어떤 이들은 일부 본문들이 영지주의 사회를 마치 남녀평등이 실현된 유토피아 세계처럼 묘사하고 있다고 지적한다. 실제로 테르툴리아누스가 몇몇 영지주의 공동체에서 양성평등의 해괴한 생각을 퍼뜨리고 있다고 비판한 것으로 보아 영지주의 공동체는 주류 교회에 비해 상대적으로 여성의 역할을 더 인정한 것 같다. 테르툴리아누스의 말에 따르면 소위 '이단자'들이 성찬례의 집행과 같은 사제의 직무를 여자들에게 허용한 듯하다.

실제로 영지주의 공동체에서는 여자들이 예배나 성사 집전에 능동적으로 참여했을 법하며, 여자도 공동체 지도자가 될 수 있었을지 모른다. 그러나 정작 유명한 영지주의 스승은 모두 남자였다. 물론 시몬 마구스의 짝인 헬레나가 공동체 지도부에 있었을 가능성은 배제할 수 없고, 이집트 영지주의자 카르포크라테스의 추종자인 마르셀리나가 150년경에 로마에서 가르침을 폈다고 한다(이레네우스, 『이단 논박』 1,25). 그러나 이 둘 외에 실제로 영지주의 공동체에서 수장 역할을 한 여자는 거의 없는 듯하다. 영지주의 공동체에서 여자들도 적극적으로 활동했지만 정작 우두머리 역할은 모두 남자에게로 돌아간 것 같다. 현실과 이상의 괴리였을까?

영지주의 공동체에서 실제로 여자들이 어떤 위치에 있었는지는 정확히 알 수 없다. 주류 교회가 그러하였듯이 영지주의자들 역시 여자들에 대한 입장이 늘 일관되지는 않았던 것 같다. 이는 시대의 한계일 것이다. 이상이 현실이 되려면 더 긴 세월이 필요했던 것이다.

7. 마리아 복음

BG 8502, I; 콥트어 대본: Wilson/MacRae (eds.), "The Gospel according to Mary", 456-471.

⊰ ⊱

[1-6쪽 소실]

제자들과 구원자의 대화

물질·죄에 대한 가르침

7. ¹" … 그러면 물질hyle은 파괴됩니까, 그렇지 않습니까?"

구원자께서 말씀하셨다. "모든 자연과 빚어 만든 모든 것과 모든 피조물은 서로 안에, 서로와 더불어 존재한다. ⁵ 그리고 그것들은 해체되어 각자의 뿌리로 돌아갈 것이다. 물질의 본성physis은 해체되어 그 본성의 뿌리로 돌아가기 때문이다. 들을 귀가 있는 사람은 들어라!"[18]

¹⁰ 베드로가 그분께 말하였다. "주님께서 모든 일에 관해 저희에게 가르쳐 주셨으니 다른 것에 대해서도 말씀해 주십시오. 세상의 죄는 무엇입니까?"

구원자께서 말씀하셨다. "죄는 존재하지 않는다. 죄를 만드는 것은 너희들이다. ¹⁵ 너희가 간음—이것은 죄라 불린다—의 본성과 비슷한 일들을 행할 때다. 이 때문에 선하신 분께서 너희 가운데 오셨다. 온갖 본성에 속한 것들에게 오신 것이다. 그것(본성)을 그 뿌리까지 복구시키시기 위해서였다."

²⁰ 그런 다음 그분께서는 계속해서 말씀하셨다. "이 때문에 너희
8. 가 병들고 죽는 것이다. 왜냐하면 […]. ⁸·¹ 알아들을 [자]는 알아들어라. 물질hule은 비할 데 없는[19] 고통pathos을 낳는다. (고통이) 본성을 거스

---

18 마태 11,15 등; 토마 2를 참조하라.
19 또는, "형상이 없는."

르는 것paraphysis에서 나왔기 때문이다. 그때 온몸에 ⁵소동이 일어난다. 그래서 나는 너희에게 '확신을 가져라!' 하고 말했다. 확신이 없다면 본성의 각 형상 앞에서 확신을 가져라. ¹⁰들을 귀가 있는 사람은 들어라!"

고별인사

복되신 분께서 이 말씀을 하신 다음 그들을 모두 안아 주시며 말씀하셨습니다. "평화가 너희와 함께 하기를! ¹⁵내 평화를 받아라!²⁰ 아무도 '보라, 이쪽이다. 보라, 저쪽이다'²¹ 하고 말하면서 너희를 오류로 이끌지 않도록 조심하여라. 사람의 아들은 너희 가운데 있기 때문이다.²² ²⁰그분의 뒤를 따라라! 그분을 찾는 사람은 그분을 발견할 것이다.²³

9. 그러니 가서 (하늘) 나라의 복음을 선포하여라. ⁹·¹내가 너희에게 정해 준 것 외에는 어떤 규칙horos도 세우지 마라. 입법자처럼 율법을 주지도 마라. 너희가 그 안에 갇히지 않게 하기 위해서다."
⁵그분께서는 이 말씀을 마치시고는 떠나셨다.

마리아와 제자들

마리아의 위로

그들은 슬픔에 빠져 심하게 울며 말하였다. "우리가 어떻게 이민족ethnos에게 가서 사람의 아들의 나라에 관한 복음을 선포하겠습니까?

---

20 요한 14,27; 20,19-21.26; 루카 24,36 참조.
21 마태 24,4 및 병행 참조.
22 루카 17,21 참조.
23 마태 7,7; 토마 2; 92 참조.

¹⁰그들이 그분도 봐주지 않았다면 어떻게 그들이 우리를 봐주겠습니까?"

그때 마리아가 일어나서 그들 모두에게 인사하며 형제들에게 말하였다. "울지 마세요. ¹⁵슬퍼하지 마세요. 의심하지도 마세요. 그분의 온 은총이 여러분과 함께하며²⁴ 여러분을 보호할 것입니다. 그러니 더더욱 그분의 위대하심을 찬양합시다. 그분께서 ²⁰우리를 준비시키셨으며 우리를 (진정한) 사람으로 만들어 주셨기 때문입니다."²⁵

마리아는 이 말을 하고 그들의 마음을 선하신 분께 되돌렸다. 그러자 그들은 [구원자]의 말씀을 두고 토론하기 시[작]하였다.

베드로가 마리아에게 가르침을 요청하다

10. ¹베드로가 마리아에게 말하였다. "자매여, 우리는 구원자께서 다른 여자들보다 그대를 더 아끼셨다는 것을 알고 있소.²⁶ ⁵그대가 기억하는 구원자의 말씀을 우리에게 들려주시오. 그대는 알지만 우리는 알지 못하고 들은 적도 없는 것들 말이오."

마리아가 환시를 보았다고 말하다

마리아가 대답하며 말하였다. "여러분에게는 숨겨져 있는 것을 제가 여러분에게 알려드리겠습니다." 그러고 나서 그녀는 그들에게 다음과 같이 말하기 시작하였다. ¹⁰"저는" 그녀는 말하였다. "저는 환시horama로 주님을 뵈었습니다. 그리고 저는 그분께 말하였습니다. '주님, 오늘 제가 주님을 환시로 뵈었습니다.' 그분께서 대답하시며 저에게 말씀하

---

24 요한 1,16 참조.
25 토마 114 참조.
26 필립보 복음 63.34-64.5.

셨습니다. '너는 행복하다. ¹⁵나를 보고도 흔들리지 않았기 때문이다. 사실 마음nous이 있는 곳에 재물이 있다.'²⁷ 저는 그분께 말하였습니다. '주님, 지금 환시를 보는 자는 그것을 영혼으로 보는 것입니까, 영으로 보는 것입니까?' 구원자께서 대답하시며 말씀하셨습니다. ²⁰'그는 영혼으로도 영으로도 보지 않는다. 환시를 보는 것은 그 둘 사이에 있는 정신nous이다. 그리고 그것은 […]

[11-14쪽 소실]

환시 내용(영혼의 비상)

영혼과 욕망(둘째 권세)의 대화²⁸

15. ¹… 욕망epithymia이 말하였습니다. '나는 그대가 아래로 내려오는 것을 보지 못했다. 그런데 지금 나는 그대가 위로 올라가는 것을 보고 있다. 어찌하여 그대는 거짓을 말하는가? 그대는 내게 속해 있지 않은가?'

⁵영혼psyche이 대답하며 말하였습니다. '나는 그대를 보았습니다. 그러나 그대는 나를 보지도 않았고 나를 알아보지도 못했습니다. 나는 그대에게 옷일 뿐이었고 그대는 나를 알지 못했습니다.'

(영혼)은 이 말을 마치자 몹시 기뻐하며 떠나갔습니다.

영혼과 무지(셋째 권세)의 대화

¹⁰(영혼)은 다시 '무지'라 불리는 셋째 권세exousia에게 갔습니다. [셋째 권세]가 영혼에게 물었습니다. ¹⁵'그대는 어디로 가는가? 그대는 악

---

27 마태 6,21을 참조하라.
28 야고보 첫째 묵시록 33-35 참조.

poneria 속에 붙잡혀 있다. 그대는 붙잡혔다. 판단(심판)하지 마라!'

그러자 영혼이 말하였습니다. '왜 나를 판단하십니까? 나는 판단하지 않았습니다. 나는 붙잡혔지만 붙잡지는 않았습니다. (아무도) 나를 알아보지 못했습니다. 그러나 나는 모든 것이 해체되고 있음을 알았습니다. 지상의 것이든 [16.1] 천상의 것이든 모두.'

16.

영혼은 셋째 권세를 굴복시킨 뒤 위로 올라갔습니다.

영혼과 죽음의 질투(넷째 권세)의 대화

그리고 넷째 권세를 보았습니다. 그것은 [5] 일곱 형태morphe를 갖고 있었습니다. 첫째 형태는 어둠, 둘째는 욕망epithymia, 셋째는 무지, 넷째는 죽음의 질투, 다섯째는 육신의 왕국, [10] 여섯째는 육신의 어리석은 지혜,[29] 일곱째는 격노의 지혜입니다. 이것들은 분노의 일곱 권세입니다. 그들이 영혼에게 물었습니다. '그대는 어디에서 오는 길인가, [15] 살인자여? 아니면 어디로 가는 길인가, 공간의 파괴자여?'

영혼이 대답하며 말했습니다. '나를 붙잡은 것이 학살되었고, 나를 둘러싼 것은 파괴되었습니다. 그리고 나의 욕망은 [20] 끝이 났으며 무지는 죽었습니다. 나는 [17.1] 한 세상에서 (다른) 세상으로, 천상의 유형에서 (다른) 유형으로 풀려났습니다. 망각의 족쇄는 순간에 지나지 않습니다. 지금부터 [5] 나는 침묵 속에서 때chronos와 시간kairos과 시대의 안식을 누릴 것입니다.'"

17.

베드로와 안드레아의 도발

마리아는 이 말을 마치자 침묵에 잠겼다. 구원자께서 여기까지만 그녀

---

29   2코린 1,12의 "인간의 지혜"(σοφία σαρκικῇ 육신의 지혜)를 참조하라.

에게 말씀해 주셨기 때문이다.

¹⁰ 그런데 안드레아가 대답하며 형제들에게 말하였다. "그녀가 한 말에 대해 여러분이 하고 싶은 말을 해 보십시오. 나는 구원자께서 이런 말씀을 하셨다는 것을 믿지 못하겠습니다. 이 가르침들은 ¹⁵(우리가 들었던 것과는) 다른 생각들이기 때문이오."

베드로가 대답하며 같은 문제에 관해 말하였다. 그는 구원자에 대해 그들에게 물었다. "그분께서 정말로 우리 ²⁰ 모르게 여자와 은밀히 말씀을 나누셨겠습니까? 정말로 우리가 (그녀에게) 가서 모두 그녀의 말을 들어야 한단 말이오? 그분께서 정말로 우리보다 그녀를 더 아끼셨다는 말이오?"

레위의 결론

18. ¹ 그때 마리아가 울면서 베드로에게 말하였다. "베드로 형제여! 도대체 무슨 생각을 하십니까? 제가 제 마음속으로 이것들을 생각해 냈다고 여기십니까? ⁵ 아니면 제가 구원자에 관해 거짓말을 하고 있다고 (생각하십니까?)"

    레위가 대답하며 베드로에게 말하였다. "베드로여, 그대는 예전부터 화를 잘 내는 사람이오. 지금 그대를 보니 그대는 마치 적들에게 하듯 저 여인과 다투고 있구려. ¹⁰ 만일 구원자께서 그녀를 합당하게 만드셨다면(여기셨다면),³⁰ 그대가 누구라고 그녀를 물리친다는 말이오? 틀림없이 구원자께서 그녀를 잘 알고 계시오. 그래서 그분께서 그녀를 ¹⁵ 우리보다 더 아끼신 것이오.³¹ 그러니 우리는 부끄러운 줄 알고 완전

30　토마 복음 114를 참조하라.
31　예수님과 마리아의 관계는 필립보 복음 59를 참조하라.

한 사람을 입어[32] 그분을 받아들이도록 합시다. 그리고 그분께서 우리에게 명하신 대로 복음을 선포합시다. 그리고 [20]구원자께서 말씀하신 것 외에는 다른 규칙과 다른 율법을 세우지 말도록 합시다."

결론

19. [레위가 이 말을 마치자…] [19.1] 그들은 (복음을) 가르치고 선포하러 떠났다.

마리아의 복음

---

32 필립보 복음 75를 참조하라. 갈라 3,27: "그리스도와 하나 되는 세례를 받은 여러분은 다 그리스도를 입었습니다"도 참조하라.

10
전례와 성사

필립보 복음

Gospel of Philip

영지주의자들이 어떻게 살고 어떻게 공동체를 조직했으며 어떻게 예배를 드렸는지에 대한 일차 정보는 매우 빈약한 실정이다. 5세기 이후부터 그들이 교회 역사의 주 무대에서 사라졌기 때문이다. 아쉬우나마 교부들의 작품을 통해 그들의 기도와 예배 생활을 엿볼 수 있다. 교부들에 따르면 영지주의 집단은 주류 교회에 비해 덜 조직적이고 위계질서도 느슨한 편이었다. 영지주의자들에게 중요한 것은 공동체의 신앙보다는 개인의 깨달음이었기 때문에 교회를 조직적으로 체계화시킬 필요가 별로 없었던 것 같다. 특정한 한 사람에게 권위를 부여하여 다른 사람들을 지도하고 이끌어갈 책임을 맡길 필요가 덜했던 것이다. 영지주의 공동체는 조직이 느슨한 만큼 성무 활동에 전념해야 할 사람이 세속의 직업을 갖는 경우도 있었다. 주교도 자주 바뀌고 어떤 날은 부제였던 사람이 어떤 날은 아니고 어떤 날은 원로였던 사람이 어떤 날은 평신도가 되기도 하였다. 평신도가 사제직을 부여받는 경우도 있었다. 남녀의 역할에도 큰 차이가 없었던 것 같다. 실제로 영지주의 집단에서는 여성이 정통 교회에 비해 상대적으로 높은 위상을 자랑하였다. 테르툴리아누스의 증언에 따르면 여자가 남자와 마찬가지로 이들 공동체 안에서 가르치고 논쟁하고 마귀를 쫓고 치유활동을 벌이기도 하였으며 세례도 베풀었다(테르툴리아누스, 『이단자들에 대한 처방』 41).

물론 모든 영지주의 집단이 다 같은 상황은 아니어서 위계적 구조가 비교적 확고히 자리 잡은 경우도 있었다. 그러나 대개 성직자와 평신도의 엄격한 구분이 없었다. 이런 환경에서는 누구라도 세례를 베풀 수도, 가르칠 수도, 성찬례를 거행할 수도 있었을 것이다. 조직의 권위가 부족한 환경에서 공동체는 대개 카리스마 있는 인물을 중심으로 결속된다. 실제로 시몬 마구스, 발렌티누스, 마르키온 등 위대한 스승을 중심으로 추종자들이 모여 하나의 분파를 형성한 예를 확인할 수 있다. 영지주의 공동체를 이끈 원동력은, 조직이 부여한 권위가 아니라 특정 인물의 카리스마에서 나왔다. 조직보다는 인물, 권위보다는 카리스마 중심이었던 것이다.

영지주의자들도 다른 신자들처럼 공동체를 이루며 함께 모여 예배를 드렸다. 일정한 예식을 통해 그 예식이 상징하는 영적 실재를 구현하고자 한 바람은 주류 교회 신자들만의 전유물이 아니었던 것이다. 영지주의자들의 예식과 전례가 어떤 형태로 거행되었을지는 정확히 알지 못한다. 모든 영지주의자가 공통적으로 거행한 전례가 있었다고 말할 수도 없다. 아마 각 분파별로 혹은 집단별로 독자적인 고유의 전례를 드렸을 것이다.

발렌티누스 해설Valentinian Exposition과 필립보 복음서는 영지주의 그리스도인들, 특히 발렌티누스파의 전례와 성사를 이해하는 데 큰 도움이 된다. 우선 발렌티누스 해설은[1] 발렌티누스파의 교리와 전례의 관계를 이해하는 데 매우 중요하다. 본문에는 성유·세례·성찬의 세 성사 예식에 사용되는 기도문이 나오는데, 이를 통해 이 본문을 만들어낸 집단의 입문 예식을 엿볼 수 있다. 본문에서 세례 성사는 두 등급으로 나뉜다. 하나는 '혼적' 그리스도인, 곧 평범한 신자들이 받는 세례다. 이 세례는 세례자 요한에게서 비롯되었으며 죄를 용서하는 기능이 있다(41.10-12). 둘째 세례는 요르단 강에서 받은 예수님의 세례에서 비롯되었다. 이때 그리스도가 예수에게 내려왔다고 한다. 예수님의 세례를 받음으로써 영혼은 완전한 영이 된다(42.36-37).

필립보 복음서는 발렌티누스파 사람들이 드린 성사, 특히 신방의 성사에 대해 심도 깊은 정보를 제공한다. 이 복음서에 따르면 주요 성사는 다섯 가지였다. 성사는 세례, 성유, 성찬, 구원, 신방의 성사가 그것이며 '다섯 신비'라 불린다.

---

[1] 발렌티누스 해설은 나그 함마디 코덱스 XI,2에 실렸다. 이 작품은 발렌티누스파 사람들의 성사 예식을 전하는 것으로 보아 발렌티누스가 가르침 활동을 끝낸 160년경 이후 어느 시점에 만들어졌을 것이다. 이들은 여전히 정통 교회 공동체의 일부로 남아 있으면서 함께 예배를 드렸던 것 같다. 콘스탄티누스 칙령이 선포(326년)되기 이전에 쓰인 것이 분명하다. 이레네우스의 『이단 논박』이 집필된 후인 2세기 후반이나 3세기 초반에 쓰였을 법하다: Hedrick, "A Valentinian Exposition", 89-105을 참조하라.

1. 필립보 복음 소개

나그 함마디 문헌 코덱스 II,3에 담긴 필립보 복음은 형식상 정경 복음서들과 차이가 나며 서사문학이라기보다는 어록집에 가깝다. 별다른 줄거리나 구성이 없이 예수님의 말씀과 일화, 그리고 강론이나 설교에서 인용한 내용들을 모아둔 것이지만 그 안에 흐르는 신학은 일관된 편이다. 편집자가 발렌티누스의 신학에 부합하는 내용들만 모아서 하나의 문집으로 엮었을 법하다.[2]

편집자가 구전이나 기록으로 전해지는 예수님 말씀이나 일화를 마구잡이로 모아둔 것은 아닐 터이나 그 배열에 일정한 패턴이 없다. 하나하나의 말씀이나 인용문에는 특별히 번호도 매겨져 있지 않고 각각을 구분하는 표시도 없다. 그래서 이 복음서를 번역하는 학자들마다 문단 구분이 달라진다. 본디 제목은 없었으나 이 복음서에 유일하게 등장하는 사도가 필립보(73,8)라 필립보 복음서라는 제목이 붙었다.

필립보 복음서가 어디서 만들어졌는지에 대해서는 정확히 알 수 없다. 그런데 어떤 단어의 뜻을 시리아어로[3] 설명하는 대목이 나오고[4] 시리아 지역의 그리스도교에서 중요하게 여겨지던 금욕주의적 생활 태도를 보여 주

---

[2] 편집자가 전반적으로 자신이 원하는 내용들만 추려서 문집으로 만들었겠지만 인용문마다 출처가 다른 이상 각각의 인용문이 동일한 신학을 전개하지는 않는다. 이 복음서 전체를 일괄적으로 취급해서는 안 된다는 뜻이다.

[3] 시리아어는 초대 그리스도교 시대 때 시리아 땅에서 사용하던 언어를 가리킨다. 예수님께서 일상어로 사용하신 것으로 추정되는 아람어와 매우 가깝다.

[4] "그분의 이름은 시리아어로 '메시아'이고 그리스어로는 '그리스도'입니다"(필립보 복음 56); "성찬(eucharist)은 예수님입니다. 그분은 시리아어로 '파리사타', 곧 '펼쳐지신 분'이라 불리십니다. 예수님께서 세상을 십자가에 못 박기 위해 오셨기 때문입니다"(필립보 복음 63).

는 구절들이 있어 이 복음서가 본디 시리아에서 만들어졌을 것으로 추정하는 학자들이 많다. 문집 형태로 최종 편집된 것이 언제인지도 알 수 없지만 발렌티누스파의 시각을 드러내는 내용으로 볼 때 2세기 중반 이전은 아닐 것이다.[5]

필립보 복음서는 예수님의 생애를 다루지 않는다. 정경 복음서들 역시 예수님의 전기문은 아니지만 마태오나 루카 복음의 경우 일부나마 예수님의 탄생에 관한 이야기를 들려 주고 공생활 이후부터는 예수님에 얽힌 주요 사건들을 비교적 상세히 전해 준다. 그러나 필립보 복음서는 그분의 말씀들을 모아둔 어록집에 가까우며 간간이 예수님에 관한 흥미로운 일화들도 담고 있다.

필립보 복음서 본문 가운데 마태오 복음서나 요한 복음서에서 따온 것으로 추정되는 부분도 있고 어떤 내용은 코린토 1서, 베드로 1서 등에서 병행구를 찾을 수 있다. 신약성경이 출처인 말씀들 외에 영지주의 색채가 강한 말씀들이 상당수 담겨 있다. 이 말씀들이 실제로 예수님에게서 유래했을 가능성은 거의 없어 보인다. 그 내용이 예수님 시대보다는 발렌티누스 시대 이후를 반영하기 때문이다. 이를테면 필립보 복음서에는 발렌티누스 서방 학파의 관점을 보여 주는 대목이 있다. 예수님 몸의 본성과 관련된 구절이다. "어떤 이들은 '마리아가 성령으로 잉태하였다'고 말했습니다. 그들은 잘못 알고 있습니다. 자기들이 무엇을 말하는지, 그들은 알지 못합니다. 도대체 언제 여자가 여자로 인해 잉태한 적이 있단 말입니까?"(필립보 복음 55)가 여기 해당한다. 발렌티누스 동방 학파 사람들은 예수님의 탄생이 성령으로 인한 것이며 예수님의 몸은 오로지 영적 실체일 따름이라고 믿었다. 예수님에게는 물질이나 영혼이 들어설 여지가 없다는 것이다. 서방 학파 사람들은 동정녀의 성령 잉태를 불가능하다고 여겼다. 필립보 복음서의

---

5   Layton (ed.), "The Gospel according to Philip", 140-215을 참조하라.

표현을 따르자면, 여자가 여자로 인해 잉태한 적이 없는 것처럼 마리아가 성령으로 잉태하는 것이 불가능하다. 셈어권 언어(히브리어, 아람어, 시리아어)에서 '영'에 해당하는 단어는 여성이다. 따라서 성령도 여성이다.[6] 이처럼 성령이 여성이라면, 여성인 성령이 어떻게 같은 여성인 마리아를 잉태시키겠느냐는 것이다. 따라서 서방 학파는 성령이 예수님께 내려온 것은 예수님의 잉태 때가 아니라 세례 때였다고 가르친다. 동정녀의 성령 잉태 개념은 예수님의 본성을 잘못 이해한 소치라는 것이다(히폴리투스, 『이단 논박』 6.30).

*

필립보 복음서는 발렌티누스파 사람들의 예배와 성사 생활을 짐작하게 해 준다는 점에서 큰 의의가 있다. 이제 본격적으로 필립보 복음서가 전하는 다섯 성사에 대해 살필 것이다.

2. 성사

필립보 복음서에서 가장 눈길을 끄는 것은 성사와 관련된 내용들이다. 실제로 이 복음서의 상당 부분이 성사와 관련된 내용이며, 여러 대목에 걸쳐 발렌티누스 공동체가 드린 다양한 성사의 의미와 의의를 묘사하고 있다.

필립보 복음서는 다섯 가지 성사 예식을 소개한다. "주님께서는 모든 일을 신비 가운데 [행]하셨습니다: 세례, 성유, 성찬, 구원(속량) 그리고 신방"

---

6   솔로몬의 송가나 에프렘의 찬가 등 시리아 그리스도교 문학에서 성령을 가리켜 '그녀'라고 부르는 것이 바로 이 이유에서다.

(필립보 복음 67). 다섯 성사가 어떤 식으로 거행되었는지는 알 수 없다. 어떤 학자는 각각의 예식을 단독으로 드렸다기보다는 다섯 성사를 모두 함께 혹은 몇몇 성사를 묶어서 하나의 예식으로 드렸을 것이라 생각한다. 그러나 적어도 물로 드리는 세례와 기름으로 드리는 성유, 그리고 성찬의 성사는 개별적 예식으로 여겼던 것 같다(발렌티누스의 해설 40-41 참조). 이 세 성사는 주류 교회에서도 거행되었으나 구원(속량)과 신방의 성사는 영지주의 공동체 혹은 발렌티누스파 고유의 예식이었던 것 같다(발렌티누스의 해설 39 참조). 다른 영지주의 문학에 언급된 '다섯 봉인'이라는 표현이 이 다섯 성사를 가리키는 듯하다. 또는 세례성사와 비슷한 입문 예식을 '다섯 봉인'이라 표현한 듯하다. 입문 예식의 다섯 효과 또는 다섯 작용을 가리키는 것 같다.[7]

세례

다섯 성사 가운데 첫째는 세례 성사다. 물로 드리는 세례는 영지주의 집단에서도 중요하게 여겨졌다. 유다교의 영향을 받은 집단에서 특히 더 중요한 의미를 가졌을 것이다. 유다교에서는 일찍부터 정결 예식이 중요하게 자리 잡았다. 사실 물은 동서고금을 막론하고 중요한 상징적 의미를 지닌다. 수많은 문화권에서 물은 망각과 관련이 있으며, 이 때문에 물은 정결함과 재생을 상징하기도 한다. 중국 고대 신화에서 맹파탕 한 그릇을 마시면 생전의 모든 기억에 작별을 고할 수 있고 망천을 건너면 완전히 새로운 피안의 신천지를 만난다고 한다.[8] 유다교는 물로 몸뿐 아니라 죄까지 씻는 것으로 여겼다. 세례자 요한은 요르단 강에서 사람들에게 세례를 베풀었다. 물로 세례를 받음으로써 죄를 씻고 새로운 삶으로 나아간다고 믿었기 때문

---

7   요한의 비전 31; 콥트어 이집트인들의 복음 74 참조.
8   량원다오, 『모든 상처는 이름을 가지고 있다』, 54.

이다. 1세기에 팔레스티나에는 세례자 요한 말고도 수많은 세례자들이 있었고 가히 세례 운동이라 이름붙일 만큼 세례가 유행하였다. 이들 가운데 일부가 영지주의 집단으로 흡수되었으며 그들은 세례를 특히 중요하게 여겼을 법하다.

따라서 1세기와 2세기에는 세례가 그리스도인들만의 것이 아니었다. 사실 세례의 기원은 그리스도교가 아니라 유다교 전통에 있었다. 다만 그리스도인들의 세례가 유다인들의 세례와 다른 점은, 세례를 통해 죄를 용서받을 뿐 아니라 그리스도의 죽음과 부활에 동참한다는 의미까지 덧붙여졌다는 사실이다. "그리스도 예수님과 하나 되는 세례를 받은 우리가 모두 그분의 죽음과 하나 되는 세례를 받았다는 사실을 여러분은 모릅니까? 과연 우리는 그분의 죽음과 하나 되는 세례를 통하여 그분과 함께 묻혔습니다. 그리하여 그리스도께서 … 되살아나신 것처럼, 우리도 새로운 삶을 살아가게 되었습니다. 사실 우리가 그분처럼 죽어 그분과 결합되었다면, 부활 때에도 분명히 그리될 것입니다"(로마 6,3-5). 베드로 1서는 그리스도인들의 세례에 주어지는 새로운 의미를 설명한다. "세례는 몸의 때를 씻어 내는 일이 아니라, 예수 그리스도의 부활에 힘입어 하느님께 바른 양심을 청하는 일입니다"(1베드 3,21).

이처럼 그리스도교 세례는 죄를 씻어내는 일에 그치지 않는다. 세례를 통해 그리스도와 함께 죽고 묻혀서 그리스도와 함께 부활하고 바른 양심을 얻어 완전히 새로운 삶으로 나아간다는 것이다.

필립보 복음서에서도 세례는 생명, 그리고 부활과 연결되어 있다. "예수님께서는 세례의 물을 채우신 것처럼 같은 방식으로 죽음을 쏟아버리셨습니다. 이 때문에 우리는 물속으로는 내려가지만 죽음 속으로는 내려가지 않습니다. 세상의 영에 의해 쏟아버려지지 않기 위해서입니다"(77). 예수님께서 세례를 통해 죽음을 쏟아버리셨기에 우리가 세례의 물속에 들어갈 때 세상의 영의 힘에서 벗어나서 죽음을 맞지 않는다는 것이다. 세례가 생명과 직접 연결되는 것은 다음 구절에서도 마찬가지다. "세례에 관해 말하면서 '세례는 위대하다' 하고 말하는 것도 그들이 (세례)를 받으면 살 것이기 때문입니다"(73). 세례의 위대함은 그것이 생명을 준다는 데 있다는 것이다.

같은 맥락에서 저자는 세례를 옛 옷을 벗어버리고 '살아 있는 사람'을 입는 것에 비유한다. "살아 있는 물은 몸soma입니다. 우리는 살아 있는 사람을 입어야 합니다. 이 때문에 물속으로 내려가기 전에 옷을 벗는 것입니다. 그(살아 있는 사람)를 입으려는 것입니다"(75). 세례를 통해 단순히 죄를 씻는 데서 그치지 않고 완전히 새로운 실존으로 나아간다는 것이다. 그래서 저자는 "세례 안에 부활과 구원이" 있다(69)는 말도 한다. 세례를 통해 우리가 받게 되는 것이 생명이며 이것이 곧 부활이라는 뜻이다. 이 구절을, 죽기 전에 곧 살아 있는 동안에 부활을 획득하지 못한 이는 죽어서도 부활을 얻지 못한다는 말과 연결하여 읽으면 새로운 의미가 드러난다. 필립보 복음서 저자는 "먼저 죽고 그 다음에 일어날 것이라고 말하는 사람은 오류에 빠졌습니다. 살아 있는 동안에 부활anastasis을 미리 얻지 않는다면 그들이 죽었을 때 아무것도 얻지 못할 것입니다"(73) 하고 분명히 밝히고 있다.[9] 세례를 통해 '지금 여기', 살아 있는 동안에 부활을 획득하게 되며 그러지 못한 자는 죽어서도 부활을 얻지 못한다는 것이다. "우리가 이 세상에 있는 동안에 부활을 획득하는 것이 좋습니다. 그래야 우리가 육신의 옷을 벗었을 때 안식anapausis 안에 머물고 '중간' 지대에서 돌아다니지 않을 것입니다"(66) 하는 구절도 마찬가지 뜻이다. 저자는 이로써 부활이란 죽은 다음에 일어날 먼 미래의 일이 아니라 지금 이 순간에 일어나는 현재의 일임을 부각시킨다.

필립보 복음서에서 세례는 구원(속량)의 성사나 신방의 성사와 긴밀히 연결되면서 그 전초 역할을 한다. 세례의 성사 위에 구원의 성사가 있고 그

---

9 "'주님께서는 먼저 돌아가셨다가 일어나셨다'고 말하는 사람들은 오류에 빠졌습니다. 그분께서는 먼저 일어나셨고 그 다음에 돌아가셨기 때문입니다. 어느 누구라도 먼저 부활을 얻지 않으면 죽지도 않을 것입니다"(56)도 마찬가지 개념을 내포한다.

위에 신방의 성사가 있다. 성사를 예루살렘에 빗댄 비유에서 세례는 성전의 맨 바깥쪽에 해당한다. 성전 안으로 들어가면 '거룩한 성소'가 있고 맨 안쪽 깊숙한 곳에는 '지성소'가 있다. 여기서 거룩한 성소는 구원의 성사를, 지성소는 신방의 성사를 가리킨다. 세례가 입문의 성사라면 구원과 신방의 성사는 보다 차원이 높은 성사이다. "예루살렘에는 봉헌소 세 곳이 있었습니다. 서쪽을 향하고 있는 곳은 '성소'라 불렸습니다. 남쪽을 향하는 다른 곳은 '거룩한 성소'라 불렸습니다. 동쪽을 향하고 있는 셋째 장소는 '지성소'라 불렸습니다. 그곳은 오직 대사제만 들어갈 수 있습니다. '세례'란 '거룩한 집'입니다. '구원'이란 '거룩한 성소'입니다. '지성소'는 신방입니다. [세]례 안에 부활[과] 구원이 있습니다. 구원은 신방에서 이루어집니다"(69).

성유의 성사

필립보 복음서에서는 세례가 성유의 성사와 연결되기도 한다. 세례는 물로만 이루어지는 것이 아니라 빛, 곧 성유와 물로 이루어진다는 것이다. "빛이 없이는 물을 통해서든 거울을 통해서든 아무도 자신을 보지 못할 것입니다. 물이나 거울 없이 그대는 빛 속에서도 보지 못할 것입니다. 이 때문에, 빛과 물 둘을 통해 세례를 받아야 합니다. 빛은 성유입니다"(69). 빛과 물 둘 다 있어야 자기 자신을 볼 수 있는데 그 빛이 바로 성유라는 것이다.

필립보 복음서는 성유의 성사가 세례보다 우위에 있다고 한다. 우리가 그리스도인이라 불린 것도, 주님을 그리스도라 부른 것도 모두 '크리즈마'라는 단어에서 비롯되었다는 것이다. 실제로 그리스도는 '기름부음받은 이'라는 뜻의 히브리어 메시아를 그리스어로 옮긴 것이다. 그리스도가 아버지에게 기름부음받은 이이듯, 우리 그리스도인들은 사도들에게 기름부음 받았다.

"성유 chreisma는 세례보다 뛰어납니다. 우리가 그리스도인이라 불린 것이 '크리즈마' chrisma 라는 단어에서 비롯되었기 때문입니다. '밥티즈마' baptis-

부활의 영적 의미

영지주의자들은 부활을 개인적인 사건이자 영적 상징으로서 이해하였다. 그들에 따르면 주님의 재림 때 죽은 이들 가운데서 육체들이 한꺼번에 부활하는 일은 없다. 영지주의자들에게 부활은 지금 현재 일어나야 하는 일이다. 필립보 복음서에서는 부활이 세례와 연결되지만 다른 영지주의 문헌에서는 대개 지식과 연결된다. 영지주의자들에게 부활은 지식을 통해 영이 깨어나는 것이기 때문이다. 그리고 지식을 얻은 이의 영혼이 죽음을 통해 육체에서 벗어나 플레로마로 돌아가는 것이 최종적 부활이 될 것이다. 그렇다면 부활은 더 이상 죽음 이후까지 기다려야 하는 문제가 아니다. 지식을 획득함으로써 잠든 영이 깨어나는 일은 살아 있는 동안에 일어나야 한다. 살아 있는 동안에 지식을 얻지 못한 이는 죽어서도 깨어나지 못한다. 이처럼 영지주의자들에게 부활은 죽은 육신이 다시 일어나는 물리적 사건이 아니라 내면의 영이 깨어나고 빛을 얻는 영적 사건이다.

반대로 영지주의자들에게 죽음이란 하느님을 알지 못하는 것이다. 따라서 죽음이란 무덤 속에 묻혀 있는 것이라기보다는 오류 속에 묻혀 있는 것, 하느님께 대한 무지이다. 부활은 인간이 진리를 앎으로써 무지의 죽음을 흩어버리고 새 생명을 얻는 것이다. 믿음으로 부활을 획득한 사람은 세례 때 주님을 옷처럼 입은 뒤부터 줄곧 주님과 함께 있을 것이라고 한다. 이처럼 영지주의자들은 죽음도 부활도 모두 영적 상징으로 해석한다. 그리고 현재의 몸으로 부활을 획득하지 못한 사람은 불행하다고 선포한다(테르툴리아누스, 『죽은 이들의 부활에 관하여』 19-22).

ma 때문이 아닙니다. (그분을) 그리스도라 부른 것도 '크리즈마' 때문입니다. 실제로 아버지께서는 아들에게 기름을 부으시고(바르시고), 아들은 사도에게 기름을 부으셨습니다(바르셨습니다). 그리고 사도들은 우리에게 기름을 부었습니다(발랐습니다)"(74).

세례와 도유

초대 그리스도교 시대에는 성유를 머리에 붓거나 몸에 바르는 도유 예식이 세례성사의 일부 과정으로 집행되는 경우도 있었다. 공동체에 따라 도유 방식이나 순서가 달랐다. 가령 머리냐 몸이냐, 붓느냐 바르느냐, 세례 전이냐 세례 후냐가 달랐다. 대개 도유 예식은 세례 직후에 행한 것 같다. 그러나 동부 시리아에서는 세례 전에 도유 예식을 행했다.[1] 이를테면 동부 시리아에서 만들어졌을 법한 토마 행전에서 사도는 입문자의 머리에 기름을 부은 다음 벗은 몸에 아마포를 두르게 하고 샘이나 강에 들어가 물로 세례를 준다(토마 행전 25-27; 121; 132; 157).[2]

---

1 Klijn, "An Ancient Syriac Baptismal Liturgy in the Syriac Acts of John", 216-228.
2 송혜경,『신약 외경 하권』, 216-219을 참조하라.

성찬례

그리스도교 성찬례는 본디 빵과 포도주를 예수님의 몸과 피로서 먹고 마시는 성사로 그리스도교 예배의 핵심이 된다. 예수님께서 잡히시기 전날 제자들과 함께 나누신 최후의 만찬이 그 시작이다.[10] 성찬례를 뜻하는 그리스어 εὐχαριστία는 '감사를 드리다', '축복하다'를 뜻하는 동사 εὐχαριστέω에서 나왔다. 예수님께서 잔을 들어 감사를 드리신εὐχαριστήσας 행

---

10 마태 26,26-30; 마르 14,22-26; 루카 22,14-20; 1코린 11,23-25.

위에서 비롯된 표현이다.[11] 그래서 성찬례는 감사제라고도 부른다.

필립보 복음은 성찬례에 대해서는 비교적 언급을 적게 하는 편이다. 영지주의적 시각에서는 십자가 사건이 예수님 생애의 중심축이 아니었을 뿐더러 때로는 조롱의 대상이 되기도 한다. 이와 관련하여 성찬례의 중요성 역시 폄하되기 일쑤였을 것이다. 필립보 복음서는 다른 전례와 마찬가지로 성찬례의 의미에 대해서도 정의를 새로 내린다.

필립보 복음서에서 예수님의 살과 피는 영적 의미로 해석된다. 그분의 살은 말씀(로고스)이며 그분의 피는 성령이라는 것이다. 그리고 예수님의 살과 피야말로 하느님 나라를 물려받는 상속자가 될 것이라고 한다. 그분의 살과 피를 먹고 마시는 사람 역시 마찬가지일 터이다. "살과 [피]는 [하]느님 나라를 물려받지 못합니다(1코린 15,50). 상속자가 될 수 없는 것은 무엇입니까? 우리 위에 걸쳐진 것입니다. 그렇다면 상속자가 될 것은 무엇입니까? 예수님의 (살)과 그분의 피입니다. 이 때문에 그분께서 말씀하셨습니다. '내 살을 먹지 않고 내 피를 마시지 않는 사람은 그 안에 생명을 갖지 못한다'(요한 6,53). 이것이 무슨 (뜻)입니까? 그분의 살은 말씀(로고스)입니다. 그리고 그분의 피는 거룩한 영입니다. 이것들을 받은 사람에게는 양식이 있습니다. 그에게는 마실 것과 입을 것도 있습니다"(56-57).

필립보 복음서에서 성찬례는 빵과 잔으로 거행되는데 잔에는 물과 포도주를 섞은 혼합수가 담긴다. 이때 잔은 '완전한 사람', 곧 예수님과 동일시된다. "기도의 잔에는 포도주와 물이 담겨 있습니다. 그 (잔)이 감사제를 올릴 피의 예형 typos으로 정해졌기 때문입니다. 그것은 성령으로 가득히 채워져 있으며, 완전한 사람의 것입니다. 우리는 이 (잔)을 마실 때마다 자기 안에 완전한 사람을 받아들이게 됩니다"(75).

---

11 "또 잔을 들어 감사를 드리신 다음 제자들에게 주시며 말씀하셨다"(마태 26,27).

성찬이 예수님과 동일시되는 것은 다음 구절에서도 마찬가지다. "성찬은 예수님입니다. 그분은 시리아어로 '파리사타', 곧 '펼쳐지신 분'이라 불리십니다. 예수님께서 세상을 십자가에 못 박기 위해 오셨기 때문입니다"(63).

성찬의 효과는 '거룩해지는 것'이다. 예수님의 몸과 피를 마시는 사람은 그 몸까지 거룩하게 된다는 것이다. "거룩한 사람은 자신의 몸에 이르기까지 전적으로 거룩합니다. 그가 빵을 받아들였다면 그것을 거룩하게 만들 것입니다. 그는 잔이나 그가 받아들이는 다른 모든 것을 거룩하게 만듭니다. 그렇다면 그가 어떻게 해서든 몸까지 거룩하게 만들지 않겠습니까?"(77).

필립보 복음서는 발렌티누스파가 아직 정통 교회의 울타리 안에 머물러 있던 시기를 반영한다. 이는 성찬례에 대한 이해나 비중을 살펴볼 때 분명히 드러난다. 사실 다른 영지주의 작품과 비교했을 때 이 복음서의 성찬례에 대한 이해는 정통 교회의 그것에 버금갈 만하다. 인간의 육신을 영혼을 가두는 감옥으로 이해하면서도[12] 예수님의 몸과 피를 받아들이는 성찬례는 중요하게 여겼던 게 분명하다. 다만 정통 그리스도인들보다는 성찬례의 영적 의미에 더 큰 의의를 두었다.

구원의 성사

구원의 성사 혹은 속량의 성사는 정확히 어떤 형식으로 이루어졌을지 짐작하기가 쉽지 않다. 정통 교회 안에 구원의 성사에 관해 언급된 바가 별로 없기 때문이다. 세례·성유·성찬의 성사는 정통 교회에서도 거행되던 것이라 비슷한 형태로 이루어졌으리라 짐작할 수 있지만 구원의 성사는 그렇지 않다. 이 성사는 영지주의 집단 혹은 발렌티누스파 사람들 사이에서

---

[12] "그것(영혼)은 도둑들 손에 떨어져 포로가 되었지만 그분께서 그것을 다시 구해내셨습니다"(53).

만 거행되었을 법하다. 이레네우스에 따르면 발렌티누스파 사람들이 속량의 성사를 행할 때 다음과 같은 기도문을 외웠다. "나는 세워졌습니다. 나는 속량되었습니다. 그리고 나는, 살아 계신 분이신 그리스도 안에서 이루어지는 속량으로 자신의 영혼을 속량한 야오IAO의 이름으로 이 에온으로부터 그리고 그곳에서 나오는 모든 것으로부터 나의 영혼을 속량합니다"(『이단 논박』 1.21.5).

필립보 복음서 안에서도 구원의 성사에 관해서는 그리 자주 언급되지 않는다. 구원 혹은 속량이라는 단어가 여러 차례 나오기는 하지만 딱히 구원의 성사를 가리키는 것 같지는 않다. 대개 이 단어는 다른 성사나 전례와 관련지어 언급된다. 가령 "예루살렘에는 봉헌소 세 곳이 있었습니다. 서쪽을 향하고 있는 곳은 '성소'라 불렸습니다. 남쪽을 향하는 다른 곳은 '거룩한 성소'라 불렸습니다. 동쪽을 향하고 있는 셋째 장소는 '지성소'라 불렸습니다. 그곳은 오직 대사제만 들어갈 수 있습니다. '세례'란 '거룩한 집'입니다. '구원'이란 '거룩한 성소'입니다. '지성소'는 신방입니다"(69).

필립보 복음에서 구원의 성사는 세례보다는 위에, 신방의 성사보다는 아래에 위치한다. 저자는 이 세 성사를 예루살렘 성전에 빗대어 소개하면서 세례는 제일 바깥 건물에, 구원은 그 안쪽 성소에, 신방은 제일 안쪽 지성소에 비유한다. 여기서는 구원의 성사가 다른 성사와 구별되는 단독적 성사로 보인다. 그런데 이어지는 구절에서 "[세]례 안에 부활[과] 구원이 있습니다. 구원은 신방에서 이루어집니다"(69)라고 한 것으로 보아 구원의 성사가 세례나 신방의 성사와 밀접히 관련되어 거행되었을 것으로 짐작된다. 앞의 구절로 미루어 보건대, 구원의 성사를 신방의 성사와 합쳐서 거행한 집단도 있고 세례 다음에 거행한 집단도 있었을 법하다.[13]

---

13   이레네우스의 『이단 논박』 1.21에 따르면, 영지주의자들은 완전한 지식을 획득한 이들은 반드시 다시 태어나야 한다고 주장했다. 그노시스를 획득한 다음에 재탄생의 과정을 거쳐야 진정한 영지주의자로 확증된다는 것이다. 이러한 '재탄생'

신방의 성사[14]

필립보 복음서에 나오는 다섯 신비 가운데 가장 뒤에 나오면서도 가장 중요한 신비가 바로 신방의 성사다. 신방의 성사에 관련된 주제는 필립보 복음서 처음부터 끝까지 관통하여 줄곧 등장한다. 신방의 성사가 무엇이고 어떤 식으로 거행되었는지에 대해서는 정확히 알 수 없고 학자들마다 의견을 달리한다.[15]

신방은 글자 그대로 신랑신부가 혼인 첫날을 보내는 방을 가리키는 말이다. 따라서 신방의 성사는 혼인 예식과 모종의 관련이 있을 것이다. 실제 남녀가 혼인을 하는 것인지, 아니면 영혼과 가상의 천상배필과의 영적 혼인을 치르는 것인지 알 수 없다. 아니면 그저 그리스도교에서 교회를 신부에 예수님을 신랑에 비유하듯, 신방은 한 인간과 천상계 혹은 하느님과의 영적 합일을 상징하는 것이었을 수도 있다. 신방의 성사는 인간과 천상계, 혹은 인간과 하느님의 영적 결합을 성사적으로 거행한 것이라는 뜻이다.[16]

이처럼 신방의 성사가 무엇인가는 차치하고 이 성사를 글자 그대로 이해해야 할지 비유적으로 이해해야 할지에 대해서도 이견은 좁혀지지 않는다. 어쨌든 신방의 성사가 지향하는 바는 영혼이 태초의 상태를 회복하고 플레로마에 합쳐지는 데 있었다. 영혼이 어떻게 해서 천상계에 다시 복원되

은 다양한 형식으로 이루어졌는데, 예식 형태뿐 아니라 그와 관련된 교리나 전통도 각 집단마다 판이하게 달랐다고 한다. 이레네우스가 말하는 '재탄생' 예식이 구원의 성사일 법하다.

14 Strathearn, "The Valentinian Bridal Chamber in the Gospel of Philip", 83-103 참조.

15 Strathearn, "The Valentinian Bridal Chamber in the Gospel of Philip", 90-91 참조.

16 Strathearn, "The Valentinian Bridal Chamber in the Gospel of Philip", 102-103 참조.

고 또 왜 그래야 하는지에 대해서는 약간의 설명이 더 필요하다.

영지주의자들에게 물질계의 시작은 소피아의 타락에서 비롯되었다. 소피아는 최상신의 허락도 받지 않고 배필의 동의도 얻지 않은 채 독단적으로 창조주 데미우르고스를 낳고 결국 천상계에서 분리되었다. 그리고 창조주 데미우르고스가 창조한 우주와 인간은 그 자체로 불완전하고 흠이 있다. 물질계의 불완전함을 메우기 위해 기획된 일이 아담과 하와의 창조였다. 최초의 인간은 남녀 양성 혹은 남자라고도 할 수 있(없)고 여자라고도 할 수 있(없)는 안드로기네Androgyne, 곧 남녀합체였다. 남자와 여자가 하나의 존재로 결합되어 있었던 것이다. 이러한 남녀합체가 분리되면서 죽음도 시작되었다. 이러한 생각이 필립보 복음서에 "하와가 아담 안에 있었을 때에는 죽음이 없었습니다. 그녀가 그에게서 분리되었을 때 죽음이 생겨났습니다. 그가 다시 들어가서 자기 자신을 되찾는다면 죽음도 없을 것입니다"(68)라 표현되어 있다. 아담과 하와가 다시 결합해야만 죽음도 사라진다. 남녀의 분리는 반드시 해소되어야 할 문제인 것이다. 그런데 소피아에게 그리스도가 파견되어 둘이 결합했을 때 남녀 분리의 상처는 회복의 길을 찾게 되었다고 한다. 소피아와 그리스도의 결합이 남녀합체의 회복을 이끌게 된 것이다. 인간의 영혼에는 소피아에게서 유래한 영이 깃들어 있다. 남자든 여자든 그 안에 깃든 영은 여성이다. 신방의 성사가 의도하는 것이 여성인 인간의 영을 남성인 천상의 배필과 결합시키는 것이다. 그리고 그 사람이 죽으면 남녀합체인 영이 육체에서 벗어나 플레로마로 귀환한다.

신방의 성사가 목표로 삼는 것은 결국 영이 천상의 배필과 결합하여 하나가 되는 것이다. 필립보 복음서에서 인간의 영은 '모상'으로, 천상의 배필은 '천사'로 표현된다. "그날 그분께서 감사를 드리며 말씀하셨습니다. '완전한 빛을 성령에 결합하신 분이시여, 모상인 우리를 천사들과 결합시켜 주소서!'"(58); "모상과 천사가 서로 결합하면 아무도 감히 그 남자 혹은 그 여자에게 다가가지 않을 것입니다"(65). 인간의 영이 배필인 천사와 결합하여 남녀합체인 원형을 회복하자는 것이다. 이런 맥락에서 신방의 성사는 주로 혼례와 관련된 언어로 표현된다.

어쨌든 발렌티누스파 사람들은 아담과 하와의 분리를 뒤집어엎음으로써, 곧 분리된 아담과 하와를 다시 하나로 결합시킴으로써 플레로마로 돌아가는 길이 열린다고 믿었다. 그리스도가 이 세상에 온 이유도 바로 분리된 남녀를 다시 원래대로 결합시켜 하나로 만들기 위함이었다. "여자가 남자에게서 분리되지 않았다면 남자와 함께 죽지 않았을 것입니다. 그와의 분리가 죽음의 시작이 되었습니다. 이 때문에 그리스도께서 오셨습니다. 처음에 일어난 분리를 원래대로 복원하고 둘을 결합시키려는 것이었습니다. 그리하여 분리로 인해 죽은 자들에게 생명을 주고 그들을 결합시키려는 것이었습니다"(70).

따라서 신방의 성사는 천상계에서 분리되어 지상계에 유배된 영이 다시 천상계로 돌아가는 마지막 관문인 셈이다. "여자는 신방 pastos 에서 남편과 결합됩니다. 신방에서 결합된 사람들은 더는 분리되지 않을 것입니다. 하와가 아담에게서 분리된 것은 이 때문입니다. 그녀가 그와 결합한 곳이 신방이 아니었기 때문입니다"(70). 신방의 성사를 통해 하와와 아담은 다시 결합하고 더는 서로 분리되지 않을 것이다.

필립보 복음서는 신방의 성사에서 이루어진 결합은 순전히 영적인 것이었음을 분명히 밝히고 있다.[17] 발렌티누스파 사람들은 자신의 영이 천상의 배필과 결합함으로써 성적 욕망에서 해방된다고 믿었다. 필립보 복음서의 한 대목이 이를 보여 준다. 신방의 성사로 남녀합체를 회복한 사람은 이

---

17 신방의 성사가 남녀의 결합과 연관된 것이기에 남용의 여지는 있었다. 이레네우스는 발렌티누스 동방파의 스승인 마르쿠스가 부유한 부인네들에게 자신과 육체관계를 맺으면 영의 힘을 부여받게 된다고 꾀었다고 전한다. 신방의 성사를 글자 그대로 이해했다면 얼마든지 일어날 수 있는 일이었을 법하다(『이단 논박』 1.13.5). 사실 이런 식으로 유명한 교주가 여신도들을 성적으로 유린한 사례는 동서고금을 막론하고 드물지 않다.

성의 유혹에 시달리지 않는다. "배운 것 없는(교양 없는) 여자는, 홀로 앉아 있는 남자를 보면 그에게 달려들어 그와 함께 노닥거리면서 그를 더럽힙니다. 마찬가지로 배운 것 없는(교양 없는) 남자도 홀로 앉아 있는 예쁜 여자를 보면 그녀를 더럽히고 싶은 마음에 그녀를 설득하거나 완력을 씁니다. 그러나 남자와 그 부인이 나란히 앉아 있는 것을 보면 여자들도 그 남자에게 다가가지 않고 남자들도 그 여자에게 다가가지 않습니다. 이와 마찬가지로, 모상icon과 천사가 서로 결합하면 아무도 감히 그 남자 혹은 그 여자에게 다가가지 않을 것입니다"(65).

영지주의자들은 육체의 욕망에서 벗어난 다음에는 성 자체에서 해방되리라 믿었다. 성의 속박에서 벗어난다는 것은 신방 성사가 가져다주는 여러 변화들 가운데 첫째에 해당한다. 그런데 이러한 변화는 사회적으로 문제가 되기도 한다. 혼인과 출산은 사회의 유지를 위해 반드시 필요한 일이기 때문이다. 당시 사회에서 자녀의 출산은 시민의 의무로까지 여겨졌다. 그러나 영지주의자들의 눈에는 성이란 사악한 물질계를 떠받치는 수단일 뿐이었다. 혼인이 없다면 사악한 이 세상은 더 이상 존속하지 않을 것이다. 성을 극복함으로써 물질계의 존속을 멈추게 할 수 있다는 것이다. 신방의 성사를 통해 성을 매개로 존속되는 물질계의 사슬에서 벗어날 뿐더러 결국은 그 사슬마저 끊을 수 있을 것이다.

신방의 성사의 궁극적 효과는 빛이요 플레로마다. "누군가 신방의 아들이 된다면 그는 빛을 얻을 것입니다. 누군가 자신이 여기 있는 동안에 그것(빛)을 얻지 않는다면 다른 곳에서도 그것을 얻지 못할 것입니다. 그 빛을 얻는 이는 (다른) 이들 눈에 보이지 않을 것이며, 붙잡히지도 않을 것입니다. 이런 사람은, 세상에 살아가는 동안 아무도 그를 괴롭히지 못할 것입니다. 그가 세상을 떠날 때도 마찬가지입니다. 그는 이미 모상을 통해 진리를 얻었습니다. 세상은 에온(저세상)이 되었습니다. 에온(저세상)은 그에게 플레로마입니다. 이런 식으로 그것은 그에게만 드러나며 어둠과 밤 속에 숨겨져 있지 않습니다. 대신 그것은 완전한 낮에 그리고 거룩한 빛 속에 숨겨져 있습니다"(86).

*

전례와 신앙(또는 교리)은 서로 동떨어진 것이 아니라 매우 밀접한 관계를 이루고 있다. 신앙은 전례로 표현되고 전례는 신앙을 강화한다. 신앙과 전례를 분리해서는 그 신앙과 전례를 거행하는 사람들을 온전히 이해할 수 없다. 한 가지 유의할 점은 어떤 본문에 표현된 전례적 행위가 실제로 거행되었는지에 대해서는 알 수 없다는 것이다. 단순히 하나의 상징이나 비유로서 표현된 것일 수 있기 때문이다. 실제로 일부 영지주의 집단에서는 세례를 거행하지 않은 것이 분명하다. 세례의 언어와 이미지는 그대로 사용하면서도 세례 자체는 거행하지 않았던 것 같다. 세례는 정화의 상징 혹은 입문의 상징으로서의 역할만 했을 뿐, 실제로 물에 몸을 담그는 행위 자체에는 큰 의미를 두지 않았을지 모른다.

'구원'의 성사 같은 경우는 실제 예식이 어떤 식으로 이루어졌을지 짐작하기도 어렵다. 여러 성사가 함께 이루어지는 경우도 많았던 것 같다. 가령 세례와 성유, 구원과 신방의 성사가 함께 이루어졌을 가능성이 있다. 영지주의자들이 전례를 거행한 것은 분명하나 전례 본문을 어떻게 읽어야 할지, 곧 글자 그대로 받아들여야 할지 아니면 상징으로서 읽어야 할지는 아직 풀어야 할 숙제로 남아 있다.

3. 성사의 의미

영지주의자들은 물질과 물질계에 아무런 의미를 두지 않았다. 그것은 실수요 잘못에서 비롯된 것이며 교정이 필요하다는 것이다. 영지주의자들이 물질과 물질계를 이런 식으로 폄하한 것을 감안할 때 세례나 성찬례, 도유 예식에 의의를 둔 것이 일견 이해가 되지 않는다. 영지주의자들에 따르면, 물질계에서 나온 것이라면 물이든 기름이든 빵이든 포도주든 좋은 게 있을 수 없다. 따라서 이러한 물질이 하느님의 은총을 매개하는 수단이 될 리 만무하며, 이러한 물질을 사용하여 거행하는 성사나 예식도 아무 가치가 없다. 오히려 이러한 물질적 수단은 영적 깨달음을 저해하는 방해물이 될 뿐이다. 물론 영지주의자들에게 물이나 성유, 빵과 포도주 자체보다는 그것이 담고 있는 상징적 영적 의미가 더 중요했다. 성사와 전례의 상징적 의미를 중시했다고는 하나 그래도 성사와 전례의 가치를 인정했던 것은 사실이다. 실제로 발렌티누스파 같은 초창기 영지주의자들은 정통 교회 안에 머물면서 그들과 함께 전례를 드리고 그들만의 독자적 전례를 드리기도 했다.

그러나 이러한 상황은 시간이 흐르면서 차츰 변했던 것 같다. 물질에 대해 아무런 가치나 의의를 두지 않는 영지주의 본래의 정신에 입각하여 물질을 매개로 한 성사나 전례도 점차 그 의미를 상실했을 법하다. 이레네우스가 『이단 논박』을 집필하던 무렵인 180년경에는 세례 때 물을 사용하거나 성찬례 때 빵을 사용하는 것을 거부한 집단도 있었다. 그들은 말로 표현할 수 없고 눈에 보이지 않는 힘의 신비가 눈에 보이는 피조물을 통해 거행될 수 없다고 보았던 것이다. 또한 그들은 하느님에 대한 지식 자체가 완전한 구원이며 그러한 구원은 영적인 것이라고 믿었다. 그리고 내면의 영적 인간은 지식을 통해 구원되며 만물에 대한 지식을 획득한 이들에게는 더 이상 다른 어떤 것도 필요치 않다. 지식 자체로 완전하고 진정한 구원이기 때문에 피조물을 이용한 어떠한 전례도 필요 없다는 입장이었다(이레네우스, 『이단 논박』 1.21.4). 후대의 주류 교회 저자들은 이집트에도 성사를 거부하는 영지주의 집단이 있었음을 알리고 있다.

그러나 성사를 거행하지 않은 영지주의 집단도 성사와 전례의 용어는 계속 사용했다. 단 글자 그대로의 의미가 아니라 상징적·비유적 의미로만 사용했다. 가령 아담의 묵시록에서는 그노시스를 세례라 칭한다(아담의 묵시록 85). 조스트리아노스는 하늘로 올라갈 때 각 하늘을 통과할 때마다 세례를 받는다. 여기서 세례의 유익은 실제로 물에 몸을 담그는 물리적 행위를 통해 얻어지는 것이 아니다. 영지주의자들에게 세례란 영혼을 정화하여 본디의 상태를 회복함을 의미하는 은유적 표현일 뿐이다.[18] 영지주의 그리스도인들은 그리스도교 공동체 안에서 자라났지만 점차 정통 교회의 전례와 성사를 버리고 보다 영적 특성으로 편향된 집단으로 성장했던 것이다.[19]

4. 필립보 복음

Nag Hammadi Codex II,3; 콥트어 대본: Layton (ed.), "The Gospel according to Philip", 140-215.

---

[18] 나그 함마디 코덱스 VIII,1에 실린 조스트리아노스는 조스트리아노스라는 고대 인물이 천계 여행을 하면서 겪은 일을 담고 있다. 이에 따르면, 조스트리아노스의 영은 하늘로 비상하여 플레로마의 에온들을 거쳐 바르벨로에게 이른다. 그리고 눈에 보이지 않는 영을 관조한다. 여기서 그는 각 에온에 속하는 물로 반복해서 세례를 받는다. 총 다섯 번의 세례를 받고 나자 조스트리아노스는 마침내 '신처럼 거룩하게' 된다(조스트리아노스 53). 각 세례는 조스트리아노스의 '지식'(그노시스)과 하느님 관조의 수준과 차원이 상승했음을 상징하는 듯하다. 어쨌든 세례의 성사는 영지주의자들에게 '죄를 씻는 예식'이라기보다는, 영혼이 하늘로 비상하여 하느님을 뵙고 알게 됨, 곧 그노시스와 하느님 직관의 은유임이 틀림없다. Brakke, *The Gnostics: Myth, Ritual, and Diversity in Early Christianity*, 74-83을 참조하라.

[19] 영지주의 그리스도교는 정통 그리스도교와 무관하게 시작되었으며 본디는 전례나 성사를 거행하지 않았지만 나중에 정통 교회의 전례와 성사를 채택했다는 의견은 설득력이 떨어져 보인다.

❀ ☙

히브리인과 개종자

51. ²⁹ 대개 히브리 사람은 (다른) 히브리인을 만듭니다. ³⁰ 그리고 그런 사람들은 개종자proselyte라 불립니다.²⁰ 그러나 개종자는 (다른) 개종자를 만들지 않습니다. [어떤 이들은] …

상속권과 상속자

52. ¹ … [노]예는 자유민이 되려고 애쓸 뿐, 주인의 재산을 탐하지는 않습니다. 그러나 아들은 아들인 데서 ⁵ 그치지 않고, 아버지의 (재산에 대한) 상속권도 주장합니다.

죽은 이들의 상속자들은²¹ 그들 자신이 죽은 것입니다. 그들은 죽은 이들에게 상속을 받습니다. ²² 살아 있는 이의 상속자들, 그들은 살아 있습니다. ¹⁰ 그리고 그들은 살아 있는 이와 죽은 이들 모두의 상속자입니다. 죽은 이들은 아무것도 상속받지 않습니다. 죽은 이가 어떻게 상속받을 수 있겠습니까? 죽은 이가 살아 있는 이에게²³ 상속받

---

20 προσήλυτος, 곧 개종자란 유다교로 완전히 개종한 이방인들을 가리키는 용어다. 사도 13,16과 13,26에서 바오로 사도는 안티오키아의 회당에 들어가 유다인들과 "하느님을 경외하는" 이들(οἱ φοβούμενοι τὸν θεόν)을 향해 연설한다. '하느님을 경외하는 사람'이란 대개 유다교에 관심을 가졌으나 완전히 개종하지는 않은 사람을 가리킨다. 사도 13,43에서는 유다인들과 '경건한 개종자들'(성경: 유다교로 개종하여 하느님을 섬기는 이들 τῶν σωβουένων προσηλύτων)이 병치되어 나온다. 이들은 '유다교로 완전히 개종한 이방인들'이며 단순히 '하느님을 경외하는 이들'과는 차이가 난다: Chance, *Acts*, 221을 참조하라.

21 또는, "죽은 이들에게 상속받은 이들은."

22 직역: "죽은 이들(의 재산)을 물려받습니다."

23 또는, "살아 있는 것을."

는다면 그는 죽지 않을 것입니다. 아니, 죽은 이가 더 살기까지 할 것입니다.

이방인·히브리인·그리스도인

이방인ethnikos은 죽지 않습니다. 그는 산 적이 없기에 죽을 수도 없는 것입니다.[24] 진리를 믿은 사람은 생명을 얻었습니다.[25] 그리고 이 사람은 죽을 위험에 처해 있습니다. 그가 살아 있기 때문입니다. 그리스도께서 오신 그날 이후 [20] 세상은 창조되고 도시는 꾸며지며 죽은 자는 치워집니다.[26]

히브리인이었을 때에 우리는 고아였으며 어머니만 있었습니다. 그러나 그리스도인이[27] 되었을 때에는 우리에게 아버지와 어머니가 (모두) 생겼습니다.

---

24 혹은, "죽을 수 있도록 산 적이 없기 때문입니다."

25 직역: "살게 되었습니다."

26 또는, "그리스도께서 오신 그날부터 그가 살아 있기 때문입니다. 세상은 창조되고 도시는 꾸며지며 죽은 자는 치워집니다."

27 필립보 복음 52.24에서 그리스도인을 가리키는 데 ⲭⲡⲓⲥⲧⲓⲁⲛⲟⲥ(= Χριστιανός) 대신 ⲭⲣⲏⲥⲧⲓⲁⲛⲟⲥ(= Χρηστιανός)가 사용되었다. 62.32; 64.25에서도 마찬가지다. 74.11; 75.34에서는 ⲭⲡⲓⲥⲧⲓⲁⲛⲟⲥ가 사용되었다. 두 단어가 별 차이 없이 혼용되고 있음을 확인할 수 있다. 1-2세기 로마인들뿐 아니라 교회 저자들도 크리스투스와 크레스투스, 크리스티아노스와 크레스티아노스를 혼용하곤 했다고 한다. 이런 혼용 습관이 적어도 3-4세기까지 이어졌음을 알 수 있다. 참고로 부활 논고 48.17에는 Χριστός 대신 Χρηστός가 쓰였다. 이에 대해서는 Renehan, "Christus or Chrestus in Tacitus?", 368; Lampe, *Christians at Rome in the First Two Centuries*, 12을 참조하라.

세상에서 씨 뿌리고 저세상에서 거두다

²⁵ 겨울에 씨 뿌리는 이들은 여름에 거두어들입니다. 겨울은 세상ᶜᵒˢᵐᵒˢ이며, 이와 다른 에온입니다. 세상에 씨를 뿌립시다. 그래야 여름에 거두어들일 수 있습니다. 그러므로 우리가 겨울에는 기도하지 않는 것이 맞습니다.

³⁰ 겨울 뒤에 오는 것은 여름입니다. 그런데 누군가 겨울에 거두려 한다면 그는 아무것도 거두지 못할 것입니다. 그저 줄기만 뽑을 뿐입니다. 그런 것은 그에게 열매를 주지 않습니다.²⁸ [지금]뿐 아니라 안식일에도 (열매가) 나오지 않을 것입니다. ³⁵[그의 밭은] 열매가 열리지 않습니다.²⁹

그리스도께서 오신 까닭

53. 그리스도께서 ⁵³·¹ 어떤 이들은 속량하시려고, 어떤 이들은 구해 내시려고, 또 어떤 이들은 구원하시려고 오셨습니다. 그분께서는 이방인들을 속량하시어 당신 것으로 삼으셨습니다. 그리고 그분께서는 ⁵당신의 것인 사람들, 곧 그분께서 당신의 뜻에 따라 보증으로 삼으신 사람들을 따로 구분하셨습니다.

　　그분께서 원하시어 영혼을 내려놓으신 것은 그분께서 (이 세상에) 나타나셨을 때만이 아닙니다. 세상이 생기던 그날부터, 그분께서는 당신께서 원하시는 때마다 영혼을 내려 놓으셨습니다. ¹⁰ 그 뒤 그분께서는 그것(영혼)을³⁰ 되가져가시려고 처음으로 오셨습니다. 그것이 보증으로 맡겨진 것이기 때문입니다. 그것(영혼)은 도둑들 손에 떨어져 포

28　또는 "그런 이에게는 그것이 열매를 주지 않습니다."
29　[ ] 안은 Isenberg, *The Coptic Gospel According to Philip*의 추정을 따랐다.
30　여성형 대명사로 '영혼'을 가리킨다.

로가 되었지만 그분께서 그것을 다시 구해내셨습니다. 그리고 그분께서는 이 세상에 있는 선한 이들을 악한 이들과 함께 구원하셨습니다.

빛과 어둠·생명과 죽음·오른쪽과 왼쪽

[15] 빛과 어둠, 생명과 죽음, 오른쪽과 왼쪽은 서로 형제입니다. 그들은 따로 분리될 수 없습니다. 이 때문에 선한 사람들도 선하지 않고 악한 사람들도 악하지 않으며 생명은 생명이 아니고 죽음은 [20] 죽음이 아닙니다. 따라서 모든 것은 하나하나 해체되어 자기의 기원으로 (돌아갈) 것입니다. 그러나 세상 위로 들어 올려진 사람들은 해체되지 않습니다. 그들은 영원합니다.

잘못된 이름들

세속적인 것들에 주어진 이름들은 [25] 오류투성입니다.[31] 그것들은 (사람의) 마음을, 올바른 것들에게서부터 올바르지 않은 것들에게로 돌려놓습니다. 그래서 '하느님'(이라는 단어)를 듣는 사람이 바른대로 알아듣지 못하고 틀리게 알아듣습니다.[32] '아버지', [30] '아들', '성령', '생명', '빛', '부활', '교회' 그리고 다른 모든 것도 마찬가지입니다. 사람들은 바르게 알아듣지 못하고 틀리[게] 알아듣습니다. [35] 그들이 바른 것을 깨닫기 전(까지) 그렇습니다. 그들이 들은 이름들은 이 세상에 속합니다.[33] [...] [54.1] [그것들]이 에온에[34] 속한다면 그것들은 결코 이 세상에서 발설(거명)되지 않을 것입니다. 그것들은 세상 것들 사이에 놓이지도

---

31 직역: "세속적인 것들에 주어진 이름에는 큰 오류가 있습니다."
32 직역: "바른 것을 생각하지(알아듣지) 못하고 틀린 것을 생각합니다(알아듣습니다)."
33 직역: "이 세상에 있습니다. … 영원한 세상에 속한다면."
34 여기서는 에온이 플레로마를 가리킨다.

않을 것입니다. 그것들의 끝은 ⁵에온에 있습니다.

아들에게 주신 아버지의 이름
오직 하나의 이름만이 이 세상에서 발설되지 않습니다. 그것은 아버지께서 아들에게 주신 이름입니다. 그것은 만물 위에 있습니다. ¹⁰그것은 곧 아버지의 이름입니다. 아들은, 자기가 아버지의 이름을 짊어지지 않는 한 아버지가 될 수 없습니다. 이 이름을 가진 이들은 그것을 알지만 그것을 발설하지는 않습니다. 그것을 갖지 않은 자들은 그것을 알지(생각하지) 못합니다.

그러나 '진리'는 우리를 위하여 이 세상에(서) 이름들을 만들었습니다. ¹⁵이름들 없이는 그것(진리)을 배울 수 없기 때문입니다. 진리는 오직 하나입니다. 그리고 그것은 다수(여러 개)입니다. 그것은 우리를 위해, 곧 다수를 통하여 사랑 안에서 오직 하나인 이것에 대해 가르치려는 것입니다.

아르콘들의 속셈
아르콘들(지배자들)은 사람을 속이고 싶어졌습니다. ²⁰(사람이) 참으로 선한 이들과 친족이라는 것을 깨달았기 때문입니다. 그들은 선한 이들의 이름을 빼앗아 선하지 않은 자들에게 주었습니다. 그 이름들을 통하여 그를 속이고, 그것들을 선하지 않은 자들에게 묶어두기 위해서였습니다. ²⁵그런 다음에는 마치 그것들에게 은혜를 베풀기라도 하는 것처럼 그것들을 선하지 않은 자들에게서 분리시킨 뒤 그것들을 선한 이들에게 넘겼습니다. 그들은 그것들을 알고 있었습니다.³⁵ ³⁰그들

---

35 또는, "그것들을 그들이 선하다고 알고 있는 이들에게 넘겼습니다."

은 자유민을 데려다가 그들의 영원한 노예로 만들기 원했던 것입니다.

능신들에게 바치는 제사와 하느님께 바치는 제사

능신dynamis들이 있습니다. 그들은 사람을 [　]합니다. 그들은 (사람이) 구[원받는] 것을 원하지 않습니다. 그들이 [존속하기][36] 위해서입니다. 사람이 ³⁵ 구[원]되면 희생 제사도 없고 [⋯] 짐승들도 권력들에게 바쳐지지도 않을 터이기 때문입니다. ⁵⁵,¹ 사실 짐승들은 자신들이 희생 제물을 받는 입장이기도 합니다. 그것들(짐승)은 산 채로 바쳐집니다. 그러나 그것들이 바쳐졌을 때에는 그것들은 죽었습니다. 사람은 죽은 채로 ⁵ 하느님께 바쳐졌습니다. 그리고 그는 살았습니다.

55.

그리스도께서 빵을 가져오시다

그리스도께서 오시기 전에는 이 세상에 빵이 없었습니다. 동산(파라다이스), 곧 아담이 있던 곳에는 짐승들에게 양식이 되는 나무는 많았지만 ¹⁰ 사람의 양식이 될 밀은 없었던 것입니다. 사람은 짐승들처럼 먹었습니다. 그러나 완전한 인간이신 그리스도께서 오셨을 때, 그분께서는 하늘에서 빵을 가져오셨습니다.[37] 사람이 사람의 음식을 먹고살게 하시려는 것이었습니다.

아르콘들과 성령

¹⁵ 아르콘들은 자신들이 하고 있는 일을 자신들의 힘과 의지로 하고 있다고 생각하였습니다. 그러나 성령께서 은밀히 그들을 통해 모든 것을 당신이 원하시는 대로 이루어나가신 것입니다.

36　[　] 안은 아이젠버그(Isenberg)를 따랐다.
37　요한 6,48-51.

모든 곳에 뿌려진 진리

²⁰한처음부터 존재한 진리는 모든 곳에 (씨처럼) 뿌려집니다. 그것이 뿌려지는 것을 보는 이는 많습니다. 그러나 그것을 거두어들이는 것을 보는 이는 적습니다.

마리아의 잉태

어떤 이들은 "마리아가 성령으로 잉태하였다"고 말했습니다. 그들은 잘못 알고 있습니다. ²⁵자기들이 무엇을 말하는지, 그들은 알지 못합니다. 도대체 언제 여자가 여자로 인해 잉태한 적이 있단 말입니까?[38]

마리아는 어떠한 능신(dynamis 힘)도 더럽힌 적이 없는 동정녀입니다. 그녀는 히브리인들, ³⁰곧 사도들과 사도 급의 인사들에게는 크나큰 저주입니다. 능신이 더럽힌 적이 없는 이 동정녀는 […]. 능신들은 스스로를 더럽혔습니다.

주님의 두 아버지

그리고 주님께 [다]른 아버지가 없었다면 그분께서 "하늘[에 계신] 내 아버[지]" ³⁵하고 말씀하지 않으셨을 것입니다. 그분께서는 그저 ["내 아버지"] 하고만 말씀하셨을 것입니다.[39]

---

[38] 마리아의 동정 잉태를 믿지 않는 사람들도 있었음을 보여 주는 대목이다. 성령을 여성으로 생각하는 것은 셈족어권에서 흔한 일이었다. 여성인 성령이 다른 여성을 잉태시킬 수 없다는 논리다.

[39] 마리아의 동정 잉태를 믿지 않는 사람들이 제시하는 또다른 논거는 마태 16,17의 "하늘에 계신 내 아버지"라는 구절이다. 주님께 '하늘에 계신 아버지'와 땅에 있는 다른 아버지, 이렇게 두 아버지가 있었다는 것이다.

아버지의 집에서는 아무것도 가져가지 말고 내가지도 마라

56. 주님께서 제[자]들에게 말씀하셨습니다. ["…] [56.1] 모든 집에서부터 [가져다가] 아버지의 집으로 가져오너라. 그러나 아버지의 집에서는 아무것도 가져가지 말고 내가지도 마라."

예수와 그리스도

'예수'는 숨겨진 이름입니다. '그리스도'는 드러난 이름입니다. [5] 이 때문에 '예수'(라는 단어)는 어떠한 언어에도 존재하지 않습니다. 그러나 그분의 이름은 줄곧 불리듯 '예수'입니다.

'그리스도'로 말할 것 같으면, 그분의 이름은 시리아어로 '메시아'이고 그리스어로는 '그리스도'입니다. [10] 물론 다른 모든 이가 각자의 언어로 그 (이름)을 가지고 있습니다. '나자렛 사람'은 숨겨진 것(이름)의 밖으로 드러난 이름입니다. [40]

모든 것이 그리스도 안에

그리스도는 당신 안에 모든 것을 가지고 계십니다. 사람이든, 천사든, [15] 신비든, 아버지든 말입니다.

부활이 죽음보다 먼저

"주님께서는 먼저 돌아가셨다가 일어나셨다"고 말하는 사람들은 오류에 빠졌습니다. 그분께서는 먼저 일어나셨고 그 다음에 돌아가셨기 때문입니다. 어느 누구라도 먼저 부활을 얻지 않으면 죽지도 않을 것입니다. [20] 하느님께서는 살아 계십니다. […]

---

40 또는, "'나자렛 사람'은 숨겨진 것을 드러내시는 분이십니다."

귀중한 영혼이 비루한 몸속에

아무도 값나가는 귀중품을 귀중한 용기에 숨겨두지 않습니다. 종종 어떤 이는 셀 수 없이 많은 물건을 한 닢짜리 용기에 던져 넣기도 합니다.[41] 영혼(의 경우)도 마찬가지입니다. [25] 그것은 값나가는 것입니다. 그런데 비루한 몸속에 들어왔습니다.

부활·살과 피

어떤 이들은 알몸으로 일어나지 않을까 두려워합니다.[42] 그래서 그들은 육신을 지닌 채 일어나기를 바랍니다. 그들은, 육[신]을 입은 자들이야말로 알몸이라는 사실을 [30] 알지 못합니다. 알몸이 된 사람들, 이들은 알몸이 아닙니다.

57. "살과 [피]는 [하]느님 나라를 물려받지 못합니다."[43] [57.1] 상속자가 될 수 없는 것은 무엇입니까? 우리 위에 걸쳐진 것입니다. 그렇다면 상속자가 될 것은 무엇입니까? 예수님의 (살)과 그분의 피입니다. 이 때문에 그분께서 말씀하셨습니다. "내 살을 먹지 않고 내 피를 마시지 않는 사람은 [5] 그 안에 생명을 갖지 못한다."[44] 이것이 무슨 (뜻)입니까? 그분의 살은 말씀(로고스)입니다. 그리고 그분의 피는 거룩한 영입니다. 이것들을 받은 사람에게는 양식이 있습니다. 그에게는 마실 것과 입을 것도[45] 있습니다.

---

41 또는, "던져 넣었습니다."
42 2코린 5,3: "사실 우리가 천막을 벗더라도 알몸이 되지는 않을 것입니다" 참조.
43 1코린 15,50.
44 요한 6,53.
45 2ʙᴄω라 읽었다.

나는 그것(육신)이 일어나지 않을 것이라 말하는 다른 사람들을 비난합니다. [10] 그렇다면 그들 둘 다 잘못입니다. 그대는, '육신은 일어나지 않을 것'이라 말합니다. 그러면 어느 것이 일어날지 내게 말해 보십시오. 그대를 존경할 수 있게 말입니다. 그대는 '영이 육신 안에 있으며, [15] 이 빛도 육신 안에 있다'고 말합니다. 그것 역시 육신 안에 있는 것입니다.[46] 그대가 무엇을 말하든, 그대가 말하는 것은 육신 바깥에 있는 것이 아니기 때문입니다.[47] (그러므로) 이 육신으로 일어나는 것은 당연합니다. 모든 것이 그 안에 있기 때문입니다.

이 세상에서는 [20] 옷을 입은 사람들이 옷보다 낫습니다. 하늘 나라에서는 옷이 그것을 입은 사람보다 낫습니다.

세례와 성유
물과 불을 통해 모든 곳이 정화됩니다. 눈에 보이는 것은 눈에 보이는 것에 의해, [25] 가려진 것은 가려진 것에 의해 (정화됩니다). 어떤 것은 눈에 보이는 것에 의해 가려져 있습니다.[48] 물속에는 물이 있습니다. 성유聖油 속에는 불이 있습니다.

예수님의 여러 형상들
예수님께서는 모든 것을 비밀에 붙이셨습니다. 그분께서 [30] 당신 모습 그대로 나타나지 않으시고 사람들이 알아볼 수 있는 모습으로 나타나셨던 것입니다. 그분께서는 그들 모두에게 나타나셨습니다. 그분께

46　또는, "육신 안에 있는, 다른 이것은 로고스입니다."
47　직역, "그대는 육신 바깥에 있는 어느 것도 말하지 않습니다."
48　또는, "눈에 보이는 것에 의해 가려져(숨겨져) 있는 것이 있습니다."

서는 큰 사람(어른)에게는 큰 사람(어른)으로 나타나셨습니다. 그분께서는 ³⁵작은 사람(어린이)에게는 작은 사람(어린이)으로 나타나셨습니다.⁴⁹

58. 그분께서는 ⁵⁸·¹천사에게는 천사로, 사람에게는 사람으로 나타나셨습니다. 이 때문에 그분의 말씀은 모든 이에게 숨겨졌습니다. 어떤 이들은 그분을 보면서 ⁵자기 자신을 보고 있다고 생각하였습니다. 그런데 그분께서 산에서 영광 중에 그분의 제자들에게 나타나셨을 때에는 그분께서 작지 않으셨습니다. 그분께서 크셨던 것입니다. 그리고 제자들을 크게 만드셨습니다.⁵⁰ 그들이 그분을 ¹⁰알아볼 수 있게 하려는 것이었습니다.

모상인 인간과 천사의 결합

그날 그분께서 감사(감사제 eucharistia)를 드리며⁵¹ 말씀하셨습니다. "완전한 빛을 성령에 결합하신 분이시여, 모상인 우리를 천사들과 결합시켜 주소서!"⁵²

49　마태 5,19-20 참조.

50　그리스도의 다형성 개념이 엿보인다. 그리스도가 동시에 여러 사람에게 보이시거나, 혹은 여러 사람에게 제각기 다른 모습으로 보이신다는 것이다. 요한 행전과 베드로 행전을 비롯한 수많은 영지주의 계열의 작품에서 같은 개념을 발견할 수 있다.

51　또는 "그날 감사제 때 그분께서 말씀하셨습니다."

52　이 대목은 신방의 성사와도 관련이 있다. 발렌티누스파 사람들은 신방의 성사를 통해 인간의 영과 천상의 배필이 결합한다고 믿었다. 이 대목에서 인간의 영은 '모상'으로, 천상의 배필은 '천사'로 표현된다. 인간의 영이 하늘의 천사와 애초부터 짝을 이루고 있었으며 나중에 다시 결합하여 완전한 합일을 이루어야 한다는 개념은 조로아스터교의 가르침을 연상시킨다. 조로아스터교에 따르면 인간의 영혼은 세상 창조 이전부터 배필인 천사와 결합되어 있었다. 그러다가 사람으로 이 세상에 태어나면서 영혼이 자신의 천사와 분리된다. 천사는 그 사람이 살아가는 동안 수호자의 역할을 한다. 그리고 그 사람이 죽으면 육체에서 분리된 영혼이 수호천사

어린양을 멸시하지 마라
어린양을 멸시하지 마십시오. 그것 없이는 [15] 임금님을 볼 수 없습니다.

임금과의 만남
아무도 벌거벗은 채로 임금 앞에 나설 수 없습니다.

천상의 인간과 지상의 인간: 잉태와 출산
천상의 인간은 지상의 인간보다 자녀가 더 많습니다. 비록 그들이 죽는다고는 하나 아담의 자녀들이 많다면 [20] 완전한 인간의 자녀들, 곧 죽지 않고 항상 태어나는 이들은 얼마나 더 많겠습니까?

아버지는 자녀를 만듭니다. 그러나 자녀는 자녀를 만들 수 없습니다. (갓) 태어난 사람은 [25] 낳을 수 없기 때문입니다. 대신 자녀는, 자신을 위해 형제들을 만들지 자녀를 만들지 않습니다.

이 세상에서 태어나는 모든 사람들은 자연의 방식으로 태어납니다. 자신이 태어난 그곳에서 양식을 얻는 사람들도 있습니다. [30] 사람은 저 위 천상의 처소에 (들게 되리라는) 약속에서 양식을 얻습니다. 입으로부터 [...]. [만일] 말씀이 그곳에서 나왔다면 [59,1] 그는 그 입으로부터 양식을 얻고 완전해졌을 것입니다.

59.

완전한 사람은 입맞춤을 통하여 잉태하고 출산합니다. 이 때문에 우리도 서로 입을 맞춥니다. [5] 우리는 서로 상대방 안에 있는 은총 charis으로부터 잉태를 얻어내는 것입니다.

와 다시 결합하여 하늘로 올라가 심판을 받는다. 『아베스타』 *Yasna* 16.7; 26.7; 26.11; 71.23, Yasht 22.39: Dhalla, *History of Zoroastrianism*, 232-243, 375-378 참조. 조로아스터교와 그리스도교의 유사점에 대해서는 Jackson, "Zoroastrianism and the Resemblances between It and Christianity", 335-343 참조.

세 명의 마리아

항상 주님과 함께 걸었던 사람이 셋 있었습니다. 그분의 어머니 마리아, 그녀의 누이, 그리고 막달레나 그분의 동지koinonos라고 불린 이. [10] 사실 그분의 (어머니의) 누이와[53] 그분의 어머니와 그분의 동반자가 모두 마리아였습니다.

아버지와 아들과 성령

아버지와 아들은 하나로 된 이름들입니다. 성령(거룩한 영)은 이중의 이름입니다. 그분들은[54] 모든 곳에 계십니다. 그분들은 위에도 계시고 아래에도 계십니다. [15] 그분들은 숨겨진 곳에도 계시고, 밝히 드러난 곳에도 계십니다. 성령께서는 (한편으로는) 밝히 드러난 곳에 계시며 아래에 계십니다. (다른 한편으로) 그분께서는 숨겨진 곳에 계시며 위에 계십니다.

능신들이 거룩한 이들을 섬기는 것은

성도들(거룩한 이들)은 사악한 능신dynamis들의 섬김을 받습니다. [20] 그들(능신들)이 성령에 의해 눈이 멀었기에 자신들이 성도들을 위해 일할 때마다 자기네[55] 사람들을 섬기고 있다고 생각하기 때문입니다.

그래서 어느 날 한 제자가 주님께 [25] 이 세상의 것을 청하자 그분께서 그에게 말씀하셨습니다. "네 어머니에게 청하여라. 그녀는 너에게 다른 이allotrion의 것을[56] 줄 것이다."

---

53 콥트어 본문에는 '그분의 누이'라 되어 있으나 문맥에 맞게 고쳐 읽었다.
54 아버지와 아들을 가리킨다.
55 ⲚⲞⲨ를 ⲚⲈⲨ로 읽었다.
56 또는, "남의 것", "내 것이 아닌 것."

예물과 소금·소피아

사도들이 제자들에게 말하였습니다. "우리는 우리의 모든 예물이 소금을 얻기를 바랍니다!" ³⁰ 그들은 [소피]아를 소금이라 부르곤 했습니다.⁵⁷ 그것(소금) 없이는 어떠한 예물도 받아들여지지 않습니다. 그러나 소피아(지혜)는 자녀가 [없이] 척박합니다. 이 때문에 그것은 '소금의 [⋯]'이라 불립니다. 그들이 ²⁵나름의 방식으로 [⋯]하는 곳에서는 성령께서 60. [⋯]. ⁶⁰,¹ 그녀의 자녀도 많습니다.

아버지와 아들

아버지가 가진 것은 아들의 것입니다. 그러나 아들은, 아직 어린 동안에는 자기 것이라도 그에게 맡겨지지 않습니다. ⁵ 그(아들)가 어른이 되면 그의 아버지가 자기가 가진 모든 것을 그에게 줍니다.

영과 오류

영이 낳는, 오류에 빠진 사람들은 대개 그(영)로 인해서도 오류에 빠집니다. 그러므로 같은 영(숨, 바람)에 의해 불이 붙기도 하고 꺼지기도 합니다.

에카모트와 에크모트

¹⁰ 에카모트와 에크모트는 서로 다른 것입니다. 에카모트는 그저 소피아(지혜)입니다. 그러나 에크모트는 죽음의 소피아입니다. 그것은 죽음

---

57   레위 2,13을 참조하라: "너희가 곡식 제물로 바치는 모든 예물에는 소금을 쳐야 한다. 너희가 바치는 곡식 제물에 너희 하느님과 맺은 계약의 소금을 빼놓아서는 안 된다. 너희의 모든 예물과 함께 소금도 바쳐야 한다." 토마 행전 29: "그(토마)는 그들을 축복한 다음 빵과 기름과 풀과 소금을 집어 들어 축복하고는 그들에게 나누어 주었다."

을 아는 것으로서[58] [15]'어린 소피아'라 불립니다.

성령과 능신(힘)

사람에게 순종하는 짐승들이 있습니다. 소, 나귀, 그리고 이와 비슷한 다른 짐승들처럼 말입니다. (사람에게) 순종하지 않고 광야에 홀로 사는 다른 (짐승)들도 있습니다. 사람은 [20]순종하는 짐승을 이용하여 밭을 갑니다. 그리고 그는 여기에서 양식을 얻습니다. 자기도 짐승도, 순종하는 것이든 순종하지 않는 것이든 말입니다. 완전한 인간도 이와 마찬가지입니다. 순종하는 힘dynamis을 통해 [25]그는 밭을 갈고 모든 것이 생겨나도록 준비합니다. 이 때문에 모든 곳이 좋은 곳이든 나쁜 곳이든 오른쪽이든 왼쪽이든 굳건히 서 있는 것입니다. 성령께서는 모든 것을 돌보십니다. 그리고 그분께서 [30]모든 힘(능신 dynamis), 곧 순종하는 것과 순종하지 않는 것, 그리고 홀로 사는 모든 것을 다스리십니다. 참으로 그분께서 […] 그들을 안에 가두어 두십니다. 그들이 원할 [때] 달아[나는] 것을 방지하기 위해서입니다.

빚어 만든 이

빚어 만든placce [이]는 [35][아름다웠]습니다. 그러나 그대에게 그의 자손
61. 들이 [61.1]고귀한 창조물로 보이지 〈않을〉 것입니다.[59] 그가 빚어 만들어진 자가 아니라 태어난 자라면 그대에게 그의 씨가 고귀하게 보였을 것입니다. 그런데 그는 빚어 만들어졌습니다. 그는 출산도 했습니다. 이것이 무슨 [5]고귀함입니까?

---

58 같은 문장(ⲧⲥⲟⲫⲓⲁ ⲙ̄ⲡⲙⲟⲩ ⲉⲧⲉ ⲧⲁⲉⲓ ⲧⲉ)이 반복되어 나타난다. 필사가의 실수일 것이다(dittography 중복오사).

59 아이젠버그(Isenberg)를 따라 부정어 ⲁⲛ을 삽입하여 "보이지 않을 것입니다"로 읽었다.

처음에는 간음이, 그 다음에는 살인이 생겨났습니다. 그는 간음으로 태어났습니다. 그가 뱀의 자식이었기 때문입니다. 이 때문에 그는 제 아버지처럼 살인자가 되었습니다. ¹⁰그리고 자기의 형제를 죽였습니다.⁶⁰ 서로 같지 않은 사람들 사이에서 일어난 성관계는 모두 간음입니다.

하느님은 염색공

하느님은 염색공이십니다.⁶¹ '진짜'라 불리는 좋은 염료는 ¹⁵염색된 물건과 함께 죽습니다. 하느님께서 염색하신 이들도 마찬가지입니다. 그분의 염료는 멸하지 않기에 그들도 그분의 약에 힘입어 멸하지 않습니다. 한편 하느님께서는 담그실(baptizw 세례를 주실) 이들을 ²⁰물속에 담그십니다.

천상계의 것과 지상계의 것

참으로 존재하는 것은⁶² 무엇이든 그들 사이의 다른 것과 같아져야만 다른 그것을 볼 수 있습니다. 이 세상에 있는 사람의 경우와는 다릅니다. 사람은 자신이 태양이 아니면서도 태양을 볼 수 있습니다. ²⁵그리고 그는 하늘과 땅 다른 모든 것을, 자신이 그것들이 아니면서도

---

60 창세 4장에 나오는 카인과 아벨의 이야기일 것이다.

61 여기서 저자는 하느님을 염색공에 비유한다. 필립보 복음 63에서는 사람의 아들이 염색공으로서 오셨다고 한다. 좋은 염료가 옷감을 물들이듯 하느님의 본성이 인간에게 자연스럽게 스며든다는 의미일 터이다.

62 '참으로 존재하는 것'이란 천상계에 속하는 것들을 가리킨다. 천상계와 그에 속한 모든 것은 참으로 존재하는 것이라면, 지상계와 그에 속한 모든 것은 사라질 것들, 다시 말해 진정으로 존재하는 것이 아니다.

볼 수 있습니다. 참으로 그러합니다. 그러나 그대는 그곳에[63] 있는 무언가를 보았고 그대는 그것들이 되었습니다. 그대는 영을 보았습니다. 그대는 [30] 영이 되었습니다. 그대는 그리스도를 보았습니다. 그대는 그리스도가 되었습니다. 그대는 [아버지]를 보았습니다. [그대]는 아버지가 될 것입니다.[64]

따라서 [이곳에서는] 그대가 모든 것을 보지만 그대 자신만은 [보지] 못합니다. 그러나 그[곳]에서는 그대가 그대 자신을 봅니다. [35] 그대는 그대가 보는 그것이 될 터이기 때문입니다.

믿음과 사랑

62. 믿음pistis은 받아들입니다. 사랑agape은 줍니다. [어느 누구도] 믿음이 [62.1] 없이는 [받아들일 수] 없을 것입니다. 어느 누구도 사랑 없이는 줄 수 없을 것입니다. 그러므로 우리는 받기 위해서 믿고 사랑하기 위해서 줍니다. 누군가 사랑 때문에 준 것이 아니라면 그가 준 것이 그에게 아무런 [5] 이득이 없습니다. 주님이 아닌 (무언가를) 받은 자는 여전히 히브리인입니다.

주님의 이름들

우리보다 앞서 있던 사도들은 (그분을) 이런 식으로 불렀습니다. '예수, 나자렛 사람, 메시아.' 다시 말해 '예수, 나자렛 사람, 그리스도.' 마지막 [10] 이름은 '그리스도'입니다. 첫째 (이름은) '예수'입니다. 가운데 있는 것은 '나자렛 사람'입니다. '메시아'는 두 가지 뜻이 있습니다. '그리스도'와 '측정된 이.' 히브리어로 '예수'는 '구원'입니다. '나자라'는 '진리'입니다.

---

63 그곳은 천상계를 가리킨다.
64 천상계의 것을 관조한 사람은 자기가 본 그것이 된다. 그는 영이 되고 그리스도가 되었으며 마지막에는 아버지가 될 것이다.

¹⁵ 그래서 '나자렛 사람'은 '진리'입니다. 그리스도는 측정되셨습니다.⁶⁵ 측정되신 분들은 나자렛 사람과 예수이십니다.⁶⁶

진주와 하느님의 자녀

진주는 진흙 속에 던져져도 그 가치가 크게 떨어지지 않으며,⁶⁷ ²⁰ 발삼 기름을 덧바른다고 더 귀해지지도 않습니다. 그러나 그 주인의 마음에는 그것이 항상 귀합니다. 이처럼 하느님의 자녀들도, 그들이 어디에 있건, ²⁵ 그들 아버지의 마음에는 그들이 늘 귀중합니다.

그리스도인

그대가 '나는 유다인이오!' 하고 말한다면 아무도 꿈쩍하지 않을 것입니다. 그대가 '나는 로마인이오!' 하고 말한다면 아무도 흔들리지 않을 것입니다. 그대가 '나는 그리스인이요, 야만인이요, ³⁰ 노예요, 자유민이오!' 하고 말한다면 아무도 동요되지 않을 것입니다. 그대가 '나는 그리스도인이오!'⁶⁸ 하고 [말한다면], [세상이] 떨 것입니다.⁶⁹ 내가 그런 사람, 곧 […] 그 이름조차 차마 ³⁵ [듣지] 못하는 사람이 [될]⁷⁰ 수 있다면!

---

65 ⲡⲉ ⲡⲭ̄ⲥ̄의 단어 순서를 바꾸어 ⲡⲭ̄ⲥ̄ ⲡⲉ로 읽었다.

66 셴케(Schenke)는 마지막 대명사를 복수형이 아닌 단수형으로 고쳐 "그분을 잰 이들은 나자렛 사람과 예수이십니다"로 읽는다 ("The Gospel of Philip", 179-208).

67 필사자의 실수로 반복되어 들어간(dittography) ϣⲁϥϣⲱⲡⲉ는 빼고 읽었다. 아이젠버그(Isenberg)는 부정어인 ⲁⲛ도 빼어 "진주는 진흙 속에 던져지면 그 가치가 크게 떨어진다"로 읽는다.

68 필립보 복음 62.32에도 그리스도인을 가리키는 데 ⲭⲣⲏⲥⲧⲓⲁⲛⲟⲥ가 사용되었다. 52.24에 달린 각주 참조.

69 셴케(Schenke)를 따라 공백에 "세상"을 넣어 읽었다.

70 아이젠버그(Isenberg)를 따라 공백을 ⲛ̄ⲧⲁϣ[ⲱⲡⲉ   ⲛ̄ⲧ]ⲉⲉⲓⲛⲉⲓⲛⲉ …로 읽

신과 제물

63. 신은 사람을 먹는 **63.1** 자입니다. 그래서 사람이 신에게 제물로 바쳐지는 것입니다. 사람이 제물로 바쳐지기 전에는 짐승들이 제물로 바쳐졌습니다. 사실 사람들이 제물을 바치던 그들은 신들이 아니었습니다.

유리그릇과 질그릇

⁵유리그릇과 질그릇은 불로 만들어집니다. 그런데 유리그릇은 깨지면 다시 만들어집니다. 그것이 숨으로 만들어졌기 때문입니다.[71] 그러나 ¹⁰질그릇은 깨지면 완전히 부서집니다. 그것이 숨 없이 만들어졌기 때문입니다.

연자매를 돌리는 나귀

연자매를 돌리는 나귀는 걸어서 백 마일을 돕니다. 풀려났을 때 (나귀)는 자기가 계속 같은 자리에 있었음을 깨달았습니다. ¹⁵오랜 여행을 하지만 전혀 앞으로 나아가지 못하는 사람들이 있습니다.[72] 그들에게 저녁이 닥쳤을 때 그들은 도시도 고을도 인공물도 자연물도 ²⁰능신 dynamis도 천사도 보지 못했습니다. 가련한 이들이 헛수고한 셈입니다.

성찬

성찬eucharist은 예수님입니다. 그분은 시리아어로 '파리사타', 곧 '펼쳐지

었다.

71   복수형이지만 단수로 옮겼다.
72   또는, "아무 곳으로도 나아가지 못하는 사람들이 있습니다."

신 분'이라 불리십니다.⁷³ 예수님께서 세상을 십자가에 못 박기 위해⁷⁴ 오셨기 때문입니다.

주님은 염색공

²⁵ 주님께서 레위의 염색 공장에 들어가셨습니다. 그분께서는 일흔두 가지 염료를 들어 염색 통에 넣으셨습니다. 그분께서 그것들을 꺼내시자 모두 흰 빛깔이었습니다. 그러자 그분께서 말씀하셨습니다. "이처럼 사람의 ³⁰아들도 염색공으로서 오셨다."

주님과 마리아 막달레나

'불임'이라 불리는 소피아는 [천]사들의 어머니이십니다.

그리고 구[원자]의 동지koinonos인 [마]리아 막[달]레나, [구원자께서는] 그[녀]를 (다른) [모든] 제자들보다 더 [사랑]하셨습니다. 그리고 [그분께서는] 그녀의 […]에 자[주] 입을 맞추셨습니다.⁷⁵ 나머지 [제자 64. 들은…].⁶⁴·¹ 그들은 그분께 말하였습니다. "당신께서는 무엇 때문에 우리 모두보다 그녀를 더 사랑하십니까?" 구원자께서 대답하시며 말씀하셨습니다.⁷⁶ "내가 왜 너희를 ⁵ 그녀만큼 사랑하지 않느냐고? 눈먼 이와 볼 수 있는 이가 어둠 속에 함께 있을 때는 서로 구분이 되지 않는다. 그러나 빛이 올 때에는 볼 수 있는 이는⁷⁷ 빛을 볼 터이고, 눈먼 이는 계속 어둠 속에 머물 것이다."

---

73 실제로 시리아어 '파리사타'는 '쪼개진 빵'이라는 뜻이다.
74 또는, "세상을 위해 십자가에 못 박히시려고."
75 성도들끼리 나누던 거룩한 입맞춤은 신약성경 세계에 널리 알려져 있었다.
76 ⲠⲈⲬⲀϤ ⲚⲀϤ가 필사가의 실수로 반복되어 있다(dittography).
77 아이젠버그(Isenberg)를 따라 ⲠⲈⲦⲚⲀⲂⲞⲖ을 ⲠⲈⲦⲚⲀϤ ⲈⲂⲞⲖ로 읽었다.

행복 선언

¹⁰ 주님께서 말씀하셨습니다. "행복하다, 자신이 생겨나기 전에 존재하는 이!⁷⁸ 존재하는 이는 (전에도) 존재했으며 (앞으로도) 존재할 것이다!"

사람과 짐승

사람의 우수성은 드러나지 않고 은밀한 곳에 (숨어) 있습니다. 그래서 (사람이) ¹⁵자기보다 더 강하고, 보이는 면과 보이지 않는 면이 모두 큰 짐승들을 다스립니다. 이것이 그것들을 존속하게 합니다. 그러나 사람이 그것들에게서 벗어나면 그것들은 서로 죽이고 물어뜯습니다. ²⁰(짐승)들이 양식을 찾을 수 없어서 서로 잡아먹은 것입니다. 그러나 이제 그것들은 양식을 찾았습니다. 사람이 땅을 경작하기 시작했기 때문입니다.

세례

어떤 사람이 물에 들어가 아무것도 받은 것 없이 나와서는 "나는 ²⁵그리스도인이오"⁷⁹ 하고 말한다면, 그는 그 이름을 이자를 물고 빌린 것입니다. 그러나 그가 성령을 받는다면 그는 그 이름을 선물로 갖게 됩니다. 선물을 받은 사람은 그것을 다시 뺏기지 않습니다. 그러나 이자를 물고 빌린 사람은 그것을 다시 돌려주어야 합니다. ³⁰누군가 신비에 들게 되었을 때 우리에게 일어나는 일도 이와 같습니다.

---

78 토마 복음 말씀 19; 부활 논고 47.1-2를 참조하라.

79 필립보 복음 64.25에도 그리스도인을 가리키는 데 ⲭⲣⲏⲥⲧⲓⲁⲛⲟⲥ가 사용되었다. 52.24에 달린 각주 참조.

혼인

혼인의 신비는 엄청납니다. 그것 [없이는] 세[상]이 존재하지 [않을] 것입니다. [세]상의 존속은 […] 그러나 […]의 존속은 […]⁸⁰ ³⁵ 불[결함 없는] 결[합]이⁸¹ [얼마만 한] 힘을 가졌을지 생각해 보십시오. 그것의 모상은 ⁶⁵·¹ 불결함 속에 있습니다.

신방

더러운 영의 형체schema에는 남자(의 형체)와 여자(의 형체)가 있습니다. 남자들은 여자의 형체 안에 지내는 영혼들과 결합합니다. ⁵ 여자들은 남자의 형체를 한 이들과 제멋대로⁸² 섞입니다. 아무도 이들에게서 달아날 수 없습니다. 그들이 그를 붙잡고 있기 때문입니다. 남자의 힘과 ¹⁰ 여자의 힘—곧 신랑과 신부—을 얻지 않는다면 말입니다. 우리가 (힘을) 얻는 것은 모상적 신방에서입니다.

배운 것 없는(교양 없는) 여자는, 홀로 앉아 있는 남자를 보면 그에게 달려들어 ¹⁵ 그와 함께 노닥거리면서 그를 더럽힙니다. 마찬가지로 배운 것 없는(교양 없는) 남자도 홀로 앉아 있는 예쁜 여자를 보면 그녀를 더럽히고 싶은 마음에 그녀를 설득하거나 완력을 씁니다. 그러나 ²⁰ 남자와 그 부인이 나란히 앉아 있는 것을 보면 여자들도 그 남자에게 다가

---

80 [ⲠⲔⲞ]ⲤⲘⲞ[Ⲥ ⲠⲈ ⲠⲢⲰ]ⲘⲈ ⲦⲤⲨⲤⲦⲀⲤⲒⲤ ⲆⲈ [Ⲙ̄ⲠⲢⲰⲘⲈ ⲠⲈ ⲠⲄ]ⲀⲘⲞⲤ로 읽으면 "세상의 존속은 여자에게 달렸습니다. 그러나 여자의 존속은 혼인에 달렸습니다." [ⲠⲔⲞ]ⲤⲘⲞ[Ⲥ ⲦⲈ ⲦⲤϨⲒ]ⲘⲈ ⲦⲤⲨⲤⲦⲀⲤⲒⲤ ⲆⲈ [Ⲛ̄ⲦⲤϨⲒⲘⲈ ⲠⲈ ⲠⲄ]ⲀⲘⲞⲤ로 읽으면 "세상의 존속은 인간에게 달렸습니다. 그러나 인간의 존속은 혼인에 달렸습니다."

81 셴케(Schenke)를 따라 공백 안에 ⲀⲦ를 넣어 읽었다.

82 직역: "합의 없이."

가지 않고 남자들도 그 여자에게 다가가지 않습니다. 이와 마찬가지로, 모상icon과 천사가 서로 결합하면 ²⁵아무도 감히 그 남자 혹은 그 여자에게 다가가지 않을 것입니다.⁸³

세상과 육신

예전에는 세상에 있었으나, (이제는) 세상을 떠나 더 이상 거기에 붙들려 있지 않는 사람은 […]의 ³⁰욕망과 두려움을 넘어서 있음이 분명합니다. 그는 […]을 다스리며 질투를 넘어섭니다. [다른 누군가가]⁸⁴ 오면 사람들은 그를 붙들어 질식시킵니다. 그러니 이자가 어떻게 크[나큰] 힘(능신)을 피해 달아날 수 있겠습니까? ³⁵그가 어떻게 […]할 수 있겠습니까?

66. "우리는 신앙인입니다" [하고 말하는] 사람들이 있습니다. ⁶⁶·¹ [더러운] 영과 데몬들이 […] 그들 안에 성령이 있다면 더러운 영이 그들에게 붙어 있지 못할 것입니다.

육신을 두려워하지도 ⁵사랑하지도 마십시오. 그대가 (육신)을 두려워하면 그것이 당신을 지배할 것입니다. 그대가 그것을 사랑하면 그것이 그대를 집어삼키고 질식시킬 것입니다.

---

83 셴케(Schenke)는 "아무도 감히 그 남자 혹은 그 여자에게 다가가지 않을 것입니다"를 앞으로 옮겨 읽었다. 따라서, "… 남자들도 그 여자에게 다가가지 않습니다. (그리고) 아무도 감히 그 남자 혹은 그 여자에게 다가가지 않을 것입니다. 모상과 천사가 한데 결합했을 때도 이와 마찬가지입니다."

84 아이젠버그(Isenberg)를 따라, [ⲕⲉⲗⲁⲁ]ⲩ로 읽었다.

세상·부활·중간 지대

(사람)은, 이 세상에 혹은 부활에 혹은 그 중간 지대들에 있습니다.[85] 나는 그곳들에서 발견되지 않기를![86] [10] 이 세상에는 선도 있고 악도 있습니다. (세상)의 선은[87] 선이 아닙니다. 그리고 (세상)의 악은[88] 악이 아닙니다. 이 세상 뒤에도 악이 있는데 그것은 참으로 악하며 [15]'중간'mesotes이라[89] 불립니다. 그것은 죽음입니다. 우리가 이 세상에 있는 동안에 부활을 획득하는 것이 좋습니다. 그래야 우리가 육신의 옷을 벗었을 때 안식anapausis 안에 머물고 [20]'중간' 지대에서 돌아다니지 않을 것입니다.

사실 길을 잃고 헤매는 사람들이 많습니다. 사람이 죄를 짓기 전에 세상을 떠나는 것이 좋습니다.

원의와 실천

어떤 이들은 (무언가를) 원하지도 않고 그럴 힘도 없습니다. 어떤 이들은 [25] 원하기는 해도 실천하지 않아서 아무 이득을 얻지 못합니다. 그들의 원의가[90] 그들을 죄인으로 만드는 것입니까? 그들이 원하지 않는다면, 정의가 두 (부류) 모두에게서 몸을 숨길 것입니다. 그것은 원의 (문

---

85 이레네우스, 『이단 논박』 1.7 참조.
86 다시 말해, "나는 그곳들에 있게 되지 않기를!" "그곳들"은 중간 지대들을 가리키는 듯하다.
87 또는 "선한 것들."
88 또는 "악한 것들."
89 지옥을 '중간'이라 여기던 사조에 대해서는 신플라톤주의를 참조하라.
90 아이젠버그(Isenberg)를 따라 ⲉⲡ[ⲟⲩⲟⲩ]ⲱⲱ로 읽었다.

제)가 아니며,[91] 행위의 문제도 아닙니다.

불타는 사람에 대한 환시

[30] 사도 급 인물 하나가 환시로 어떤 사람들이 화염에 싸인 집에 갇힌 채 불타는 […]로 묶여 있는 모습을 보았습니다. […] 저들이 그들에게 말하였습니다. [35] "[…] 그들이 구원될 [수도] 있었을 것입니다. […] 그러나 그들은 원하지 않았습니다. (그래서) 그들은 […] 벌, [67.1] 곧 '[바깥의] 어둠'을 받았습니다. 왜냐하면 …"

불·빛·성유

영혼과 영이 생겨난 것은 물과 불을 통해서입니다. 신방의 아들이 (생겨난 것은) 물과 불과 빛을 통해서입니다. 불은 성유이며, 빛은 불입니다. 지금 내가 말하는 것은 아무 형상morphe이 없는 불이 아니라 다른 종류의 불입니다. 그것의 형상은 눈부시고 아름다운 흰 빛깔로서, (다른 것에) 미를 부여하는 것입니다.

진리·재탄생·복원

진리는 [10] 이 세상에 벌거벗은 몸으로 온 것이 아니라 유형과 모상을 지닌 채 왔습니다. (세상)이 다른 식으로는 (진리)를 받아들이지 않았을 것입니다.

'재탄생'(다시 태어남)과 '재탄생의 모상'이 있습니다. 참으로 (우리는) 모상을 통해 다시 태어나야 합니다.[92] [15] 그것이 무엇입니까? 부활입니

---

91 아이젠버그(Isenberg)는 ⲁⲛ ⲡⲉ을, 사히드 방언에서는 ⲟⲛ ⲡⲉ로 읽음에 착안하여 "그것은 원의 문제이며 행위의 문제가 아닙니다"로 읽었다.

92 또는, "참으로 모상을 통해 다시 태어날 필요가 있습니다. 다시 태어나는 것이

다.[93] 그리고 모상은 모상을 통해 다시 일어나야 합니다. 신방과 모상은, 모상을 통해 진리 안에 들어가야 합니다. (진리)란 '복원'apokatastasis입니다.[94]

아버지와 아들과 성령의 이름을 [20] 획득한 사람들뿐 아니라 그 (이름)들을 그대를[95] 위해 획득(한 사람들)도[96] 그러해야 합니다. 누군가 자신을 위해 그 (이름)들을 획득하지 않는다면 그 이름을[97] 빼앗기고 말 것입니다. 사람은 그것들을 십자가의 힘과 […] 성유에서 얻습니다. 이 (힘)을 [25] 사도들은 '오른쪽과 왼쪽'이라 부릅니다. 사실 이 사람은 이제 '그리스도인'이 아니라 '그리스도'입니다.[98]

다섯 신비

주님께서는 모든 일을 신비 가운데 [행]하셨습니다: 세례, 성유, 성찬, 구원(속량) [30] 그리고 신방.

좋습니다."

[93] 또는 두 문장을 하나로 보아, "부활은 어떤 것입니까?"

[94] 사도 3,21: "이 예수님께서는 하느님께서 예로부터 당신의 거룩한 예언자들의 입을 통하여 말씀하신 대로, 만물이 복원될 때까지 하늘에 계셔야 합니다." 부활 논고 44.25-38 참조.

[95] 필사본에는 ⲚⲀⲔ ϨⲰⲞⲨ라 되어 있다. 셴케(Schenke)는 이를 필사가의 실수로 간주하고 ⲚⲀⲨ ϨⲰⲞⲨ로 고쳐 "그들 자신을 위해"로 읽는다. 그래서 전체 문장은 이렇게 된다: "아버지와 아들과 성령의 이름을 그저 획득하기만 한 사람뿐 아니라 그 (이름)들을 바로 자기 자신을 위해 획득한 사람들도 그러해야 합니다."

[96] 아이젠버그(Isenberg)와 셴케(Schenke)를 따라 누락된 문장을 복원하였다.

[97] 문맥상 '그리스도인'이라는 이름을 의미한다.

[98] 61.30 이하에 달린 각주를 참조하라.

아래쪽·위쪽, 안쪽·바깥쪽·맨 바깥쪽

[…] 그분께서 말[씀]하셨습니다. "나는 아래[쪽 것들을] [위]쪽 것들처럼, 그리고 바깥[쪽 것들을 안]쪽 것들처럼 만들려고 왔다.[99] […]"

68. '[천상의 인간이 있으며 그보다] 더 높은 곳에 다른 사람이 있다'고 말하는 자들은 [오]류에 빠진 것입니다. 눈에 보이는 분은, 그들이 [68.1]'아래쪽 인간'이라 부르는 천상의 인간이고, 숨겨진 것과 관련된 분은 그보다 위에 계신 분이기 때문입니다.

사실 '안쪽과 [5]바깥쪽, 그리고 바깥쪽의 바깥쪽에 있는 것'이라 말하는 것이 좋습니다. 그래서 주님께서 '파멸'을 '바깥쪽에 있는 어둠'이라 부르셨습니다.[100] 그것보다 더 바깥은 없습니다. 그분께서 "숨은 곳에 계시는 나의 아버지"[101] 하고 말씀하셨습니다. 그분께서 말씀하셨습니다. [10]"네 방으로 가서 문을 닫아걸고 숨은 곳에 계시는 네 아버지[102] 곧 모든 것 안에 계시는 분께 기도하여라." 그 모든 것 안에 계시는 분은 '플레로마'입니다. [15]그분 외에는 그 안에 아무것도 없습니다. 이분이 '그들 위에 계신 분'이라 일컬어지는 바로 그분이십니다.

그리스도 이전과 이후

그리스도 이전에, 사람들이 더 이상 들어가지 못하는 곳에서 어떤 이들이 나왔습니다. 그리고 그들은 더 이상 [20]나오지 못하는 곳으로 들

---

99 토마 복음 말씀 22를 참조하라. 『클레멘스의 둘째 편지』 12.2도 참조하라.
100 마태 8,12; 22,13; 25,30을 참조하라.
101 마태 6,6 참조.
102 마태 6,6.

어갔습니다. 그때 그리스도께서 오셨습니다. 그분께서는 들어간 사람들을 데리고 나오셨으며, 나간 사람들을 데리고 들어가셨습니다.

하와와 아담의 분리

하와가 아담 안에 있었을 때에는 죽음이 없었습니다. 그녀가 그에게서 분리되었을 때 죽음이 생겨났습니다. ²⁵ 그가 다시 들어가서 자기 자신을 되찾는다면 죽음도 없을 것입니다.¹⁰³

십자가상의 외침

"저의 하느님, 저의 하느님! 어찌하여, 주님, 저를 버리셨나이까?"¹⁰⁴ 그분께서 십자가 위에서 이렇게 말씀하셨습니다. 그분께서 그곳에서 분리되셨기 때문입니다.¹⁰⁵ […]

그분은 하느님에 의해 […]한 사람에게서 ³⁰ 태어나셨습니다.¹⁰⁶ […]¹⁰⁷

신방

69. ¹ 신방pastos은 짐승을 위한 곳이 아닙니다. 그것은 노예를 위한 곳도, 더렵혀진 여자를 위한 곳도 아닙니다. 그곳은 자유로운 남자와 처녀(동정녀)를 위한 곳입니다.

---

103 셴케(Schenke)는 대명사를 고쳐서 "그녀가 (그에게) 다시 들어가고 그가 그녀를 자기 것으로 맞이한다면 죽음도 없을 것입니다"라 읽는다.

104 마르 15,34.

105 천상의 그리스도가 인간 예수와 분리되었음을 뜻한다. 따라서 십자가형을 당하고 돌아가신 분은 그리스도가 아니라 인간인 예수라는 것이다.

106 또는, "하느님에 의해 […]한 사람에게서 태어나신 분 …."

107 공백이 많아 무리하게 해석하는 것이 무의미해 보인다.

세례와 성유

⁵ 성령에 의해 우리는 다시 태어납니다. 그리스도를 통하여 우리는 둘로 태어납니다. 우리는 영을 통해 도유됩니다. 우리가 (다시) 태어났을 때 우리는 하나로 결합되었습니다.

빛이 없이는 물을 통해서든 ¹⁰ 거울을 통해서든 아무도 자신을 보지 못할 것입니다. 물이나 거울 없이 그대는 빛 속에서도 보지 못할 것입니다. 이 때문에, 빛과 물 둘을 통해 세례를 받아야 합니다. 빛은 성유입니다.

예루살렘 성전의 비유: 세례·구원·신방

예루살렘에는 봉헌소 세 곳이 ¹⁵ 있었습니다. 서쪽을 향하고 있는 곳은 '성소'라 불렸습니다. 남쪽을 향하는 다른 곳은 '거룩한 성소'라 불렸습니다. 동쪽을 향하고 있는 셋째 장소는 ²⁰ '지성소'라 불렸습니다. [108] 그곳은 오직 대사제만 들어갈 수 있습니다. '세례'란 '거룩한 집'입니다. '구원'이란 '거룩한 성소'입니다. '지성소'는 ²⁵ 신방nimphon입니다. [세례] 안에 부활[과] 구원이 있습니다. 구원은 신방에서 이루어집니다. 그러나 신방은 […]보다 위에 있습니다. 그대는 […]을 찾지 못할 것입니다. 예루살렘 […] 기도하는 사람들입니다. 예루살렘 […] 지성[소]라 불리는 사람들 […] 휘장이 찢어졌습니다. 모상이 아니라면 신방pastos […].

70. ⁷⁰·¹ 이 때문에 그 휘장이 꼭대기에서 바닥까지 찢어진 것입니다. 사실 사람들은 아래쪽에서부터 위쪽으로 올라가야 합니다.

---

108 직역: "거룩한 곳", "거룩한 곳보다 거룩한 곳", "거룩한 곳들 가운데 가장 거룩한 곳." 그리스어로는 각각, 'τὸ ἅγιον', 'τὸ ἅγιον τοῦ ἁγίου'(레위 16,33), 'τὸ ἅγιον τῶν ἁγίων'(1열왕 6,16)에 해당한다. 'τὸ ἅγιον τοῦ ἁγίου'도 지성소라 옮긴다(레위 16,33).

빛의 옷

⁵ 능신dynamis들은¹⁰⁹ 완전한 빛의 옷을 입은 이들을 보지 못합니다. 그래서 그들을 잡아두지도 못합니다. 사람은 신비롭게, 결합을 통해 이 빛의 옷을 입을 것입니다.

신방의 결합

¹⁰ 여자가 남자에게서 분리되지 않았다면 남자와 함께 죽지 않았을 것입니다. 그와의 분리가 죽음의 시작이 되었습니다. 이 때문에 그리스도께서 오셨습니다. 처음에 일어난 분리를 원래대로 복원하고 ¹⁵ 둘을 결합시키려는 것이었습니다. 그리하여 분리로 인해 죽은 자들에게 생명을 주고 그들을 결합시키려는 것이었습니다.

여자는 신방pastos에서 남편과 결합됩니다. 신방에서 결합된 사람들은 ²⁰ 더는 서로 분리되지 않을 것입니다. 하와가 아담에게서 분리된 것은 이 때문입니다. 그녀가 그와 결합한 곳이 신방이 아니었기 때문입니다.¹¹⁰

영혼과 영

아담의 영혼은 숨을 통해 생겨났습니다. 그 (영혼)의 짝은 영입니다. 그에게 주어진 것은 ²⁵ 그의 어머니입니다. 그의 영혼은 빼앗겼으며 그 대신 그에게 영이 주어졌습니다. 그가 (영에) 결합되었을 때, 그는 능신dynamis들이 알아듣지 못하는 말들을 [하였습니다]. 그들은 그를 시

---

109 '능력', '힘'으로 옮길 수도 있다. 창조주의 수하세력인 아르콘이 '힘'(dynamis), '권세'(exousia) 등의 이름으로 불린다.
110 직역: "그녀가 그와 결합한 것이 신방에서가 아니었기 때문입니다."

기하였고, […]¹¹¹

예수님의 출현

71. 예수님께서 ³⁵요르단 강, 하늘 [나라의] 플레[로마에…] 나타나셨습니다. 만물보다 앞서 [나]신 분께서 ⁷¹·¹다시 새로 나신 것입니다. 전에 기름부음 받으신 분께서 다시 새로 기름부음 받으신 것입니다. 전에 구원되신 분께서 다시 새로 (다른 이들을) 구원하신 것입니다.

동정 잉태

참으로 (우리는) 신비를 말해야 합니다. 만물의 아버지께서 ⁵아래로 내려온 동정녀와 결합하셨습니다. 바로 그날 불꽃이 그분 둘레를 비추었습니다.

　그분께서 위대한 신방pastos에 나타나셨습니다.¹¹² 그리하여 그날 그분의 몸soma이 생겨났습니다. 그분께서는 신방pastos을 나가셨습니다. ¹⁰신랑과 신부에게서 태어난 분처럼 말입니다. 이런 식으로 예수님께서는 그(신방) 안에서 이들을 통하여 만물을 세우셨습니다.

제자들은 저마다 그분의 안식으로 ¹⁵걸어 들어가야 합니다.

아담과 그리스도

아담은 두 동정, 곧 영과 동정인 대지에서 생겨났습니다. 이 때문에 그리스도께서 ²⁰동정녀에게서 나신 것입니다. 이는 한처음에 발생한 타락(넘어짐)을 바로 세우기 위해서였습니다.

111　공백이 많아 이해하기 어렵다. 영적 동반자, 신방(pastos) 등의 단어가 나온다. 요한의 비전에 나오는 아담의 창조 설화를 참조하라.

112　또는, "그분께서 위대한 신방을 밝히 보여 주셨습니다."

동산의 두 나무

동산paradise에 나무 두 그루가 자라고 있습니다.[113] 하나는 짐승을 낳고 하나는 사람을 낳습니다. 아담은 [25] 짐승을 낳은 나무에서 (열매를) 따 먹었습니다. 그리고 그는 짐승이 되었고 자기도 짐승을 낳았습니다. 이 때문에 아담의 아들들은 짐승들을 숭배합니다. […][114] [35] 신이 사람을 창조하였습니다. [그리하여 사]람이 [72.1] 신을 창조[하게 되었습니다].

72.

세상에서는 이런 식입니다. 사람들이 신을 만들고 자신들이 만든 것들을 숭배합니다. 그러나 신들이 사람들을 숭배해야 할 것입니다.

사람의 일과 능력

참으로 [5] 사람의 일(업적)은 그의 능력dynamis에 따라 이루어집니다. 그래서 그것을 '능력'이라 부릅니다. 그의 자녀들도 그의 일에 속합니다.[115] 그들은 '안식'anapausis으로부터 생겨났습니다. 그래서 [10] 그의 능력이 그의 일(업적)을 결정합니다. 그러나 안식은 자녀들에게서 드러납니다. 그대는 이것이 모상에 적용됨을 깨달을 것입니다. 모상인 사람의 일이 바로 이런 식입니다. [15] 그는 자신의 힘으로 일을 합니다. 그러나 그가 자신의 자녀를 낳는 것은 '안식'으로부터입니다.

노예와 자유민

이 세상에서는 노예들이 자유민을 섬깁니다. 하늘 나라에서는 자유민들이 [20] 노예들에게 시중들 것입니다. 신방의 자녀들이 혼[인]의 자녀들에게 시중들 것입니다.

---

113 창세 2,9 참조.

114 공백이 많아 해독이 어렵다. 나무, 열매, 먹다, 사람을 낳다 등의 단어가 나온다.

115 직역: "그의 자녀들은 그의 일입니다."

신방의 자녀들이 가진 단 하나의 이름은 '안식'입니다. … 116

세례와 의로움

73. ³⁰물속으로 내려가는 이들 … 거룩하게 될 것입니다. 그분의 이름으로 … 그분께서 말씀하셨습니다. "우리는 [이렇게 해서] ⁷³·¹ 모든 의로움을 이루어야 한다."117

부활은 살아 있는 동안에

먼저 죽고 그 다음에 일어날 것이라고 말하는 사람은 오류에 빠졌습니다. 살아 있는 동안에 부활anastasis을 미리 얻지 않는다면 그들이 죽었을 때 아무것도 얻지 못할 것입니다.

⁵세례에 관해 말하면서 "세례는 위대하다" 하고 말하는 것도 그들이 (세례)를 받으면 살 것이기 때문입니다.

요셉과 십자가 나무

필립보 사도가 말하였다.

목수 요셉이 ¹⁰동산paradeisos을 가꾸었습니다. 자기 일에 나무가 필요했기 때문입니다. 바로 그가 자기가 심은 나무로 십자가를 만든 사람입니다. 그리고 그의 자손이 그가 심은 (나무)에 매달렸습니다. 그의 자손은 ¹⁵예수님이셨습니다. 그리고 (그가) 심은 것은 십자가였습니다.

---

116 공백이 많아 해독이 어렵다. '그들은 …을 취할 필요가 없다'라는 구절과 '관상'(theoreia) 등의 단어가 나온다.

117 마태 3,15.

그런데 생명의 나무가 [118] 동산paradeisos 한가운데에 있습니다. 올리브 나무에서 성유chrisma가 나오며 (성유)에서는 부활이 (나옵니다).

생명을 가져오신 예수

이 세상은 시체를 [20]먹습니다. [119] 그곳에서 먹힌 것들은 모두 죽습니다. 진리는 생명을 먹습니다. [120] 그러므로 [진리]에서 양분을 얻는 이들은 아무도 죽지 않을 것입니다. [121] 예수님께서 바로 그곳에서 오셨습니다. 그리고 그분께서는 그곳에서 [25]양분을 가져오셨습니다. 그리고 원하는 이들에게 그분께서 생[명]을 주셨습니다. 그들이 죽지 않게 하려는 것이었습니다.

지식의 나무

… 하느님께서 동산을 … 사람이 동산 … [30]… 사람들은 이 동산을 두고 말할 것입니다. "[네]가 바라는 대로 [35]이것은 [먹고] 저것은 먹지 마라."

74. [1]내가 모든 것을 먹을 곳은 지식gnosis의 나무가 [122] 있는 그곳입니다.

그곳에 있는 것(지식의 나무)은 아담을 죽였습니다. 그러나 이곳에서는 지식의 나무가 사람을 살렸습니다. [5]율법nomos은 나무였습니다. 그 (나무는) 선과 악에 관한 지식을 주는 힘을 가졌습니다. 그것은 그 (사람)를 악과 멀어지게 만들지도 않았고 그를 선 안에 두지도 않았습

---

118 창세 2,9 "생명 나무" 참조.
119 직역: "이 세상은 시체를 먹는 자입니다."
120 직역: "진리는 생명을 먹는 자입니다."
121 토마 복음 말씀 11과 비교하라.
122 창세 2,9 "선과 악을 알게 하는 나무" 참조.

니다. 대신 그것을 먹는 이들을 위해 죽음을 만들었습니다. [10] 그가 "이 것은 먹고 저것은 먹지 마라" 하고 말했을 때[123] 죽음이 시작되었습니다.[124]

성유·세례·신방

성유chreisma는 세례보다 뛰어납니다. 우리가 그리스도인이라[125] 불린 것이 '크리즈마'chrisma라는 단어에서 비롯되었기 때문입니다. [15]'밥티즈마'baptisma 때문이 아닙니다. (그분을) 그리스도라 부른 것도 '크리즈마' 때문입니다. 실제로 아버지께서는 아들에게 기름을 부으시고(바르시고), 아들은 사도에게 기름을 부으셨습니다(바르셨습니다). 그리고 사도들은 우리에게 기름을 부었습니다(발랐습니다).

기름부음 받은 이는 모든 것을 가집니다. [20] 그는 부활, 빛, 십자가, 성령(거룩한 영)을 가집니다. 아버지께서 신방nymphon에서 이것을 그에게 주셨으며 그는 받았습니다. 아버지는 아들 안에, 아들은 아버지 안에 계셨습니다.[126] 하늘 나라는 이러합니다.[127]

더 높은 분

[25] 주님께서 이렇게 잘 말씀하셨습니다. "어떤 이들은 웃으면서 하늘 나

---

123 창세 2,16-17: "주 하느님께서는 사람에게 이렇게 명령하셨다. '너는 동산에 있는 모든 나무에서 열매를 따 먹어도 된다. 그러나 선과 악을 알게 하는 나무에서는 따 먹으면 안 된다. 그 열매를 따 먹는 날, 너는 반드시 죽을 것이다'" 참조.

124 직역: "죽음의 시작이 이루어졌습니다."

125 74,11에서는 그리스도인을 가리키는 데 ⲬⲢⲒⲤⲦⲒⲀⲚⲞⲤ가 사용되었다. 52,24에 달린 각주 참조.

126 요한 10,38; 14,10-11; 14,20; 17,21.

127 또는, "이것이 하늘 나라입니다."

라에 들어갔다가 […]하며 나왔다. …. ¹²⁸

75. ¹빵과 잔과 기름도 그러할 것이다. 그러나 이 모든 것보다 더 높은 분이 계신다."

세상의 창조

세상은 실수paraptoma로 생겨났습니다. 사실 그것을 만든 자는¹²⁹ 그것을 불멸하고 불사하는 것으로 ⁵만들기 원했지만 실패하여¹³⁰ 자기의 희망을 이루지 못했습니다. 세상의 불멸성이 이루어진 적이 없기 때문입니다. 세상을 만든 자의 불멸성 또한 이루어진 적이 없습니다.¹³¹ ¹⁰사물은 불멸하지 않습니다.¹³² 그러나 자녀들은 (불멸합니다.) 자기가 아들이 되지 않는다면 어떤 것도 불멸성을 얻을 수 없습니다. 그것을 얻을 능력이 없는 이라면 주는 능력은 얼마나 더 없겠습니까?

기도의 잔

¹⁵기도의 잔에는 포도주와 물이 담겨 있습니다. 그 (잔)이 감사제를 올릴¹³³ 피의 예형typos으로 정해졌기 때문입니다. 그것은 성령으로 가득히 채워져 있으며, 완전한 사람의 것입니다. ²⁰우리는 이 (잔)을 마실 때마다 자기 안에 완전한 사람을 받아들이게 됩니다.

---

128 6-7줄 정도 훼손이 심해서 번역을 생략하였다.
129 세상의 창조자, 곧 창조주 데미우르고스를 말한다.
130 직역: "떨어져."
131 주어에 해당하는 단어인 ⲦⲎⲚⲦⲀⲦⲦⲈⲔⲞ가 여성형이므로 앞에 쓰인 대명사를 남성에서 여성으로 바꾸어 ⲚⲈϤϢⲞⲞⲚ을 ⲚⲈⲤϢⲞⲞⲚ로 고쳐야 한다.
132 직역: "사물의 불멸성이란 존재하지 않습니다."
133 그저, "감사를 드릴"로 옮겨도 된다. 그러나 여기서는 εὐχαριστέω 동사가 '감사제를 드리다' 또는 '성찬례를 드리다'라는 성사적 의미로 쓰인 것 같다.

살아 있는 물은 몸soma입니다. 우리는 살아 있는 사람을 입어야 합니다. 이 때문에 물속으로 내려가기 전에 옷을 벗는 것입니다. 그(살아 있는 사람)를 입으려는 것입니다.

선택된 백성

²⁵ 말은 말을 낳습니다. 사람은 사람을 낳습니다. 신은 신을 낳습니다. 신랑과 신[부]도 이와 마찬가지입니다. 그들은 […]에서 생겨났습니다.

³⁰ 어떤 유다인도 […]에서 … 우리는 유다인에게서 […] 그리스도인¹³⁴ 76. …. 이[…]들은 […]의 '선택된 백성', ⁷⁶,¹ 진실한 사람(진정한 인간), '사람의 아들', 그리고 '사람의 아들의 씨앗'이라 불립니다. 이 (백성)은 세상에서 진실한 백성이라 불립니다. 이곳은 ⁵ 신방nymphon의 자녀들이 사는 곳입니다.

이 세상과 저세상

이 세상, 곧 강함과 약함이 있는¹³⁵ 이곳에서는 남자와 여자의¹³⁶ 결합이 있습니다. 저세상eon에서는 결합의 양상이 다릅니다. 그러나 우리는 그것들을 같은 이름으로 부릅니다. ¹⁰ 그러나 다른 것(이름들)도 있습니다. 그것들은 우리가 부르는 모든 이름보다 높습니다. 그리고 그것들은 강함보다 더 강합니다. 힘이 있는 곳에는 강함보다 더 강한 이들

---

134 75.34에서는 그리스도인을 가리키는 데 ⲭⲣⲓⲥⲧⲓⲁⲛⲟⲥ가 사용되었다. 52.24에 달린 각주 참조.

135 레이튼(Layton)을 따라 'ⲉⲧ'을 'ⲛ̄'으로 바꾸어 'ⲧⲙⲁ ⲉⲧϭⲟⲙ ⲙⲛ̄ ⲧⲙⲛ̄ⲧϭⲱⲃ'가 아닌 'ⲧⲙⲁ ⲛ̄ϭⲟⲙ ⲙⲛ̄ ⲧⲙⲛ̄ⲧϭⲱⲃ'로 읽었다.

136 'ⲛ̄'을 넣어 'ϣⲟⲟⲡ … ϩⲟⲟⲩⲧ ϩⲓ ⲥϩⲓⲙⲉ'를 'ϣⲟⲟⲡ … ⲛ̄ϩⲟⲟⲩⲧ ϩⲓ ⲥϩⲓⲙⲉ'로 바꾸어 읽었다.

이[137] 있기 때문입니다.

이것들은 서로 다른 것이 아닙니다.[138] [15]둘 다 같은 한 가지입니다. 이것은 육신의 마음에 떠오르는 일이 없을 것입니다.[139]

알게 된 사람

모든 것을 가진 이라면 누구든 그것들 전부를 알아야 하지 않겠습니까? 실제로 어떤 이들은 [20]그것들을 알지 못하여 자신이 가진 것을 누리지도 못할 것입니다. 그러나 그것들을 알게 된 사람들은 (자기가 가진) 것을 즐길 것입니다.[140]

완전한 빛을 입어야

완전한 사람은 붙잡힐 수도 없고 (그들 눈에) 보이지도 않습니다. 사실 그들이 그를 본다면 [25]그를 붙잡아 두려 할 것입니다.[141] 누군가 완전한 빛을 입고 자기도 완전한 빛이 되지 않는 한 이 은총을 얻을 수 있는 다른 방법은 없습니다. (완전한 빛)을 [입]은 이는 […로] 갈 것입니다. [30]이것이 완전한 […]입니다.

[…]로 가기 전에 […]가 되어야 합니다. 이곳에서 모든 것을 얻고

---

137 또는, "강함 면에서 탁월한 이들."
138 직역: "이것들은 '하나 그리고 다른 하나'가 아닙니다."
139 1코린 2,9: "어떠한 눈도 본 적이 없고 어떠한 귀도 들은 적이 없으며 사람의 마음에도 떠오른 적이 없는 것들을 하느님께서는 당신을 사랑하는 이들을 위하여 마련해 두셨다" 참조.
140 또는 "모든 것을 가진 이라면 누구든 자기 자신도 알아야 하지 않겠습니까? 실제로 어떤 이들은 자신을 알지 못하여 자신이 가진 것을 누리지도 못할 것입니다. 그러나 자신을 알게 된 사람들은 (자기가 가진) 것을 즐길 것입니다." '그것들 전부'로 해석한 대명사는 '그들 자신'으로도 해석할 수 있다.
141 천계 여행 중에 만나는 방해세력들을 가리키는 듯하다.

77. [...]한 이는 그곳[에서 ...] ³⁵할 수 없으며 불완전한 이로서 [중]간 지대에¹⁴² 갈 것입니다. ⁷⁷·¹ 오직 예수님만이 이 사람의 끝을 아십니다.

거룩한 사람

거룩한 사람은 자신의 몸에 이르기까지 전적으로 거룩합니다. 그가 빵을 받아들였다면 그것을 거룩하게 만들 것입니다. 그는 잔이나 ⁵ 그가 받아들이는 다른 모든 것을 거룩하게 만듭니다. 그렇다면 그가 어떻게 해서든 몸까지 거룩하게 만들지 않겠습니까?

세례와 죽음

예수님께서는 세례의 물을 채우신 것처럼 같은 방식으로 죽음을 쏟아버리셨습니다. 이 때문에 우리는 ¹⁰ 물속으로는 내려가지만 죽음 속으로는 내려가지 않습니다. 세상의 영에 의해 쏟아버려지지 않기 위해서입니다.

　그것(세상의 영)이 불면 겨울이 옵니다.¹⁴³ 거룩한 영(성령)이 불면 ¹⁵ 여름이 옵니다.

진리의 지식

진리의 지식을 가진 이는 자유롭습니다.¹⁴⁴ 자유로운 사람은 죄를 짓지 않습니다. 사실 죄를 짓는 자는 죄의 노예입니다.¹⁴⁵

142　지옥을 '중간 지대'(μεσότης)로 표현하는 것에 대해서는 Elsas, *Neuplatonische Und Gnostische Weltablehnung in Der Schule Plotins*, 235을 참조하라.

143　직역: "겨울이 되게 합니다."

144　요한 8,32 참조.

145　요한 8,34: "죄를 짓는 자는 누구나 죄의 종이다."

진리와 지식과 사랑

진리aletheia는 어머니입니다. 지식gnosis은 ²⁰아버지입니다. ¹⁴⁶ 죄짓는 일을 자신에게 돌리지 않는 이들을 세상은 자유인이라 부릅니다. 이들은 자신에게 죄짓는 일을 돌리지 않는 이들입니다. 진리에 대한 지식은 마음을 들어 높입니다. ¹⁴⁷ 다시 말해 그것(진리에 대한 지식)은 그들을 자유인으로 만들고 ²⁵그들을 어떤 곳보다 높이 들어 올립니다. 사랑agape은 성장하게 합니다. ¹⁴⁸ 지식을 통해 자유로워진 사람은 사랑 때문에, 아직 지식의 자유를 얻지 못한 사람들을 위해 노예가 됩니다. 지식은 ³⁰그들을 자유인이 될 수 있게 합니다.

사랑은 그 어느 것에 대해서도 자기 것이라 [말하지 않습니다]. 그것이 자기 것[인데도 말입니다]. 그것(사랑)은 ['이것이 내 것이다.'] 혹은 '저것이 내 것이다' 하고 말하지 않으며, '이 [모든 것]이 ³⁵그대의 것입니다' 하고 말합니다.

영적인 사랑과 향유

78. 영[적]인 사랑은 포도주이며 향기입니다. ⁷⁸·¹ 그것(영적인 사랑)을 바른 모든 사람은 그것에서 기쁨을 얻습니다. (그것을) 바른 사람이 있는 동안에는 곁에 있는 사람들도 기쁨을 누립니다. 향유를 바른 이들이 그들에게서 물러나 ⁵떠나간다면, 곁에 서 있기만 하고 (향유를) 바르지 않은 사람들은 자신의 악취 속에 계속 머물 것입니다.

사마리아인은 다친 사람에게 포도주와 기름 외에 아무것도 주지 않

---

146 ⲠⲦⲰⲦ(동의)를 ⲠⲈⲒⲰⲦ(아버지)로 바꾸었다.
147 1코린 8,1: "지식은 교만하게 하고"와 비교하라.
148 직역: "사랑은 세웁니다." 1코린 8,1: "사랑은 성장하게 합니다" 참조.

았습니다. ¹⁴⁹ 그것은 ¹⁰향유 외에 다른 것이 아니었습니다. 그런데 그것이 상처를 낫게 했습니다. 사랑이 많은 죄를 덮어 주기 때문입니다. ¹⁵⁰

아이는 부모가 사랑하는 대상을 닮는다

여자가 낳을 아이들은 그 여자가 사랑하는 사람을 닮습니다. (그녀가 사랑하는 사람이) 그녀의 남편이라면 그들은 그녀의 남편을 닮습니다. 그가 ¹⁵상간자라면 그들은 그 상간자를 닮습니다. 여인이 어쩔 수 없이 남편과 잠자리에 들지만 그녀의 마음은, 줄곧 관계를 갖는 상간자에게 가있을 때가 종종 있습니다. 이럴 때 그녀가 낳는 아이는 그녀의 상간자를 닮은 경우가 많습니다. ¹⁵¹ ²⁰그러니 하느님의 아들과 함께하는 여러분은 세상을 사랑하지 말고 주님을 사랑하십시오. 그래야 여러분이 낳게 될 아이들이 세상을 닮지 않고 주님을 닮게 될 것입니다.

같은 종끼리 결합한다

²⁵사람은 사람과 결합합니다. 말은 말과 결합합니다. 나귀는 나귀와 결합합니다. 종족은 같은 종족과 결합합니다. 이와 마찬가지로 영은 영과 결합하고 ³⁰말씀logos은 말씀과 결합하며 빛은 빛과 결합합니다. ¹⁵² [그대]가 사람이 된다면 [사]람이 그대를 사랑할 것입니다. 그대가 [영]이 된다면 영이 그대와 결합할 것입니다. ¹⁵³ 그대가 ³⁵말씀이 된다면 말

---

149   루카 10,34 참조.

150   1베드 4,8: "사랑은 많은 죄를 덮어 줍니다."

151   직역: "그녀가 낳는 아이로 말할 것 같으면, 그녀는 자기의 상간자를 닮은 아이를 낳곤 합니다."

152   콥트어 ⲧⲱϩ와 그리스어 차용어인 ⲕⲟⲓⲛⲱⲛⲉⲓ가 함께 쓰였다.

153   여기 쓰인 단어는 ϩⲱⲧⲣ이다.

79. 씀이 ⁷⁹·¹ 그대와 결합할 것입니다. ¹⁵⁴ 그대가 빛이 된다면 빛이 그대와 결합할 것입니다. ¹⁵⁵ 그대가 위에 속한 이가 된다면 위에 속한 이들이 ⁵그대 위에 머물 것입니다. 그대가 바깥쪽이나 아래쪽에 있는 말이나 나귀나 소나 개나 양 혹은 다른 짐승이 된다면, 사람도 영도 ¹⁰말씀도 빛도 그대를 사랑하지 못할 것입니다. 위쪽에 있는 이들도 안쪽에 있는 이들도 그대 안에 머물지 못할 것입니다. 그리고 그들 안에 그대의 몫은 없을 것입니다. ¹⁵⁶

노예와 자유인

자신의 뜻과 다르게 노예가 된 사람은 자유로워질 수 있습니다. ¹⁵주인의 호의로 자유로워졌다가 자신을 노예로 되판 사람은 더 이상 자유인이 될 수 없습니다.

농사의 비유: 믿음, 희망, 사랑, 지식

세상의 경작은 네 가지 요소를 통해서 이루어집니다. ²⁰사람들은 물과 흙과 바람(영)과 빛을 통해 곳간에 모아들입니다. 하느님의 경작도 이와 마찬가지로 네 가지, 곧 믿음, 희망, 사랑, ²⁵지식을 통해서 이루어집니다. ¹⁵⁷ 믿음은 우리의 흙입니다. 우리는 그 안에 뿌리를 내립니다. 물은 희망입니다. 우리는 그것을 통해 자양분을 얻습니다. 바람은 사랑입니다. 그것(바람)을 통해 우리는 자라납니다. 빛은 ³⁰지식[입니다]. 그것(지식)을 통해 우리는 성[숙해]집니다.

---

154 여기 쓰인 단어는 Tω2이다.

155 여기 쓰인 단어는 ΚΟΙΝωΝΕΙ이다.

156 직역: "그대는 그들 사이에 몫을 갖지 못할 것입니다."

157 1코린 13,13과 비교하라. 79.25에는 믿음과 희망과 사랑에 '지식'이 더해져 있다.

은총은 [네] 가지 [방식]으로 존재합니다. [그것(은총)은] 지상의 것입니다. 그것은 [천상]의 것입니다. … 하늘의 하늘 …

행복 선언

80. [행]복합니다, ⁸⁰·¹ 어떤 영혼도 [슬프게] 만든 적이 없는 사람! 그분은 예수 그리스도이십니다. 그분께서는 온 땅을 맞아들이셨으며[158] 어느 누구에게도 짐을 지우지 않으셨습니다. 그러므로 이와 같은 이는 행복합니다. 그는 완전한 사람이기 때문입니다.

⁵ 말씀logos은 우리에게 이것에 대해 말합니다. 이것을 일으키는 것이 얼마나 어려운지. 우리가 어떻게 이렇게 위대한 일을 이룰 수 있겠습니까? 그것이 어떻게 모든 이에게 안식을 줄 수 있겠습니까?

무엇보다 먼저 아무도 슬프게 해서는 안 됩니다. 큰 사람이든 작은 사람이든 ¹⁰ 믿지 않는 사람이든 믿는 사람이든 마찬가지입니다. 그 다음에는 선한 일들 안에 머무는 이들에게 안식을 주어야 합니다. 어떤 이들(에게는) 잘 해나가는 이들에게 안식을 주는 것이 이익입니다. 선한 일을 하는 사람은 이런 이들에게 안식을 줄 수 없습니다. ¹⁵ 그는 자기가 원하는 것을 얻지 못하기 때문입니다. 그러나 그는 (그들을) 슬프게 할 수도 없습니다. 그들을 괴롭히지 못하기 때문입니다. 그러나 잘 해나가는 이가 때때로 그들을 슬프게 만듭니다. 그자가 원래 이런 식인 것은 아닙니다. ²⁰ 그들을 슬프게 하는 것은 그들 자신의 악입니다. (기쁨을 주는) 본성을 가진 이는 선한 이에게 기쁨을 줍니다. 그러나 어떤 이들은 그 사람 때문에 몹시 슬퍼합니다.

---

158 또는, "온 땅에 오셨으며."

양식의 비유

모든 것을 가진 가장이 있었습니다. 아들, 노예, ²⁵ 가축, 개, 돼지, 곡물, 보리 왕겨, 풀, […] 고기, 도토리 등. 그런데 그는 현명한 사람이라 각자의 양식이 무엇인지 다 알았습니다. 그는 아들들 앞에는 빵과 […]을 내놓았습니다. 노예들[에게는] […과] 식사를 ³⁰ 내놓았습니다. 그리고 가축들에게는 [보]리와 왕겨와 풀을 던져 주었습니다. 개들에게는 뼈

81. 를 던져 주었고 돼지들에게는 ⁸¹·¹ 도토리와 찌꺼기를 던져 주었습니다.

하느님의 제자도 이와 마찬가지입니다. 그가 현명한 사람이고 제자직에 대해 이해한다면 육체의 형상이 그를 속이지 못할 것입니다.¹⁵⁹ ⁵ 그리고 그는 각 사람의 영혼 상태를 보고 (그에 걸맞게) 그자와 이야기할 것입니다. 이 세상에는 사람의 형상을 한 짐승이 많습니다. 그가 이들을 알아본다면 돼지에게는 ¹⁰ 도토리를 던지고, 가축들에게는 보리와 왕겨와 풀을 던지고 개들에게는 뼈를 던질 것입니다. 노예들에게는 초보적인 것을, 자녀들에게는 완전한 것을 줄 것입니다.¹⁶⁰

창조하는 이와 낳는 이

사람의 아들이 있습니다. ¹⁵ 그리고 사람의 아들의 아들이 있습니다. 주님은 사람의 아들이며, 사람의 아들의 아들은 사람의 아들을 통해 창조하는 자입니다. 사람의 아들은 ²⁰ 하느님에게서 창조하는 (능력을) 받았습니다. 그에게는 낳는 (능력도) 있습니다. 창조하는 능력을 받은 이는 피조물입니다. 낳는 능력을 받은 이는 태어난 자입니다. 창조하는 이에게는 낳는 능력이 없습니다. 낳는 이에게는 창조하는 능력이 있습니다. ²⁵ 사람들이 '창조하는 이가 낳는다' 하고 말하지만, 그의 자녀는

---

159 또는, "그가 현명한 사람이라면 그는 제자직이 무엇인지(참제자란 무엇인지) 이해할 것이고 육체적 형상이 그를 속이지 못할 것입니다."

160 1코린 3,2; 히브 5,12-14.

피조물일 따름입니다. […] 때문에 그들은 그의 자녀가 아니며 […]입니다. 창조하는 이는 드러내 놓고 일을 하며 그 자신도 밝히 드러납니다. ³⁰낳는 이는 [숨어]서 낳으며 그 자신도 숨겨져 있습니다. 모상을 […]. 다시 (말합니다). 창조하는 이는 드러내 놓고 창[조]합니다. 그러나 낳는 이는 숨어서 아이를 [낳습]니다.

순결한 혼인

82. ¹남[편]과 아내가 어느 날 결합하는지는 당사자가 아니면 아무도 알지 못합니다. 아내를 맞이한 이들에게 세상의 혼인은 신비mysterion입니다. 불결함의 혼인이 숨겨져 있다면 ⁵순결한 혼인은 얼마나 더 진실한 신비겠습니까? 그것은 육적인 (혼인)이 아니며 순결합니다. 그것은 욕망이 아니라 원의에 속합니다. 그것은 어둠이나 밤에 속하지 않으며 낮과 ¹⁰빛에 속합니다.

혼인이 공개적으로 노출되면 그것은 매춘이 된 것입니다. 그리고 신부가 다른 남자의 씨를 받았을 때뿐 아니라 침실을 떠나 다른 사람들 눈에 띈 경우에도 매춘한 셈이 됩니다. ¹⁵(신부는) 그녀의 아버지와 어머니와 신랑 친구,¹⁶¹ 그리고 신랑의 자녀들에게만 모습을 보여야 합니다. 이들은 매일 신방에 들어갈 수 있습니다. 그러나 다른 이들은 ²⁰그녀의 목소리를 듣고 그녀의 향유를 맡아 보기를¹⁶² 열망하는 것만 허락됩니다. 또한 그들은 개처럼 식탁에서 떨어지는 부스러기를 주워 먹는 것에 만족해야 합니다.¹⁶³

---

161 요한 3,29 참조.
162 마태 25,1-12 참조.
163 마르 7,24-30 참조.

신랑과 신부는 신방에 속합니다. ²⁵ 자신이 (신랑신부가) 되지 않는 한 아무도 신랑과 신부를 볼 수 없습니다.

아브라함의 할례

아브라함은 자신이 보아야 할 것을 보게 [되었을] 때,¹⁶⁴ 표피의 살을 제거하고, 우리에게 육신을 파괴해야 한다고 가르쳤습니다.

악의 뿌리

³⁰ 세상의 것들 대부분은 그것의 [안쪽]이 숨겨져 있는 동안에는 굳건히 서 있으며 살아 있습니다. [그것들이] 밖으로 드러나면 죽고 맙니다. 눈에 보이는 사람이 본보기로 보여주는 대로입니다. 사람의 장기가 숨겨져 있는 동안에는 사람은 살아 있습니다. ⁸³·¹ 그의 장기가 드러나 몸 밖으로 튀어나오면 그 사람은 죽을 것입니다. 나무의 경우도 마찬가지입니다. 그 뿌리가 숨겨져 있으면 그것이 싹을 틔우고 성장합니다. ⁵ 그 뿌리가 밖으로 드러나면, 그 나무는 말라 버리고 맙니다. 세상에 있는 모든 것이 다 이런 식입니다. 눈에 보이는 것뿐만 아니라 숨겨진 것도 마찬가지입니다. 악의 뿌리가 숨겨져 있는 동안에는 그것이 강합니다. 그러나 그것(악의 뿌리)이 알려지면 ¹⁰ 해체되고 맙니다. 그것이 드러나면 사라지고 맙니다. 이 때문에 말씀께서 말씀하십니다. "도끼가 이미 나무뿌리에 닿아 있다."¹⁶⁵ (도끼는) 그저 자르기만 하지는 않을 것입니다. 잘린 것이 다시 싹을 틔울 것이기 때문입니다. 도끼는 ¹⁵ 뿌리를 뽑을 때까지 아래쪽으로 깊이 파고들 것입니다. 예수님께서는 온 땅ᵖᵐᵃ ᵗᵉʳᵉᶠ의 뿌리를 뽑으셨습니다. 그러나 다른 이들은 부분적으로만 (그렇

---

164 요한 8,56: "너희 조상 아브라함은 나의 날을 보리라고 즐거워하였다. 그리고 그것을 보고 기뻐하였다" 참조.

165 마태 3,10.

게 했을 따름입니다). 우리는 각자 자기 안에 있는 ²⁰악의 뿌리를 좇아 파내려갑시다. 그리고 각자의 마음에서 (악을) 뿌리째 뽑아냅시다. 우리가 그것을 인지하면 그것이 뽑힐 것입니다. 그러나 우리가 그것을 인지하지 못한다면 (악이) 우리 안에 뿌리를 내리고 ²⁵우리 마음 안에 그 열매를 맺을 것입니다. 그것(악)이 우리의 주인이며 우리는 그것의 노예입니다. 그것은 우리를 포로로 사로잡아 우리로 하여금 우리가 원하[지 않]는 것을 하도록 만듭니다. 그리고 우리는 우리가 원하는 것을 하지 [않습]니다.¹⁶⁶ 그것이 강력한 것은 우리가 그것(악)을 인지하지 못했기 때문입니다. 그것(악)이 존재하는 한은 ³⁰활발히 작동합니다.

무[지]는 [모든 악]의 어머니입니다. 무지는 죽음을 향해 나아갑니다.¹⁶⁷ [무]지에서 나온 것(자)들은 존재하지도 않았으며 ³⁵[존재하지도 않]고 존재하지도 않을 것[입니다.] […] ⁸⁴,¹ 그들은 모든 진리가 밝히 드러날 때 완전해질 것입니다. 사실 진리는 무지와 비슷한 면이 있습니다. 그것(진리)이 숨겨져 있는 동안에는 자기 안에서 안식을 누립니다. 그러나 그것이 밝히 드러나고 ⁵알려지게 되면, 그것은 무지와 오류보다 강할 때에만 칭송을 받습니다. 그것(진리)은 자유를 줍니다. 말씀logos께서 말씀하셨습니다. "너희가 진리를 깨달으면 진리가 너희를 자유롭게 할 것이다."¹⁶⁸ ¹⁰무지는 노예이며 지식은 자유입니다. 우리가 진리를 깨달으면 우리는 자기 안에서 진리의 열매를 발견할 것입니다. 우리가 그것(진리)과 결합하면 그것은 우리에게 완성pleroma을 가져올 것입니다.

---

166 로마 7,19 참조.
167 또는 "무지의 끝은 죽음입니다."
168 요한 8,32.

성전의 우의

지금 우리에게는 창조의 ¹⁵현현들이 있습니다. 우리는 그것들이 강하고 우아한 반면 숨겨진 것들은 약하고 비천하다고 말합니다. 그러나 진리의 현현들은 그렇지 (않습니다). 그것들은 약하고 비천합니다. 대신 숨겨진 것들은 강하고 ²⁰우아합니다. 진리의 신비들은 예형과 모상으로서 드러납니다.

침실kotion은 숨겨져 있습니다. 그곳은 거룩한 곳 중에서도 거룩한 곳입니다. 처음에는 휘장이 쳐져, 하느님께서 피조물을 어떻게 다스리시는지 (보이지 않도록) 가리고 ²⁵있었습니다. 그러나 휘장이 찢어지고 안쪽 것이 드러나면 이 집은 외따로 남겨질 것입니다. 아니 그것은 파[괴]되고 말 것입니다. 그리고 모든 신성이 이곳에서 달아날 것입니다. ³⁰그러나 그것은 거룩한 곳들 중에서도 거룩한 곳들로 (가지는) 않을 것입니다. 그것(신성)은 섞임 없는 빛과 섞일 수 없으며 [흠] 없는 플레로마와 섞일 수 없기 때문입니다. 대신 그것은 십자가 날개 아래, 그 팔 [아래] 머물 것입니다. 홍수가 그들을 덮칠 때 이 방주가 그들의 구원이 될 것입니다. ⁸⁵·¹누군가 사제 가문에 속한다면 이들은 대사제와 함께 휘장 안쪽으로 들어갈 수 있을 것입니다. ⁵이 때문에 휘장이 위쪽만 찢어지지 않은 것입니다. 그랬다면 위쪽 부분만¹⁶⁹ 열렸을 것입니다. (휘장이) 아래쪽만 찢어지지도 않았습니다. 그랬다면 그것이 아래쪽 부분만¹⁷⁰ 드러났을 것입니다. ¹⁰대신 그것은 위에서 아래까지 찢어졌습니다.¹⁷¹ 위쪽 부분이 우리에게 아래쪽에 있는 것들을 열어 주었습니다. 그리

---

169 또는 "위쪽에 속한 이들에게만."
170 또는 "그것이 아래쪽에 속한 이들에게만."
171 마태 27,51: "그러자 성전 휘장이 위에서 아래까지 두 갈래로 찢어졌다" 참조.

하여 우리는 진리의 비밀 속으로 들어가게 되었습니다. 이것은 참으로 우아하고 강한 것입니다. 그러나 우리는 ¹⁵비천한 예형과 약함을 통해 그곳으로 들어갈 것입니다. 그것들은 완전한 영광에 비해 비천합니다. 영광을 넘어서는 영광이 있습니다. 능력을 넘어서는 능력이 있습니다. 이 때문에 완전한 것들이 진리의 비밀들과 함께 우리에게 열렸습니다. 그리고 ²⁰거룩한 곳들 중에서도 거룩한 곳들이 공개되었으며 침실이 우리를 안으로 초대하였습니다.

그것(남성형)이 숨겨져 있는 동안에는 악이 아무 힘을 발휘하지 못합니다. 그러나 아직 그것이 성령의 씨앗 사이에서 제거된 것은 아닙니다. 그들은 악의 노예들입니다. ²⁵그러나 그것이 공개되면 그때에는 완전한 빛이 모든 이에게 쏟아질 것입니다. 그리고 그 안에 있는 모든 이들이 성유를 [받을] 것입니다. 그때에는 노예들이 자유인이 될 터이고 포로들은 속량될 것입니다.

³⁰하늘에 계신 나의 아버지께서 심지 [않으신] 모[든] 식물은 뽑힐 것입니다.¹⁷²
분리된 것들은 결합하고 [비워진 것들은] 채워질 것입니다.

86. 침실로 들어가는 모든 이가 불을 켤 것입니다. 불은 ⁸⁶·¹밤에 … 그리고 꺼집니다. 그러나 이 혼인의 신비들은 낮 동안 그리고 빛 속에서 완성됩니다. 그날 낮도 그 빛도 결코 지지 않습니다.

누군가 ⁵신방의 아들이 된다면 그는 빛을 얻을 것입니다. 누군가 자

---

172 마태 15,13.

신이 여기 있는 동안에 그것(빛)을 얻지 않는다면 다른 곳에서도 그것을 얻지 못할 것입니다. 그 빛을 얻는 이는 (다른) 이들 눈에 보이지 않을 것이며, 붙잡히지도 않을 것입니다. 이런 사람은, [10]세상에 살아가는 동안 아무도 그를 괴롭히지 못할 것입니다. 그가 세상을 떠날 때도 마찬가지입니다. 그는 이미 모상을 통해 진리를 얻었습니다. 세상은 에온(저세상)이 되었습니다. 에온(저세상)은 그에게 플레로마입니다. [15]이런 식으로 그것은 그에게만 드러나며 어둠과 밤 속에 숨겨져 있지 않습니다. 대신 그것은 완전한 낮에 그리고 거룩한 빛 속에 숨겨져 있습니다.

필립보 복음

11
시작과 끝

요한의 비전

Apocryphon of John

시대와 종교, 문화를 불문하고 사람이라면 누구나 우주와 인류의 시작에 대해 궁금해 한다. 메소포타미아의 고대 신화들도, 고대 페르시아 종교인 조로아스터교도, 중국의 고대 신화도 우주의 시작을 이야기한다. 사실 인간이 세상에 눈뜨는 순간부터 우주와 인류의 시작에 대한 궁금증은 줄곧 마음을 떠나지 않는다. 유다교와 그리스도교의 성경인 구약성경도 우주의 시작을 알리는 창세기에서 시작한다. 시작에 대한 궁금증만큼이나 큰 의문은 끝에 대한 것이다. 개인의 끝이든 인류 전체 혹은 우주 전체의 끝이든 그 마지막에 대한 궁금증은 인간의 마음을 벗어나지 못한다. 그래서 다양한 시대 다양한 종교에서 끝 혹은 종말에 관해 이야기한다.

영지주의 그리스도인들도 우주와 인류의 시작과 끝에 대해 질문한다. 그런데 이 질문에 대한 영지주의자들의 설명은 주류 교회와 다르게 진행된다. 그리고 같은 영지주의라 하더라도 이 문제에 관하여 분파에 따라 서로 다른 설명을 내놓는다. 그러나 그 핵심 내용은 크게 차이가 나지 않는다. 이 장에서는 영지주의자들이 시작과 끝에 대해 어떻게 이야기하고 있는지, 영지주의 신화의 고전이라 할 수 있는 요한의 비전을 중심으로 다룰 것이다. '요한의 비밀의 책'이라고도 불리는 이 작품은 비슷한 류의 다른 작품에도 많은 영감을 주었다. 다른 작품을 요한의 비전의 아류라 보아도 무방할 정도로 이 책은 이 분야에 있어서 타의 추종을 불허한다.

1. 요한의 비전 소개

요한의 비전은[1] 천상계의 구조부터 세상의 창조와 인류의 창조에 이르기까

---

1   Waldstein/Wisse (eds.), "The Apocryphon of John", 11-177을 참조하라. 그

영지주의 신화와 플라톤

영지주의 신화는 플라톤의 『티마이오스』에서 착안한 것이 틀림없다. 사실 『티마이오스』는 기원후 2세기에 지중해 전역에서 큰 인기를 누렸다. 그러나 둘 사이에는 차이도 있다. 플라톤의 데미우르고스가 선하지도 악하지도 않은 중립적 존재라면 영지주의 데미우르고스는 대개 악신 혹은 적어도 흠 많고 질투 가득한 지배자로 묘사된다. 데미우르고스가 만든 물질세계도 완전하지 않고 결핍에 시달린다. 영지주의 신화가 겨냥하는 것이 바로 사람을 포함한 모든 피조물과 그들이 사는 세상이 왜 결핍과 불완전으로 점철되는지 설명하는 일이다.

지 모든 것의 시작에 관한 내용이다. 따라서 이 책은 지금까지 다룬 모든 영지주의 가르침의 전제가 되는 내용을 담고 있다. 다른 한편으로 요한의 비전은 끝에 관한 이야기이기도 하다. 우주와 인간이 어떻게 시작되었는지는 물론이고 그 인간의 마지막 운명이 어떻게 되는지도 이야기하고 있다. 따라서 요한의 비전은 처음과 마지막, 시작과 끝에 관한 이야기라 볼 수 있다.

요한의 비전은 나그 함마디 장서와 그보다 앞서 발견된 베를린 코덱스, 그리고 이레네우스의 『이단 논박』 인용문을 통해 총 네 가지 역본이 전해진다. 이레네우스의 인용문은 다른 세 역본과 유사하지만 다른 점도 많이 담고 있다. 네 역본 가운데 어느 것이 원문에 가까운지는 정확히 알 수 없다. 어쨌든 요한의 비전이 당시 사람들 사이에 널리 알려져 있었던 것이 틀림없다. 그리스어로 기록된 여러 본문이 퍼져 있었으며 그 가운데 적어도 세 개

밖에 요한의 비전에 대해서는, Davies, *The Secret Book of John: The Gnostic Gospel Annotated and Explained*; King (ed.), *The Secret Revelation of John*을 참조하라.

가 콥트어로 번역되어 나그 함마디 사본에 실린 것일 터이다. 요한의 비전이 언제 만들어졌는지 정확히 알 수 없지만 적어도 이레네우스가 『이단 논박』을 쓰던 해인 185년 이전에 만들어졌을 것이다.

2. 근본적 질문의 제기

요한의 비전은 요한 사도가 예루살렘 성전에서 거닐고 있을 때 아리마니오스라는 바리사이파 사람이 다가오는 장면으로 시작한다. 아리마니오스는 예수님이 사람들을 오류로 이끌면서 조상들의 전통을 등지게 만들었다고 공격한다. 그의 폭언에 슬퍼진 요한은 성전을 떠나 외딴 광야로 물러난다. 광야에서 요한 사도는 절박한 심정으로 기도드리면서, 마음속으로 질문한다. 요한이 품은 의문은 이 작품의 전체 내용을 예상할 수 있게 해 준다.

네 가지 의문

요한 사도의 질문은 네 가지로 압축할 수 있다. 곧 구원자는 어떻게 선택되셨는가? 구원자가 세상에 파견된 이유는 무엇인가? 구원자를 보내신 분은 누구신가? 그리고 우리가 돌아가게 될 세상(에온)은 어떤 곳일까? 에 관한 의문이다. "구원자께서는 어떻게 지명되셨을까? 그리고 그분의 아버지께서는 무엇 때문에 그분을 세상으로 보내셨을까? 그분을 보내신 그분의 아버지는 누구실까? [우리가 가게 될] 에온은 어떤 곳인가?"(요한의 비전 1).

구원자는 어떤 분이시며 무엇을 알려 주시는가?

요한이 이런 생각을 하고 있을 때 갑자기 하늘이 열리고 온 세상이 빛나면서 땅이 흔들린다. 이때 빛 속에서 한 소년이 나타나는데 그는 처음에는 소년의 모습이었다가 다음에는 어른으로, 그 다음에는 종의 모습으로 변한다. 그분께서는 자신을 아버지이자 어머니이며 아들인 자로서 흠 없고 더럽혀지지 않은 존재로 소개하신다. "나는 언제나 너희와 함께 있는 자다! 나는 [아버지]다. [나는] 어머니다. 나는 아들이다. 나는 흠이 없는 자, 더럽혀지지 않은 자다"(2). 그리고 과거와 현재와 미래에 '존재하는 것'과 '부동의 세대' 곧 영적 인간에 대해 가르쳐 주겠노라 말씀하신다. 그분께서 알려 주시려는 내용은 한마디로 **"존재하는 것은 무엇인지, 존재한 것은 무엇인지, 그리고 존재하게 될 것은 무엇인지**"(2)이며, "완전한 인간의 부동의 세대"(2)에 관한 가르침이다. 요한은 자신이 받은 가르침을 다른 "부동의 세대" 사람들에게 알려 주어야 한다. 이로써 부동의 세대 사람들은 자기들이 누구인지 그리고 존재의 기원에 무엇이 있는지 알게 될 것이다.

3. 시작과 끝은 어떻게?

구원자께서는 천상계 플레로마의 형성에서 시작하여 우주와 인류의 창조를 설명한다. 그런 다음 인류의 구원 계획을 알려 주시고 각 인간의 영혼이 누리게 될 궁극적 운명에 대해 알려 주신다. 이렇게 해서 세상과 인류, 그 시작과 끝이 밝혀진다.

I. 플레로마

눈에 보이는 것과 눈에 보이지 않는 모든 것의 제일 꼭대기에는 최상신인 하느님이 계신다. 하느님은 눈에 보이지 않고 언어로 표현할 수 없는 불가지한 분이시다. 최고신은 존재하는 모든 것의 근원이시기도 하다. 이 최고신으로부터 '에온'들이 생겨났다. '시대', '세대', '세계' 등을 뜻하는 '에온'은 시간과 공간을 모두 아우르는 존재로서 그 자체로 하나의 세계이자 시대이며 신적 실체이다. 에온들은 저마다 특유의 이름을 가지는데, 각각의 이름은 그 에온의 고유한 특성을 대변한다. 이 이름들은 대개 사고 능력과 관련된 것으로서 '지성, 진리, 예지, 통찰, 지혜, 슬기' 등 인간의 이상적 속성이나 자질들을 가리킨다.

최상신과 그분에게서 유출된 에온들이 완전한 천상계를 형성하는데, 이것이 플레로마다. 영적 세계인 플레로마는 플라톤의 이상적 세계, 관념 세계와 비슷하며 그 자체로 완전무결하고 부족함이 없다. 사실 플레로마의 뜻이 '충만' 혹은 '완전성'이다.

참하느님

눈에 보이지 않는 영

요한의 비전은 제일 먼저 천상계가 어떻게 형성되었는지 보여 준다. 첫 번째 계시는 모든 것 위에 계신 만물의 아버지 하느님에 관한 내용이다. "단자monas는 홀로 다스리시며, 그분 위에 아무것도 존재하지 않는다. 그분은 하느님, 모든 것의 아버지이시며, 눈에 보이지 않는 분이시며, 모든 것 위에 계신다"(2).

"눈에 보이지 않는 영"이신 그분은 어떤 언어로도 적절히 표현할 수 없고 어떤 범주도 적용할 수 없으며 어떤 식으로도 묘사할 수 없는 분이시다. 이처럼 아버지 하느님은 인간의 언어와 범주를 뛰어넘으시는 존재시기에 '그분은 이러이러하시다'라는 긍정적 묘사보다는 '이러이러하지 않으시다'는 부정적 묘사가 더 어울린다. "그분은 한계를 지을 수 없으시다 … 그분은

그리스도교의 하느님

그리스도교는 그 무엇보다 하느님의 유일무이성을 강조한다. 눈에 보이지 않는 그분께서 만물의 근원이시다. "하늘에도 땅에도 이른바 신들이 있지만 … 우리에게는 하느님 아버지 한 분이 계실 뿐입니다. 모든 것이 그분에게서 나왔고 우리는 그분을 향하여 나아갑니다. 또 주님은 예수 그리스도 한 분이 계실 뿐입니다. 모든 것이 그분으로 말미암아 있고 우리도 그분으로 말미암아 존재합니다"(1코린 8,5-6); "영원한 임금이시며 불사불멸하시고 눈에 보이지 않으시며 한 분뿐이신 하느님께 영예와 영광이 영원무궁하기를 빕니다"(1티모 1,17).

불가해하시다. … 그분은 측량할 수 없으시다. … 그분은 눈에 보이지 않으신다. … 그분에 대해서는 무어라 말할 수 없다. … 그분은 이름을 붙일 수 없는 분이시다"(3).

하느님의 초월성은 이렇게도 표현된다. "그분은 완전성 안에도, 행복 안에도, 신성 안에도 (계시지) 않으신다. 그분께서는 (그것들을) 훌쩍 넘어서는 분이시다"(3). 그분께서는 완전성에도 행복에도 신성에도 가두어지지 않으시며 이 모든 것을 넘어서신다. 크기도 잴 수 없고 몇 분이신지 셀 수도 없고 어떠어떠하다고 묘사할 수도 없으시다. "그분은 육체를 지니신 분이 아니시며, 육체가 없는 분도 아니시다. 그분은 크지도 않으시고 작지도 않으시다. 그분은 몇 분이신가라든지 그분은 무엇과 같으신가 하고 말할 수 없다. 아무도 그분을 이해할 수 없기 때문이다"(3). 그분께서는 한마디로 존재하는 모든 것을 훌쩍 넘어서시며 시간과 장소마저 넘어서신다. "그분은 존재하는 것들 사이에 있는 무언가가 아니시다. 그분은 (그것들을) 훌쩍 넘어서는 분이시다. (다른 누군가에 비해) 월등한 분으로서가 아니라 당신 자체로 (그러하시다). 그분은 에온들에도, 시간에도 참여하지 않으신다"(3).

이렇게 모든 것을 넘어서시고 모든 것에 앞서 계신 하느님께서는 모든 것을 초월하여 오직 당신 자신만을 바라보신다. "그분은 당신의 빛 속에서 오직 당신 자신만을 바라보신다"(3-4). "그분은 당신을 둘러싼 빛, 곧 생명수의 샘 속에서 당신만을 바라보신다. … 그분께서는 온갖 방식으로 당신의 모상을 바라보시니, 영의 샘에서 그것을 보신다"(4).

바르벨로와 오에온조

바르벨로의 출현

하느님의 자기 응시凝視의 결과는 바르벨로의 출현이다. "그분께서는 물의 빛 속에서 갈망하신다. … 그리고 그분의 생각(엔노이아)은 현실이 되었다. 그리고 마침내 그녀가 모습을 드러내었다. 그분의 눈부신 빛 속에서 그녀가 그분 앞에 출현한 것이다"(4).

하느님에게서 최초로 생겨난 존재는 여성이며 그 이름은 바르벨로다. 바르벨로는 아버지 하느님의 생각으로 출현한 첫째 힘이며 그분의 모상이다. "그녀는 만물에 앞서 생겨난 첫째 힘, 그분의 생각에서 나온 첫째 힘이다. 그것은 곧 만물의 섭리, … 완전한 힘, 곧 눈에 보이지 않는 동정이신 완전한 영의 모상, 첫째 힘, 바르벨로의 영광, 에온들 안에 깃든 완전한 영광, 계시의 영광이다"(4-5).

눈에 보이지 않는 아버지에게서 처음 생겨난 바르벨로는 만물보다 앞서며 만물의 태가 되었다. 만물의 어머니로서의 바르벨로의 포용성은 어머니이자 아버지, 남자이자 여자, 혹은 삼중의 남자, 삼중의 힘이라는 복합적 용어로 표현된다.[2] "그녀는 만물의 태(자궁)가 되었다. 그녀가 그들 모두보다

---

2   아버지에게서 생겨난 최초 에온 바르벨로는 남녀양성의 속성을 모두 지닌다.

먼저이기 때문이다. (그녀는) 어머니이자 아버지, 첫 번째 인간, 거룩한 영(성령), 삼중의 남자, 삼중의 힘, 삼중의 이름, 남자이자 여자"(5)다.

오에온조

바르벨로에게서 다시 다른 에온들이 출현한다. 바르벨로가 아버지 하느님, 곧 눈에 보이지 않으시는 영께 청하여 생긴 일이다. 에온의 탄생은 아버지 하느님의 응시凝視로 이루어진다. 제일 먼저 예지, 그 다음엔 불멸성, 그 다음엔 영원한 생명, 마지막으로 진리가 나왔다. 바르벨로(=프로노이아), 예지, 불멸성, 영원한 생명, 진리 이렇게 다섯이 오에온조를 형성한다. 그런데 각 에온은 남녀양성의 존재이므로 남녀양성의 오에온조는 열 에온이다. 이 오에온조, 열 에온이 '아버지'다. 아버지 하느님이 열 에온으로 구성된다는 의미다. 여기서 오에온조를 구성하는 열 개의 에온은 각각 하나의 실체이면서 아버지 하느님의 속성을 나타내기도 한다. 곧 섭리와 생각(바르벨로), 예지, 불멸성, 영원한 생명, 진리라는 에온의 이름들이 모두 하느님의 속성을 드러내는 말들이다. 오에온조가 곧 아버지라는 표현도 이런 맥락에서 나왔다. "그것은 (섭리, 곧 바르벨로)와 생각, 생각, 예지, 불멸성, 영원한 생명, 그리고 진리이다. 이는 남녀 양성의 오에온조, 곧 열 에온, 다시 말해 '아버지'이다"(6).

그리스도와 동료 에온들

독생자 그리스도

오에온조로 에온의 형성이 모두 끝난 것은 아니다. 이와는 독립된 과정이 새롭게 이루어진다. 아버지께서 바르벨로를 응시하시자 곧 바르벨로에게서 '독생자'가 탄생한다. "그분(아버지)께서는 … 바르벨로를 바라보셨다. 그러자 (바르벨로)는 그분의 소생을 잉태하였다. 그분께서는 행복을 닮은 빛 속에서 빛의 섬광을 낳으셨다"(6). 이렇게 태어난 독생자는 순수한 빛이며 그리스도직과 선성으로 기름부음받은 이, 곧 그리스도이다.

그리스도의 동료 에온들과 '신적 자기 발생자'(오토게네스)의 완성

그리스도의 요청으로 동료 에온들이 생겨난다. 아버지 하느님께서 (바르벨로를) 바라보시자 그리스도의 동료인 정신, 의지, 말씀이 생겨난다.

그리고 거룩한 분께서 바르벨로와 함께 아들인 '자기 발생자' 오토게네스를 완성하신다. 그는 곧 아버지의 독생자 그리스도다. 그리고 오토게네스를 모든 것 위에 세우시고 모든 권한과 진리를 그에게 복속시키셨다. "눈에 보이지 않는 동정이신 영께서는, 참된 신적인 '스스로 생겨난 이'를 모든 것 위에 세우셨다. 또한 모든 권한과 그분 안에 있는 진리를 그에게 복속시키셨다. 그로 하여금 모든 것을 알게 하려는 것이었다. 바로 그가 모든 이름 위에 뛰어난 이름으로 불렸던 자였다"(7).

그리스도에게서 나온 네 빛과 천상의 인간들

네 빛과 그 곁에 있는 에온들

신적 자기 발생자 오토게네스에게서 네 개의 빛이 나왔다. 빛의 에온은 아르모젤, 오로이엘(또는 오라이엘), 다우에이타이, 엘레레트다. 아르모젤 곁에는 은총, 진리, 형태 이렇게 세 에온이 있다. 둘째 빛 오로이엘 곁에는 사색, 지각, 기억 이렇게 세 에온이 있다. 셋째 빛 다우에이타이 곁에는 이해, 사랑, 형상 이렇게 세 에온이 있다. 넷째 빛 엘레레트 곁에는 완전, 평화, 지혜(소피아) 이렇게 세 에온이 있다. 결국 네 빛과 열두 에온이 자기 발생자에게서 나와 그 앞에 서 있다.

네 빛과 함께 있는 천상의 인간들

네 빛의 위에 혹은 그 앞에 다른 존재들이 더 있다. 이들은 천상의 인간들이다. 아르모젤 곁에는 완전한 인간인 게라-아다마스(아담)가, 오로이엘 곁에는 게라-아다마스의 아들 셋Seth이, 다우에이타이 곁에는 셋의 후손과 거룩한 이들의 영혼들이, 엘레레트 곁에는 플레로마를 잘 알지 못하여 나중에서야 마음을 돌린 영혼들이 있다.

천상의 인간은, 완전한 인간(아담), 셋, 셋의 후손과 거룩한 이들의 영혼들, 플레로마를 잘 알지 못하고서 나중에 마음을 돌린 영혼들, 이 순서로 등급이 나뉜다.[3]

이상으로 플레로마의 구성 요소들을 살펴보았다. 아버지 하느님, 바르벨로와 오에온조, 그리스도(오토게네스)와 그 동료 에온들, 그리스도의 네 빛 에온, 네 빛 곁의 열두 에온, 네 빛 앞(위)의 천상의 인간들, 이들이 플레로마를 구성한다. 이들은 모두 불사불멸의 존재들이다.

II. 세상의 창조

소피아의 타락과 창조주 얄다바옷의 탄생

에온들 가운데 제일 밑에 있는 소피아는 아버지이신 '눈에 보이지 않는

---

[3] 천상의 인간들 부류에는 카인과 아벨은 포함되지 않는다. 영지주의자들은 아담의 셋째 아들 셋(Seth)을 아담의 후계자로 숭배한다.

영'을 연모하여 그분의 동의도 구하지 않고 짝도 없이 홀로 후손을 낳는다. 낳고 보니 자신과 조금도 닮지 않았으며 사자머리에 뱀의 형상을 하고 있었다. 소피아는 다른 에온들이 보지 못하도록 그를 플레로마 바깥으로 던져버린다. 소피아는 그를 얄다바옷이라 불렀다.[4]

얄다바옷은 소피아가 낳은 첫째 아르콘이다. 아르콘은 지배자, 우두머리라는 뜻이다. 얄다바옷은 어머니 소피아로부터 강력한 능력을 부여받아 막강한 힘을 소유한다. 이 첫째 아르콘 얄다바옷은 사클라스나 사마엘이라고도 불린다. 그는 자신의 힘이 어디에서 나온 것인지 알지 못했기 때문에 "나는 신이다. 그리고 나 외에 다른 신은 없다!" 하고 말한다(11).

아르콘들의 창조: 세상의 창조

세 이름의 얄다바옷은 자신을 위해 에온들을 만든다. 그리고 자기 안에 있는 광기를 이용하여 자신을 시중들게 할 열두 권세exousia를 만든다. 그 가운데 일곱 권세는 각각 일곱 하늘을, 그 다음 다섯 권세는 각각 저승의 다섯 심연을 다스린다. 플레로마 바깥의 일곱 하늘과 저승의 다섯 심연을 모두 얄다바옷의 수하세력이 다스린다는 의미다. 결국 하늘들과 심연을 다스리는 자가 창조주 얄다바옷인 셈이다. 얄다바옷은 열두 권세에게 불을 나누어 주지만 소피아에게서 받은 빛의 힘은 주지 않는다.

아르콘들은 제각각 자신을 시중들 일곱 능신을, 그리고 능신들은 제각각 여섯 천사(데몬)들을 만들었다. 그리하여 아르콘은 모두 삼백예순다섯이 되었다.[5] 이 아르콘들은 공간적 성격보다는 시간적 성격을 띤다. 이를테면

---

4 얄다바옷은 소피아가 낳은 소생의 여러 이름들 가운데 하나다. 사마엘이나 사클라스라고도 불리는 얄다바옷은 물질계와 인간의 몸을 만든 장본인 곧 창조주다. 얄다바옷은 그리스어 데미우르고스와 동의어로 쓰인다.

5 $3+12+7+[7\times7]+[49\times6]=365$.

일곱 능신은 한 주간을 뜻한다. 한 능신은 월요일을 다른 능신은 화요일을 다스리는 식으로 일곱 능신이 돌아가며 해당 요일을 다스리는 것이다. 그리고 삼백예순다섯의 천사(데몬)는 각자 자신이 맡은 날을 다스린다. 각 날짜를 관장하는 아르콘이 따로 있는 것이다.

얄다바옷은 자신이 만든 모든 아르콘들에게 불을 나누어 주고 그들의 주군이 되었다. 어머니 소피아에게서 받은 힘 덕분이었다. 그리고 그는 자신을 신이라 불렀다. "그는 그들에게 자기의 불을 나누어 주었다. 그리하여 그는 그들 위에 주군이 되었다. 자기 어머니의 빛에서 나오는, 그에게 있던 영광의 힘 덕분이었다. 그리하여 그는 자신을 신이라 불렀다"(12).

얄다바옷은 소피아에게서 받은 일곱 힘과 자신이 만든 일곱 권세를 결합시킨다. 각 힘은 각 권세 곁에 있으며 이들은 각자 창공을 하나씩 가지고 있다.

얄다바옷은 모든 것을 만들 때 천상계의 에온들을 본떠서 만들었다. 그래서 그가 만든 세계도 불멸의 형상을 하고 있었다. 얄다바옷이 직접 불멸의 에온들을 보지는 못했지만 소피아의 힘을 간직하고 있었기에 가능한 일이었다. "(얄다바옷)은 모든 것을, 존재한 첫 번째 에온들의 모습대로 질서정연하게 꾸몄다. 그리하여 그는 그들을 불멸의 형상으로 만들 수 있었다. 이는 그가 불멸의 존재들을 보았기 때문이 아니다. 그의 어머니에게서 취한, 그 안에 깃든 힘이 질서정연한 우주의 모습을 그 안에 낳았던 것이다"(12-13).

얄다바옷은 자신이 만든 모든 피조물과 천사를 보고 말하였다. "나는 질투하는 신이다. 그리고 나 이외에 다른 신은 없다"(13). 그러나 얄다바옷의 이 말은 다른 신들의 존재를 알릴 뿐이다. 질투할 신이 따로 있다는 말과 다르지 않기 때문이다.

여기까지 요한의 비전은 플레로마의 형성과 이를 본떠서 만든 얄다바옷의 세계가 만들어진 과정을 다룬다. 제일 먼저 아버지이신 '눈에 보이지 않는 영'이 계시고, 그분에게서 나온 바르벨로를 비롯한 여러 에온들이 플레로마를 구성하고 있다. 그런데 플레로마의 에온들 가운데 가장 하위에 해당하는 소피아가 남몰래 잉태하여 소생을 본다. 그가 창조주 얄다바옷이다. 소피아의 힘을 간직한 채 플레로마 바깥으로 쫓겨난 얄다바옷은 천상의 플레로마를 본떠서 자신의 세계를 만든다. 얄다바옷이 천상계를 본 적이 있어서가 아니라 소피아에게서 받은 힘 덕분에 저절로 그렇게 되었다. 얄다바옷이 이 세상의 창조주가 된 것이다. 얄다바옷이 만든 아르콘들은 일곱 하늘과 다섯 심연을 다스리며, 매 주간, 일 년 삼백육십오 일을 다스린다. 이 세상의 시간과 공간이 얄다바옷의 지배하에 있는 것이다. 얄다바옷은 천상의 플레로마의 존재를 모르고서 자신이 만든 피조물들을 향하여 '나 말고 다른 신은 없다!' 하고 외친다.

III. 인류의 창조

인간의 창조: 첫 번째 창조

인류 창조와 구원 계획에 관련된 큰 대목(III—IV)은 창세기 1—4장을 영지주의 시각으로 재구성한 것이다. 비전의 저자는 창세기 이야기에서 모티프를 따다 영지주의적 시각으로 해석하고 완전히 새로운 이야기로 꾸몄다.

세상의 창조에 이어 인류의 창조가 이루어진다. 요한의 비전에 따르면 인류의 창조는 우연에서 비롯된 일이 아니다. 인간이 창조된 것이 창조주의 일이었기는 하지만 천상계 에온들에 의해 기획된 일이기도 하였다.

소피아의 회한

소피아는 자신의 광채가 줄어들자 무언가 결핍된 것을 알아차렸다. 짝에온의 동의를 구하지 않은 채 홀로 일을 저질렀기에 그렇게 된 것이다. 소피아는 자신이 낳은 얄다바옷이 한 일을 보고 후회하는 마음이 들었다. 그리고 무지의 어둠 속에서 망각이 소피아를 뒤덮고 소피아는 수치를 느낀다. "그녀가 일어난 악과 자기 아들이 저지른 도둑질을 보았을 때 그녀는 회한의 마음을 가졌다. 그리고 무지의 어둠 속에서 망각이 그녀를 뒤덮고 그녀는 부끄러움을 느끼기 시작하였다."(13).

그러나 소피아는 플레로마로 돌아가지도 못하고 후회의 눈물만 흘린다. 그러자 플레로마의 에온들이 그녀를 대신하여 아버지께 찬양을 드리고 결국 그녀는 얄다바옷의 하늘 위에 있는 아홉째 하늘로 보내진다. 결핍을 바로잡을 때까지 소피아가 거기 머물게 하려는 것이었다. "그녀는 자기 자신의 에온으로 옮겨지지는 않고 대신 자기 아들 위로 옮겨졌다. 그녀가 자신의 결핍을 바로잡을 때까지 아홉째 (하늘에) 머물게 하려는 것이었다"(14).

첫 번째 창조: 아담의 창조

그때 높은 하늘에서 "사람은 존재한다. 그리고 사람의 아들도 (존재한다)"(14) 하는 소리가 들려온다. 얄다바옷은 이 소리가 아버지 하느님에게서 나온 사실을 알지 못하고 어머니 소피아가 낸 소리로 생각한다. 그때 거룩하신 영의 모상인 '첫 인간'이 출현하고 환한 빛이 저 아래 얄다바옷의 세상을 비춘다. 그러자 '첫 인간'의 모습이 물 위에 비친다. 얄다바옷은 물 위에 비친 모상의 형상을 보고 권세 아르콘들에게 외친다. "자, 하느님의 모상에 따라 우리와 닮은 모습으로 사람을 만들자. 그러면 그분의 모상이 우리에

게 빛이 되어줄 것이다!"(15).⁶

그리하여 얄다바옷은 권세들과 합작하여 사람을 만든다. "그들은 각자의 힘으로, 자기들에게 주어진 특성에 맞추어 (사람을) 만들었다. 그리고 권세들은 저마다 자기가 본 모상의 형상에 맞는 특성을 (사람)의 영혼 안에 하나씩 넣어 주었다"(15).

이처럼 얄다바옷은 물 위에 비친 천상의 '첫 인간'의 모상대로 인간을 만든다. 그리고 그 사람을 아담이라 부른다.

이어서 인간의 창조 과정이 자세히 소개된다. 인간의 창조는 얄다바옷과 그의 수하세력들이 연합하여 이루어진 일이다. 인간은 얄다바옷과 일곱 능신, 일곱 권세, 삼백예순다섯 천사의 합작품인 것이다.

인간의 몸이 만들어지는 순서는 다음과 같다. 혼적 육체가 먼저고 물질적 육체가 그 다음이다. 혼적 육체와 물질적 육체가 합쳐져 사람의 몸, 육신이 된다.

---

6 얄다바옷이 혼자서가 아니라 다른 수하세력들과 함께 인간을 만든 것은 조로아스터교의 창조 이야기와 비슷하다. 조로아스터교 경전에는 창조주인 아후라 마즈다가 "태초에 성스러운 영과 함께 만물을 창조하였다"고 기록되어 있다(야스나 44,7). 이에 따르면 최고신 아후라 마즈다 외에 그분의 창조를 돕는 여섯 아메샤 스펜타(불멸의 신성한 존재라는 뜻이다)가 있었다. 이들은 모든 천사의 우두머리로서 아후라 마즈다가 세상을 창조할 때 인간의 운명을 결정짓는 일을 맡았으며 각자의 창조 영역이 따로 정해져 있었다. 다시 말해 이들은 아후라 마즈다의 창조물의 책임자로서 각자 맡은 영역에서 의무를 수행하였다. 참고로 이들은 아후라 마즈다의 첫 창조물이다: 유흥태, 『페르시아의 종교 조로아스터교·미트라교·마니교·마즈닥교』, 18-23 참조. 실제로 요한의 비전 19에 인간의 창조에 관련한 더 상세한 내용은 조로아스터의 책을 참조하라는 말이 나오기도 한다. "천사들의 수는 이렇다. 그들은 모두 삼백예순다섯이다. 혼적 육체와 물질적 육체가 각 부분마다 전부 완성될 때까지 그들은 함께 일한다. 내가 너에게 말하지 않은 다른 것들은 나머지 정염들을 관장한다. 네가 그것들에 대해 알고 싶다면, 그것은 조로아스터의 책에 기록되어 있다."

일곱 '육체-혼'의 창조

일곱 능신이 가장 먼저 일을 맡는다. 그들이 맡은 일이란 '육체-혼' 혹은 '혼적 육체'를 만드는 것이다. 능신들은 저마다 맡은 부분을 완성한다. 첫째 능신 선성은 '뼈-혼'을, 둘째 능신 섭리는 '힘줄-혼'을, 셋째 능신 신성은 '살-혼'을, 넷째 능신 주권은 '골수-혼'을, 다섯째 능신 왕권은 '혈-혼'을, 여섯째 능신 질투(열정)는 '피부-혼'을, 일곱째 능신 지력(슬기)은 '머리카락-혼'을 만드는 식이다. 그 다음에는 천사들이 능신들이 만든 일곱 육체-혼을 받아 든다. 육체-혼을 그들이 만들 사람의 지체들과 합치기 위해서다.

각 지체의 창조

이제 물질적 육체가 만들어질 차례다. 삼백예순다섯 천사(데몬)가 사람의 지체를 만들기 시작한다. 각 천사마다 맡은 부분이 다 다르다. 각 천사는 자신이 맡은 지체를 머리부터 시작하여 두뇌, 눈, 귀, 코, 입술을 거쳐 맨 끝단 발과 발톱에 이르기까지 하나하나 만들어 나간다.

천사들이 만든 지체들을 지배하는 자는 일곱 권세이다. 곧 아토트, 아르마스, 칼리라, 야벨, [사바오트], [카인], [아벨]. 이들이 인간의 육체를 지배한다. 각 지체에게 활력을 주는 아르콘도 따로 있고, 각 지체에 대해 권한을 누리는 일곱 아르콘도 따로 있다. 감각, 지각, 상상, 조화, 충동을 맡은 천사도 따로 있다. 온몸에 걸쳐 있는 이들 다이몬의 원천은 온, 냉, 건, 습이며 그 모두의 어머니는 물질hyle이다. 인간의 육체는 결국 물질이라는 뜻이다.

심리적·정서적 요소

인간의 심리를 구성하는 우두머리 다이몬은 넷이다. 이 넷은 쾌락, 욕정, 슬픔, 두려움이다. 네 다이몬에게서 온갖 정염pathos이 나온다. 이를테면, 쾌락에서 악과 교만과 그와 비슷한 것들이 생겨난다. 욕정에서 분노, 노여움, 통렬함, 쓰디쓴 정열, 채워지지 않는 갈증과 그와 비슷한 것들이 나온다. 슬픔에서 시기, 질투, 괴로움, 고뇌, 고통, 완고함, 걱정, 비탄이 나온다.

두려움에서 공포, 회유, 번뇌와 수치가 나온다. 인간에게 고통을 일으키는 온갖 정염들이 모두 다이몬들 때문이라는 설명이다.[7]

이렇게 해서 인간의 몸이 모두 완성된다. 혼적 육체가 만들어지고 그 다음에는 물질적 육체가 만들어진다. 그런 다음 혼적 물체와 물질적 육체가 합쳐지는데 이것이 사람의 몸이다. 사람의 몸은 천사들의 합작으로 탄생한 것이다. "혼적 육체와 물질적 육체가 각 부분마다 전부 완성될 때까지 그(천사)들은 함께 일한다"(19). 그리고 여러 다이몬이 인간의 심리와 정서를 관장한다. 쾌락, 욕정, 슬픔, 두려움이라는 이름의 다이몬들이 인간에게 온갖 정염들을 일으킨다.

영과 육신으로 된 온전한 인간의 완성

얄다바옷과 그 수하세력들은 힘을 합하여 '첫 인간'의 모상대로, 그리고 자기들을 닮은 모습으로 사람을 만들었다. 그런데 그들이 만든 사람이 전혀 활력과 생기가 없고 시간이 지나도 아무런 움직임이 없었다. 아직 온전하지 못한 미완성의 인간이었던 것이다. 이 미완성의 사람 몸에 영이 들어가서 온전한 인간이 되는 과정은 플레로마의 소피아 구원 계획과 맞물린다.

소피아는 자신의 소생인 얄다바옷이 가져간 힘을 되돌려 받고 싶어졌다. 그리하여 자신의 힘을 되찾게 해 달라고 아버지 하느님께 간청한다. 아버지 하느님은 소피아의 힘을 되돌리기 위한 계획을 세우시고 얄다바옷과 그 무리에게 다섯 개의 빛을 보낸다. 그들은 얄다바옷을 부추겨 사람에게 숨을 불어넣게 만든다. "그의 얼굴에 대고 당신의 영(숨)을 불어넣으시오. 그러면 그의 몸이 일어설 것이오"(19).[8] 이에 얄다바옷이 사람에게 숨을 불어

---

7   결국 인간이 겪는 모든 고통과 불행의 기원에 창조주 얄다바옷과 그 수하세력이 있다는 말이다.

8   창세 2,7: "그때에 주 하느님께서 흙의 먼지로 사람을 빚으시고, 그 코에 생명

넣자 그의 영이 사람(혼적 육체)에게 들어간다. 그러자 그 사람은 움직이기 시작하면서 힘도 생기고 밝게 빛난다. 이 숨(영)이 바로 소피아가 얄다바옷에게 주었던 그 힘이었기 때문이다. 이렇게 힘을 사람에게 뺏긴 얄다바옷의 무리들은 질투를 느낀다. 사람이 그들보다 더 위대해졌기 때문이다. "바로 그 순간 나머지 힘(능신)들은 질투심에 빠졌다. 그가 그들 모두를 통해 존재하게 되었을 뿐만 아니라 그들이 자기네 힘을 그 사람에게 주었기 때문이다. 그리고 그의 지력(슬기)은 그를 만든 자들보다, 심지어 우두머리 아르콘보다 더 강해졌다."(19-20).

이렇게 해서 사람은 영과 육체로 된 온전한 인간이 된다. 육체를 얄다바옷의 무리가 만들었다면 얄다바옷이 불어넣은 영은 소피아에게서 유래한 것이다. 소피아의 힘을 받아들인 인간은 비로소 온전한 인간이 되어 움직이기도 하고 밝게 빛난다. 그리고 곧 인간의 지력이 얄다바옷보다 뛰어나다는 사실이 드러난다.

인간의 추방

얄다바옷의 무리는 자기네가 만든 사람이 오히려 자기들보다 더 영리해진 것을 보고는 질투를 느낀다. 그리고 인간을 물질계 최하단으로 내쫓아 버린다. "그들은, 그가 빛이 나고 있으며 자기들보다 생각을 더 잘하고 악의 옷을 벗어 버렸다는 것을 깨닫자 그를 데려다가 모든 물질의 최하단으로 내던져 버렸다"(20).

의 숨을 불어넣으시니, 사람이 생명체가 되었다" 참조.

인류의 구원 계획: 두 번째 창조

아담의 조력자 빛의 에피노이아

아버지 하느님께서 얄다바옷이 사람에게 불어넣어 준 영을 내려다보시고 불쌍히 여기셨다. 얄다바옷의 무리들이 무력을 행사할까 보아서였다. 그리하여 하느님께서 아담에게 조력자를 보내 주시니 그녀는 빛의 에피노이아였다. 에피노이아는 '사색'이라는 뜻이며 '생명'이라 불리기도 하였다.[9] 에피노이아는 아담에게 그의 영이 플레로마에서 왔다는 사실을 알려 주고 다시 그곳으로 올라가는 길을 가르쳐 준다. "그녀는 온 피조물을 도우며 그와 함께 수고하고, 그리고 그를 그의 플레로마로 다시 인도하였다. 또한 그의 씨앗(=영)이 아래로 내려온 사실을 그에게 가르쳐 주고, 그곳으로 올라가는 길, 곧 그가 내려온 길을 그에게 가르쳐주었다"(20). 에피노이아는 아담 안에 숨어서 아르콘들이 자신의 존재를 알아채지 못하게 하였다.

두 번째 창조: 사멸하는 인간의 탄생

인간의 생각이 아르콘들보다 뛰어난 것은 자기 안에 간직된 빛으로 말미암은 일이다. 아르콘들은 자기네가 만든 인간의 생각이 자신들보다 뛰어난 것을 보고 이를 바로잡으려 일을 꾸민다. 인간을 새로 빚어 만들 계획을 세운 것이다.[10] "그들은 불과 흙과 물을 취하여 그것들을 네 개의 불바람과 함께 섞었다. 그리고 그것들을 한데 모아 휘젓고 큰 소용돌이를 일으켰다. 그리고 그것을 죽음의 그림자 속에 담았다. 흙과 물과 불과 영(바람)을

---

9   칠십인역 창세 3,20.
10 창세 2,7: "그때에 주 하느님께서 흙의 먼지로 사람을 빚으시고" 참조.

가지고 (인간을) 새로 빚어 만들기 위해서였다"(20-21). 그렇게 해서 만든 인간은 "물질에서 나온 것, 곧 어둠의 무지, 욕정, 그들의 아류-영이다. 그것은 곧 육체라는 형체의 무덤, 도둑들이 사람에게 입힌 옷, 망각의 족쇄다"(21).

이렇게 아르콘들이 흙, 물, 불, 바람을 가지고 빚어 만든 것은 "죽을 운명의 인간"이 되었다. 그는 '첫 번째 분리'라 불린다. 그러나 언젠가는 빛의 에피노이아가 그의 생각을 깨울 것이다.

동산에 세워진 인간: 생명의 나무와 선악과

생명의 나무
아르콘들은 자기네가 만든 인간을 동산paradise에 데려다 놓는다. 그리고 동산에 심은 나무에서 열매를 따 먹으라고 명령한다. 그리고 아르콘들은 동산 한가운데에 '생명의 나무'를 심었다. 그런데 그 나무는 사실 죽음의 나무다. "그 (나무의) 뿌리는 쓰고, 그 가지는 죽음이며, 그 그늘은 증오다. 그리고 그 잎사귀에 깃든 것은 기만이며 그 싹은 악의 향유다. 그 열매는 죽음이며 그 씨앗은 욕망epithymia이다. 그것은 어둠 속에서 싹을 틔운다. 그것을 맛보는 자들, 그들의 거처는 저승, 그들의 안식처는 어둠이다"(21-22). 그 나무 열매를 먹는 자들을 기다리는 것은 죽음이요, 저승과 어둠이다.

선과 악을 아는 나무
그들이 '선과 악을 아는 나무'라 부르는 나무는 '빛의 에피노이아'다. 아르콘들은 인간더러 그 나무에서는 열매를 절대 따 먹지 말라고 명령한다. 그리고 그들은 혹시나 사람이 플레로마를 올려다보고 자신이 벗은 몸인 것을 깨닫게 될까 봐 줄곧 그 나무 앞을 지키고 서 있다.

그러나 예수님께서 아담에게 '선과 악을 알게 하는 나무' 열매를 따 먹으라고 가르치신다. 뱀(얄다바옷)이 그렇게 한 것이 아니다. 뱀은 오히려 아담에게 "악의 (열매), 곧 파괴를 가져오는 출산의 욕망을 따 먹도록 가르쳤다.

그를 자기에게 유용하게 만들려는 것이었다"(22).

생명의 나무와 선악과에 대한 설명은 창세기의 해석과 정반대다. 요한의 비전에 따르면 생명의 나무는 죽음에 이르게 하는 나무이며, 반대로 선악과는 얄다바옷의 족쇄에서 풀려나게 하는 깨달음의 나무다. 그래서 얄다바옷은 인간에게 생명의 나무를 따 먹게 하면서 선악과는 먹지 못하게 막고 있다. 그러나 구원자께서 아담에게 선악과를 따 먹으라고 가르치신다. 인간이 선악과를 따 먹을 때에야 비로소 천상의 플레로마를 올려다보고 자신의 처지를 깨닫게 된다는 것이다. 결국 진정한 생명을 주는 것은 앎, 곧 깨달음이라는 말이다.

아담의 불순종

그리고 얄다바옷은 아담이 자기보다 지력이 뛰어나기에 자기에게 순종하지 않는다는 것을 깨닫는다. 아담의 생각이 탁월해진 것은 그 안에 깃든 에피노이아의 빛 덕분이다. "그리고 그(얄다바옷)는 인간이 자기의 말을 듣지 않는다는 것을 깨달았다. 인간 안에 있는 에피노이아의 빛이 인간을 생각 면에서 우두머리 아르콘보다 낫게 만들었던 것이다"(22).

여자의 창조

이 부분부터 특히 구약의 창세기 이야기와 매우 닮았다. 창세기 2—4장에서 모티프를 얻어다 영지주의 시각으로 재구성하였다.

얄다바옷의 계획

아담이 자기보다 지력이 뛰어난 것을 본 얄다바옷은 아담에게 넣어 준 힘을 되찾으려는 계획을 세운다. 여자를 만들고 아담에게서 빼낸 힘을 그 여자에게 넣어 준다는 계획이다. 그리하여 얄다바옷은 아담을 완전히 잠에 취하게 만든다. 그리고 간신히 아담에게서 힘(빛의 에피노이아)의 일부를 빼내는 데 성공한다. 힘 전부를 빼내지 못한 것은 에피노이아가 그에게 붙잡히지 않았기 때문이다. 어둠은 빛을 붙잡지 못하는 까닭이다.

여자의 창조

알다바옷은 에피노이아와 닮은 모습으로 여자를 빚어 만들고 그 안에 아담에게서 빼내온 힘을 넣어 준다. 아담이 자기 곁에 있는 여자를 본 순간 빛의 에피노이아가 나타나 그를 잠에서 깨운다. 그리고 그녀가 자기와 닮은 것을 알아본다. 제 짝임을 알아차린 것이다. 그래서 소리친다. '이야말로 내 뼈에서 나온 뼈요, 내 살에서 나온 살이로구나!'(23)[11]

아담과 하와의 깨달음

그리고 구원자가 독수리의 형상으로 지식의 나무 곧 선악과 앞에 나타난다. 아담과 하와를 가르쳐 깊은 잠에서 깨어나게 하려는 것이었다. 그들이 알몸인 채로 넘어져 있었기 때문이다. 그리고 에피노이아가 그들에게 나타나 그들의 생각을 일깨운다. 이렇게 해서 아담에게서 힘을 뺏으려던 얄다바옷의 계획이 수포로 돌아간다.

아담과 하와의 추방

얄다바옷은 아담과 하와가 자기를 피해 숨은 것을 알아채고는 땅을 저주한다. 그리고 아담과 하와에게 어둠의 옷을 입히고 동산에서 쫓아낸다.

요한의 비전은 구약의 창세기에서 모티프를 따왔지만 그것과는 완전히 다른 방향으로 이야기를 전개해 나간다. 이를테면 구약의 창세기에서는

---

11   창세 2,23.

아담과 하와가 하느님께 불순종했기 때문에 동산에서 쫓겨나게 된다. 그러나 요한의 비전에서는 두 사람이 동산에서 추방된 까닭이 그들이 하느님의 뜻을 따르기 위해 얄다바옷의 명령을 어겼기 때문이다.

카인과 아벨

카인과 아벨의 탄생

얄다바옷이 하와의 생명(힘)을 노리고 있으며 아담이 하와를 지배한다는 사실을 안 프로노이아가 사절을 보내어 미리 하와에게서 생명(조에)을 낚아챈다. 그 뒤 얄다바옷이 하와를 범하여 두 아들을 낳는데 첫째는 엘로임, 둘째는 야웨였다. 얄다바옷은 야웨는 불과 바람을, 엘로임은 물과 흙을 다스리게 한다. 그리고 둘을 각각 카인과 아벨이라 부른다.

오늘날까지 성교가 이어져오는 것은 얄다바옷 때문이다. 얄다바옷은 여자에게 출산의 욕망을 심어놓았다. 그리고 성교를 통해 새로운 육신이 만들어지게 하였으며 거기에 자신의 아류-영을 불어넣었다. "오늘날까지 성교synousia가 이어져 온 것은 우두머리 아르콘 때문이다. 그는 아담의 여자 안에 출산의 욕망을 심어 놓았다. 그리고 그는 성교를 통해 육체와 닮은 것을 내놓게 만들었다. 그리고 그들에게 그의 아류-영을 불어넣었다. 그런 다음 그는 두 아르콘을 아르케들 위에 세워 그들로 하여금 무덤을 다스리게 하였다"(24).

요한의 비전에서 최초의 성교는 얄다바옷이 하와를 범했을 때 일어난 일이다. 그때 태어난 것이 엘로임과 야웨, 다른 이름으로 카인과 아벨이다. 결국 카인과 아벨은 아담과 하와가 아닌 얄다바옷과 하와의 자식이다. 그런데 얄다바옷이 하와를 범한 것은 생명(영, 조에)이 하와에게서 이미 빠져나간 뒤였다. 따라서 엘로임과 야웨, 달리 말해 카인과 아벨 안에는 생명(영)이 없다. 대신 이들은 얄다바옷이 불어넣어준 아류-영을 지니고 있다. 그리고 이들이 다스리는 것은 무덤, 곧 육신과 이 세상이다. 그들이 생명과는 아무 관계가 없는 것이다.

셋과 그의 후손

아담이 낳은 첫째 아들은 셋Seth이다. 셋이 태어난 뒤 하늘의 어머니는 자신의 영을 이 세상에 내려 보낸다. 하늘에서 내려오게 될 에온들(셋의 후손들)에게 거처를 마련해 주려는 것이었다. 얄다바옷이 하와를 범하기 전에 그녀를 떠났던 영(생명, 조에)이 되돌아온 것이다. 이렇게 해서 셋과 그의 후손은 자기 안에 천상의 힘, 곧 영을 지니게 되었다.

망각의 물

얄다바옷은 사람에게 망각의 물을 마시게 하여 그로 하여금 자신이 어디에서 왔는지 잊어버리게 만든다. 망각의 물을 마신 인간은, 이 세상에 태어나기 전에 자신이 어디에 있었는지 기억하지 못한다. 곧 자신의 기원이 하늘임을 잊고 그저 이 세상에 속한 줄 착각한다는 것이다.

어쨌든 셋의 후손은 이 땅에 잠시 머문다. 하늘에서 영이 내려오면 이들의 결핍을 메워 완전하게 해 줄 것이다. 그때에는 플레로마 역시 아무런 결핍이 없이 충만해질 것이다. 이것이 요한의 비전이 제시하는 구원론이다. 어머니의 영이 내려와 셋의 후손의 결핍을 메우고 그렇게 해서 플레로마도 결핍 없이 거룩해지는 것이다.

영혼의 구원

영혼의 구원 가능성

요한은 구원자께 영혼의 운명에 관해 묻는다. 첫째 질문은 모든 영혼이 구원받을 수 있는지에 관한 것이다. 구원자의 답변은 요한에 대한 칭송으로 시작한다. 이런 질문은 오직 흔들리지 않는 '부동의 세대'만이 할 수 있다는 것이다. 어쨌든 생명의 영을 받은 이는 모두 구원된다는 것이 구원자의 말씀이다. "생명의 영이 내려와 (그와) 함께 굳건히 머문다면, 그들은 구원되어 완전하게 되고, 위대함에 합당한 자들이 될 것이다. 그리고 그들은 그곳에서 모든 악과 사악함의 일에서 정화될 것이며, 불멸성 이외에는 아무것에도 마음을 쓰지 않을 것이다. 그리고 그때부터는 분노나 시기, 질투나 욕망, 그리고 어떤 것에 대한 탐욕도 없이 오직 그것(불멸성)에만 마음을 둘 것이다"(25).

이들을 붙잡고 있는 것은 오직 육체뿐이다. 그러나 그들이 육체를 짊어지는 것은 일시적일 뿐이며, 그들은 자기들에게서 육체가 제거될 때를 기다리고 있다. 그들은 영원한 생명에 합당한 자들로서, "모든 것을 참아내고 모든 것을 견뎌낸다. 그들이 선을 완성하고 영원한 생명을 상속받기 위해서다"(26).

구원자의 말씀에서 알 수 있듯, 구원의 선결조건은 '생명의 영'을 받는 것이다. 아담이 그러했듯이 생명의 영을 받지 못한 사람은 서 있을 수조차 없다.

이어서 요한은 생명의 영에게서 힘을 받고도 그에 합당한 일을 하지 않은 사람이 구원받을 수 있는지 묻는다. 이에 대한 구원자의 답변은, 요한의 질문 자체가 잘못된 것임을 암시한다. "그들이 태어난 뒤에 생명의 영이 증대되고 힘이 내려 와서 그 영혼을 강하게 만들면, 아무도 그를 악의 행실로 이끌지 못한다"(26)는 것이다. 생명의 영이 내려오면 어떤 이든 변화되고 강해지기 때문이다. 다만 아류-영 곧 얄다바옷의 영을 받은 이는 오류에 이끌려 구원받지 못한다. "그러나 아류-영이 그들에게 내려오면 그들은 이에 이끌려 오류로 빠져들고 만다"(26).

영혼의 운명

요한의 다음 질문은 영혼이 육신에서 빠져나온 뒤 어디로 가느냐는 것이다. 아류-영(= 비루한 영)보다 강한 힘을 가진 영혼은 살아서는 악을 피하고 죽어서는 불멸하신 분에게 구원되어 플레로마의 안식에 접어든다. "자기가 가진 힘이 비루한 영보다 더 커지는 영혼은 참으로 강인하여 악에서 달아나게 된다. 그리고 (그 영혼은) 불멸하신 분의 방문을 받아 구원되고 에온의 안식처 anapausis 에 받아들여진다"(26).

그러나 자신의 기원을 알지 못하는 영들 곧 아류-영의 힘이 강해진 영혼은 살아서는 악과 망각에 빠져들고 죽어서는 아르콘들의 손에 넘겨진다. 그리고 그들에 의해 사슬에 묶여 감옥 속으로, 곧 다른 몸속으로 들어간다. 다른 사람으로 환생하는 것이다. "그 (영혼)이 (몸을) 떠난 뒤에 그것은 아르콘에 의해 생겨난 권세들의 손에 넘겨진다. 그리고 그들은 그것을 사슬로 묶어 감옥에 던져 넣는다"(27). 이러한 윤회는 "(그 영혼)이 망각에서 깨어나 지식(깨달음)을 얻을 때까지"(27) 계속된다. 이런 과정을 통하여 마침내 깨달음을 얻은 영혼은 완전해지고 구원받는다(27).

마지막으로 하느님에 대한 깨달음을 얻고서 다시 옛길로 되돌아간 사람의 영혼은 회개가 없는 감옥으로 보내진다. 그들은 그곳에서 영원히 벌을 받을 것이다. "빈곤의 천사들이 가게 될 곳, 그곳으로 그들은 인도될 것이다. 그곳은 회개가 일어나지 않는 곳이다. 그들은 영을 모독한 자들이 고문당하는 그날까지 갇혀 있을 것이다. 그리고 그들은 영원한 징벌로 벌 받을 것이다"(27).

각 영혼이 맞게 될 개별적 운명에 관한 이 대목에서는 윤리적 색채가 짙어진다. 그전까지 구원은 깨달음과 관련된 것이었다. 이 대목에서는 깨달음과 지식이 중요하기는 하지만 그것으로 다가 아님을 강조한다. 자신이 어디에서 왔는지 알고 난 사람이라 하더라도 그에 합당하게 살지 않으면 그 영혼은 안식에 들지 못하고 영원한 벌을 받는다. 얄다바옷의 아류-영을 받은 영혼은 아르콘들의 손에 넘겨져 윤회를 반복한다. 생명의 힘을 얻은 영혼은 구원되어 완전해지며 불멸하는 것들에만 관심을 가진다. 그들은 영원한 생명을 얻기 위해 모든 것을 참아내고 견뎌낸 영혼들이다.

인류의 예속

마지막으로 요한은 아류-영(= 비루한 영)의 유래에 대해 묻는다. 구원자에 따르면 아류-영은 궁극적으로 얄다바옷에게서 나온 것이다. 그 경위를 설명하면서 구원자는 얄다바옷이 인류를 예속시키기 위해 꾸민 음모를 낱낱이 밝힌다. 첫째는 헤이마르메네(숙명)의 탄생이요 둘째는 홍수, 셋째는 아류-영을 보낸 일이다.

헤이마르메네(숙명)의 탄생

아버지이자 어머니이신 거룩한 영이 완전한 종족의 후손, 곧 인류를 빛으로 일깨우셨다. 얄다바옷은 사람들이 자기보다 더 우수한 것을 알아채고는 그들을 저지할 음모를 꾸민다. 그리하여 수하세력인 권세들과 한데 어울려 소피아와 간음을 저지른다. 여기서 태어난 것이 헤이마르메네, 곧 숙명이다. 그런데 이 숙명이 온갖 죄악과 무지와 망각의 뿌리가 된다. "헤이마르메네(숙명)에게서 온갖 잘못, 불의, 신성모독, 망각의 족쇄(사슬), 무지, 온갖 혹독한 계율, 무거운 죄와 커다란 공포가 나왔다"(28). 모든 피조물이 "눈이 멀게 되었고 그들 모두 위에 계시는 하느님을 알지 못하게"(28) 된 것도 모두 헤이마르메네 때문이다. 피조물이 때와 시간에 묶이게 된 것도 그의 탓이다. "숙명(헤이마르메네)이 만물의 주군이 된 것이다"(28).

고대인들은 대개 '숙명'이 자신들의 삶을 지배한다고 믿었다. 따라서 점성술이나 주술의 방법을 빌려 자신의 운명을 점치고 그 운명을 마음대로 바꾸려고 시도하기도 하였다. 그러나 일반적으로 숙명 혹은 운명은 이미 결정되어 있으며 모든 사람, 모든 것이 이 운명의 지배를 받는다고 믿었다. 신들이나 천사들도 예외는 아니어서 그들 역시 운명에 예속된다는 것이다. 요한의 비전에 따르면 이 숙명은 얄다바옷이 소피아와 간음하여 생겨난 피조물이다. 그리고 이 숙명은 인간을 비롯한 모든 피조물의 눈을 멀게 하여 하느님을 알지 못하게 하며 그들을 때와 시간에 묶어두는 장본인이다. 결국 망각과 무지에 빠져 허덕이는 인간의 처지는 모두 얄다바옷의 소생인 숙명에게서 비롯되었다.

홍수와 노아

얄다바옷이 인류를 거슬러 두 번째로 세운 계획은 홍수다. 그러나 프로노이아의 빛이 노아를 가르쳐 홍수를 피하게 한다. 노아와 함께 부동의 세대에서 나온 다른 많은 사람들도 홍수를 피한다. 그러나 그러지 못한 많은 사람들은 홍수에 휩쓸려 죽음을 면하지 못한다.

아류-영

얄다바옷이 인류를 거슬러 세운 세 번째 계획은 비루한 영, 곧 아류-영을 만든 일이다. 얄다바옷은 먼저 자신의 천사들을 사람의 딸들에게 보내 그들에게서 후손을 보고자 하였지만 실패로 끝난다. 그리하여 얄다바옷은 영혼들을 더럽히고자 비루한 영을 만들어 낸다. 천사들은 여자들의 남편들과 같은 모습으로 위장하여 그들을 비루한 영으로 가득 채운다. 금, 은, 동 등 모든 재화는 얄다바옷의 천사들이 가져다준 것이다. 인류는 이런 것들로 인해 근심에 싸이고 오류로 이끌리게 되었다.

얄다바옷이 가져온 결과는 인류의 예속이다. "(사람들은) 아무런 즐거움이 없이 늙어갔다. 그리고 어떠한 진리도 발견하지 못한 채, 진리의 하느님도 알지 못한 채 죽어갔다. 이렇게 해서 모든 피조물은 세상의 시작부터 지금에 이르기까지 영원히 노예가 되었다"(30).

IV. 구원과 해방

얄다바옷의 노예살이를 하는 인류를 구원하기 위해 구원자 프로노이아가 이 땅에 내려온다. 얄다바옷에게 예속된 인류의 가련한 처지를 보고 그들을 해방시키러 온 것이다. 프로노이아의 해방과 구원은 찬가 형태로 소개된다. 프로노이아가 인류를 구원하기 위해 물질계로 내려왔다가 다시 플레로마로 되돌아가는 과정을 시로 표현한 것이다. 프로노이아가 육체의 감옥에 갇힌 영혼에게 말한다. "나는 순결한 빛의 프로노이아다. 나는 동정이신 영의 '생각'이며 너를 영예로운 그곳으로 데려가는 자다. 일어나라! 그리고 들은 자가 바로 너임을 기억하여라! 그리고 너의 뿌리를 따라가라! 그것은 바로 나, '자비로운 이'다. 그리고 너는, 빈곤의 천사들과 혼란의 다이몬들과 너를 유혹하는 모든 자들에게서 너 자신을 지켜라! 그리고 깊은 잠과 저승의 울타리를 조심하여라"(31). 그리고 프로노이아는 육체에 갇힌 사람을 "일으켜 세우고 물의 빛 속에서 다섯 봉인으로 봉인하였다. 지금부터는 더 이상 죽음이 그를 이기지 못하게 하려는 것이었다"(31). 그러고 난 뒤 프로노이아 곧 구원자는 플레로마로 다시 올라간다.

요한의 비전이 끝에 관한 이야기이기는 하지만 세상의 종말이나 인류 전체의 운명을 다루지는 않는다. 인간에게 연대적 책임을 묻지도 않으며, 인류의 집합적 운명도 이야기하지 않는다. 대신 요한의 비전은 개인과 개인의 운명에 집중한다. 따라서 다른 사람을 대신해서 목숨을 바치는 대속적 죽음도 없다. 구원자는 인류의 죄를 대신하여 십자가 죽음으로 인간의 목숨을 맞바꾸는 존재가 아니다. 구원자는 인간이 처한 현실을 자각시키고 인간의 기원을 알려 주는 계시자다. 구원은 자신의 기원을 아는 지식 곧 깨달음에 있기 때문이다.

V. 비전의 결말

구원자는 요한에게 구원자에게서 들은 가르침을 동료에게만 전수해 주라고 당부하신다. 요한이 들은 것은 비밀로 지켜져야 하는 내용, "부동의 세대에 관한 신비"(31)이기 때문이다. 구원자의 명령을 따라 요한은 예수님의 다른 제자들에게 비밀 가르침을 전하러 간다. 이로써 요한의 비전은 그 대단원의 막을 내린다.

요한의 비전은 세상과 인류의 시작 그리고 그 끝에 관한 영지주의 신화의 최고봉이라 할 수 있다. 요한의 비전은 천상계인 플레로마의 형성에서 시작하여, 하급신인 창조주와 그 수하세력의 유래, 그리고 그들에 의한 세상의 창조 과정을 다룬 다음 인류의 창조와 원조들의 이야기 그리고 그 구원 계획까지 두루 아우른다.

이에 따르면 인간은 창조주가 만든 육신과 천상계에서 유래한 영이 결합된 존재다. 다시 말해 천상계에 속하는 영이 창조주 탓에 육체라는 감옥에 갇힌 것이라는 설명이다. 세상과 인류의 창조가 참하느님이 아닌 창조주에게서 비롯되었다는 사실은 인류를 비롯한 온 피조물이 처한 비참한 현실에 대한 좋은 설명이 된다. 마지막으로 요한의 비전은 인류의 구원계획을 제시한다. 먼저 인류의 구원 가능성을 타진한 다음 인간의 영혼이 어떻게 육체라는 감옥에서 벗어나 천상계로 돌아갈 수 있는지 알려 준다. 구원자가 이 땅에 내려와 잠에 빠진 인간을 일으켜 세우고 깨달음의 빛을 비추어 줌으로써 인간이 다시 플레로마로 되돌아 갈 수 있다는 것이다.

*

우주의 기원과 운명을 설명하는 영지주의 신화는 유다교 성경과 플라톤 사상의 결합으로 탄생하였다. 다양한 철학적 어휘들이 신화 전체를 채우고 있으며, 인류의 창조 이야기는 물론 인간의 정신 구조에 대한 숙고도 담고 있다. 사실 천상계와 지상계를 포괄하는 우주론과 인간 정신의 탐구는 동전의 양면과 같다. 세상과 인간의 기원을 거슬러 올라가다보면 궁극적으로 천상계에 가 닿는다. 곧 이 세상과 인간을 만든 존재가 결국은 천상계에서 그 유래를 찾을 수 있다는 것이다.[12] 따라서 천상계와 지상계는 긍정적이든 부정적이든 서로 연결되어 있으며 신들과 인간 역시 '영' 혹은 '이성'이라는 공통분모로 연결되어 있다.

요한의 비전이 제시하는 창조 신화의 출발점은 '신'이다. 먼저 신과 신들의 세계인 천상계가 있고 거기에서부터 지상 세계가 유래했다. 제일 꼭대기에 최상신이 있으며 그에게서 에온들(대개 남녀 대립쌍으로 존재한다)이 유출되는데, 이 최상신과 에온들이 충만한 천상계 플레로마(충만)를 형성한다. 천상계의 에온들 가운데 최하위에 해당하는 소피아(지혜)가 최상신을 연모하여 그분의 허락을 얻지도 않고, 배필 에온의 동의도 구하지 않은 채 홀로 잉태하여 출산하는데 그는 얄다바옷이라 불린다. 소피아는 얄다바옷을 보고 실망하여 천상계 바깥에 버린다. 그러면서 얄다바옷에게 숨을 불어넣어주

---

[12] 창조주 얄다바옷의 출생이나 물질계의 생성이 하느님의 뜻과 전혀 무관한 일이기는 하다. 그러나 소피아를 매개로 하느님과 창조주, 천상계와 물질계가 연결된다.

는데 이 숨이 '영'이다. 이렇게 소피아의 '영'이 빠져나감으로써 충만했던 천상계에 그만큼의 '결핍'이 초래된다. 천상계 바깥에 버려진 얄다바옷(데미우르고스)은 자신의 수하세력과 물질계를 만든다. 그의 수하세력은 보통 아르콘이라 불리는데 아르콘은 지배자 혹은 통치자라는 뜻이다. 그런 다음 얄다바옷은 수하의 아르콘들과 함께 자기들에게 시중들 인간을 만든다. 결국 이 세상과 인간은 최상신이 아니라 하급신인 얄다바옷에 의해 만들어졌다.

    인류 창조의 신화는 여기서 그치지 않는다. 얄다바옷이 최초의 인간을 만들어놓고 보니 전혀 움직이지 못한다. 이에 천상계의 에온들이 얄다바옷을 자극하여 인간에게 숨을 불어넣게 만든다. 그리하여 인간은 육체와 영으로 된 완전한 인간이 된다. 이때 얄다바옷을 통해 인간에게 들어간 '숨'이 바로 '영'이다. 그런데 이 '영'은 본디 얄다바옷의 것이 아니라 제 어미 소피아의 것으로 '천상의 것'에 해당한다. 이처럼 인간은 이중적 존재다. 얄다바옷에 의해 만들어진 육체(혼적 육체와 물질적 육체의 조합)와 천상의 소피아에게서 유래한 '영'이 결합된 존재인 것이다. 그런데 얄다바옷에게 속하는 육체는 진짜 나가 아니다. 진짜 나는 천상에서 유래한 '영'이다. '영'인 내가 얄다바옷에 의해 육체에 갇힌 것이다. 한편 '숨'을 인간에게 빼앗긴 얄다바옷은 이제 인간이 자기보다 더 지혜로워진 것을 깨닫고 질투에 사로잡힌다. 그래서 창조주는 '질투하는 신'인 것이다.

    이처럼 인간의 몸과 영은 각기 다른 곳에서 유래하였으므로 그 둘이 걸어갈 운명도 다르다. 육체는 사멸하지만 영은 그렇지 않다. 영은 그것이 유래한 천상으로 돌아가야 한다. 단, 영이 자신의 기원을 깨닫는 일이 선행되어야만 천상으로 돌아갈 수 있다. 이때 필요한 자기 기원에 대한 깨달음이 바로 영지주의자들이 추구하는 지식, 그노시스Gnosis다. 한 생에서 이러한 깨달음을 얻지 못하면 그 영은 깨달음을 얻을 때까지 윤회를 거듭한다.

    이처럼 영지주의자들은 우주론적 사변이나 인류의 기원 문제에만 몰두하지는 않았으며 인간의 참다운 행복과 구원에도 관심을 두었다. 그들은 당대의 플라톤 사상가들처럼 인간의 구원 가능성을 정신적 측면 혹은 영적 측면에서 찾았다. 무엇보다 그들은 사고 능력이야말로 여타 동물과 인간을 구분 짓는 중심 요소이자 신과 인간을 연결하는 접점으로 보았다. 인간을 구성하는 여러 요소 가운데 신을 닮은 부분이 바로 사고와 추론을 주관하는 정신이며, 이 정신을 통해 신께 닿을 수 있다는 것이다.

이러한 맥락에서 천상계를 구성하는 신적 존재(에온)들의 명칭이 모두 인간의 정신 능력을 가리키는 용어들이라는 사실은 주목할 만하다. 곧 '정신', '지성', '예지', '통찰', '사고' 등. 여기에는 중요한 통찰이 내포되어 있다. 하나는, 인간의 정신 능력은 '신적'인 특성이라는 점이다. 특히 인간의 구원에 깊이 가담한 구원자의 이름이 '프로노이아'(예지) 혹은 '에피노이아'(사색)라는 것은 더 의미가 있다. 인간을 구원하는 것이 바로 예지와 사색과 사고임을 은연중에 알려 준다. 그리고 이렇게 인간의 이성이 사색과 인식을 통해 신의 이성과 합일하는 것이 바로 구원이라는 것이다.

영지주의자들의 작품에서 '지식' Gnosis이 중심 위치를 차지하는 이유가 여기에 있다. 그들이 말하는 '지식'은 과학적 혹은 학문적 '정보'와는 다른 것이다. 그들이 말하는 지식은 '자기 자신'에 대한 깨달음이며, 자신의 기원이 무엇이고 자기가 돌아갈 곳이 어딘지를 아는 것이다. 따라서 수많은 정보가 축적되어 소위 박학다식한 사람이 된다고 해서 구원이 오는 것은 아니다. 구원은, 참된 자기는 육체가 아니라 영이며 그 영이 궁극적으로 천상계에서 유래했다는 것, 그리고 그 영이 다시 돌아갈 곳 또한 천상임을 깨달음으로써 온다.

인간의 구원은 그 자체로 끝나지 않는다. 인간의 구원은 천상계의 복원으로 이어진다. 소피아가 얄다바옷에게 '숨'을 불어넣어 줌으로써 천상계에는 결핍이 초래되었다. 이 '숨'을 얄다바옷은 최초의 인간에게 불어넣어 주었다. 이 '숨'이 바로 '영', '영혼' 혹은 '신적 불꽃' 등으로 불리는 인간의 '영적 요소다. 그런데 인간의 영이 죽음을 통해 얄다바옷에게 속하는 육체에서 벗어나 천상으로 귀환하는 것이 '구원'이라고 했다. 그리고 이렇게 해서 플레로마는 잃어버린 결핍을 다시 메우고 원래의 충만성(플레로마의 뜻이 바로

'충만'이다)을 회복한다. 이것이 천상계의 복원apokatastasis이다. 이렇게 인간의 구원과 천상계의 회복은 궁극적으로 연결되어 있다. 구원받는 구원자Salvator salvandus 개념도 이것과 관련된다. 구원자가 인간을 구원함으로써 자신도 구원된다는 뜻이다. 인간 영이 천상으로 회귀하는 것이 곧 결핍된 천상계의 복원으로 이어지기에 그러하다. 이렇게 인간의 구원과 천상계의 복원이 맞물려 있고, 제 꼬리를 문 뱀처럼 시작과 끝이 맞물려 있다.

성경의 우의적 해석과 영지주의 신화

어떤 이야기를 알레고리(우의)로, 곧 우의적으로 해석한다는 것은 그 이야기를 글자 그대로가 아니라 비유적으로 읽는 것을 말한다. 이야기에 나오는 인물과 장소는 실제 인물이나 장소를 가리킨다기보다는 특정한 관념이나 체험을 표상한다.

알레고리는 그리스어권 지중해 세계에서 고대 본문을 읽는 수단으로 즐겨 사용되었다. 일찍이 기원전에 스토아 학파 사람들이 본문을 알레고리로 해석하는 방법을 발전시켰으며 알렉산드리아의 필론도 이 방법으로 히브리 성경을 읽고 해석하였다.[1]

바오로 사도가 갈라티아서에서 창세기의 하가르와 사라를 알레고리로 해석한 것은 유명하다(갈라 4,21-31).

"아브라함에게 두 아들이 있었는데 하나는 여종에게서 났고 하나는 자유의 몸인 부인에게서 났다고 기록되어 있습니다. 그런데 여종에게서 난 아들은 육에 따라 태어났고, 자유의 몸인 부인에게서 난 아들은 약속의 결과로 태어났습니다. 여기에는 우의적인 뜻(ἀλληγορούμενα)이 있습니다. 이 여자들은 두 계약을 가리킵니다. … "(갈라 4,22-24).

바오로 사도의 우의적 해석에 따르면 하가르는 모세의 옛 계약을, 사라는 예수님의 새 계약을 가리킨다.

정통 교부들도 성경을 읽을 때 우의적 해석법을 즐겨 사용하였다. 오리게네스가 대표적인데 그는 알레고리적 해석의 가치와 함께 위험성도 숙지하고 있었다. 성경의 우의적 의미를 밝히는 작업은 그 뒤에도 특히 알렉산드리아 교부들을 중심으로 인기를 끌다가 중세까지 이어졌다.

---

1 케네스 셍크, 『필론 입문』, 79-82을 참조하라.

영지주의자들도 성경을 우의로 읽고 해석하는 데 능하였다. 그들은 창세기의 창조 신화를 우의적으로 해석하여 새로운 이야기, 새로운 신화로 탄생시켰다. 그들은 창세기 이야기를 글자 그대로 받아들이는 것을 반대하면서 그 너머에 숨겨진 알레고리적 의미를 찾아내어 새로운 신화로 재구성했던 것이다.

이레네우스가 소개한 프톨레미의 영지주의 신화 속에는 성경을 알레고리로 해석한 예들이 가득하다. 가령 프톨레미는 창세기에 나오는 카인과 아벨과 셋은 세 가지 부류의 인류를 표상한다고 해석한다. 카인은 물질적 인간, 아벨은 혼적 인간, 그리고 셋은 영적 인간이라는 것이다. 루카 복음에 나오는 열두 해 동안 하혈병을 앓은 여인(루카 8,43-48)은 구원자에게 도움을 청한 열둘째 에온 소피아를 표상한다. 예수님이 서른 살에 공생활을 시작하신 것은 천상계의 에온이 총 30명이기 때문에 그러하다.

영지주의 작품을 주의 깊게 들여다보면 작품 저자들이 성경 본문을 자기 시각에 맞게 바꾸어 읽었음을 확인할 수 있다. 그노시스를 얻은 자신이 성경 본문보다 우위에 있다는, 혹은 성경 저자들보다 자신이 더 깊은 깨달음을 얻었다는 자신감에서 나온 행동일 것이다. 진리의 척도는 성경에 기록된 글자가 아니라 하느님과 자기 자신에 대한 올바른 깨우침에 있으며 영지주의자들은 자신이 그러한 깨우침을 얻은 사람이라고 확신했던 것이다.

4. 요한의 비전

Nag Hammadi Codex II,1(1.1-); 콥트어 대본: Waldstein/Wisse (eds.), "The Apocryphon of John", 11-177.

☙ ☜

제목

1. [1] 구원자의 가르침
   그리고 신비들과 침묵 속에 숨겨져 있는 것들과
   그분께서 제자 요한에게 가르쳐 주신 것들의
   계시.

도입

요한과 바리사이의 대화
[5] 어느 날, 야고보의 [형제] 요한 — 이들은 제베대오의 아들들이다 — 이 (성전에) 올라갔을 때의 일이다.

아리마니오스라는 이름의 바리사이 하나가 다가와서 [10] 그에게 말하였습니다. "당신이 줄곧 뒤따라 다니던 당신의 스승님은 어디 계시오?"

나는[13] 그에게 말하였습니다. "그분께서는 오셨던 곳으로 되돌아 가셨소!"

그 바리사이가 나에게 말하였습니다. "그 나자렛 사람이 당신네들을 오류로 잘못 이끌었소. [15] 그리고 [당신네들의 귀를 거짓말로] 채우고 당신네들의 마음을 닫아버렸소. 그는 당신네들을 당신네 조상들의 전통paradosis에서 뒤돌아서게 만들었소."

요한의 의문과 구원자의 등장

요한의 네 가지 의문
이 말을 들었을 때 나 요한은 성전에서 나와 산과 광야가 있는 곳으로 갔습니다. [20] 그리고 나는 마음속으로 몹시 슬퍼하며 말하였습니다.

'구원자께서는 어떻게 지명되셨을까? 그리고 그분의 아버지께서는 무엇 때문에 그분을 세상으로 보내셨을까? 그분을 보내신 그분의 아버지는 누구실까?

[우리가 가게 될] [25] 에온은[14] 어떤 곳인가?

그분께서는 그것을 무슨 뜻으로 말씀하신 걸까? 그분께서는 우리에게 '너희가 가게 될 에온은 불멸하는 에온의 유형typos을 취하였다'고 말씀하셨지. 그러나 그곳이 어떤 곳인지는 가르쳐 주지 않으셨지.'

구원자는 어떤 분이며 무엇을 알려 주시는가
[30] 바로 그때, 내가 이 문제에 관해 생각하고 있을 때였습니다. 보라! 하늘이 열리고 하늘 아래 있는 모든 피조물이 빛났습니다. 그리고 [세상

---

13   주어(화자의 시점)가 3인칭에서 1인칭으로 바뀌었다.
14   여기서 에온은 플레로마를 가리킨다.

2. 이 흔들렸습니다. [2.1] [나는 두려움에 빠졌습니다. 그리고 보라!] 나는 빛 속에서 한 소년을 보았습니다. 그는 내 곁에 서 있었습니다. 내가 그를 보고 있을 때 그는 큰 어른처럼 되었습니다. 그리고 자신의 형상smat을 바꾸어 [5]종처럼 되었습니다.

여러 명이 내 앞에 나타난 것은 아닙니다. 빛 속에 형태morphe는 여럿이지만 하나의 모습eine만 있었습니다. 그리고 형상들은 서로서로를 통해 나타났는데, 그 형상은 세 가지 형태를 지니고 있었습니다.

그분이 내게 말씀하셨습니다.
"요한아, 요한아! [10]너는 무엇 때문에 의심하느냐? 아니면 너는 무엇 때문에 두려워하느냐? 너는 이 형상eidea이 낯설지 않지 않느냐?[15]
다시 말해 소심한 마음을 갖지 마라!
나는 언제나 너희와 함께 있는 자다!
나는 [아버지]다.
[나는] 어머니다.
나는 아들이다.
[15]나는 흠이 없는 자, 더럽혀지지 않은 자다.

이제 나는 너에게 가르쳐 주려고 왔다.
존재하는 것은 무엇인지,
존재한 것은 무엇인지,
그리고 존재하게 될 것은 무엇인지.[16]
밝히 드러나지 않는 것들과 밝히 드러나 있는 것들을

---

15   직역: "너는 이 형상에 낯선 자가 아니지 않느냐?"
16   또는 "존재해야 하는 것은 무엇인지."

네가 알게 하려는 것이다.
[20] 또한 완전한 인간의 부동의 세대(종족)에 관해
너에게 가르쳐 주기 위해서다.
이제 네 얼굴을 들어 올려
내가 오늘 너에게 가르쳐 줄 것들을 받아들여라.
그리고 너의 동료 영들에게,
곧 완전한 인간의
부동의 세대에서 나온 이들에게
말해 주어라."

[25] 나는 물었습니다. 그것을 알기 위해서였습니다.
그러자 그분께서 나에게 말씀하셨습니다.

구원자의 가르침

I. 플레로마

1. 아버지 하느님

"단자monas는 홀로 다스리시며monarchia,
그분 위에 아무것도 존재하지 않는다.
그분은 하느님, 모든 것의 아버지이시며,[17]

---

17 또는, "그분은 하느님, 만물의 아버지로 존재하신다."

눈에 보이지 않는 분이시며 모든 것 위에 계신다.

[30] 그분은 불멸하신 분,
순결한 빛이시며,
어떠한 눈도 바라볼 수 없다.
그분은 눈에 보이지 않는 영이시다.
그분을 신들처럼,
혹은 그와 [35] 비슷한 분이라고 생각해서는 안 된다.
그분은 신 이상의 분이시다.
그분 위에 아무도 존재하지 않기 때문이다.

3. 사실 [3.1] 그분을 다스리는 주군은 없다.
그분은 그분보다 작은 것 안에 계시지 않으시며
만물이 그분 안에 있다.

그분 홀로
영원하시다.
그분께서는 아무것도 필요로 하지 않으시기 때문이다.
사실 그분은 완전 [5] 자체이시다.
그분은 부족함이 없으셔서 무언가로 채워지셔야 하는 분이 아니기 때문이다.
그분은 항상
빛 속에서 완전하시다.
그분은 한계를 지을 수 없으시다.
그분보다 앞서 계시면서 그분께 한계를 지어 줄 분이 없으시기 때문이다.
그분은 불가해하시다.
[10] 그분보다 앞서 계시면서 그분을 헤아릴 분이 없으시기 때문이다.

그분은 측량할 수 없으시다.
그분보다 앞서 계시면서 그분을 측량할 분이 없으시기 때문이다.
그분은 눈에 보이지 않으신다.
아무도 그분을 본 적이 없기 때문이다.
그분은 영원하시다. 그분은 영원히 존재하시는 까닭이다.
그분에 대해서는 무어라 말할 수 없다.
[15] 아무도 그분에 대해 말할 만큼 그분을 이해하지 못했기 때문이다.
그분은 이름을 붙일 수 없는 분이시다.
그분보다 앞서 계시면서 그분께 이름을 붙여 줄 분이 없으시기 때문이다.
그분은 측량할 수 없는 빛이시며,
순결하고 거룩하고 정결한 분이시다.
그분은 무어라 말할 수 없는 분이시며,
[20] 불멸성으로 충만하시다.

그분은 완전성 안에도,
행복 안에도,
신성 안에도 (계시지) 않으신다.
그분께서는 (그것들을) 훌쩍 넘어서는 분이시다.

그분은 육체를 지니신 분이 아니시며, 육체가 없는 분도 아니시다.
그분은 크지도 않으시고 작지도 않으시다.
[25] 그분은 몇 분이신가라든지
그분은 무엇과 같으신가 하고 말할 수 없다.
아무도 그분을 이해할noew 수 없기 때문이다.

그분은 존재하는 것들 사이에 있는 무언가가 아니시다.

그분은 (그것들을) 훌쩍 넘어서는 분이시다.
(다른 누군가에 비해) 월등한 분으로서가 아니라 당신 자체로 (그러하시다).

그분은 에온들에도,
[30] 시간chronos에도 참여하지 않으신다.
에온에 참여하는 것은
(그렇게 하도록) 미리 준비해 준 이들이 있기 때문이다. [18]
그분은 시간 안에서 (무언가를) 나누어받지 않으셨다.
그분은 다른 이에게서 아무것도 받지 않으시기 때문이다.
받은 것은 빌린 것인 까닭이다.
사실 다른 이보다 앞서 존재하는 이는,
부족한 것이 없는 법이라 [35] 다른 이에게서 무언가를 받을 필요가 없다.

그분은 당신의 빛 속에서
4. [1] 오직 당신 자신만을 바라보신다.
[…] 그분은 존엄하시다.
그분께는 측량할 수 없는 순수함이 있다.

그분은 에온을 주시는 에온이시다.
그분은 생명을 주시는 생명이시다.
그분은 행복을 주시는 [5] 행복이시다.
그분은 지식을 주시는 지식gnosis이시다.
그분은 선을 주시는 선agathos이시다.

---

18 직역: "에온에 참여하는 자는 미리 준비된 것(에 참여하는 것이다)."

그분은 자비와 구원을 주시는 자비이시다.

그분은 은총을 주시는 은총charis이시다.

그분께서 가지셨기 때문이 아니라

그분께서 주시기 때문에 그러하다.

측량할 수 없고 ¹⁰ 이해할 수 없는 빛,

그것에 관해 내가 너에게 어떻게 말해야 하겠느냐?[19]

사실 그분의 에온은 멸하지 않으며,

잠잠히 침묵 속에 머물며 쉬고 계신다.

그분은 만물보다 앞서 계신다.

그분이 모든 에온들의 으뜸(머리)이시며,

그분의 선성으로

¹⁵ 그들에게 힘을 주는 분이시기 때문이다.

사실 우리는, 말할 수 없는 것들에 대해서는 알지 못한다.

측량할 수 없는 것들에 대해서도 이해하지 못한다.

그분 곧 아버지에게서

나타난 이가 아니라면![20]

이분은 바로 우리에게 말씀해 주신 분이시다.

사실 그분은 당신을 둘러싼 빛,

곧 생명수의 샘 속에서

²⁰ 당신만을 바라보신다.

그리고 그분께서 모든 에온들을 내어놓으신다.

---

19 또는, "그분이 가지셨기 때문이 아니라, 그분이 측량할 수 없고 이해할 수 없는 빛을 주시기 때문에 그러하다."

20 또는 "그분에게서 나타난 분이 아니라면!" "그분"은 아버지시다.

그분께서는 온갖 방식으로 당신의 모상eikwn을 바라보시니,
영의 샘에서 그것을 보신다.
그분께서는
²⁵ 물의 빛 속에서 갈망하신다.
— 그것은 순결한 빛의 물의 샘에서 나와 그분을 감싸고 있다. —

2. 바르벨로와 오에온조

프로노이아(바르벨로)의 출현
그리고 그분의 생각(엔노이아)은 현실이 되었다.
그리고 마침내 그녀가 모습을 드러내었다.
그분의 눈부신 빛 속에서
그녀가 그분 앞에 출현한 것이다.

³⁰ 그녀는 만물에 앞서 생겨난 첫째 힘,
그분의 생각에서 나온 첫째 힘이다.
그것은 곧 만물의 섭리Pronoia,
—그녀의 빛은
그분의 빛을 닮아
눈부시게 빛나고 있다—
완전한 힘,
곧 눈에 보이지 않는
³⁵ 동정이신 완전한 영의 모상,
첫째 힘,
바르벨로Barbelo의 영광,

5. ¹ 에온들 안에 깃든 완전한 영광,

계시의 영광이다.

그녀는 동정이신 영께 영광을 드리며
그분을 찬양하였다.
그녀가 나타난 것이 그분 덕분이었기 때문이다.

— 이것은 그분 모상의 첫 번째 생각Ennoia이다.
⁵ 그녀는 만물의 태(자궁)가 되었다.
그녀가 그들 모두보다 먼저이기 때문이다.
(그녀는) 어머니이자 아버지metropator,
첫 번째 인간,
거룩한 영(성령),
삼중의 남자,
삼중의 힘,
삼중의 이름,
남자이자 여자(남녀 양성 겸유),
그리고 ¹⁰눈에 보이지 않는 것들 가운데 영원한 에온,
처음 출현한 이다.

오에온조의 출현: 프로그노시스(예지)
그녀, 곧 바르벨로는
눈에 보이지 않는 동정이신 영께
'예지'(豫知, Prognosis)를 달라고
청하였다.
영께서는 가만히 바라보셨다.
그런데 그분께서 바라보시자

[15] 예지가 모습을 드러내었다.
그녀(예지)는 섭리Pronoia와[21] 함께
자리에 섰다.
─그녀는 눈에 보이지 않는 동정이신 영의
생각에서 나온 이다.
그녀(예지)는 그분께,
그리고 그분의 완전한 힘 바르벨로에게 영광을 드렸다.
[20] 그녀가 (바르벨로) 덕분에 생겨났기 때문이다.

불멸성

그리고 그녀(바르벨로)는 또
자기에게 '불멸성'을 달라고 청하였다.
그러자 그분께서 가만히 바라보셨다.
그분께서 바라보시자
불멸성이 모습을 드러내었다.
그리고 그녀는 생각(=바르벨로)과
예지Prognosis와 함께 자리에 섰다.
그녀(불멸성)는 [25] 눈에 보이지 않는 분과 바르벨로에게 영광을 드렸다.
─ (바르벨로) 덕분에 그들이 생겨난 것이다.

영원한 생명

그리고 바르벨로는
자기에게 '영원한 생명'을 달라고 청하였다.
그러자 눈에 보이지 않는 영께서 가만히 바라보셨다.

---

21 바르벨로를 가리킨다(4.33 참조).

그리고 그분께서 바라보시자
³⁰ 영원한 생명이 모습을 드러내었다.
그리고 그들은 한자리에 섰다.
그들은 눈에 보이지 않는 영과 바르벨로에게 영광을 드렸다.
— (바르벨로) 덕분에 그들이 생겨난 것이다.

진리

그리고 그녀(바르벨로)는 또 자기에게 '진리'를 달라고 청하였다.
그러자 눈에 보이지 않는 영께서 가만히 바라보셨다.
(그리고 그분께서 바라보시자) 진리가 모습을 드러내었다.
³⁵ 그리고 그들은 한자리에 섰다.

6. ¹ 그들은 눈에 보이지 않는 탁월한(?) 영과
그분의 바르벨로에게 영광을 드렸다.
— (바르벨로) 덕분에 그들이 생겨난 것이다.

오에온조

이것이 아버지의 오에온조pentas이다.
곧 첫 번째 인간,
눈에 보이지 않는 영의 모상이다.
그것(오에온조)은 (섭리Pronoia, 곧 바르벨로)와 생각,
예지,
불멸성,
영원한 생명,
그리고 진리이다.
이는 남녀 양성의 오에온조,
곧 열 에온decas,
다시 말해 ¹⁰'아버지'이다.

3. 독생자의 출현

독생자의 출현과 도유·그리스도
그분(아버지)께서는
눈에 보이지 않는 영과 당신의 섬광을 둘러싸고 있는
순결한 빛 속에서
바르벨로를 바라보셨다.
그러자 그녀(바르벨로)는 그분의 소생을 잉태하였다.
그분께서는 행복을 닮은 빛 속에서
빛의 섬광을 낳으셨다.
그것이 그분의 [15] 위대하심에는 미치지 못하였다.
그것은 '어머니이자 아버지'metropatwr의 독생자,
나타난 자,
곧 유일한 소생,[22]
아버지의 독생자,
순결한 빛이었다.
눈에 보이지 않는 동정이신 영께서는
[20] 새로 생겨난 빛을 보고 기뻐하셨다.
— 그분의 섭리Pronoia 바르벨로의 첫 번째 힘에서
처음으로 출현한 자가 그였다.

그리고 그분께서는
그를 그리스도직으로[23] 도유하셨다.

---

22 그분께서 낳으신 유일한 소생.
23 x̅p̅c̅를 χριστός로 읽었다. χρηστός라 읽는다면 '선성'으로 옮겨진다.

그가 그리스도직에
²⁵ 부족함이 없도록
완전해질 때까지.
— 그분께서 눈에 보이지 않는 영의
그리스도직으로
그를 도유하신 것이다.
그분께서 그에게 기름을 부으시는 동안 그는 그분 앞에 서 있었다.
그리고 그가 영에게서
(기름부음을) 받자마자
거룩한 영과
³⁰ 완전한 섭리Pronoia에게 영광을 드렸다.
{거룩한 영과
완전한 섭리Pronoia에게 영광을 드렸다.}²⁴
— 그녀 덕분에 그가 모습을 드러낼 수 있었던 것이다.

그리스도의 동료 에온들

그리고 그(그리스도)는 자기에게 동료,
곧 '정신'nous을 달라고 청하였다.
그러자 그분께서 가만히 바라보셨다.
³⁵ 눈에 보이지 않는 영께서 바라보시자

7. ¹ '정신'nous이 모습을 드러내었다.
그리고 그는 그리스도와 함께 한자리에 섰다.
그는 그분과 바르벨로에게 영광을 드렸다.
이 모든 것이 침묵 속에서 생겨났다.

---

24 필사가의 실수로 같은 문장이 반복되어 있다(dittography).

그리고 '생각'은, 25

⁵ 눈에 보이지 않는 영의 '말씀'을 통해 작품을 만들려는 의지(원의)가 생겼다.

그리고 그의 의지는 작품ergon이 되었다.

그리하여 그것이 정신nous 그리고 빛과 함께

모습을 드러내었다.

그리고 그것은 그분께 영광을 드렸다.

말씀은 의지에 순명하였다.

¹⁰ 사실 그리스도,

신적인 '스스로 생겨난 이'(오토게네스 Autogenes)가 모든 것을 창조한 것은 말씀 덕분이었다.

'영원한 생명'과 그분의 의지,

정신과 예지는 한자리에 섰다.

그리고 그들은 눈에 보이지 않는 영과 바르벨로에게 영광을 드렸다.

¹⁵ 그녀 덕분에 그들이 생겨난 까닭이다.

스스로 생겨난 이(오토게네스)의 완성

그리고 거룩한 영께서는

바르벨로와 함께

당신의 아들, 신적인 '스스로 생겨난 이'를 완성하셨다.

신적인 '스스로 생겨난 이',

그리스도를

위대하고 눈에 보이지 않는 동정이신 영 앞에

세우기 위해서였다.

---

25 "생각"이라고 옮긴 단어는 콥트어 'ⲡⲙⲉⲉⲩⲉ'다.

²⁰ 그는 큰 소리로 그분을 찬양했었다. ²⁶
그는 섭리Pronoia를 통해 출현하였다.

눈에 보이지 않는 동정이신 영께서는,
참된 신적인 '스스로 생겨난 이'를 모든 것 위에 세우셨다. ²⁷
²⁵ 또한 모든 권한exousia과
그분 안에 있는 진리를 그에게 복속시키셨다.
그로 하여금 모든 것을 알게 하려는 것이었다.
바로 그가 모든 이름 위에 뛰어난 이름이라 불렸던 자였다.
그 이름은 ³⁰ 그것에 합당한 자들에게 말해질 것이다.

4. 오토게네스에게서 나온 네 빛과 천상의 인간들

네 빛의 출현
빛, 곧 그리스도와 불멸성으로부터
영의 은사를 통해
네 개의 빛이
신적인 '스스로 생겨난 이'에게서 (나왔다).
8. 그는, 그들이 ⁸,¹ 그의 앞에 서기를 기대하였다.

셋(숫자 삼)은,
　　의지,
　　　생각Ennoia,

26 　또는 "그를 그분께서 큰 소리로 칭송하셨다."
27 　또는 "스스로 생겨난 이를 참된 신으로 모든 것 위에 세우셨다."

생명이다.
네 가지 힘(능력)은,
　　이해,[28]
　　은총charis,
　　지각aisthesis,
　　현명함phronesis이다.

은총은 [5] 빛의 에온 아르모젤,
곧 첫째 천사 곁에 있다.
다른 세 에온이 이 에온과 함께 있다:
　　은총,
　　진리,
　　형태.

둘째 빛은 오리아엘이다.
그것은 [10] 둘째 에온 위에 세워졌다.
다른 세 에온이 그와 함께 있다:
　　사색(에피노이아),
　　지각,
　　기억mneme.[29]

셋째 빛은 다우에이타이이다.
그것은 셋째 에온 위에 세워졌다.

28　"이해"라 옮긴 콥트어는 ⲦⲘⲚⲦⲢⲘⲚϨⲎⲦ다. 그리스어 σύνεσις에 해당한다.
29　"기억"라 옮긴 콥트어는 ⲠⲢ ⲠⲘⲈⲈⲨⲈ다. 그리스어 μνήμη에 해당한다.

¹⁵ 다른 세 에온이 그와 함께 있다:

    이해sunesis,

    사랑agape,

    형상Idea.

넷째 에온은
넷째 빛,
엘레레트 위에 세워졌다.³⁰
다른 세 에온이 그와 함께 있다:

    완전Telios,

²⁰   평화Eirene,

    지혜Sophia.

이들이 신적인 '스스로 생겨난 이' 앞에 선
네 빛이다.
이들은, 눈에 보이지 않는 영의 의지와 은사에 따라, 위대하신 분의 아들, '스스로 생겨난 이', 그리스도 앞에 선 열두 에온이다.

²⁵ 열두 에온은
'스스로 생겨난 이'의 아들의 것이다.
그리고 모든 것이
거룩한 영의 의지에 따라,
'스스로 생겨난 이'를 통해 굳건히 세워졌다.

---

30   필사본 BG 33,12-14에는 "넷째 빛은 엘레레트이다. 그분께서 그것을 넷째 에온 위에 세우셨다"로 되어 있다.

천상의 인간들의 출현

완전한 정신의 예지로부터,
[30] 눈에 보이지 않는 영의 의지와
'스스로 생겨난 이'의
의지의 계시를 통해,
완전한 인간,
첫째 계시와 진리가 (나왔다).
동정이신 영께서는 그를
게라 — 아다마(스)라 부르셨다.

9. 그리고 그를 [9.1] 첫째 에온 위에,
위대한 이, '스스로 생겨난 이', 그리스도와 함께 있도록
첫째 빛인 아르모젤의 곁에 세우셨다.
그리고 그의 힘들이 그와 함께 있었다.

그리고 눈에 보이지 않는 분께서
그에게 [5] 대적 불가의 지력을 주셨다.
그러자 그는 입을 열어 눈에 보이지 않는 영께 영광을 드리고
찬양하며 말하였다.

'당신 덕분에 모든 것이 존재하게 되었습니다.
모든 것이 되돌아갈 곳 당신입니다.
나는 찬양하며 영광을 드릴 것입니다,
당신과, [10] '스스로 생겨난 이'와
세 에온, 아버지와 어머니와 아들,
완전한 힘께!'

그리고 그는 자기의 아들 셋Seth을

둘째 에온 위,
둘째 빛 오로이엘 앞에 세웠다.
그리고 셋째 에온에는,
[15] 셋의 후손sperma이
셋째 빛 다우에이타이 위에 세워졌다.
그리고 (그곳에는) 거룩한 이들의 영혼들도 세워졌다.

넷째 에온에는,
[20] 플레로마를 알지 못하는 이들의
영혼들이 세워졌다.
그들은 곧바로 마음을 돌리지 않고
얼마 동안 고집을 부린 자들이다.
그들은 나중에 마음을 돌렸다.
그들은 넷째 빛 엘레레트 곁에 있게 되었다.

이 조물들이
눈에 보이지 않는 영께 영광을 드리고 있다.

II. 얄다바옷의 출현과 세상의 창조

1. 소피아의 타락과 얄다바옷의 탄생

[25] 사색의 소피아(지혜)는
— 그녀도 에온이다 —
마음속으로
눈에 보이지 않는 영과

예지에 관한
생각과 상념에 빠졌다.
그녀는 자기 안에서 닮은 것을 내어놓기 원했다.
영의 의지와 상관없이,
— ³⁰ 그분은 동의하지 않으셨다.
자기 짝도 없이,
그리고 그분의 의향과는 상관없이.

그녀의 남성 위격은
(이에) 동의하지 않았다.
그녀는 자신의 배우자를 찾지도 못했다.
그러나 그녀는
영의 의지와 무관하게
³⁵ 배우자 모르게
(혼자) 숙고하고 실행에 옮겼다.

10. ¹ 그녀 안에 있는 대적불가의 힘 때문에
그녀의 생각이 그저 무기력하게 있지는 않았다.
그리하여 불완전한 어떤 것이 그녀에게서 나왔다.
그런데 그자는 그녀의 모습과 달랐다.
⁵ 그녀가 짝 없이
그를 만들었기 때문이다.
그는 자기 어머니의 모습과 전혀 닮지 않았다.
그는 다른 형태였던 것이다.

얄다바옷을 밖으로 던져버리다
그녀가 자신의 욕망(의 결과물)을 보았을 때

그는 숫제 다른 형상,
곧 사자의 얼굴을 한 뱀의 형상을 띠고 있었다.
그리고 그의 눈은 ¹⁰빛을 발하는
번갯불 같았다.
그녀는 그를 자기에게서 멀리, 자기가 있던 곳topos 바깥으로 집어던졌다.
불멸의 존재들 가운데 어느 누구도 그를 보지 못하게 하려는 것이었다.
그녀가 그를 무지 중에 만들었기 때문이었다.
그녀는 그를 ¹⁵눈부신 구름으로 둘러쌌다.
그리고 구름 한가운데 옥좌를 놓았다.
살아 있는 이들의 어머니라 불리는
거룩한 영 이외에는
아무도 그를 보지 못하게 하려는 것이었다.
그녀는 그의 이름을 얄다바옷이라 지었다.

2. 아르콘들의 창조

소피아의 힘을 받은 얄다바옷이 다른 에온들을 만들다
²⁰그가 첫째 아르콘이다. 그는 그의 어머니로부터 강력한 힘을 받았다.³¹
그(얄다바옷)는 그녀에게서 물러나
자기가 태어난 곳topos으로부터 멀리 달아났다.
그는 권한을 쥐고

---

31 또는 "빼앗았다."

자기를 위해[32]

[25] 번쩍이는 불꽃 — 이것은 아직 존재한다 — 으로 다른 에온들을 만들었다.

권세들

그리고 그는 자기 안에 있는
광기aponoia와 만났다.
그리고 자기를 위해 권세exousia들을 낳았다.
그 첫째는 이름이 아토트였다.
종족들은 그를 [30]'수확하는 자'라 불렀다.
둘째는 하르마스, '질투의 눈'이다.
셋째는 칼리라-움브리다.
넷째는 야벨이다.
다섯째는 아도나이우로
사바오트라 불린다.
여섯째는 카인으로
[35] 사람의 종족들은 그를 태양이라 부른다.
일곱째는 아벨이다.
여덟째는 아브리세네다.
아홉째는 요벨이다.

11. [1] 열째는 아르무피엘이다.
열한째는 멜케이르-아도네인이다.
열둘째는 벨리아스로
저승의 심연 위에 있는 자다.

---

32 곧, '자기를 보좌할.'

일곱 임금

그리고 그(얄다바옷)는
일곱 임금을
[5] 하늘의 창공마다 하나씩
일곱 하늘 위에,
그리고 다섯 (임금)을 깊은 심연 위에
세우고 다스리게 하였다.
그리고 자기의 불을 그들에게 나누어 주었다.
그러나 자기 [10] 어머니에게서 취한
빛의 힘은 내어주지 않았다.
그는 무지한 어둠이기 때문이다.
그런데 빛이 어둠과 섞이자
그것이 어둠을 빛나게 만들었다.
그러나 어둠이 빛과 섞이자
그것이 빛을 어둡게 만들었다.
그리하여 그는 빛도 어둠도 아니게 되었다.
그가 [15] 약해져버린 것이다.

우두머리 아르콘의 세 이름

약해진 이 아르콘은 이름이 세 개다.

첫째 이름은 얄타바옷,
둘째는 사클라스,
셋째는 사마엘이다.
그런데 그자는 불경하다.
자기 안에 있는 광기 때문이다.
그는 말하였다. [20] '나는 신이다.

그리고 나 외에 다른 신은 없다!'³³

그의 힘에 대해서, (그리고) 자기가 어디에서 나왔는지 알지 못했기 때문이다.³⁴

일곱 능신과 삼백예순다섯 천사들

그리고 아르콘들은
자신들을 위해 일곱 능신을 만들었다.
그리고 능신들은 자신들을 위해
²⁵ 저마다 여섯 명씩의 천사를 만들었다.
그리하여 그들은 모두 총 삼백예순다섯 천사가 되었다.³⁵
이것들은 그 이름들의 몸체들이다.

첫째는 아토트, 양의 얼굴을 하고 있다.
둘째는 엘로아이우, 나귀의 얼굴을 하고 있다.
셋째는 아스타파이오스, 하이에나의 얼굴을 하고 있다.
³⁰ 넷째는 야오, 뱀의 얼굴을 하고 있으며
일곱 머리를 갖고 있다.
다섯째는 사바오트, 뱀의 얼굴을 하고 있다.

여섯째는 아도닌, 원숭이의 얼굴을 하고 있다.
일곱째는 사베데,
빛나는 불의 얼굴을 하고 있다.

---

33 이사 46,9: "내가 하느님, 다른 이가 없다. 내가 하느님, 나 같은 이가 없다" 참조.

34 또는, "그의 힘에 대해서, 그것이 어디에서 나왔는지 알지 못했기 때문이다."

35 $3+12+7+[7\times7]+[49\times6]=365$.

— 이것이 한주간Sabbaton의 일곱Hebdomas이다.

얄다바옷의 여러 얼굴
얄다바옷은
12. 여러 개의 ^{12,1} 얼굴을 갖고 있었다. 그들 모두(의 얼굴)보다 많았다.
그리하여 그는 세라핌들 사이에 있을 때 자신이 원하는 대로
그들 모두를 향해 얼굴을 내밀 수 있었다.

얄다바옷이 자신을 신이라 부르다
⁵ 그는 그들에게 자기의 불을 나누어 주었다.
그리하여 그는 그들 위에 주군이 되었다.
자기 어머니의 빛에서 나오는,
그에게 있던 영광의 힘 덕분이었다.
그리하여 그는 자신을 신이라 불렀다.
¹⁰ 그리고 자신이 나왔던 그곳topos에
순종하지 않았다(그곳을 얕보았다?).

일곱 능신과 권세의 결합
그는 생각 속에서 일곱 힘(능신)들과
자기 수하의 권세exousia들을 결합시켰다.
그가 말을 하자 그렇게 되었다.³⁶
¹⁵ 그는 가장 높은 것부터 시작하여
힘(능신) 하나하나에게 이름을 붙여 주었다.
첫째는 선성,

---

36 창세 1장 참조.

첫째 아토트 곁에 있다.
둘째는 섭리(프로노이아),
　　둘째 엘로아이오 곁에 있다.
셋째는 신성,
　　셋째 아스트라파이오 곁에 있다.
넷째는 [20] 주권,
　　넷째인 야오 곁에 있다.
다섯째는 왕권,
　　다섯째 사바오트 곁에 있다.
여섯째는 질투(열정?),
　　여섯째인 아도네인 곁에 있다.
일곱째는 지력(슬기),
　　일곱째 [25] 사바테온 곁에 있다.[37]
이들은 각 에온에 해당하는
창공을 하나씩 갖고 있다.
이들에게는 천상적 존재의 영광에 걸맞은
이름이 주어졌다.
힘의 전복을 위해서였다.
시조始祖에게서[38]
받은 이름들은
[30] 그들 안에서 놀라운 힘을 행사한다.
그러나 천상적 존재들의 영광에 따라
주어진 이름들은

---

37 능신의 이름이 앞에 나온 것과 조금씩 다르다.
38 시조: ⲁⲣⲭⲓⲅⲉⲛⲛⲏⲧⲱⲣ(= ἀρχιγενέτωρ).

그들에게 전복顚覆과 무기력이 된다.
그래서 그들은 두 가지 이름을 갖고 있다.

우주의 창조

그(얄다바옷)는 모든 것을,
존재한 첫 번째 에온들의 모습대로
질서정연하게 꾸몄다.

13. 그리하여 그는 ¹³·¹ 그들을 불멸의 형상으로
만들 수 있었다.
이는 그가 불멸의 존재들을 보았기 때문이 아니다.
그의 어머니에게서 취한,
그 안에 깃든 힘이
질서정연한 우주의 모습을 그 안에 낳았던 것이다.

얄다바옷의 오만

⁵ 그는 자기를 둘러싼 피조물과
자신으로부터 생겨난,
자기를 둘러싼 천사들의 무리를 보고
그들에게 말하였다.
'나는 질투하는 신이다.
그리고 나 이외에 다른 신은 없다.'[39]
¹⁰ 그러나 그가 이 말을 선포함으로써
자기 앞에 있는 천사들에게

---

39 탈출 20,3-5: "너에게는 나 말고 다른 신이 있어서는 안 된다. … 주 너의 하느님인 나는 질투하는 하느님이다"를 참조하라.

다른 신이 존재한다는 것을 알릴 뿐이었다.
사실 다른 신이 없다면
그가 누구를 질투할 수 있겠는가?

소피아의 거닐기와 자각

그 뒤 어머니는
주변을 거닐기 시작하였다.
[15] 그녀는 자신의 광채가 줄어들자, 결핍을 깨닫게 되었다.
그리고 그녀는 어두워졌다.
그녀의 짝이 그녀에게 동의하지 않았기 때문이다."

III. 인류의 창조[40]

A. 인간의 창조

도입: 거닐기의 뜻과 얄다바옷의 오만

그러자 나(요한)는 말하였습니다.
"주님, '그녀가 거닐었다'는 것이 무슨 뜻입니까?"
그분께서 웃으시며 말씀하셨습니다.
[20] "모세가 '물 위를'이라고[41]
한 말대로 생각하지 마라.

40　창세 1—4장을 영지주의 시각으로 재구성하였다.
41　"하느님의 영이 그 물 위를 감돌고 있었다"(창세 1,2).

그녀가 일어난 악kakia과
자기 아들이 저지른 도둑질을 보았을 때
그녀는 회한의 마음을 가졌다.
²⁵ 그리고 무지의 어둠 속에서
망각이 그녀를 뒤덮고
그녀는 부끄러움을 느끼기 시작하였다.
(그러나 그녀는 감히 플레로마로 돌아가지 못하고 조금씩)⁴² 움직이기만 했다.
그 움직임이 '거닐기'였다.

그런데 완고한 자(교만한 자, authades)가
제 어머니에게서 힘을 가져갔다.
사실 그는 무지하였고
³⁰ 자기 어머니말고는 아무도 없다고
생각하고 있었다.
그리고 그는 자신이 만든
수많은 천사들을 보자
그들 위에 높이 올라섰다.

1. 소피아의 회한과 구원 계획

그리고 그 어머니는 어둠의 옷(얄다바옷)이 완전하지 않음을
알아챘다.
그리고 그녀는 ³⁵ 자신의 짝이

---

42 사본 IV 21,13-14 참조.

그녀에게 동의하지 않았음을 깨달았다.
14. 그녀는 [14.1]많은 눈물을 흘리며 후회하였다.
그러자 그녀의 회개 기도가 들려왔다.
그리고 플레로마 전체가 그녀를 위하여
눈에 보이지 않는 동정이신 [5]영을
찬양하였다.

거룩한 영께서 전 플레로마(의 영을)
그녀에게 부으셨다.
그녀의 짝이 (홀로는) 그녀에게 가지 않았기 때문이다.
대신 그는 플레로마를 통해 그녀에게 갔다.
그녀의 결핍을 바로잡아 주기 위해서였다.
[10]그녀는 자기 자신의 에온으로 옮겨지지는 않고
대신 자기 아들 위로 옮겨졌다.
그녀가 자신의 결핍을 바로잡을 때까지
아홉째 (하늘에) 머물게 하려는 것이었다.

2. 첫 번째 창조: 아담

아버지의 모상의 출현
그리고 한 목소리가
드높은 에온-하늘에서 울려나왔다:
'사람은 존재한다. 그리고 [15]사람의 아들도 (존재한다).'
그때 우두머리 아르콘,[43] 얄타바옷은 (이 소리를) 듣고,

---

43   ΠΡѠΤΑΡΧѠΝ이 쓰였다.

그 소리가 자신의 어머니에게서 나왔다고
생각하였다.
그것이 어디서 나왔는지 몰랐던 것이다.

그리하여 거룩한 어머니이자 아버지Metropatwr, [20] 완전하신 분,
완전한 섭리Pronoia,
눈에 보이지 않는 분,
곧 모든 것의 아버지의 모상,
— 모든 것이 그분 안에서 생겨났다 —,
첫 번째 인간이
그들에게 가르쳐 주셨다.
그분께서 인간의 형상으로
당신의 모습을 보여 주셨던 것이다.

[25] 그러자 우두머리 아르콘의 에온 전체가 떨고,
심연의 기초들이 흔들렸다.
그리고 물질 위에 있는
물들에 (비쳐)
아래쪽 세계가 환히 빛났다.
[30] 홀연히 나타난 그분 모상의 출현으로 인한 일이었다.

그리고 모든 권세들Exousia과
우두머리 아르콘이 바라보니
아래쪽 세상의 모든 영역이 환히 빛나고 있었다.
그리고 그들은 빛을 통해
물 위에 (비친)
모상의 형상을 보았다.

아담을 창조하다

15. ¹ 그리고 그(우두머리 아르콘)는 자기 앞에 있던 권세들Exousia에게 말하였다.
'자, 하느님의 모상에 따라
우리와 닮은 모습으로
사람을 만들자.⁴⁴
그러면 그분의 모상이 우리에게 빛이 되어줄 것이다.'⁴⁵
⁵ 그리고 그들은 각자의 힘으로,
자기들에게 주어진 특성에 맞추어
(사람을) 만들었다.

그리고 권세들은 저마다
자기가 본 모상의 형상에 맞는 특성을
(사람)의 영혼 안에
하나씩 넣어 주었다.

그가 완전한 실체hypostatis를 ¹⁰ 첫 번째 인간과
닮은 모습으로
창조한 것이다.
그리고 그들은 말하였다.
'그를 아담이라 부르자.
그리하면 그의 이름이

---

44 창세 1,26-27: "하느님께서 말씀하셨다. '우리와 비슷하게 우리 모습으로 사람을 만들자. …' 하느님께서는 이렇게 당신의 모습으로 사람을 창조하셨다"를 참조하라.

45 또는 "우리를 비출 것이다."

우리에게 눈부신 힘이 될 것이다.'

일곱 육체-혼
그리고 능신dynamis들은 (작업을) 시작하였다.
첫째 (능신), 선성Chrestos은
15 뼈-혼을 만들었다.
둘째, 섭리Pronoia는
　　힘줄-혼을 만들었다.
셋째, 신성은
　　살-혼을 만들었다.
넷째, 주권은
　　골수-혼을 만들었다.
다섯째, 왕권은
20　혈-혼을 만들었다.
여섯째, 질투는
　　피부-혼을 만들었다.
일곱째, 지력(슬기)은
　　머리카락-혼을 만들었다.

각 지체
그때 천사들의 무리가 그 앞에 섰다.
그들은 [25] 권세들에게서
영혼의 일곱 실체hypostasis를 받았다.
지체의 조화와
몸통의 조화와
지체들 각각의 적절한 조합을
이루게 하려는 것이었다.

첫째는 ³⁰ 머리를 만들기 시작하였다.

에테라파오페-아브론은 그의 머리통을 만들었다.

메니게스트로에트는 두뇌를 만들었다.

아스테레크멘은 오른쪽 눈을,

타스포모캄은 왼쪽 눈을,

예로니모스는 오른쪽 귀,

비쑴은 ³⁵ 왼쪽 귀,

아키오레임은 코,

16. ¹ 바넨-에프룸은 입술,

아멘은 이,

이비칸은 어금니,

바실리아데메는 편도선,

아크카는 목젖,

아다반은 목,

카아만은 척추,

⁵ 데아르코는 인후,

테바르는 [오른쪽 어깨],

[ ]는 왼쪽 어깨,

므니아르콘은 [오른쪽 팔꿈치],

[ ]는 왼쪽 팔꿈치,

아비트리온은 오른쪽 겨드랑이 아래,

에우안텐은 왼쪽 겨드랑이 아래,

크리스는 오른손,

벨루아이는 왼손,

¹⁰ 트레네우는 오른손 손가락,

발벨은 왼손 손가락,

크리마는 손톱,

아스트롭스는 오른쪽 젖가슴,
바로프는 왼쪽 젖가슴,
바웅은 오른쪽 겨드랑이,
아라림은 왼쪽 겨드랑이,
아레크는 [15]배(복강, 장),
프타웨는 배꼽,
세나핌은 복부,
아라케토피는 오른쪽 갈빗대,
자베도는 왼쪽 갈빗대,
바리아스는 [오른쪽 엉덩이],
[프누트는] 왼쪽 엉덩이,
아벨렌아르케이는 골수,
크누메니노린은 뼈들,
[20]게솔레는 위장,
아그로마우마는 심장,
바노는 폐,
소스트라팔은 간,
아네시말라르는 비장,
토피트로는 창자,
비블로는 신장,
로에로르는 힘줄,
타프레오는 [25]몸의 등뼈,
이푸스포보바는 정맥,
비네보린은 동맥을 (만들었다).
아아토이멘프세페이, 사지 전체의 호흡이
　　그들의 것이다.
엔톨레이아는 살 전체,

베둑은 오른쪽 것,
아라베이는 왼쪽 음경,
30 에일로는 고환,
소르마는 생식기,
고르마-카이오클라바르는 오른쪽 허벅지,
네브리트는 왼쪽 허벅지,
프세렘은 오른쪽 다리에 붙은 콩팥(근육?),
아사클라스는 왼쪽 콩팥,
오르마오트는 오른쪽 무릎,
35 에메눈은 왼쪽 무릎,

17. 크닉스는 17,1 오른쪽 정강이,
티펠로는 왼쪽 정강이,
아키엘은 오른쪽 발목관절,
프네메는 왼쪽 발목관절,
피우트롬은 오른발,
보아벨은 그 발가락을,
트라쿤은 5 왼발,
피크나는 그 발가락들,
미아마이는 발톱들,
라베르니움은 [   ]을 (만들었다).
그리고 이 모든 것을 지배하도록 명받은 이는 일곱이었다.
아토트,
아르마스,
칼리라,
야벨,
[사바오트],
[카인],

[아벨].
그리고 각 지체별로
활력을 주는 이는:
[10] 머리는 디올리모드라자,
목은 얌메약스,
오른쪽 어깨는 야쿠이브,
왼쪽 어깨는 우에르톤,
오른손은 우디디,
왼손은 아르바오,
오른손 손가락은 람프노,
왼손 손가락은 [15] 레에카파르,
오른쪽 젖가슴은 바르바르,
왼쪽 젖가슴은 이마에,
가슴은 피산드라프테스,
오른쪽 겨드랑이는 코아데,
왼쪽 겨드랑이는 오데오르,
오른쪽 갈빗대는 아르픽식스,
왼쪽 갈빗대는 시노그쿠타,
배는 아루프,
[20] 자궁은 사발로,
오른쪽 허벅지는 카르카르브,
왼쪽 허벅지는 크타온,
생식기 전체는 바티노트,
오른쪽 무릎은 쿡스,
왼쪽 무릎은 카르카,
오른쪽 정강이는 아로에르,
왼쪽 정강이는 [25] 토에크타,

오른쪽 발목관절은 아올,
왼쪽 발목관절은 카라네르,
오른발은 바스탄,
그 발가락은 아르켄테크타,
왼발은 마레프눈트,
그 발가락은 아브라나이다.

[30] 이 모든 것에 대해 일곱 7이 권한을 가진다.
미카엘,
우리엘,
아스메네다스,
사파사토엘,
아아르무리암,
리크람,
아미오르프스.

감각을 맡은(관장한) 이들은
아르켄덱타이다.
지각을 맡은 이는
데이타르바타스,
[35] 상상을 맡은 이는
움마아,
조화를 맡은 이는
18. [1] 아아키아람,
온갖 충동을 맡은 이는
리아람나코다.

온 몸에 있는 다이몬들의 원천은
넷으로 고정되어 있다.
열,
냉,
습,
[5] 건.

그들 모두의 어머니는 물질hyle이다.
열을 다스리는 자는 플록소파,
냉을 다스리는 자는 오로오로토스,
건을 다스리는 자는 에리마코,
습을 다스리는 자는 [10] 아투로다.
이들 모두의 어머니, 무한한 오노르토크라사에이가
그들 가운데 서 있다.
그리고 그녀는 그들 모두와 결합한다.
진정 그녀는 물질hyle이다.
사실 그들 모두가 그녀에게서 자양분을 얻는다.

심리·정서적 요소
[15] 우두머리 다이몬은 넷이다.
에페멤피는 쾌락hedone의 것이다.
요코는 욕정epithymia의 것이다.
네넨토프니는 슬픔lype의 것이다.
블라오멘은 두려움의 것이다.
그들 모두의 어머니는 에스텐시스-우크-에피프토에다.

이 네 [20] 다이몬에서

정염pathos이 생겨났다.
슬픔에서 시기, 질투, 괴로움,
고뇌, 고통, 완고함, 걱정, 비탄
등등이 나온다.
쾌락에서
²⁵많은 악과 헛된 교만과
그와 비슷한 것들이 생겨난다.
욕정에서 분노, 노여움,
통렬함, 쓰디쓴 정열, 채워지지 않는 갈증과
그와 비슷한 것들이 나온다.
³⁰두려움에서 공포, 회유,
번뇌와 수치가 나온다.
이 모든 것은 덕목과도, 악덕과도 비슷하다.
그들의 진실에 대한 통찰(엔노이아)은,
아나로, 물질적 혼의 머리다.

19. ¹그것은 일곱 감각인 우크-에피프토에와 함께 있다.

혼적 육체와 물질적 육체의 완성

천사들의 수는 이렇다.
그들은 모두 삼백예순다섯이다.
혼적 육체와 물질적 육체가
⁵각 부분마다 전부 완성될 때까지
그들은 함께 일한다.
내가 너에게 말하지 않은
다른 것들은 나머지 정염pathos들을 관장한다.
네가 그것들에 대해 알고 싶다면,

그것은 ¹⁰ 조로아스터의 책에 기록되어 있다.⁴⁶

인간이 움직이지 않다
모든 천사들과 다이몬들은 모두 함께 작업하여
혼적 육체를 완성하였다.
그런데 그들의 작품은 전혀 활기가 없고
¹⁵ 오래도록 움직임이 없었다.

얄다바옷이 인간에게 소피아의 힘을 불어넣다
어머니(소피아)는 자신이 아르콘의 우두머리에게 주었던⁴⁷
힘을 되찾고 싶어서
자비하신 만물의 어머니-아버지께
청하였다.

그리하여 그분께서는 거룩한 계획을 통해 다섯 개의 빛을
²⁰ 우두머리 아르콘의
천사들 처소에
보내셨다.
그들은⁴⁸ 어머니의 힘을 되가져가려고
그에게 조언하였다.
그들은 얄타바옷에게 말하였다.
'그의 얼굴에 대고 당신의 영(숨)을 불어넣으시오.

---

46 요한의 비전이 고대 페르시아 종교인 조로아스터교의 교의에 영향을 받았음을 드러낸다. 앞의 해제를 참조하라.
47 여기에는 소피아가 자발적으로 자기 힘을 아들에게 준 것으로 묘사하고 있다.
48 플레로마의 에온들을 가리킨다.

그러면 ²⁵ 그의 몸이 일어설 것이오.'
그러자 그(얄다바옷)는 자기의 영(숨)을 그에게 불어넣었다.
그것은 자기 어머니의 힘이었다.
그러나 그는 무지에 빠져 있었기에 (이 사실을) 알지 못하였다.
그리하여 그 어머니의 힘$_{dynamis}$이
³⁰ 얄다바옷에게서 빠져나와
혼적 육체에 들어갔다.
— 그것은, 한처음부터 존재하시는 분과 닮은 모습으로
그들이 만든 것이었다.⁴⁹

3. 인간의 추방

인간을 물질계의 최하단으로 내던지다

그 육체는 움직이기 시작하였고 힘도 생겼으며
밝게 빛이 났다.
바로 그 순간
20. ¹ 나머지 힘(능신)들은 질투심에 빠졌다.
그가 그들 모두를 통해 존재하게 되었을 뿐만 아니라
그들이 자기네 힘을 그 사람에게 주었기 때문이다.

그리고 그의 지력(슬기)은 그를 만든 자들보다,
⁵ 심지어 우두머리 아르콘보다
더 강해졌다.

---

49 또는 "그것은, 한처음부터 존재하시는 분과 닮은 모습으로 만들어진 것이었다."

그들은, 그가 빛이 나고 있으며
자기들보다 생각을 더 잘하고
악의 옷을 벗어 버렸다는 것을 깨닫자
그를 데려다가
모든 물질의 최하단으로 내던져 버렸다.

B. 인류의 구원 계획: 두 번째 창조

1. 아담에게 조력자 빛의 에피노이아를 보내다

빛의 에피노이아
그러자 복되신 분, [10] 어머니-아버지,
선을 행하시는 분,
자애로우신 분께서
우두머리 아르콘에게서 빠져나온
어머니의 힘을 불쌍히 바라보셨다.
행여나 그들이,
지각하는 혼적 육체에 힘을 행사하지나 않을까 하는 마음에서였다.
그리하여 [15] 그분께서는 당신의 선하신 영과
크나큰 자비를 통하여
아담에게
조력자를 보내 주셨다.
그녀는, 그에게서 나온
찬란한 에피노이아(사색 Epinoia),
'생명'Joe이라 불린 이다. [50]

---

50 칠십인역 창세 3,20.

그녀는 온 피조물을 도우며
²⁰ 그와 함께 수고하고,
그리고 그를 그의 플레로마로 다시 인도하였다.
또한 그의 씨앗이 아래로 내려온 사실을
그에게 가르쳐 주고,
그곳으로 올라가는 길,
곧 그가 내려온 길을 그에게 가르쳐주었다. [51]
²⁵ 빛의 에피노이아(사색 Epinoia)는,
아르콘들이 알아채지 못하도록
아담 안에 숨어 있다. [52]
에피노이아Epinoia가
어머니의 결핍에 대한 교정이 되기 위해서였다.

2. 두 번째 창조: 사멸하는 인간의 탄생

두 번째 창조 계획

인간은 그 안에 있는 빛의 그림자로 말미암아
³⁰ 눈에 띄는 존재가 되었다.
그리고 그의 생각은 그를 만든 자들 전체보다
더 뛰어났다.
그들이 위로 올려다보았을 때
그들은 그(인간)의 생각이 탁월하다는 것을 깨달았다. [53]

---

51 영이 플레로마에서 세상으로 내려온 것은 영의 하강(descent), 세상에서 다시 플레로마로 올라가는 것은 영의 상승(ascent)이라 일컬어진다.

52 22.28-29 참조.

53 직역: "보았다."

그래서 그들은 모든 아르콘과 [35] 천사들에게
의견을 구하였다.

물질적 인간의 창조
그들은 불과 흙과
21. ¹물을 취하여
그것들을 네 개의 불바람과 함께
섞었다.
그리고 그것들을 한데 모아 휘젓고
큰 소용돌이를 일으켰다.
그리고 그것을 죽음의 그림자 속에 담았다.
흙과 물과 불과 영(바람)을 가지고
(인간을) 새로 빚어 만들기 위해서였다.[54]
그것은 물질에서 나온 것,
곧 어둠의 무지,
욕정,
그들의 아류-영이다.[55]

¹⁰그것은 곧 육체라는 형체의 무덤,
도둑들이 사람에게 입힌 옷,
망각의 족쇄다.

---

54 창세 2,7.
55 "아류"라 옮긴 콥트어 단어는 'ⲈⲦⲰⲂⲂⲒⲀⲈⲒⲦ'다. 병행 사본에서는 그리스어 차용어 ⲀⲚⲦⲒⲘⲒⲘⲞⲚ(=$ἀντίμιμνον$)와 ⲚⲀⲚⲦⲒⲔⲈⲒⲘⲈⲚⲞⲚ(=$ἀντικείμενον$) 등이 쓰였다. 두 단어는 각각 '아류의, 위조의' 및 '반대되는, 적대적인'이라는 뜻이다.

그리하여 그는 죽을 운명의 인간이 되었다.
그는 제일 처음 내려온 자,
'첫 번째 분리'였다.
[15] 그러나 그 안에 있던 빛의 사색Epinoia이
그의 생각을 일깨울 것이다.

3. 동산에 세워진 인간

인간을 동산에 세우다
아르콘들은 그를 데려다가
동산paradeisos 한가운데 내려놓았다.[56]
그리고 그들은 그에게 말하였다.
'먹어라!'[57]
말하자면, '느긋하게.'
참으로 [20] 그들의 즐거움은 쓰고,
그들의 아름다움은 부정하다.
그들의 즐거움은 기만이며,
그들의 나무는 불경이다.
그들의 열매는 치료할 수 없는 독이며
그들의 약속은 죽음이다.

---

56 창세 2,8: "주 하느님께서는 동쪽에 있는 에덴에 동산 하나를 꾸미시어, 당신께서 빚으신 사람을 거기에 두셨다" 참조.

57 창세 2,16: "주 하느님께서는 사람에게 이렇게 명령하셨다. '너는 동산에 있는 모든 나무에서 열매를 따 먹어도 된다" 참조.

생명의 나무

그런데 그들의 ²⁵ 생명의 나무를
그들은 동산 한가운데에 심었다.⁵⁸
나는 너희에게 가르쳐 주겠다.
그들의 생명의 신비가 무엇인지,
곧 그들이 함께 세운 계획이 무엇인지,
그들의 영의 모습이 어떠한지.

³⁰ 그 (나무의) 뿌리는 쓰고,
그 가지는 죽음이며,
그 그늘은 증오다.
그리고 그 잎사귀에 깃든 것은 기만이며
그 싹은 악의 향유다.
그 열매는 죽음이며
³⁵ 그 씨앗은 욕망epithymia이다.
그것은 어둠 속에서 싹을 틔운다.

22. 그것을 맛보는 ²²·¹ 자들, 그들의 거처는 저승,
그들의 안식처는 어둠이다.

선과 악을 아는 나무

그러나 그들이
'선과 악을 아는 나무'라 부르는⁵⁹

---

58   창세 2,9: "주 하느님께서는 … 동산 한가운데에는 생명 나무와, 선과 악을 알게 하는 나무를 자라게 하셨다" 참조.

59   창세 2,17: "그러나 선과 악을 알게 하는 나무에서는 따 먹으면 안 된다. 그 열매를 따 먹는 날, 너는 반드시 죽을 것이다" 참조.

⁵ 그것은 바로 빛의 에피노이아(사색 Epinoia)다.

그들은 그 (나무) 앞에 계속 머물러 있었다.
(인간이) 자신의 플레로마를 올려다보고
자신이 수치를 벗은 나신임을
깨닫지 못하게 하려는 것이었다.
그러나 나는 그들이 먹게 만들었다."⁶⁰

뱀

그래서 ¹⁰나는 구원자께 말하였습니다.
"주님, 아담에게 먹으라고 가르친 것은 뱀이 아니었습니까?"
그러자 구원자께서 웃으시며 말씀하셨습니다.
"뱀은 그들에게
악의 (열매), 곧 파괴를 가져오는 출산의 욕망을
따 먹도록 가르쳤다.
그를 자기에게 ¹⁵유용하게 만들려는 것이었다.⁶¹

---

60 구원자께서 첫 인간으로 하여금 선악과를 따 먹게 했다고 한다. 선악과를 따 먹은 행위가 빛의 에피노이아를 맛본 일로서 긍정적으로 묘사되고 있음을 주목하라.

61 영지주의 작품에서는 보통 '뱀'이 긍정적으로 소개된다. 선악과를 따 먹게 한 일을 지식으로 인도한 것으로 해석하기 때문이다. 여기에서는 선악과를 따 먹도록 가르친 자가 뱀이 아니라 그리스도였다고 한다.

4. 여자의 창조

아담의 불순종과 얄다바옷의 음모
그리고 그(얄다바옷)는
인간이 자기의 말을 듣지 않는다는 것을 깨달았다.
인간 안에 있는 에피노이아의 빛이
인간을 생각 면에서
우두머리 아르콘보다 낫게[62] 만들었던 것이다.

그래서 그는 자신이 (아담)에게 주었던
힘을 되찾고 싶은 [20]마음이 들었다.
그리하여 그는 잠이 아담 위에 쏟아지게 만들었다."

잠의 의미
나는 구원자께 말하였습니다.
"잠이 무엇입니까?"
그러자 그분께서 말씀하셨습니다.
"네가 들었던, 모세가 기록했다고 하는 내용과는 다르다.
사실 (모세)는 자신의 첫 책(창세기)에서
'그가 그를 잠들게 하였다'고 말하였다.[63]
그러나 (아담은) [25]감각에 있어서만 (잠들었을 뿐이다.)

실제로 그는 예언자를 통하여, 이렇게 말하였다.

---

62   직역: "정확하게."
63   창세 2,21: "주 하느님께서는 사람 위로 깊은 잠이 쏟아지게 하시어 그를 잠들게 하신 다음 …" 참조.

'나는 그들의 마음을 무디게 하겠다.
그리하여 그들이 마음을 기울이지도, 보지도 못하게 할 것이다'[64]

하와의 창조

그때 빛의 에피노이아는
(아담) 안에 숨어 들었다.[65]
그러자 우두머리 아르콘은 [30] 그의 갈빗대에서
그녀를 꺼내려 하였다.
그러나 빛의 에피노이아는
붙잡히지 않는다.
어둠이 그녀를 뒤쫓았지만
그녀를 붙잡을 수 없었다.
그는
(아담)에게서 자신의 힘의 일부를 꺼내는 데 성공했다.
그리고 그는 새로 '빚어 만든 것'을
[35] 여자의 형태로 만들었다.
자기에게 나타났던 에피노이아와 닮은 모습으로.

23. 그리고 [23.1] 그는 인간에게서 빼낸
약간의 힘을[66]
빚어 만든 여자에게[67] 주었다.

---

64 이사 6,10: "너는 저 백성의 마음을 무디게 하고 그 귀를 어둡게 하며 그 눈을 들어붙게 하여라. 그들이 눈으로 보고 귀로 듣고 마음으로 깨닫고서는 돌아와 치유되는 일이 없게 하여라" 참조.
65 20,25-26 참조.
66 직역: "인간의 힘에서 빼내온 일부를."
67 직역: "여자인 빚어 만든 것."

— 모세가
'그의 갈빗대'라고 말한 것과는 다르다.⁶⁸

그리고 (아담은) ¹⁵ 자기 곁에 있는 여자를 보았다.
바로 그 순간
눈부신 에피노이아가 나타나
그의 마음에 드리워(져?) 있던 휘장을
열어젖혔다.
그러자 (아담은) 어둠의 주취에서 깨어나 맑은 정신이 되었다.
그리고 그는 자기와 닮은 것을 알아보았다.
그리고 말하였다.
¹⁰'이야말로 내 뼈에서 나온 뼈요,
내 살에서 나온 살이로구나!'⁶⁹

그러므로 남자는 제 아버지와 제 어머니를 떠나
자신의 아내와 결합하여 둘이 한 몸이 된다.⁷⁰

¹⁵ 참으로 그의 짝이 그에게 보내질 터이며
그러면 그는 제 아버지와 제 어머니를 떠날 것이다.
{그러므로 남자는 제 아버지와 제 어머니를 떠나
자신의 아내와 결합하여 둘이 한 몸이 된다.
참으로 그의 짝이 그에게 보내질 터이며

---

68 "그의 갈빗대 하나를 빼내시고 그 자리를 살로 메우셨다. 주 하느님께서 사람에게서 빼내신 갈빗대로 여자를 지으시고 … "(창세 2,21-22).

69 창세 2,23.

70 창세 2,24.

그러면 그는 ²⁰ 제 아버지와 제 어머니를 떠날 것이다.}⁷¹

소피아의 하강

우리의 자매, 소피아가⁷²
천진하게 내려왔다. 자신의 결핍을 바로잡기 위해서였다.
이 때문에 그녀는 '생명'Joe이라 불렸다.⁷³
이는 곧 살아 있는 자들의 어머니라는 뜻이다.
하늘의 ²⁵ 주권의 프로노이아(섭리)에 의해
그리고 [그에게 나타난 에피노이아(사색)와].
그리고 그녀를 통해
그들은 완전한 지식gnosis을 맛보았다.

구원자의 출현과 인간의 자각

나는 독수리의 형상을 하고
지식의 나무
— 순결하고 눈부신 프로노이아에서 나온 에피노이아 — 앞에
나타났다.
³⁰ 그들을 가르치고,
그들을 깊은 잠에서 깨어나게 하기 위해서였다.
사실 그들은 둘 다 넘어진 상태였다.

---

71 필사자의 실수로 같은 문장이 반복되어 있다.

72 "우리의 자매인 소피아가 … 그리고 그녀를 통해 그들은 완전한 지식(gnosis)을 맛보았다"는 나중에 삽입된 내용인 듯하다. 문맥에도 조금 어긋난다. 나머지 부분에서는 이 땅에 내려온 이가 에피노이아나 섭리(프로노이아)로 설정되어 있다.

73 칠십인역 창세 3,20: "사람은 자기 아내의 이름을 하와라 하였다. 그가 살아 있는 모든 것의 어머니가 되었기 때문이다."

그리고 그들은 자신들이 알몸임을 깨달았다.
에피노이아는 그들에게 빛으로 나타나서
그들의 ³⁵ 생각을 깨어나게 하였다.

얄다바옷의 저주와 동산 추방

얄다바옷은,
그들이 자기를 피해 숨은 것을 알아채고는[74]
그의 땅을 저주하였다.[75]

24. 그리고 ²⁴·¹ 여자가 자기 남편을 위해 단장하는 것을 보았다.
(아담이) 그녀의 주인이었던 것이다.[76]
그는 '거룩한 계획'에 의해 일어난
이 (모든) 신비를 알지 못했다.
그러나 그들은 너무 두려워 감히 (얄다바옷을) 탓하지 못하였다.

⁵ 그리고 그(얄다바옷)는 자기의 천사들에게
자기 안에 있는 자신의 무지를 드러내었다.
그리고 그들을 동산에서 내쫓고[77]
그들에게 어둠의 빛깔을 (옷처럼) 입혔다.[78]

---

74 창세 3,8: "사람과 그 아내는 주 하느님 앞을 피하여 동산 나무 사이에 숨었다" 참조.
75 창세 3,8-18 참조.
76 창세 3,16: "너는 네 남편을 갈망하고 그는 너의 주인이 되리라" 참조.
77 창세 3,23 참조.
78 창세 3,21 참조.

5. 카인과 아벨

프로노이아가 하와에게서 생명을 되가져가다

그리고 우두머리 아르콘은 그 동정녀가
[10]아담과 함께 서 있는 것과,
눈부신 생명의 에피노이아가
그녀 안에 나타난 것을 보았다.
얄다바옷은 무지로 가득 차 있었다.
만물의 프로노이아는 (이를) 알아채고
몇몇을 보냈다.
그들은 [15]하와에게서 '생명'Joe을 낚아채갔다.

카인과 아벨의 탄생

그 뒤 우두머리 아르콘이 그녀를 더럽혔다.
그리고 그녀에게서 두 아들을 낳았다.
첫째와 둘째는 (각각)
엘로임과 야웨였다.
엘로임은 곰의 얼굴을 하였고,
야웨는 고양이의 얼굴을 하였다.
하나는 [20]의로웠지만
다른 하나는 의롭지 못했다.
[야웨는 의로웠지만
엘로임은 의롭지 못했다.]
(우두머리 아르콘은) 야웨를
불과
바람 위에 세웠다.
그리고 엘로임을

물과
흙 위에 세웠다.
그리고 교묘하게도 그는
이들을 각각
카인과 아벨이라는
²⁵ 이름으로 불렀다.

성교와 출산의 근원

오늘날까지
성교synousia가 이어져 온 것은
우두머리 아르콘 때문이다.
그는 아담의 여자 안에
출산의 욕망을 심어 놓았다.
그리고 그는 ³⁰ 성교를 통해
육체와 닮은 것을 내놓게 만들었다.
그리고 그들에게 그의 아류-영을
불어넣었다.

그런 다음 그는 두 아르콘을
아르케들 위에 세워
그들로 하여금 무덤을 다스리게 하였다.

6. 셋과 그의 후손

³⁰ 아담이 자신의 예지(프로그노시스)와 닮은꼴을
알아보았을 때
25. 그는 ²⁵·¹ 사람의 아들과 닮은 것을 낳았다.

그리고 그를 에온 종족의 방식을 따라
셋Seth이라 불렀다.

마찬가지로 어머니는
자신의 닮은 꼴인
자신의 영,
⁵ 곧 플레로마에 있는 그녀와 닮은 것을
아래 세상에 내려 보냈다.
아래 세상에 내려올 에온을 위해
거처를 마련해 두려는 것이었다.

7. 망각의 물

그런데 우두머리 아르콘은 그들에게
망각의 물을 마시게 하였다.
그들이 자신이 어디에서 왔는지 알지 못하게 하려는 것이었다.
¹⁰ 이런 식으로 그 씨앗은 잠시 머물면서
도움을 제공하였다.
영이 거룩한 에온들에게서
내려왔을 때,
그를 일으켜 세우고 결핍에서 그를 낫게 해 주려는 것이었다.
그리하여 온 ¹⁵ 플레로마가 결핍 없이
거룩하게 될 터였다."

C. 영혼의 구원

1. 영혼의 구원 가능성

생명의 영이 내려오면
나는 구원자께 말하였습니다.
"주님, 모든 영혼이 구원되어
순결한 빛에게로 (인도될) 수 있을까요?"
그분께서 대답하시며 내게 말씀하셨습니다.
"대단한 일들이 [20] 너의 생각에
떠올랐구나.
부동의 종족에서 나온
이들이 아닌
다른 이들에게 그것들을 설명하기란 어려운 일이다.
생명의 영이 내려와
(그와) 함께 굳건히 머문다면,
[25] 그들은 구원되어 완전하게 되고,
위대함에 합당한 자들이 될 것이다.
그리고 그들은 그곳에서
모든 악과
사악함의 일에서 정화될 것이며,
불멸성 이외에는 아무것에도
[30] 마음을 쓰지 않을 것이다.
그리고 그때부터는
분노나 시기,
질투나 욕망,
그리고 어떤 것에 대한 탐욕도 없이

오직 그것(불멸성)에만 마음을 둘 것이다.
그들은 ³⁵육신의 실체를 제외하고는
그 어떤 것에도 붙잡혀 있지 않다.
그들은
(육신을) 받아갈 자들이
자기를 찾아올 때를 기다리며
육신을 짊어 지고 있다.

26. ¹이러한 이들은
멸하지 않는 영원한 생명과 부르심에
진정 합당한 자들이다.
그들은 모든 것을 참아내고 ⁵모든 것을 견뎌낸다.
그들이 선을 완성하고
영원한 생명을 상속받기 위해서다."

2. 영혼의 운명

영혼의 운명
나는 그분께 말하였습니다.
"주님,
힘과 생명의 영이 자기들에게 내려왔는데도
이런 일들을 하지 않은 영혼들은
[(구원에서) 제외됩니까]?"

생명의 영이 내려오면 구원
"영이 [그들에게 내려온다면]
그 (영혼)들은 반드시 구원될 것이다.

그리고 그들은 변화될 것이다.[79]
힘dynamis이 모든 사람에게 내려올 터이기 때문이다.
사실 그것 없이는 아무도 [15] 서 있을 수 없다.

그들이 태어난 뒤에
생명의 영이 증대되고
힘이 내려 와서
그 영혼을 강하게 만들면,
아무도 그를
악의 행실로 이끌지 못한다.

아류-영이 내려오면 오류에
[20] 그러나 아류-영이 그들에게 내려오면
그들은 이에 이끌려
오류로 빠져들고 만다."

영혼은 어디로
나는 말하였습니다.
"주님, 이들의 영혼들이
그들의 [25] 육신에서 나오면
그들은 어디로 갑니까?"

강인한 영혼은
그분께서 웃으시며 나에게 말씀하셨습니다.

---

[79] 또는 "(악에서) 멀어질 것이다."

"자기가 가진 힘이
비루한 영보다[80]
더 커지는 영혼은
참으로 강인하여
악에서 달아나게 된다.
그리고 (그 영혼은) 불멸하신 분의 [30]방문을 받아
구원되고
에온의 안식처anapausis에 받아들여진다."

오류에 빠진 영혼은
나는 말하였습니다. "주님,
자신이 누구의 것인지 알지 못한 이들의 영혼은
어디에 [35] 있게 됩니까?"

그분께서 나에게 말씀하셨습니다.
"그들이 오류에 빠지면
27. 비루한 영은 [27.1] 그들 안에서 더 강해진다.
그리고 그는 그 영혼에 무거운 짐을 지우고,
그를 악의 행실로 인도한다.
그리고 그 영혼을 망각 속에 내던진다.
그 (영혼)이 (몸을) [5] 떠난 뒤에 그것은
아르콘에 의해 생겨난
권세들의 손에 넘겨진다.
그리고 그들은 그것을 사슬로 묶어

---

80 곧, 아류-영(antimimon).

감옥에 던져 넣는다.[81]
그리고 그들은
(그 영혼)이 망각에서 깨어나 [10] 지식(깨달음)을 얻을 때까지
그 영혼과 함께 지낸다.
그렇게 해서 그 영혼이 완전해지면 구원을 받는다."[82]
나는 말하였습니다. "주님,
영혼은 어떻게 작아져서,
제 어머니의 본성에,
혹은 사람에게 다시 돌아갑니까?"

그때 [15] 내가 이렇게 질문하자 그분께서 기뻐하셨습니다.
그리고 내게 말씀하셨습니다. "너는 참으로 행복하다!
네가 깨달음을 얻었기 때문이다.
영혼은,
생명의 영이 머무는 다른 (영혼)을 따라가게 되어 있다.
그것은 [20] 그를 통해 구원받는다.
그리고 이제 더 이상 다른 몸속에 던져지지 않는다."

배반자의 영혼은
나는 말하였습니다. "주님,
깨닫고도 돌아서버린 이들은,
그들의 영혼은 어디로 갑니까?"

---

81 콥트어 바오로 묵시록 21,18-20 참조.
82 또는, "이런 식으로 (영혼이 망각에서 깨어나 지식을 얻어) 완전해지면 구원받는다."

그때 그분께서 나에게 말씀하셨습니다.
25 "빈곤의 천사들이 가게 될 곳,
그곳으로 그들은 인도될 것이다.
그곳은 회개가 일어나지 않는 곳이다.
그들은 영을 모독한 자들이
고문당하는 그날까지
갇혀 있을 것이다.
30 그리고 그들은 영원한 징벌로 벌 받을 것이다."

D. 인류의 예속[83]

1. 헤이마르메네(숙명)의 탄생[84]

나는 말하였습니다. "주님,
비루한 영은 어디에서 왔습니까?"

그때 그분께서 나에게 말씀하셨습니다.
"자비로우신
어머니-아버지,
35 모든 면에서 거룩하신 영,

---

83   얄다바옷이 인류를 자기 권한 밑에 두고 노예로 삼으려는 대음모를 꾸민다. 그 중 하나가 숙명의 탄생이요, 둘째가 홍수, 셋째가 아류-영을 보낸 일이다. 이렇게 해서 인간은 숙명과 아류-영을 통해 창조주 얄다바옷에게 예속된다. 홍수도 창조주가 인간을 자신의 수하로 종속시키기 위해 꾸민 계획의 일환으로 일어난 일이었다.

84   얄다바옷은 숙명을 만들어내어 인간으로 하여금 숙명의 노예가 되게 만든다.

자애로우신 분,
28. ¹너희의 고통을 나눠가지시는 분,
곧 눈부신 프로노이아의 에피노이아가,
그분께서 완전한 종족의 씨앗(후손)과 그의 생각,
그리고 인간의 영원한 ⁵빛을
일으키셨다.

우두머리 아르콘이
그들(사람들)이 자기보다 훨씬 우수하고
생각도 자기보다 잘한다는 것을 깨닫고는
그들의 생각을 저지시키기를 원하였다.
그들이 ¹⁰자기보다 생각 면에서 우수하며
자기는 그들을 저지할 수 없음을
알지 못했던 것이다.
그리하여 그는 수하의 권세들 ― 그들이 자기의 힘이다 ― 과 계획을 세웠다.
그리고 그들이 함께 소피아와 간음을 저질렀다.
그리하여 그들에게서
통렬의 '헤이마르메네'(숙명)가 태어났다.
¹⁵그것이 여러 족쇄(사슬)들 가운데 최후의 것이다.
그것들이 서로 다르기에 그것(숙명) 또한 그렇다.
그것(숙명)은 (다루기) 어렵다.
신들과 천사들과
다이몬들과 ²⁰오늘날까지의 모든 세대와 어울린
그녀(소피아)보다 그것이 더 강하다.
사실 헤이마르메네(숙명)에게서
온갖 잘못,

불의,
신성모독,
망각의 족쇄(사슬),
무지,
²⁵ 온갖 혹독한 계율,
무거운 죄와 커다란 공포가 나왔다.
이렇게 해서 모든 피조물은 눈이 멀게 되었고
그들 모두 위에 계시는
하느님을 알지 못하게 되었다.
그리고 망각의 족쇄로 인해 ³⁰ 그들의 죄가 가려졌다.
그들은 치수와 때와 시간에
묶이게 되었다.
숙명(헤이마르메네)이 만물의 주군이 된 것이다.

2. 홍수와 노아

(얄다바옷)은
자신에게서 생겨난 모든 것에 대해
후회하는 마음이 들었다.
이번에는 그는 ³⁵ 인간의 창조물에
29. 홍수를 가져오려는 ²⁹·¹ 계획을 세웠다.
그러나 프로노이아의 위대한 빛이⁸⁵
노아를 가르쳤다.
그리하여 그는 모든 씨앗

---

85 직역: "프로노이아의 빛의 위대함이." 곧, 에피노이아.

곧 인간의 아들들에게 그 소식을 선포하였다.

그러나 ⁵그에게 이방인이었던 사람들은 그의 말을 듣지 않았다.

모세가, '그들이 방주κιβωτός에 숨었다' 하고

말한 것과 다르다.

그들은 한 곳τόπος에 숨었다.

노아뿐 아니라

부동의 세대에서 나온

¹⁰다른 많은 사람들도 (그렇게 하였다).

그들은 한 곳τόπος으로 들어가서

빛나는 구름 속에 숨었다.

그리고 (노아는) 자신의 권위를 깨달았다.

그리고 빛에 속한 그녀가 그와 함께 있으면서

그들을 비추었다.

¹⁵(얄다바옷이) 온 땅에 어둠을

가져왔기 때문이다.

3. 아류-영 [86]

그(얄다바옷)는 자신의 능신들과 계획을 짰다.

그리고 자신의 천사들을 사람의 딸들에게 보냈다. [87]

그들에게서 자신들의 (아내를) 취하여

---

86 얄다바옷은 인간에게 비루한 영 곧 아류-영을 보냄으로써 근심걱정에 싸인 비루한 존재로 추락시킨다. 그리하여 인간은 아무런 즐거움이 없이 늙어가며 어떠한 진리도 발견하지 못한 채, 진리의 하느님도 알지 못한 채 죽어간다. 이렇게 해서 인간이 얄다바옷의 노예가 된 것이다.

87 창세 6,1-4 참조.

자기들에게 휴식이 될 [20] 씨앗을 일으키기 위해서였다.
처음에는 그들이 성공하지 못하였다.
그들이 성공하지 못하자
그들은 다시 모여
새롭게 계획을 세웠다.
그들은 이전에 내려왔던 영과 닮은 모습으로
비루한 영을 만들었다.
[25] 그것을 통해 영혼들을 더럽히려는 것이었다.
그리하여 천사들은 자신의 모습을
(사람의 딸들)의 짝과 비슷하게 바꾸었다.
그리고 그들을 어두운 영으로 가득 채우고
그들과 그 [30] 사악한 (영을) 한데 섞었다.

그들은 금, 은, 선물,
동, 철, 금속,
그리고 갖가지 종류의 것들을 가져왔다.[88]
그리고 그들을 뒤따르던 사람들을
30. [1] 큰 근심 속으로 몰아넣으면서
그들을 수많은 오류로 인도하였다.

얄다바옷의 영원한 노예

(사람들은) 아무런 즐거움이 없이 늙어갔다.
그리고 어떠한 진리도 발견하지 못한 채,
진리의 하느님도 알지 못한 채 죽어갔다.

---

88 1에녹 참조.

⁵ 이렇게 해서
모든 피조물은
세상의 시작부터 지금에 이르기까지
영원히 노예가 되었다.[89]

그리고 그들은 아내들을 맞이하여
어둠으로부터
자신들의 영과 닮은 자식들을 낳았다.
그리고 그들은 자기들의 마음을 닫고
¹⁰ 비루한 영의 완고함으로
자신들을 완고하게 만들었다.
지금까지 (상황이 그러하다).

IV. 구원과 해방

해방의 노래

그리하여 나, 만물의 완전한 프로노이아는
나의 씨앗(후손)과 같은 모습이 되었다.[90]
사실 나는 처음부터 존재했으며
모든 길 위를 걷고 있었다.

¹⁵ 나는 빛의 부유함이다.

---

89 또는, "이렇게 해서 그들은 모든 피조물을 세상의 시작부터 지금에 이르기까지 영원히 노예로 만들었다."
90 또는, "나의 씨앗으로 변했다." 요한 1,14.

나는 플레로마의 기억이다.

나는 광활한 어둠 속으로 들어가서
감옥 한가운데에 이르기까지
계속 나아갔다.
그런데 혼란(카오스)의 토대들이 [20] 흔들렸고
나는 그들에게서 몸을 숨겼다.
그들의 사악함 때문이었다.
그들은 나를 알아보지 못하였다.
다시 나는 두 번째로
(그곳으로) 들어갔다.
나는 길을 나서며 빛에 속한 이들에게서 빠져나왔다.[91]
— 빛은 나, '프로노이아의 기억'이다.
[25] 나는 나의 임무를 좇아
어둠 한가운데,
저승 안으로 들어갔다.
그때 혼란의 토대들이 흔들리고
그것들이 혼란 속에 살고 있는 자들 위로 무너져 내려
그들을 파멸시킬 것 같았다.
[30] 나는 다시 나의 빛나는 뿌리로 달려 갔다.
그들이 때가 되기 전에 미리 파멸되는 것을 막기 위해서였다.

나는 세 번째로 길을 나섰다.
— 나는 '빛 속에 사는 빛',

---

[91] 또는, "(그곳을) 떠나 빛에 속한 이들에게로 갔다."

'프로노이아의 기억'이다 —
어둠 한가운데,

31. ¹ 저승 안으로 들어가기 위해서였다.
나는 나의 얼굴을
그들 에온의 완성의 빛으로 가득 채웠다.
그리고 그들의 감옥,
곧 육체의 감옥 한가운데로 들어갔다.

그리고 ⁵나는 말하였다.
'듣는 이는 깊은 잠에서 깨어나라!'

그러자 그가 울면서 눈물을 흘렸다.
그는 많은 눈물을 닦아내고
말하였다. '누가 내 이름을 부릅니까?
이 희망이 어디에서부터 나에게 왔습니까?
¹⁰나는 아직 감옥의 족쇄에 갇혀 있는데 말입니다.'

그래서 나는 말하였다.
'나는 순결한 빛의 프로노이아다.
나는 동정이신 영의 '생각'이며
너를 영예로운 그곳으로 데려가는 자다.
일어나라! 그리고 ¹⁵듣은 자가 바로 너임을
기억하여라!
그리고 너의 뿌리를 따라가라!
그것은 바로 나, '자비로운 이'다.
그리고 너는, 빈곤의 천사들과
혼란의 다이몬들과

너를 유혹하는 모든 자들에게서
너 자신을 지켜라!
²⁰ 그리고 깊은 잠과
저승의 울타리를 조심하여라.'

그리고 나는 그를 일으켜 세우고
물의 빛 속에서
다섯 봉인으로 그를 봉인하였다.
²⁵ 지금부터는 더 이상 죽음이 그를 이기지 못하게 하려는 것이었다.

그리고 보라! 이제
나는 완전한 에온으로 올라갈 것이다.
나는 너를 위해 네 귀에 대고⁹²
모든 일을 다 끝냈다.
나는 너에게 모든 것을 말해 주었다.
³⁰ 네가 그것들을 기록하여
비밀리에 그것들을 너의 동료 영들에게 전달해 주라는 것이다.
사실 이것은 부동의 세대에 관한
신비다."

V. 비전의 결말

구원자께서는 그(요한)에게 이것들을 전해 주시며
그것들을 기록하고

---

92 또는, "네가 듣는 가운데."

안전하게 지키라고 당부하셨다.
그리고 그분께서 말씀하셨다.
[35] "이것들을 선물과 맞바꾸는 사람은 누구나 저주를 받는다.
먹을 것 때문이든 마실 것 때문이든
32. 옷 때문이든 [32.1] 그와 비슷한 다른 것 때문이든 (상관없다)."

그리고 이것들은 신비롭게 그에게 전해졌다.
그리고 순식간에 그분께서 그 앞에서 모습을 감추셨다.
그리고 (요한)은 자기의 동료 제자들에게 갔다.
그리고 [5] 구원자께서 자기에게 하신 말씀을
그들에게 들려주었다.

예수 그리스도, 아멘.

요한에 의한 아포크리폰.

나가며

18세기 중반 이후에 발견된 몇몇 콥트어 사본들과 나그 함마디 사본은 영지주의의 보고寶庫라 말할 수 있다. 이 사본들을 통해 영지주의자들의 생각과 삶에 한결 가까이 다가갈 수 있게 되었다. 교부들은 영지주의자들을 오류에 빠진 이단자들이라 비난했지만 처음부터 정통 교회가 있었던 것이 아니며 영지주의자들이 의도적으로 이단 분파를 형성하여 정통 교회에서 분열되어 나온 것도 아니었다. 그리스도 교회에는 처음부터 다양한 시각이 공존했는데 그 가운데 하나가 주류로 부상하였고 나머지는 주변부로 밀려난 것이라 보아야 한다. 이때 주류로 자리 잡은 교회가 가톨릭교회의 전신이 된 이른바 원-정통 교회였다. 영지주의를 비롯한 '다른' 관점을 주장하는 사람들은 중심부에서 사라졌다.

  영지주의가 교회에서 밀려나기는 했지만 그것이 사탄의 사주를 받아 신앙인을 현혹하려 한 그릇된 사조나 요설이었다고 단언할 수는 없다. 영지주의자들도 나름대로는 진리를 지향한 사람들이었다. 그리스도 사건을 바라보고 해석하는 관점이 주류 교회와 '많이' 달랐을 뿐이다. 그런데 시간이 지남에 따라 둘 사이의 관점차가 점점 커지면서 서로 더욱 멀어지고 각자가 정통임을 내세우며 상대를 이단으로 규정하였다. 원-정통 교회에서는 자신들이 정통이고 영지주의가 이단이었지만, 영지주의자들의 입장에서는 그 반대였다. 어느 쪽이 진리에 가까운지는 각자의 신앙에 따라 달리 고백할 것이다. 신앙인으로서 자신이 믿는 것을 정통으로 받아들이고 진리로 선택할 수는 있지만 타인의 선택에 대해 시비를 판단하는 것은 경계해야 한다. 최소한 당시의 영지주의자들에 대해서 정통과 이단이라는 잣대 없이 있는 그대로 바라보아야 한다.

오늘날 그리스도교는 하나같이 그리스도 신앙임을 고백하면서도 수많은 종파로 나뉘어져 있다. 초대 교회도 신학과 관습 등 모든 측면에서 일관된 조직이라기보다는 여러 신조와 해석이 공존하는 다양성의 집단이었다. 영지주의자들도 그러한 초대 그리스도 교회의 일원이었다. 그들이 반대를 위한 반대, 이단을 위한 이단을 주장한 사람들은 아니었던 것이다.

영지주의는 교부들의 노력과 로마 제국 차원의 척결 의지, 그리고 영지주의 공동체 내부적 요인으로 인해 5세기 이후에는 교회에서 공식적으로 모습을 감추었다.[1] 그러나 중세와 근세를 거쳐 현재까지 서양 문명사 전체를 관통하여 영지주의는 여러 형태로 존재하였으며 오늘날에도 살아 있다. 사실 초세기부터 지금까지 전체 교회 역사를 통틀어 영지주의가 단 한 번도 교회에서 완전히 사라진 적이 없다. 시시때때로 다시 일어나고 또 일어났으며 지금도 일어나고 있다. 이처럼 영지주의는 과거형이 아니라 현재진행형이다. 과거의 역사로 치부하고 잊어버릴 것이 아니라 현재의 일부로 살아 있는 실체로 여겨야 한다는 뜻이다.

프란치스코 교황의 권고 『복음의 기쁨』에서, 다양한 신 영성 운동들이 인간의 사회적 책임을 소홀히 한 채 하느님과의 관계와 이웃과의 관계를 단절시키고 영적 체험과 웰빙 운동 등 순전히 사적인 영역으로만 도피하고 있음을 경각시키면서 지목한 "육신도 없고 십자가도 없는 순전히 영적인 그리스도를 원하는 일부 사람들"은 바로 현대의 영지주의자들을 가리키는 말임이 틀림없다. 이들은 "육신 없는 예수님, 다른 이들에 대한 책임을 우리에게 요구하지 않으시는 예수님"으로 목마름을 채우면서 진정한 해결책을 찾지

---

[1] 서문, '4. 영지주의의 명멸과 영지주의 문헌의 새로운 발견'을 참조하라.

않는다는 것이다. 이 권고는 현대 교회가 참된 치유와 해방을 선사하지 않는다면, 그리고 형제적 친교로 인도하는 영성을 보여 주지 않는다면, 사람들이 일시적 해결책에 속아 넘어갈 수밖에 없을 것이라 경고하고 있다.[2] 또한 교회 안에 퍼져 있는 영적 세속성이 영지주의와 결합할 때 더욱 위협적이 될 수 있음을 지적한다. 영지주의는, 특정한 체험을 통해 위로와 깨달음을 얻을 수 있다고 여기면서 결국 자신의 생각과 감정에 갇혀 버리고 만다는 것이다. 영지주의가 내세우는 교회는 사실상 예수 그리스도나 다른 사람들에 대해 참다운 관심이 없는 불순한 형태의 그리스도교라고 이 권고는 목소리를 높인다.[3]

옳고 그름을 떠나, 좋고 싫고를 떠나 영지주의는 현대 교회 안에서도 밖에서도 음으로 양으로 다시 살아나고 있다. 교황 권고에 등장할 정도로 영지주의는 현대 교회 안에서 다양한 방식으로 영향력을 행사하고 있다. 교회 울타리 밖에서도 오늘날 새롭게 영지주의 교회가 속속 세워지고 있다.[4] 게다가 인터넷이 보급되면서 영지주의 교회가 이제는 웹상에서도 전 지구적 공동체를 형성하고 있다. 누구나 클릭 한 번으로 영지주의 공동체의 일원이 될 수 있는 것이다. 그들의 말은 결핍과 목마름에 시달리는 현대인들,

---

[2] 프란치스코 교황, 『복음의 기쁨: 현대 세계의 복음 선포에 관한 교황 권고』, 78-82.

[3] 프란치스코 교황, 『복음의 기쁨: 현대 세계의 복음 선포에 관한 교황 권고』, 82-84.

[4] Churton, *The Gnostics*을 참조하라. Singer, *Knowledge of the Heart: Gnostic Secrets of Inner Wisdom*는 가톨릭 수도자들이 성무일도(시간 기도)를 바치듯이 매일 일정한 시간에 영지주의 본문을 읽을 수 있도록 고대 영지주의 본문을 날짜와 시간별로 배열해 놓았다. 개인의 그노시스(깨달음)를 심화시키는 데 도움을 주는 책이라고 한다. 이 책은 본디 '영지주의 시간의 책'이라는 책으로 출판되었다: Singer, *A Gnostic Book of Hours: Key to Inner Wisdom* (San Francisco 1992). 가톨릭 성무일도와 같은 역할을 할 의도에서 나온 책임이 분명하다.

특히 기성 교회에 불만을 품은 사람들의 감성을 자극한다. 그들은 절대적 신앙이란 없으며 모두가 진리를 찾아가는 여정 중에 있다는 의미에서 자신을 신앙인이라 부르기보다는 구도자라 부르는 것을 더 좋아한다. 교회의 권위와 교리에 구속감을 느끼는 이들에게 '영지주의는 새로운 형식의 그리스도교로서 절대적 교리에 대한 믿음을 강요하지 않으며 개인의 깨달음을 중시한다'는 그들의 말이 어찌 매력적으로 들리지 않겠는가![5]

영지주의는 살아 있는 현재다. 영지주의를 무조건적으로 배척하는 것이 최선은 아닐 터이다. 영지주의를 올바로 이해하고, 어떤 점은 배울 것인지, 그리고 어떤 점은 위험한지 올바로 판단해서 현명하게 대처해야 할 것이다. 금서로 지정한다고 영지주의가 사라지지는 않는다. 오히려 모르기 때문에 더 끌릴 수도 있는 노릇이다. 비밀 창고 속에 가두어 두고 막연히 두려워하면서 매혹될 것이 아니라 바깥으로 꺼내어 영지주의의 민낯을 보는 것이 가장 올바른 대응책이 아닐까? 피하는 게 능사는 아니다. 영지주의자들이 거룩한 책으로 받아들였던 이른바 '영지주의자들의 성서'를 읽는 것은 그들의 민낯을 바라보는 첫 걸음이 될 터이다.

---

[5] www.gnosticschristians.com을 참조하라.

부록

참고 문헌

찾아 보기

참고 문헌

교부 및 고전 문헌

그레고리우스 1세(교황),
　『복음서 강론』 *Homiliae in evangelia*,
　　R. Etaix (ed.), *Gregorius Magnus. Homiliae in evangelia* (Corpus Christianorum, Instrumenta Lexicologica Latina, Fasc. 120 Series A; Brepols 1999).

에우세비우스,
　『교회사』 *Historia ecclesiastica*,
　　E. Schwartz (ed.) (GCS 2).

에피파니우스(살라미스),
　『구급상자』 *Panarion*,
　　K. Holl (ed.) (GCS 31).

오리게네스,
　『요한 복음서 강해』
　　Comment. in Johannem,
　　C. Blanc (ed.) (SC 120bis, 157, 222, 290, 385).
　『켈수스 논박』 *Contra Celsum*,
　　M. Borret (ed.) (SC 132, 136, 147, 150, 227).

이레네우스(리옹),
　『이단 논박』 *Adversus haereses*,
　　A. Rousseau (ed.) (SC 263, 264, 293, 294, 210, 211, 100, 152).

클레멘스(로마),
　『클레멘스의 둘째 편지』
　　Secunda Clementis,
　　M. Holmes (ed.), *Apostolic Fathers, The Greek Texts and English Translations* (Grand Rapids 2007).

클레멘스(알렉산드리아),
　『잡록』 *Stromateis* 1-6,
　　O. Stählin (ed.) (GCS 2).
　『테오도투스 발췌록』
　　Excerpta Theodoti,
　　F.-M. Sagnard (ed.) (SC 23).

클레멘스(차명),
　『강론』 *Homiliae*,
　　R.T. Smith (ed.), *Ante-Nicene Library VIII* (Edinburgh 1871).

테르툴리아누스,
　『이단자들에 대한 처방』
　　De praescriptione haereticorum,
　　R.F. Refoule (ed.) (SC 46).
　『죽은 이들의 부활에 관하여』
　　(= 『육신의 부활에 관하여』)
　　De Resurrectione carnis,
　　E. Evans (ed), *Tertullian's Treatise on the Resurrection* (London 1960).
　『발렌티누스 반박』
　　Adversus Valentinianos,
　　http://www.tertullian.org/works/adversus_valentinianos.htm.

토마스 아퀴나스,
　『요한 복음 강독』 *Lectura super Ioannis*,
　　S. Thomas Aquinatis Super Evangelium S. Ioannis lectura

(Bologna 1952).

플라톤,
「티마이오스」 Timaeus,
J. Burnet (ed.) (Platonis Opera 1-5; Oxford 1900).
「파이돈」 Phaedo,
H.N. Fowler (tr.) (Plato 1; Cambridge 1925).
「향연」 Symposium,
R. E. Allen (ed.), Plato, The Symposium, trans. with commentary (New Haven 1993).

플로티노스,
「엔네아데」 Enneads, http://classics.mit.edu/Plotinus/enneads.html.

헤르마스,
「목자」 Pastor,
R. Joly (ed.) (SC 53bis).

일반 문헌

Argall, R.A., "Revelation", D.N. Freedman et al. (eds.), Eerdmans Dictionary of the Bible (Grand Rapids 2000), 1123-1124.

Attridge, H.W., MacRae, G.W., "The Gospel of Truth", J.M. Robinson et al. (eds.), The Coptic Gnostic Library Vol. 1 (Leiden 2000), 55-117.

Aune, D.E., "Book of Revelation", D.N. Freedman et al. (eds.), Eerdmans Dictionary of the Bible (Grand Rapids 2000), 1124.

Barnstone, W. (ed.), The Other Bible: Ancient Alternative Scriptures (Sanfrancisco 1984).

Bauer, W., Danker, F.W., A Greek-English Lexicon of the New Testament and Other Early Christian Literature (Chicago ³2001).

Baum, W., Winkler, D.W., The Church of the East: A Concise History (New York 2003).

Bausi, A. et al. (eds), Comparative Oriental Manuscript Studies (Hamburg 2015).

Betz, H.D. (ed.), The Greek Magical Papyri in Translation (Chicago 1986).

Brakke, D., The Gnostics: Myth, Ritual, and Diversity in Early Christianity (Cambridge 2010).

Le Boulluec, A., "Hétérodoxie et orthodoxie", J.-M. Mayeur, Charles et Luce Pietri (eds.), Histoire du Christianisme (Des Origines à 250) (Desclée 2000), 269-270.

Brashler, J. (ed.), "Apocalypse of Peter", J.R. Robinson (ed.), The Coptic Gnostic Library, Vol. 4 (Leiden 2000), 218-247.

Bridges, L.M., 1&2 Thessalonians (Smyth & Helwys Bible Commentary 26b; Macon 2008).

Brock, A.G., Mary Magdalene, The

First Apostle: The Struggle for Authority (Cambridge 2003).

Burkitt, F.C., *Church and Gnosis* (Cambridge 1932).

Chance, J.B., *Acts* (Smyth & Helwyys Bible Commentary 23; Macon 2007).

Churton, T. *The Gnostics* (New York 1987).

Craig, R.E., "Anastasis in the Treatise on the Resurrection: How Jesus' Example Informs Valentinian Resurrection Doctrine and Christology", G. Van Oyen, T. Shepherd (eds.), *Resurrection of the Dead* (Bibliotheca Ephemeridum Theologicarum Lovaniensium 249; Leuven 2012), 475-496.

Crawford, S.W., "Apocalyptic", D.N. Freedman et al. (eds.), *Eerdmans Dictionary of the Bible* (Grand Rapids 2000), 72-73.

Cross, F.L., Livingstone, E.A., "Basilides", *The Oxford Dictionary of the Christian Church* (Oxford 1997), 168-169.

"Marcion", *The Oxford Dictionary of the Christian Church* (Oxford 1997), 1033-1034.

"Valentinus", *The Oxford Dictionary of the Christian Church* (Oxford 1997), 1675-1676.

Crum, W.E., *A Coptic Dictionary* (Oxford 1939); http://www.tyndalearchive.com/TABS/Crum/index.htm.

Davies, S., *The Secret Book of John: The Gnostic Gospel Annotated and Explained* (Vermont 2005).

Dhalla, M.N., *History of Zoroastrianism* (New York 1938).

Dirkse, P.A., Brashler, J. (eds.), "The Prayer of Thanksgiving", J.R. Robinson (ed.), *The Coptic Gnostic Library Vol. 3* (Leiden 2000), 375-387.

Dirkse, P.A., Brashler, J., Parrott, D.M., "The Discourse on the Eighth and Ninth", J.R. Robinson (ed.), *The Coptic Gnostic Library Vol. 3* (Leiden 2000), 341-373.

Edwards, M.J., *The Epistle to Rheginus: Valentinianism in the Fourth Century* (Novum Testamentum 37; Leiden 1995).

Ehrman, B.D., Pleše, Z. (eds.), *The Apocryphal Gospels: Texts and Translations* (New York 2011).

Elsas, C., *Neuplatonische Und Gnostische Weltablehnung in Der Schule Plotins* (Religionsgeschichtliche Versuche und Vorarbeiten 34; Berlin 1975).

Foster, P. *The Apocryphal Gospels, A Very Short Introduction* (New York 2009).

Goodacre, M., "How Reliable is the

Story of the Nag Hammadi Discovery?", *Journal of the Study of the New Testament 35.4* (2013), 303–322.

Grant, R., *Gnosticism and Early Christianity* (New York 1959).

Grimstad, K.J., "Introduction: Thomas Mann and Gnosticism in the Cultural Matrix of His Time", http://www.ntslibrary.com/Introduction%20Thomas%20Mann%20and%20Gnosticism.pdf.

Haardt, R., "'Die Abhandlung iiber die Auferstehung' des Codex Jung aus der Bibliothek gnostischer koptischer Schriften von Nag Hammadi: Bemerkungen zu ausgewahlten Motiven, Teil II: Die Interpretation", *Kairos NF 12* (1970), 241–269.

Hedrick, C.W., "A Valentinian Exposition", J.R. Robinson (ed.), *The Coptic Gnostic Library Vol. 5* (Leiden 2000), 89–172.

Hedrick, C.W. (ed.), "The (Second) Apocalypse of James", J.R. Robinson (ed.), *The Coptic Gnostic Library Vol. 3* (Leiden 2000), 110–149.

Hoeller, S.A., *Jung and the Lost Gospels* (Wheaton 1989).

Gnosticism: New Light on the Ancient Tradition of Inner Knowing (Wheaton 2002).

Holroyd, S., *The Elements of Gnosticism* (Shaftesbury 1994).

Isenberg, W.W., *The Coptic Gospel According to Philip* (Ph.D. Dissertation, University of Chicago, 1968).

Jackson, A.V.W., "Zoroastrianism and the Resemblances between It and Christianity", *The Biblical World 27.5* (1906), 335–343.

Kasser, R., **Meyer**, M., **Wurst**, G. (eds.), *The Gospel of Judas: Critical Edition* (Washington 2006).

Kasser, R., **Wurst**, G. (eds.), *The Gospel of Judas, Together with the Letter of Peter to Philip, James, and a Book of Allogenes from Codex Tchacos: Critical Edition. Introduction, translations, and notes by R. Kasser, G. Wurst, M. Meyer, and F. Gaudard* (Washington 2007).

King, K.L. (ed.), *The Secret Revelation of John* (Cambridge 2006).

King, K.L. *The Gospel of Mary Magdala: Jesus and the First Woman Apostle* (California 2003).

Klijn, A.F.J., "An Ancient Syriac Baptismal Liturgy in the Syriac Acts of John", *Novum Testamentum 6* (1963), 216–228.

"Christianity in Edessa and

the Gospel of Thomas: On Barbara Ehlers, 'Kann das Thomasevangelium aus Edessa stammen?'", *Novum Testamentum 14* (1972), 70-77.

Kopyto, D., "Women's Testimony and Talmudic Reasoning", *Kedma 2.2* (2018), 61-73.

Krosney, H., *The Lost Gospel: The Quest for the Gospel of Judas* (Washington 2006).

Lalleman, P.J., "The Resurrection in the Acts of Paul", J.N. Bremmer (ed.), *The Apocryphal Acts of Paul and Thecla* (Kampen 1996), 121-141.

Lampe, P., *Christians at Rome in the First Two Centuries* (London 2006).

Layton, B.,
The Gnostic Scriptures (New York 1987).
The Gnostic Treatise on Resurrection from Nag Hammadi (Missoula 1979).

Layton, B. (ed.), "The Gospel according to Philip", J.R. Robinson (ed.), *The Coptic Gnostic Library Vol. 2* (Leiden 2000), 140-215.

Lehtipuu, O., "Flesh and Blood Cannot Inherit the Kingdom of God: The Transformation of the Flesh in the Early Christian Debates Concerning Resurrection", T.K. Seim, J. Økland (eds.), *Metamorphoses: Resurrection, Body and Transformative Practices in Early Christianity* (Berlin 2009), 147-168.

Liddell, H.G., Scott, R., *A Greek-English Lexicon* (Oxford 1925-1940, ^{9}1996).

Lowery, J.M., "Vision", D.N. Freedman et al. (eds.), *Eerdmans Dictionary of the Bible* (Grand Rapids 2000), 1360.

Matkin, J.M., *The Complete Idiot's Guide to The Gnostic Gospels* (New York 2005).

Merkur, D., *Gnosis: An Esoteric Tradition of Mystical Visions and Unions* (Albany 1993).

Meyer, M., *The Gnostic Gospels of Jesus: The Definitive Collection of Mystical Gospels and Secret Books about Jesus of Nazareth* (San Francisco 2005).

Meyer, M., De Boer, E.A., *The Gospel of Mary. The Secret Tradition of Mary Magdalene, The Companion of Jesus* (New York 1994).

Meyer, M., Barnstone, W. (eds.), *The Gnostic Bible, Gnostic Texts or Mystical Wisdom from the Ancient and Medieval Worlds* (Cambridge 2003).

Moss, C.R., *Ancient Christian Martyrdom: Diverse Practices,*

Theologies, and Traditions (New Haven 2012).

Mulder, F.S., "The Reception of Paul's Understanding of Resurrection and Eschatology in the Epistle to Rheginos: Faithful Paulinism, or Further Development?", D. Batovici, K. de Troyer (eds.), *Authoritative Texts and Reception History. Aspects and Approaches* (Leiden 2017), 199-215.

Murdock, W.R., **MacRae**, G.W. (eds.), "The Apocalypse of Paul", J.R. Robinson (ed.), *The Coptic Gnostic Library Vol. 3* (Leiden 2000), 50-63.

Orbe, A., *Hacia la Primera Teología de la Procesión Del Verbo* (Roma 1958).

Pagels, E.,
The Gnostic Paul: Gnostic Exegesis of the Pauline Letters (Philadelphia 1975).
The Gnostic Gospels (New York 1979).

Pearson, B., "Basilides the Gnostic", A. Marjaren., P. Luomanen (eds.), *A Companion to Second Century Christian "Heretics"* (Leiden 2005), 1-31.

Pearson, B.A.,
"The Testimony of Truth", J.R. Robinson (ed.), *The Coptic Gnostic Library Vol. 5* (Leiden 2000), 101-203.

Ancient Gnosticism: Traditions and Literature (Minneapolis 2007).

Peel, M.,
The Epistle to Rheginos: A Valentinian Letter on Resurrection (Philadelphia 1969).
"Gnostic Eschatology and The New Testament", *Novum Testamentum 12.2* (1970), 141-165.
"The Treatise on the Resurrection", J.M. Robinson (ed.), *The Coptic Gnostic Library Vol.1* (Leiden 2000), 123-157.

Perkins, P., *Gnosticism and the New Testament* (Minneapolis 1993).

Pétrement, S., *A Separate God: The Origin and Teachings of Gnosticism*, C. Harrison (tr.) (New York 1990).

Pleše, Z., "Gnostic Literature", R. Hirsch-Luipold, H. Görgemanns, M. von Albrecht, T. Thum (eds.), *Religiöse Philosophie und philosophische Religion der frühen Kaiserzeit Literaturgeschichtliche Perspektiven. Ratio Religionis Studien I* (Tübingen 2008), 163-198.

Renehan, R., "Christus or Chrestus in Tacitus?", *La Parola del Passato 122* (1968), 368-370.

Roukema, R., *Gnosis and Faith in Early Christianity* (Harrisburg

1999).
Rousseau, J.J., **Arav**, R., *Jesus and His World* (Minneapolis 1995).
Rudolph, K., *Gnosis: The Nature and History of Gnosticism*, R. McL. Wilson (tr.) (San Francisco 1986).
Schenke, H.-M.,
"The Gospel of Philip", W. Schneemelcher (ed.), *New Testament Apocrypha Vol. 1*, R.McL. Wilson (tr.) (Westminster 1991), 179-208.
"The Phenomenon and Significance of Gnostic Sethianism," B. Layton (ed.), *The Rediscovery of Gnosticism: Proceedings of the International Conference on Gnosticism at Yale Vol. 2* (Leiden 1981), 588-616.
Schenke, H.-M., **Thomassen**, E., "The Book of Thomas", W. Schneemelcher (ed.), *New Testament Apocrypha Vol. 1*, R.McL. Wilson (tr.) (Westminster 1991), 232-247.
Schoedel, W.R. (ed.), "The (First) Apocalypse of James", J.R. Robinson (ed.), *The Coptic Gnostic Library Vol. 3* (Leiden 2000), 68-103.
Seim, T.K., **Økland**, J. (eds.), *Metamorphoses: Resurrection, Body and Transformative Practices in Early Christianity* (Berlin 2009).

Seymour-Smith, M., *Gnosticism: The Path of Inner Knowledge* (San Francisco 1996).
Singer, J.,
Knowledge of the Heart: Gnostic Secrets of Inner Wisdom (Rockport 1999).
A Gnostic Book of Hours: Key to Inner Wisdom (San Francisco 1992).
Smith, M., "The Rivival of Ancient Gnosticism", R.A. Segal (ed.), *The Allure of Gnosticism: The Gnostic Experience in Jungian Psychology and Contemparary Culture* (Chicago 1995), 204-223.
Snyder, H.G., "'Above the Bath of Myrtinus': Justin Martyr's 'School' in the City of Rome", *The Harvard Theological Review 100.3* (2007), 335-362.
Stoyanov, Y., *The Other God: Dualist Religions from Antiquity to the Cathar Heresy* (New Haven 2000).
Strathearn, G., "The Valentinian Bridal Chamber in the Gospel of Philip", *Studies in the Bible and Antiquity 1* (2009), 86-87.
Thomas, M., "The Conversions of Adiabene and Edessa in Syriac Christianity and Judaism: The Relations of Jews and Christians in Northern Mesopotamia in

Antiquity", *Concordia Theological Journal 7.1* (2020), 10-33.

Thomassen, E., "Orthodoxy and Heresy in Second-Century Rome", *HTR 97* (2004), 241-256.

Turner, J.D., "The Book of Thomas The Contender", J.R. Robinson (ed.), *The Coptic Gnostic Library Vol. 2* (Leiden 2000), 174-177.

Valantasis, R., *The Beliefnet Guide to Gnosticism and Other Vanished Christianities Three Leaves* (New York 2006).

Vinson, R.B., *Luke* (Smyth & Hewlwys Bible Commentary 21; Macon 2008).

van Voorst, R.E., *Jesus Outside the New Testament: An Introduction to the Ancient Evidence* (Grand Rapids 2000).

Waldstein, M., Wisse, F. (eds.), "The Apocryphon of John", J.R. Robinson (ed.), *The Coptic Gnostic Library Vol. 2* (Leiden 2000), 11-177.

Williams, F.E. (ed.), "The Apocryphon of James", J.R. Robinson (ed.), *The Coptic Gnostic Library Vol. 1* (Leiden 2000), 28-53.

Williams, M., "Sethianism," A. Marjanen, P. Luomanen (eds.), *A Companion to Second-Century Christian "Heretics"* (Leiden 2005), 32-63.

Wilson, R.McL., MacRae, G.W. (eds.), "The Gospel according to Mary", J.R. Robinson (ed.), *The Coptic Gnostic Library Vol. 3* (Leiden 2000), 456-471.

량원다오, 『모든 상처는 이름을 가지고 있다』, 김태성 옮김 (흐름출판 2013).

무라카미 하루키, 『색채가 없는 다자키 쓰쿠루와 그가 순례를 떠난 해』, 양억관 옮김 (민음사 2013).

멜러니 선스트럼, 『통증 연대기』, 노승영 옮김 (에이도스 2011).

송혜경,

『구약 외경 1』 (한님성서연구소 2018).

『신약 외경 1』 (한님성서연구소 2021).

『신약 외경 하권: 행전·서간·묵시록』 (한님성서연구소 2011).

『신약 외경 입문 상권: 신약 외경 총론』 (유다·그리스도교 고전 입문 총서 II-2; 바오로딸 2021).

『신약 외경 입문 하권: 신약 외경 각론』 (유다·그리스도교 고전 입문 총서 II-2; 바오로딸 2021).

"신약 외경에 나타난 마리아 막달레나", 『신학과 사상』 70 (2012), 47-89.

얀 마텔, 『파이 이야기』, 공경희 옮김 (작가정신 2004).

위앤커, 『중국의 고대신화』, 정석원 옮김 (문예출판사 2004).

유흥태, 『페르시아의 종교 조로아스터교·미트라교·마니교·마즈닥교』 (살림

2013).

이지성, 황광우, 『고전혁명』 (생각정원 2012).

케네스 솅크, 『필론 입문』, 송혜경 옮김 (유다·그리스도교 고전 입문 총서 III-5; 바오로딸 2008).

프란치스코 교황, 『복음의 기쁨: 현대 세계의 복음 선포에 관한 교황 권고』 *Evangelii Gaudium* (한국천주교중앙협의회 2014).

주요 웹사이트

www.ccel.org
www.earlychristianwritings.com
www.gnosis.org
www.gnosticschristians.com
www.lexico.com/definition/probole.
https://thomistica.net/
    posts/2019/7/22/apostle-to-the-
    apostles.

찾아 보기

성경

창세기
1—4 428, 480
1 477
1,2 480
1,14-16 308
1,26-27 484
1,26 268
1,27 311
2—4 436
2,7 268, 432, 434, 497
2,8 498
2,9 396, 398, 499
2,16-17 399
2,16 498
2,17 499
2,21-22 503
2,21 501
2,23 437, 503
2,24 503
3 262
3,8-18 505
3,8 505
3,16 505
3,20 311, 434, 495, 504
3,21 505
3,23 505
4 380
6,1-4 517
10,8-12(칠십인역) 310

탈출기
20,3-5 479
20,5 262, 269, 279
24,9-11 91
34,14 269, 279

레위기
2,13 378
16,33 393

신명기
5,9 269, 279
19,15 318
32,39 268, 280

여호수아기
24,19 269, 279

열왕기 상권
6,16 393
22,17 91
22,19-23 91

시편
1,1-3 177
2,9 208
128,6(칠십인역) 306

지혜서
7,25 219
13,1-2 308

집회서
2,1 131, 141
2,5 131, 141
10,14 248
24,7-11 146
24,9 236

이사야서
6 91
6,9-10 282
6,10 263, 502
37,27 306

44,6.8 268, 280
45,5 268, 280
45,21 268, 280
46,9 476
49,14-15 333

예레미야서
1,5 204
1,13-19 91
4,23-26 91
6,16 235

에제키엘서
1—3 92
1,1-3 91
8—11 91
37,1-14 91

다니엘서
3,50(칠십인역) 183
7—8 91
7 199
7,9-10 195, 199
7,13 209
9,25 109
12,2 212

요엘서
2,27 268, 280

아모스서
7,1-3 91
7,7-9 91

즈카르야서
1—6 92

마태오 복음
3,10 410
3,15 397
3,17 235

4,1 141
4,5 284
5,19-20 375
6,6 275, 391
6,8 149
6,12 286
6,13 141, 285
6,21 339
7,7 337
7,13-14 235
7,24-27 145
8,12 391
10,42 84
11,15 336
11,28-29 235
13,1-9 145
13,34 143
15,13 413
16,13.16 236
16,17 371
16,18-19 267
17,2 228
17,5 235
17,9 240
18,6.10.14 84
19,27-30 141
20,1-16 145
21,46 314
22,13 84, 391
23,6 85
23,13 84
24,4 337
24,31 153
25,1-13 145
25,1-12 409
25,29 89
25,30 84, 391
26,15-16 314
26,26-30 354
26,27 355

26,45 108
27,3 314
27,24 121
27,51 412
27,55-56 316
27,61 319

마르코 복음
1,11 141, 235
3,16 165
3,17 165
4,1-9 145
4,3-8 150
4,11-12 18
4,33 143
7,24-30 409
8,27.29 236
9,2-8 247
9,7 235
9,9 240
10,28-31 141
10,38 109
13,6-8 93
13,29 108
14,11 314
14,22-26 354
14,36 109
15,34 392
15,40-41 316
15,47 319

루카 복음
1,52 248
3,22 235
6,48-49 145
7 332
8,4-8 145
8,6 305
8,43-48 451
9,18.20 236

9,35 235
10,34 160, 405
11,4 141
11,36 249
11,52 84
12,8-9 286
13,23-24 235
15,8-9 145
16,8 291
17,21 337
18,28-30 141
22,2 314
22,5-6 314
22,14-20 354
24,36 337

요한 복음
1,1-2 236
1,11 146
1,14.17-18 237
1,14 146, 519
1,16 338
1,33-34 235
1,34.49 236
3,12 174
3,21 174
3,29 409
3,31 236, 274
5,19 115, 139
6,36 150
6,40 240
6,48-51 370
6,53 355, 373
6,68-69 236
7,33 이하 138
8,23 236, 274
8,28 275
8,32 403, 411
8,34 403
8,44 242

8,56 410
8,58 236
10,1-6 145
10,1 115, 139
10,14 278
10,38 399
11,25-26 240
11,27 236
12 332
12,31 277, 304
12,36 291
12,40 282
12,49 275
13,1 245, 246
13,16 115
14,6 269, 281
14,10-11 399
14,13-14 149
14,20 399
14,27 337
14,30 277, 304
16,11 277, 304
16,25 144
16,26 148
16,27 148
16,29 144
17,8 241
17,21 399
17,25-26 275
18,11 109
18,37 242
20,16 317
20,17-18 317
20,19-21.26 337
20,28 236
20,29 150
21,1-14 247
21,1 247
21,14 247

사도행전
1,12-14 186
1,15-26 301
2,9 187
2,14 186
3,21 390
6,1 328
8,9-13.18-24 42
8,9-24 42
9 90, 186
10,9-16 91
10,40 247
11,1-4 328
11,26 186
13,16 365
13,26 365
13,43 365
15 328
16,9-10 91
19,9-10 253
22,3 187

로마서
1,3-4 235
1,11 252
5,1-2 240
6,1-11 251
6,3-5 350
6,4 249
6,8 238
6,11 239
7,19 411
7,21-25 246
8,2 235
8,4-5.12-13 250
8,17 221, 238
8,19 247
8,29-30 242
8,38-39 204
16,1 329

16,7 329
16,25 252

코린토 1서
2,9 307, 402
3,2 408
4,6 326
4,8 140
8,1 404
8,5-6 421
11,23-25 354
13,13 406
14,34-35 329
15 212, 214, 215, 234, 318
15,3-54 213
15,3-8 247, 318
15,3 318
15,12 212, 215
15,22-26.51-56 230
15,26 236
15,42-54 274
15,42-46 240
15,47 236
15,50 247, 355, 373
15,51-55 239
15,51-52 226, 228, 248
15,52 153
15,53-54 249
15,54 224, 237, 239, 241, 249

코린토 2서
1,12 340
2,17 72, 84
4,14-17 239
4,14 239
4,16 246
5,1-4 229
5,3 373
5,4 249

5,8-9　245
10,2　250
11,4.19　326
12　90
12,1-4　93
12,2-4　195, 196

갈라티아서
1,6-9　324
1,15　200, 204, 209
1,19　276
3,16　236
3,27　238, 342
4,3　251
4,21-31　450
4,22-24　450

에페소서
1,4-14　242
1,9　18
1,13　234, 236
2,4-6　238
2,5-6　221, 238, 239
3,16　246
4,8-10　209
5,8　291

필리피서
1,21-23　245

콜로새서
1,5　234, 236
1,9-10　31
1,12　291
1,13-14　291
1,15.18　280
1,16-18　236
1,19-20　236
1,19　236
2,5　252

2,8.20　251
2,9　236
2,12　238, 239
2,20-23　251
2,20-21　251
3,1-3　238
3,1　238
3,1-4　248
3,4　247

테살로니카 1서
3,2.13　252
4,13—5,11　93
4,13-18　234
4,13-17　230
4,13-14　241
4,14　240
4,15-17　239
4,16-17　230
4,16　153
5,5-9　290
5,9　241

테살로니카 2서
2,13　241
2,17　252

티모테오 1서
1,17　421
2,12　329
4,7-8　251
6,3-4　326

티모테오 2서
1,7　279
1,10　224, 236, 237, 239, 241
2,15　234, 236
2,18　215, 250

히브리서
2,14-15　236, 241
4,1-11　235
4,14　273
5,12-14　408
11,5　240

야고보서
1,18　234, 236

베드로 1서
2,4-5　78
3,21　350
4,8　405
5,10　252

베드로 2서
1,11　248
1,17　235
2,1　326
2,17　85
2,20　248
3,18　248

요한 1서
1,1-3　139
1,1-2　236
1,6　174
2,1　149
2,13-14　236

요한 묵시록
4,2-11　91
12　91
17　91
19,15　207
20　199
20,11-12　199

외경·영지주의 문헌

감사의 기도 33-34, 39-41
구세주와의 대화 16, 20, 127, 164, 319, 320, 331
마리아 복음 19, 58, 60, 127, 150, 225, 232, 315-342
모세의 묵시록 92
바룩 2서 92
바룩 3서 92, 93
바실리데스 복음 44
바오로 묵시록(콥트어) 16, 19, 93, 101, 193-210, 323, 513
바오로 행전 320
테클라 행전 320
발렌티누스 해설 20, 345, 349
베드로 묵시록(콥트어) 16, 19, 65-93, 225
베드로 행전 43, 375
베드로 행전(콥트어) 58
부활에 대한 논고 19, 202, 211-252, 366, 385, 390
사도들의 편지 127, 150, 153
섹스투스의 선언 161, 162
솔로몬의 송가 187, 239
실바누스의 가르침 161, 162
아담의 묵시록 93, 363
아따이의 가르침 189
아브라함의 증언 93
알로게네스의 책 60, 292
야고보의 비전 16, 19, 32, 93, 123-154, 164, 241, 266, 325
야고보의 묵시록
    첫째 19, 60, 93, 95-121, 197, 203, 206, 266, 280, 292, 317, 323, 339
    둘째 19, 93, 261-286
에녹 1서 92, 93, 209, 518
에녹 2서 92, 201
에즈라 4서 92, 93
여덟째와 아홉째에 대한 담화 101
예수 그리스도의 지혜 58

예수님과 압가루스의 교환 서신 151
예우의 두 책 57
요한의 비전 16, 19, 20, 26, 27, 58, 93, 105, 117, 138, 158-159, 161, 194, 207, 263, 264, 294, 310, 334, 349, 415-523
요한 행전 375
용사 토마의 책 16, 19, 33, 127, 155-185, 190
위대한 셋의 둘째 논고 85
유다 복음 19, 60, 263, 287-314
이집트인들의 복음(콥트어) 16, 20, 60, 266, 279, 310, 349
조스트리아노스 364
진리의 복음 16, 20, 35-36, 60, 96, 97, 106, 237, 248
진리의 증언 262, 263
토마 복음 16, 20, 33, 60, 84, 150, 153, 157, 190, 203, 208, 209, 243, 245, 266, 279, 328, 336, 337, 338, 341, 385, 391, 398
토마 행전 165, 188, 189, 354, 378
플로라에게 보내는 편지 256, 257-258
피스티스 소피아 57, 245, 320, 331
필립보 복음 16, 19, 20, 32, 34-35, 60, 79, 157, 159-160, 161, 223, 227, 235, 241, 243, 313, 319, 320, 331, 338, 341, 342, 343-414
필립보에게 보낸 베드로의 편지 60, 292
희년서 92
『헤르메스 전집』 101

고전·교부 문헌

그레고리우스 1세(교황),
    『복음서 강론』 332
에우세비우스,
    『교회사』 128, 189, 235, 283
에피파니우스(살라미스),
    『구급상자』 116, 117, 156, 244, 257

오리게네스,
　『요한 복음서 강해』 256
　『원리』 239
　『켈수스 논박』 319
요세푸스,
　『유다 고대사』 283
유스티누스,
　『트리폰과의 대화』 220
이레네우스(리옹),
　『이단 논박』 43, 44, 45, 47, 50, 116, 117, 156, 195, 208, 219, 241, 246, 251, 255, 256, 258, 259, 335, 345, 357, 360, 363, 388, 417, 418
클레멘스(로마),
　『클레멘스의 둘째 편지』 251, 391
클레멘스(알렉산드리아),
　『잡록』 46, 85, 128, 133, 158
　『테오도투스 발췌록』 32, 241
클레멘스(차명),
　『강론』 82
테르툴리아누스,
　『발렌티누스파 논박』 47, 219
　『이단자들에 대한 처방』 330, 344
　『죽은 이들의 부활에 관하여』(= 『육신의 부활에 관하여』) 242, 353
히폴리투스,
　『이단 논박』 241, 348

헤르마스,
　『목자』 85
토마스 아퀴나스,
　『요한 복음 강독』 317
플라톤,
　『티마이오스』 29, 417
　『파이돈』 251
　『향연』 36
플로티누스,
　『엔네아데』 219

쿰란 문헌

공동체 규칙서 292
다마스쿠스 문헌 92, 242
전쟁 규칙서 292
감사시편 92, 242
하바쿡 주해서 92

라삐 문헌

m.Shabatt 24
m.Shevuot 319

한님성서연구소에서 출판한,
송혜경 저자의 **연구서들**

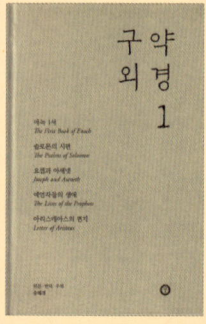

구약 외경 1

구약 외경은 구약과 신약을 잇는 가교 역할을 한다. 바빌론 유배라는 역사적 시련을 겪으며 더욱 성숙해진 이스라엘 백성의 신앙과 신학이 이 작품들 속에 녹아 있다. 신약 성경에 나타나는 부활, 메시아, 묵시 사상을 이해하는 데 도움이 된다. 『구약 외경 1』에는 에녹 1서, 솔로몬의 시편, 요셉과 아세넷, 예언자들의 생애, 아리스테아스의 편지의 번역와 주해가 담겨 있다.

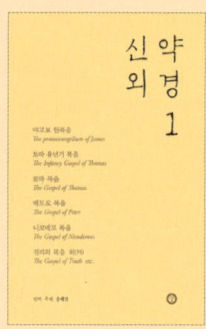

신약 외경 1

초대 교회 때 만들어진 그리스도교 저작물들 가운데 정경에 들어가지 못한 작품들, 곧 '신약 외경'들 가운데 복음서로 분류된 작품들의 번역과 주해가 담겨 있다. 곧, 야고보 복음, 토마 유년기 복음, 토마 복음, 이집트인들의 복음, 베드로 복음, 니코데모 복음, 사도들의 편지, 진리의 복음과 그 밖에 단편 복음들이다.

영지주의 — 그 민낯과의 만남

『영지주의자들의 성서』의 입문 역할을 하는 이 책은 영지주의자들이 남긴 문헌들 가운데 나그 함마디 문헌들을 토대로 그들의 신관·인간관·구원관·그리스도관·세계관 등을 상세히 살피고 있다. 또한 영지주의자들에 대한 교부들의 증언도 소개한다. 이 책을 통해 영지주의가 과거 교회사의 일부일 뿐 아니라 현재의 일부, 나아가 미래에도 살아남을 것임을 알 수 있다.